Bismarck: Der Monolith

Bismarck:
DER MONOLITH

Reflexionen am Beginn des 21. Jahrhunderts

Herausgegeben von
Tilman Mayer

OSBURG
MURMANN PUBLISHERS

Erste Auflage 2015

www.osburg-verlag.de

Satz: Dörlemann Satz, Lemförde
Druck und Bindung: Freiburger Graphische Betriebe, Freiburg
Printed in Germany
ISBN 978-3-95510-077-3

Inhalt

Geleitwort

Peter Altmaier*

Vor 200 Jahren wurde Otto von Bismarck geboren, und noch immer arbeitet sich die politische Debatte an ihm ab: Bewunderer und Kritiker sind gleichermaßen beteiligt. Kein anderer deutscher Staatsmann stand oder steht seit so langer Zeit im Zentrum der politischen und historischen Kontroverse, über niemanden wurden mehr Bücher und Aufsätze geschrieben als über Otto von Bismarck.

Das mag an seiner Persönlichkeit liegen, die auch heute noch imponiert. Seine physische, seine intellektuelle und seine konzeptionelle Kraft ließen ihn weit herausragen über regierende Fürsten und Politiker seiner Zeit. Egomanie und Egozentrik sondergleichen waren gepaart mit einem Bewusstsein staatspolitischer Verantwortung, wie man es ansatzweise erst wieder bei Konrad Adenauer findet. Es liegt ganz sicher auch daran, dass Otto von Bismarck zeitlebens den Meinungskampf suchte, dass er das Land, das er mit so viel Mühe geeint hatte, hernach fast zwei Jahrzehnte lang lustvoll polarisierte, wie kein anderer vor oder nach ihm.

Es liegt aber auch, und ganz besonders, an seiner ungebrochenen Aktualität: Otto von Bismarck ist ein Mann von heute, nicht von gestern. Auf Schritt und Tritt, wo immer wir gehen oder ste-

* Die nachstehenden Ausführen sind persönlich und binden ausschließlich den Verfasser.

hen, wir befinden uns in der Kontinuität seiner Weichenstellungen und Entscheidungen, viel mehr, als den meisten von uns überhaupt bewusst ist. Die moderne Staatlichkeit Deutschlands, seine föderale Verfasstheit, seine Institutionen und politischen Strukturen, seine Wirtschafts- und Sozialverfassung sind im Wesentlichen das Werk Otto von Bismarcks. Die Kraftlinien, die von diesem Werk ausgehen, sind ungebrochen, über alle Wechselfälle der Geschichte hinweg. Die großen Fragen, die ihn bewegt haben, bewegen uns noch heute: von der Außenpolitik über den Freihandel bis hin zum Verhältnis von Staat und Kirche.

Sicher: Manche dieser Fragen sind älter als Otto von Bismarck. Die Fragen von Freiheit, Gleichheit und Gerechtigkeit sind seit der Aufklärung gestellt, durch die Amerikanische Unabhängigkeitserklärung und die Französische Revolution wurden sie im modernen Sinne beantwortet. Die deutsche Freiheits-, Einheits- und Demokratiebewegung gab es seit den Befreiungskriegen, sie hat nicht auf Bismarck gewartet. Aber es war Otto von Bismarck, der die damit zusammenhängenden Fragen innerhalb Deutschlands gebündelt und einer dauerhaften Entscheidung zugeführt hat.

Zustandekommen, Grenzen, Form und Inhalt eines Deutschen Nationalstaates waren ungewiss und offen, bis Otto von Bismarck das Amt des preußischen Ministerpräsidenten übernahm und schrittweise, aber unbeirrbar vollendete Tatsachen schuf. Der von ihm geschaffene Staat und die daran gebundene nationale Identität haben die verheerende Niederlage von 1918, das Ende der Monarchie und das Desaster von Weimar, die Zivilisationskatastrophe von 1933 bis 1945 und die Deutsche Teilung überlebt. Selbst 1923, inmitten von höchster Inflation, Staatskrise und Agonie kam es weder zur Separation des Rheinlandes noch zur Abspaltung Bayerns oder Sachsens. Und obwohl es nach 1945 während 40 langer Jahre so aussah, als sei seine Schöpfung gescheitert, fügten sich die getrennten Teile von Bismarcks Deutschlands nach dem Fall der Mauer und dem Ende des Kalten Krieges auf wundersame Weise wieder zusammen: In genau der Form und Struktur, die Bismarck 120 Jahre zuvor ersonnen hatte und in keiner anderen. Natürlich als Republik und nicht als Monarchie wie seinerzeit. Aber um die Monarchie ging es ihm nicht an erster Stelle und zuletzt immer weniger. Mit der fast schon prophetischen Aussage »Germany is not doomed even if monarchy should be so« hatte er es gegenüber seinem Sohn Herbert bereits 1893 auf den Punkt gebracht.[1] Und gegenüber der Baronin Spitzemberg soll er geäußert haben: »Es kann ja sein, dass Gott für Deutschland noch eine zweite Zeit des Zerfalls und darauf eine neue Ruhmeszeit vorhat, auf einer neuen Basis der Republik, das aber berührt uns nicht mehr.«[2]

Otto von Bismarck hatte sich seinerzeit nach reiflicher Überlegung für den Föderalismus und gegen den Zentralstaat entschieden. Er ist das beherrschende Prinzip der deutschen Staatsorganisation bis heute. Damals wie heute waren die Gliedstaaten von höchst unterschiedlicher Größe, Finanz- und Gestaltungskraft: Mecklenburg-Strelitz und Preußen, das Saarland und Nordrhein-Westfalen. Damals wie heute gab es Vorschläge zuhauf, welche Aufgaben sehr viel besser auf bundesstaatlicher Ebene als auf Länderebene zu lösen seien. Bismarck jedoch war sich sicher, dass die föderale Ordnung mit klarer Kompetenzabgrenzung zwischen Bund und Ländern jeder zentralistischen Lösung in puncto Dauerhaftigkeit, Stabilität und Identität überlegen sei. In den Tagen der Reichsgründung von 1871 war er zum Erstaunen vieler Zeitgenossen wieder und wieder bereit, partikulare Länderforderungen (nicht nur Bayerns) zu akzeptieren, weil er sich davon nicht nur Zustimmung zu seinem Projekt, sondern auch einen langfristigen politischen Mehrwert versprach.

Ob Bundestag oder Bundesrat, Bundeskanzleramt, Ressortprinzip oder Richtlinienkompetenz. Sie alle finden sich in Bismarcks Staatskonstruktion, die er 1866 auf dem Höhepunkt seiner Schaffenskraft fernab von Berlin in Putbus auf Rügen mit wuchtigen, gleichzeitig fein ziselierten Federstrichen entwarf. Wir haben in Weimar, während des Nationalsozialismus und in der DDR vielfach daran herumgedoktert und geändert, aber wir kamen im Kern immer wieder auf seine Lösungen zurück. Gründlich geändert haben wir nur die Konstruktion des Bundes- beziehungsweise Reichskanzlers, der nach Bismarcks Vorstellung absolut und nur vom Vertrauen des Kaisers abhängig war: Der Reichstag war auf Gesetzgebung und Budgetrecht beschränkt. Doch selbst hier findet sich eine verborgene untergründige Kontinuität in der Verfassungswirklichkeit der Nachkriegsrepublik, die in dem bekannten Wahlkampfslogan von 1969 »Auf den Kanzler kommt es an« ihren Ausdruck fand und bis heute das kollektive Staatsbewusstsein prägt. Bismarck hätte seine helle Freude daran gehabt. Und am Rande: Auch wenn der Bundeskanzler längst nicht mehr Vorsitzender des Bundesrates in Personalunion ist, wie zu Bismarcks Zeiten – die jährlichen Treffen von Regierungschefs der Länder und Kanzler im Bundeskanzleramt sind ein kleiner Beleg für historische Kontinuität auch in dieser Hinsicht.

Neben Föderalismus und Kanzlerdemokratie verdanken wir Bismarck die Grundzüge unseres Staats-, und Beamtenrechts. Der erste Chef des Kanzleramtes, Rudolf Delbrück, hat im Auftrag seines Herrn in kürzester Zeit die bis heute tragenden Säulen des Handelsrechts und der Wirtschaftsverfassung geschaffen, es folgten Straf-, Zivil- und Prozessrecht, alles innerhalb weniger Jahrzehnte und mit Geltung bis heute. Bismarck mag vielen als konservativ oder gar reaktionär gelten, aber er hat die Zivilehe und die staatliche Schulaufsicht gegen enormen Widerstand eingeführt und letztendlich auch durchgesetzt. Unser heutiges Parteiensystem wurde von ihm zwar nicht geschaffen, aber es ist innerhalb dreier Jahrzehnte in Reaktion auf seine Politik entstanden. Das gilt für Zentrum und Sozialdemokratie, aber es gilt auch für den deutschen Liberalismus, der zwar älter ist als Bismarck, dessen Niedergang aber bereits damals mit mehreren Spaltungen begann, die allesamt mit Bismarcks Politik eng verknüpft waren.

Bismarck ist der Schöpfer des deutschen Sozialstaates. Gegen heftigsten Widerstand von Arbeitgebern und Konservativen hat er seinerzeit die Idee und die Grundzüge des bis heute geltenden Sozialversicherungssystems durchgesetzt und verwirklicht. Europaweit tragen Versicherungssysteme, die an die Ausübung einer Beschäftigung anknüpfen, noch immer die Bezeichnung »Bismarck-Schemes«. Auch wenn er nicht der Vater des Gedankens war, hat er früh – wohl schon in den Gesprächen mit Ferdinand Lassalle – seine Berechtigung erkannt und ihn später mit großer Entschlossenheit realisiert – als erster leitender Staatsmann weltweit. Es war eine Jahrtausend-Innovation, deren Bedeutung man daran erkennt, wie sehr ein modernes Land wie die USA noch heute mit der Frage des Ob und des Wie einer gesetzlichen Krankenversicherung kämpft und hadert.

Dass Bismarck keine großen Kolonien und keine große Flotte wollte, ist bekannt. Er führte drei Kriege, lehnte Präventivkriege aber entschieden ab und bestand entschieden auf dem Primat der Politik gegenüber dem Militär. Die Zeitgenossen ließen es ihm 20 Jahre lang durchgehen, verstanden haben sie ihn leider nicht. Vielleicht lag es an der Camouflage mit Pickelhaube und Uniform, die er gern und ausdauernd betrieb und die sein Bild für die Nachwelt bis heute prägt. Gegner und Anhänger Bismarcks haben sich schon früh, noch zu seinen Lebzeiten, auf ein gemeinsames Bismarckbild geeinigt: Bismarck der kriegerische und reaktionäre Gewalt- und Machtmensch, der Super-Preuße, Antidemokrat und *Präceptor Germaniae*: Die einen fanden das gut, die anderen fanden es schlecht. An der Würdigung der modernen und aufgeklärten Aspekte von Bismarcks Persönlichkeit und Schaffen hatten weder Linke noch Rechte ein Interesse. Sie bauten lieber gemeinsam einen Popanz, der bis heute wie ein grober Klotz in der Landschaft steht.

Bismarck war der erste wirklich moderne Staatsmann Deutschlands. Auch in seinen politischen Vorstellungen, die stärker von Aufklärung und Französischer Revolution geprägt waren, als seine ersten politischen Reden und Handlungen vermuten ließen. Er galt lange als Reaktionär und benahm sich auch so. Aber 1866, nach dem Sieg bei Königgrätz, hat er den Parlamentarismus in Preußen nicht vernichtet, wie seine damaligen Freunde es erwarteten, sondern den Staat, die Monarchie und sich selbst mit ihm versöhnt. Er hat im Norddeutschen Bund und im Deutschen Reich das gleiche Wahlrecht durchgesetzt, als es in vielen anderen Ländern noch längst nicht gang und gäbe war. Das brachte ihm die Feindschaft der deutschen Konservativen ein und ein Bündnis mit dem deutschen Liberalismus, das über ein Jahrzehnt fruchtbringend war. Seine parlamentarischen Abende mit Abgeordneten waren seinerzeit legendär, seine Gespräche mit Journalisten und Publizisten sind bis heute ein Genuss. Otto von Bismarck erkannte als einer der ersten die Macht der Presse und der Medien und bediente sich ihrer virtuos, weit über seinen Abgang als Reichskanzler hinaus. Noch als Achtzigjähriger war sein Urteil schärfer und manchmal auch moderner als das der meisten Epigonen.

Ein Sympathiebolzen war Otto von Bismarck trotz allem nicht. Er hatte Fehler und Schwächen wie jeder große Staatsmann, war herrsch- und rachsüchtig und stellte die eigene Person und ihre Interessen über vieles andere. Der Umgang mit dem besiegten Frankreich von 1871 und die Annexion von Elsass-Lothringen waren kapitale Fehler, deren Tragweite Bismarck sich wohl bewusst war, und die er dennoch nicht verhinderte. Dass er sich dabei im Einklang mit König, Militär und breitester Öffentlichkeit befand, ist keine Entschuldigung für einen Staatsmann seines Kalibers.

Aber immerhin sollte es nach seinem Tod ein halbes Jahrhundert dauern, bis die deutsche Politik einen Gedanken entwickelte, der über Bismarcks Horizont und Konzeptionskraft hinausging. Die europäische Einigung und die dauerhafte Freundschaft mit Frankreich sind die genuin neue Errungenschaft der Bonner Nachkriegsrepublik und ihr größtes Verdienst bis heute. Möglich wurden sie leider erst nach zwei verheerenden Kriegen und Hekatomben von Opfern. Wäre Bismarck damals von sich aus darauf gekommen, die deutsche und europäische Geschichte wäre wohl anders und wahrscheinlich auch glücklicher verlaufen. Aber wir können die Leistungen Otto von Bismarcks und seiner Zeitgenossen nicht beurteilen nach den Maßstäben von heute und nach dem, was wir heute aus leidvoller Erfahrung gelernt haben.

Wenn wir uns heute erneut mit Bismarck auseinandersetzen, so ist dies nicht nur wichtig für die historische Erkenntnis und unsere eigene geschichtliche Identität, die die gesamte Spanne der letzten 200 Jahre umfasst und umfassen muss. Sie ist auch wichtig und unentbehrlich für die Auseinandersetzung mit den drängenden Fragen der Gegenwart. Wann immer wir meinen, auf festem Grund zu stehen, stehen wir meist auf Bismarcks Schultern, auch wenn sie tief im historischen Treibsand vergraben sind. Seine Wirkmächtigkeit über Jahrzehnte und Jahrhunderte hinweg machen die Auseinandersetzung mit Bismarck auch heute noch zu einem lohnenden Unterfangen. Dazu leistet das vorliegende Buch einen wichtigen Beitrag.

Anmerkungen

1 Brief an seinen Sohn Herbert vom 10. Juli 1893, abgedruckt in Buchner (Hrsg.): *Otto von Bismarck, Werke in Auswahl*, Darmstadt 1983, 8. Bd., Teil B, S. 160 f.

2 Gespräch mit Freifrau vom 19. März 1893, in: Vierhaus: *Das Tagebuch der Baronin Spitzenberg*, Göttingen 1976, S. 308.

Bismarck vor Augen.
Einführung

Tilman Mayer

Bismarck ist mehr als eine historische Persönlichkeit. Bismarck wirkt über die Zeiten hinweg und hat uns auch im 21. Jahrhundert noch etwas zu sagen. Wir, die wir ungefragt sein Erbe anzutreten haben, wollen ihn sicherlich nicht nur aus seiner Zeit heraus verstehen. Schließlich blicken wir auf Bismarck durch die »Last der Nation«[1] hindurch, die das Deutschland des 20. Jahrhunderts in der Form von Katastrophen und Krisen geprägt hat. Unser Blick kann also nicht unbefangen sein.

Wir wollen es bei der Beschäftigung mit Bismarck keinesfalls beim Nacherzählen der Geschichte belassen. Wir treiben keine Historiografie. Wir wollen vielmehr beim Durchpflügen des historischen Stoffes versuchen, Lerneffekte zu erzielen.[2] Deshalb wenden wir uns gegen eine blickverengende, nur zeitbezogene Betrachtung; bekanntlich ist jeder gute Historiker ohnehin nie nur ein bloßer Rezipient dessen, was sich historisch ereignet hat.[3]

Wenn es in der Volksrepublik China etwa ein besonderes Interesse an der Entwicklung des zweiten deutschen Reiches gibt, so gilt dieses Interesse einer aufstrebenden europäischen Großmacht,[4] deren Schicksal China für sich vermeiden will. Aufsteigende Mächte sind gefährdete Mächte.[5] Auch für uns in Deutschland ist es (immer noch) erkenntnisreich und bedeutungsvoll, den politischen Weg Bismarcks nachzuvollziehen, um als geschichtsbewusst denkende

Nachfahren den Bogen in eine historische Konstellation zu schlagen. Zwar differiert diese historische Konstellation mit der unsrigen in vielen Punkten, es stellen sich aber politische Grundfragen, die sich über die Zeiten hinweg erhalten haben. Und diese Grundfragen sollte man artikulieren – nebst den Optionen, die sich aus ihnen ergeben.

Der Herausgeber dieses Bandes über Fürst Bismarck hat auch ein politikwissenschaftliches Interesse. Dabei weiß er sich dem Motto von John R. Seeley von 1896 verbunden: »Political science without history has no root. History without political science bears no fruit.«[6] In diesem Sinne geht es in dem vorliegenden Band auch um eine Art Aktualisierung der Betrachtung Bismarcks – anlässlich seines 200. Geburtstages.

Es ist somit von vornherein klar, dass ein Bismarck-Bashing hier und heute genauso verkehrt wäre wie einer simplen Bismarck-Begeisterung zu frönen. Wo viel Licht ist, ist viel Schatten. Und so lautet die Grundaussage dieses Bandes schlicht und ergreifend, dass uns Bismarck im 21. Jahrhundert noch etwas bedeutet. Es stünde schlimm um das nationale Selbstbewusstsein in Deutschland, wenn man geschichtsvergessen nicht auch Größe in der Politik aushalten könnte. Es ist nicht zu verwegen festzustellen, dass wir also im Schatten Bismarcks leben, einfach deshalb, weil seine überragende Größe in der Geschichte selbst noch die Politik im 21. Jahrhundert überragt. Mit Bismarck wurden beispielhaft Maßstäbe gesetzt, die heute, wo man sich eher im Klein-Klein gefällt, vielleicht schwer auszuhalten sind.

Es soll hier also nicht um eine Vereinnahmung gehen, einfach deshalb, weil nur eine kritische Perzeption auch eine realistische ist. Der Größe Bismarcks tut es keinen Abbruch, wenn man sein Werk nicht in toto akzeptieren kann. Es ist keinesfalls kleingeistig, wenn man seinem Werk mit kritischer Distanz gegenübersteht. Schärfer formuliert: Es ist geradezu bedauerlich, dass auch diesem großen Mann Vorwürfe zu machen nicht erspart werden kann. Wir haben Bismarck vor Augen – aber in seinem ganzen Widerspruch, in seiner Größe wie in seinen Unzulänglichkeiten.

An dieser Stelle spätestens meinen angeblich nur zeitbezogen denkende Historiker vielleicht den Vorwurf machen zu müssen, man argumentiere unhistorisch. Denn, so ihre Logik, aus Bismarcks Zeit heraus seien die Dinge eben nicht anders zu machen gewesen beziehungsweise seine Biografie habe keinen anderen Spielraum gelassen. Dieser engstirnige Zirkelschluss – dass man das Handeln der Damaligen auf die damalige Zeit zurückprojiziert – ist steril und führt entsprechend nicht weiter. Im Falle Bismarcks scheint das Bedauern angesichts seiner Größe besonders groß, dass sich verschiedene andere Perspektiven, die man als Sozialdemokrat, Liberaler, Republikaner, Konstitutionalist und sogar als Patriot usw. einnehmen konnte, historisch mit seinem politischem Lebensweg nicht verbinden lassen.

Nur auf den ersten Blick liegt nun der erwähnte Vorwurf der unmittelbar zeitbezogen argumentierenden Historiker nahe, dass man es als Nachgeborener natürlich besser weiß als die Akteure seinerzeit. Doch mit dieser Auffassung bremst man eine Diskussion über Fehler aus, aus denen eine Nation lernen muss. Nimmt man sich China hier zum Vorbild, dann wird deutlich, was ansteht: aus verschiedenen Entwicklungen der Vergangenheit für die heutige Zeit Lehren zu ziehen – auch wenn die KP Chinas für sich vielleicht andere Lehren zieht als wir das für sinnvoll oder richtig halten.

Wir sind auch Bismarck verpflichtet, und zwar insofern er derjenige war, der aus der deutschen Geschichte heraus[7] erstmals die Gründung eines Nationalstaats möglich machte. Der Name Bismarck ist allein mit diesem Werk für alle Zeiten verbunden, hierin liegt seine Größe, an die man in Friedrichsruh zu Recht erinnert. Die vielen Bismarck-Denkmäler, die sich bis ins 21. Jahrhundert erhalten haben, drücken genau diese große Anerkennung bis heute aus.[8] 1871 vor Augen nehmen wir seinen Geburtstag zum Anlass, besonders an diese Leistung zu erinnern. Bekanntlich war es Bismarck nicht in die Wiege gelegt, dass er sich als Junker und als Konservativer mit der damals als revolutionär geltenden Nationalbewegung einmal verbinden, ja sie zum Ziel führen würde. Fast könnte man in Wagnerscher Art von einer Erlösung der deutschen Nation durch die Reichsgründung sprechen – läge in dieser Formulierung nicht doch zu viel Pathos der damaligen Zeit.

Der Geburtstag Bismarcks liefert uns den Anlass, doch die Gründe für die Beschäftigung mit Bismarck müssen tiefer liegen. Den wichtigsten haben wir mit der Reichsgründung schon genannt. Aber natürlich möchte man sich auch das gesamte Werk in einer, wenn auch nur exemplarischen Betrachtung vor Augen stellen – und dazu haben namhafte Autoren dankenswerterweise einen eindrucksvollen Beitrag geleistet.

Die Art und Weise, wie Otto von Bismarck die Reichsgründung erreichte, kann man nicht anders als zeitbedingt ansehen: mit *Eisen und Blut* – so die saloppe Formulierung der damaligen Zeit[9] – und nicht mit Majoritätsbeschlüssen. Es war der berühmte *Mantel der Geschichte*, den Bismarck ergriff, also die historische Chance, die er in eine Gelegenheit verwandelte – eine *Occasione*, gegen Frankreich gewendet das Deutsche Reich zu schaffen. Die Gründung des deutschen Nationalstaates ist dabei untrennbar mit der deutsch-französischen Erblast verbunden. Dass die Reichsgründung im Dissens mit Frankreich entstanden ist – dieses Faktum hat Bismarck nicht aus der Welt geschafft, er hat es vielmehr genutzt; obgleich von Anfang an auch in Deutschland Kritik an der okkupatorischen Politik (Elsass-Lothringen) geübt wurde, die die preußischen Militärs dem Kanzler auferlegten.[10] Bebel etwa war hier weitsichtiger. Das darwinsche Recht des Stärkeren führte zwar zum Erfolg, aber Stärke ist ein vergängliches Gut. Das Auftrumpfen im Spiegelsaal von Versailles hätte irgendwann eines Ausgleichs mit Frankreich bedurft, um eine Revanche zu verhindern. Nicht nur Bismarck war sich immer im Klaren, dass Frankreich Deutschland gegenüber kritisch bis feindlich eingestellt sei. Insofern könnte man sagen, dass 1871 das Reich mit einem Geburtsfehler zur Welt kam, und eine Heilung dieser Fehlentwicklungen wurde nicht angestrebt. Wir können aus heutiger Sicht verstehen, dass das damalige Deutschland sich gegenüber Frankreich so verhalten hat. Und immerhin ist es Bismarck zu verdanken, dass in Paris nicht gar einmarschiert wurde, so, wie es Napoleon in Berlin getan oder ähnlich wie Napoleon I. im Frieden von Tilsit 1807 Preußen gedemütigt hatte. Aber die Annexion Elsass-Lothringens – so sehr dafür historische Gründe geltend gemacht werden konnten – war eine sich bitter rächende Hypothek im deutsch-französischen Verhältnis.

Dennoch bleibt die Reichsgründung natürlich eine Großtat, auch weil sie sozusagen den Weg der Einigung in Gestalt der Schaffung des Norddeutschen Bundes vollendete – wenn auch um den Preis, dass Österreich seit 1866 auf Distanz gebracht wurde.[11] Die Reichsgründung war eben kein revolutionärer Akt von unten, wie 1848 angedacht, sondern eine Revolution von oben, die die bestehenden Monarchien nicht antastete. So gesehen wurde die Wiener Ordnung von 1815 nicht revolutionär verändert, sondern nur die Mitte Europas staatlich integriert, die ökonomisch durch den Zollverein schon eine Prägung erfahren hatte. Es wurde sozusagen nachgeholt, was sich historisch ohnehin in Europa nationalstaatlich abzeichnete. Aber eben darin lag für Deutschland, das kleindeutsche, das revolutionäre und früher nie erreichte späte Einigungswerk. Die deutschen Länder waren nicht mehr Objekt ausländischen Interesses, sondern erhielten Subjektcharakter in einem größeren Ganzen. An der Fortexistenz der Fürstenstaaten ist das Deutsche Reich jedenfalls nicht gescheitert, auch wenn sich die deutsche Nation im Vergleich zu Frankreich nicht *une et indivisible* verfasste, nicht eine zentralistische Struktur erreichen konnte oder wollte. Das große Preußen war weniger das Problem, wohl aber seine politische Kultur. Die Kunst Bismarcks war es, dieses Reich im Inneren zu schaffen, also nicht an Fürstenegoismen zu scheitern und nach außen abzusichern. Für diese nationale und internationale Staatskunst steht der Name Bismarck. Die Gründung des italienischen Staates, des für Deutschland historisch und kulturell immer wichtigen Italiens,[12] war diesem Reichsgründungsakt vorausgegangen. Und im Jahr 2011 konnte ganz Italien 150 Jahre italienische Staatlichkeit begehen – ein Pensum, das Deutschland noch nicht erreicht hat.

Dass der deutsche Staat nichtdeutsche Minderheiten inkorporierte, war aus damaliger Sicht, im Vergleich mit den europäischen Nationalstaaten, nicht besonders auffallend. Andererseits hatte sich der Frühnationalismus der ersten Hälfte des 19. Jahrhunderts auch für andere Nationalbewegungen, etwa die polnische und griechische, engagiert. Doch aus dieser geistigen Tradition heraus zum Beispiel Posen mehr Spielraum zu geben hätte damals bedeutet, das reaktionäre zaristische System herauszufordern. Theodor Schieder allerdings hat auf einige Schwierigkeiten des Deutschen Reiches als Nationalstaat aufmerksam gemacht: etwa, dass im Reichstag von einem elsässischen Vertreter das Selbstbestimmungsrecht eingefordert – und abgelehnt wurde; etwa, dass Polen im Reich nicht nationalitätsbezogen, sondern staatsnational begegnet und im Gegensatz zu Elsass-Lothringen keine kulturnationale, Herdersche Identität erlaubt wurde. »Das polnische Gemeinwesen im preußischen Staat wurde sozusagen ein Anti-Körper im Nationalstaat.«[13] Und die nach-bismarcksche Radikalisierung des Denkens bei den Alldeutschen bedeutete gar die Pervertierung des Nationalstaatsgedankens und dessen Instrumentalisierung für einen Imperialismus, der weltpolitischen Fantasien huldigte und schon gar nicht duldete, was nationalitätsrechtlich von polnischen Reichsbewohnern verlangt wurde. Auch was die Flagge des Reiches – im Gegensatz zur 1848er Flagge – signalisierte, dass sie »eine künstlich geschaffene« war, »in der die Farben des Hegemonialstaates Preußen dominieren«,[14] zeigt ein Spannungsverhältnis zwischen den Ideen *Reich* und *Nation*, das schwelte und über Bismarck nicht zu lösen war, da er selbst eher preußisch gesonnen blieb als unbedingt nationalstaatlich. Paradoxerweise steht dennoch Bismarck mit der Reichsgründung als Inkarnation der Nationalstaatsbildung in der historischen Bilanz in den Büchern.

Dass Bismarck den deutschen Nationalstaat in seiner 1871er Verfasstheit als saturiert ansah, hätte als pure Selbstverständlichkeit für alle nachkommenden Regierungen gelten müssen. Wir wissen, dass dem leider nicht so war. »Wir haben nichts zu erobern, nichts zu gewinnen, wir sind zufrieden mit dem, was wir haben«, so Bismarck vor dem Deutschen Reichstag im Februar 1876.[15] Es hätte die Kardinaltugend des ganzen Reiches sein müssen, sich daran zu halten, sozusagen als eine testamentarische Verfügung. Die deutsche Hybris begann nach Bismarck – als man sich mit dieser eindrucksvollen Größe des zweiten deutschen Reiches und dem jung gegründeten Nationalstaat nicht mehr begnügte. Diese »verspielte Größe«,[16] von der Fritz Stern spricht, gehört zur Tragik der deutschen Geschichte der letzten 150 Jahre.

Die Kanzlerschaft Bismarcks verblieb in seiner Regierungsära und nach seinem eigenen Selbstverständnis unmissverständlich im monarchischen Rahmen. Das ist deswegen besonders erwähnenswert wie erklärungsbedürftig, weil die Stellung dieses starken Reichskanzlers eine blieb, die einzig dem Kaiser verantwortlich war. Er war »ein vom Monarchen abhängiger Beamter«, hält Beate Althammer nüchtern fest.[17] Und auf etwas Kurioses möchte der amerikanische Biograf Jonathan Steinberg im ersten Satz seines zitatenreichen Werkes hinweisen: »Otto von Bismarck hat Deutschland geschaffen, war aber nie sein Herrscher.« Wenig später fügt er hinzu: »Bismarck gewann und behielt die Macht durch die Kraft und Brillanz seiner Persönlichkeit, aber er hing stets vom Wohlwollen des Königs ab.« Und weiter: »Bismarck brauchte weder Parlamentsmehrheiten noch Parteien. Sein Publikum bestand aus einem einzigen Mann.«[18] Bismarck hatte sozusagen eine an seine Person geknüpfte Machtstruktur entwickelt, die sich hauptsächlich aus dieser abhängigen Herrschaftskombination heraus rechtfertigte. Mit Wilhelm I. war ein Auskommen möglich, mit Wilhelm II. definitiv nicht mehr. Letzterer wollte von Gottes Gnaden nochmals selbst Regie führen, Deutschland *herrlichen Zeiten* entgegen führen. Man könnte – kann man? – sagen, dass Bismarck es versäumt hat, diese Machtasymmetrie, die zu seinen Lasten ging, zu verhindern. Das Bismarck'sche Regieren war auf ihn persönlich zugeschnitten. Das Reich ruhte auf Bismarcks Schultern – beziehungsweise eben gerade doch nicht! Wilhelm II. entschied 1890 die Machtfrage zu seinen Gunsten und damit zum Verhängnis des Reiches. Hat Bismarck hier nicht versäumt, etwas Grundlegendes rechtzeitig zu verändern? Man kann diese vielfach untersuchte Frage nur ganz entschieden bejahen.

Bismarck hatte genug damit zu tun, das so berühmte Jonglieren mit außenpolitischen Allianzen, Bündnissen und Koalitionen zu überblicken und zu gestalten. Aber innenpolitisch, verfassungsstrukturell gesehen, agierte der Jongleur fatalerweise blind! Sprechen wir von einer Kanzlermonarchie. Sie war zwar ein starkes Regiment, aber die Kanzlermonarchie blieb einzig von der Position des Kaisers abhängig: machtpolitisch gesehen ein Unding. Und mit Blick auf Wilhelm II. ein absolute Tragödie.

Dass diese lange währende Kanzlerschaft dennoch zum Ansehen Bismarcks und zu seiner Macht erheblich beitrug, bleibt unbestritten. Mit dem Gründungsakt war ja innenpolitisch die nationale Integrationsaufgabe nicht erledigt, die Bismarck schließlich auch im deutschen Fürstenstaat zu konzertieren hatte. Dem Eigensinn der deutschen Fürsten musste begegnet werden und Bismarck gelang es, Staatskrisen aufgrund dynastischer Separatismen zu vermeiden.

Dass in Bismarcks Kanzlerschaft die Sozialgesetzgebung europaweit beispielhaft war, wird niemand bestreiten[19] und dass sie diese Kanzlerschaft aus der Masse der europäischen Regierungschefs heraushob wohl ebenso wenig. Die Kehrseite dieser sozialpolitischen Errungenschaften, nämlich dass sie einer innenpolitischen Funktionalität entsprechen musste, die Bismarck durch die Sozialistengesetze verursacht hatte, bleibt aber auch unbestritten, auch wenn diese Deutung überstrapaziert wird.

Wir haben es mit einem Paradoxon zu tun. Man kann über die Ära Bismarcks von einer Zeit der Festigung und Stabilisierung des Reiches sprechen und festhalten, dass das Reich gar fortschrittliche Momente umfasste, die weit über das 19. Jahrhundert hinaus wirkten. Aber die Frage – respice finem –, ob das ausreicht, ist nicht ketzerisch. Worin also hätte die Nachhaltigkeit der von Bismarck geschaffenen Strukturen liegen müssen?

Bismarcks Kanzlerschaft imponiert auch deswegen sehr, weil er sozusagen sein eigener Außenminister war und außenpolitische Glanzleistungen vollbracht hat, die im Rückblick als seine Staatskunst ganz besonders hervorzuheben sind. Es ist eben gerade auch die außenpolitische Leistung Bismarcks, die geschichtsträchtig wurde und bis heute enorme Beachtung und entsprechende Würdigungen erfährt. Gerhard Ritter hat der Staatskunst große Aufmerksamkeit gezollt,[20] so wie später auch Gordon A. Craig – um nur diese beiden Historiker stellvertretend zu nennen. Bismarcks Bündnissystemkonstruktionen und bilaterale Abkommen sind Legion. Eines der wichtigsten Bündnisse war das Drei-Kaiser-Bündnis von 1881, und natürlich überhaupt das Changieren zwischen Moskau und Wien, ohne London zu vergessen. Russland im Rücken und bei Laune zu halten, etwa durch Rückversicherungsverträge, die geheim gehalten wurden, war eine Selbstverständlichkeit, die nach seiner Ära in ihrer Bedeutung bekanntlich verkannt wurden. Aber letztlich war das außenpolitische Spiel Bismarcks fragil. Solange Bismarck auf der Brücke stand, ging die Fahrt flott voran, aber ohne seine Navigationskunst geriet das Staatsschiff in falsche Hände. »Das deutsche Staatsschiff selbst machte Kurs auf Gewässer, für deren Belastungen und Herausforderungen es von seinen Ingenieuren nicht konstruiert und gebaut war.«[21] Auch hier erkennen wir, ungern, wie sehr Bismarcks Politik von seiner Person abhing. Darf man das als Schwäche bezeichnen?

Eine außenpolitisch-diplomatische Glanzleistung war sicherlich der Berliner Kongress von 1878, auch wenn er in Moskau wenig Begeisterung auslöste. Bismarck in der Rolle des ehrlichen Maklers tat seinem Image besonders gut. Die diplomatische Kunst Bismarcks liegt ohne jeden Zweifel darin, dass er tatsächlich international bestens verankert war, über Erfahrungen aus erster Hand verfügte und ein Gespür dafür hatte, welche realpolitischen Interessen die Regierungen bestimmten.

Aber Henry Kissinger hat Recht: »Nach dem Abgang Bismarcks hatte Deutschland kein globales Konzept mehr.«[22] Später sagte Kissinger ergänzend: »for the greatest part of history until really the very recent time, world order was regional order«[23], und das war eben Bismarcks Leistung, nämlich für eine derartige Ordnung zu stehen; und es war zugleich auch das Manko der Ära Bismarcks: »there were no universally accepted rules«[24]. Kissinger macht 2014 – im Jahr des Rückblicks auf 1914 – in »World Order« auf das Westfälische System von 1648 aufmerksam, ein »System unabhängiger Staaten, die davon Abstand nahmen, sich in die inneren Angelegenheiten der anderen einzumischen, und die die jeweiligen Bestrebungen der anderen durch ein allgemeines Gleichgewicht der Kräfte zu kontrollieren suchten.«[25] Und weiter: »Das Gleichgewicht der Kräfte an sich kann nicht den Frieden sichern, aber wenn es überlegt etabliert und angewandt wird, kann es die Reichweite und Häufigkeit fundamentaler Konflikte begrenzen und, sollten sie denn auftreten, die Erfolgschancen einzelner Akteure verringern.«[26] Otto von Bismarck ist diesem Konzept nahe gekommen, ein »globales Konzept« für Europa zu entwickeln, aber hat es dennoch nicht universalisierbar[27] angelegt. Bismarck betrieb Realpolitik – wie später Kissinger im 20. Jahrhundert auch – und diese bleibt immer interpretationsbedürftig.

Realpolitik darf ohnehin als Hauptkennzeichen der Politik Bismarcks angesehen werden. Realpolitik heißt, mit den Kräften zu rechnen, die real existieren und sie anzuerkennen, wenn man sie nicht beseitigen kann.[28] Nicht Ideologien, Freundschaften oder Feindschaften folgte seine Politik – das hat der Staatswissenschaftler Gustav Schmoller sehr gut herausgearbeitet,[29] sondern nüchterne Lageanalyse, die für Deutschland besonders wichtig war, weil das Land in der Mitte Europas geopolitisch über Jahrhunderte Objekt der Begierde seiner geografischen Umgebung wurde.

Mit Blick auf die Verfolgung der Sozialdemokratie kann innenpolitisch allerdings die Realpolitik nicht beeindrucken. Auch die Katholiken dürften an Bismarcks Realismus – um das Mindeste zu sagen – gezweifelt haben.

Die politische Kultur des Bismarck-Reiches war sicherlich ein Teil des Problems:[30] Was Parlamentarisierungsprozesse anging, hatte sich das wilhelminische Reich nach 1890 und im Ersten Weltkrieg isoliert. Das Ansehen der Parteien in der Monarchie könnte beinahe schon als Antiparteienaffekt bezeichnet werden. Die Existenz der viel beachteten sogenannten Junker-Klasse trug dazu bei, dass sich in Deutschland beziehungsweise im sogenannten Ostelbien eine Untertanengesinnung verbreitete – eine modernitätsfeindliche Stimmung, die den Fortschritt der Nation verzögerte und den frühnationalistischen Zusammenhang von Patriotismus und Demokratie vernebelte.

Die erwähnte – junkerliche? – Verfolgung der Sozialdemokraten aus einer alarmistischen Haltung heraus hatte weitreichende persönliche Folgen für die Betroffenen und kann nicht anders als eine Fehlentwicklung der politischen Kultur des Kaiserreichs gedeutet werden; ebenso wie auch die Manie, die Katholiken als ultramontane Gruppierung auszugrenzen anstatt sie zu integrieren.

Auch wenn man nicht von einem preußischen Militarismus sprechen möchte und ihn in der alliierten Diktion von 1945 als absolut überbewertet ansieht – schon gar als Begründung für das absurde Verbieten Preußens: Man muss dennoch sagen, dass das Übermaß an militärischer Präsenz in der Gesellschaft des zweiten Reiches auffällig blieb und bleibt.[31] Bismarcks Attitüde, oft in Militäruniform aufzutreten, darf aber gerade nicht darüber hinwegtäuschen, dass er in entscheidenden Momenten seiner Politik das Militär und seine Führung in die Schranken wies, auch gegen deren Widerstand. Das Primat der Politik war eine zentrale Lehre der praktischen Politik Bismarcks.[32] Aber wiederum: nur *seiner* Politik! Das, wenn auch europäisch gesehen zeittypische, gesellschaftliche Ansehen alles Militärischen hat nicht zur Weiterentwicklung Deutschlands in dieser Zeit beigetragen. Allerdings wäre die Stellung Deutschlands / Preußens ohne das erfolgreiche Militär in den dynastischen Kriegen und Konflikten kaum erreicht worden. Ein starkes Militär, aber unter strikter Kontrolle der Politik, davon kann unter Bismarck vielleicht noch die Rede sein, aber spätestens im beziehungsweise mit dem Ersten Weltkrieg nicht mehr.[33] Namen wie die des Generalstabschefs Alfred Graf von Schlieffen oder des Admirals Alfred Tirpitz könnten zusammen mit Wilhelm II. eine ganze *hall of shame* Deutschlands bestücken.

Es fällt auf – wir hatten dieses Unbehagen schon angesprochen –, dass sich Bismarck immer nur seinem Monarchen gegenüber rechenschaftsschuldig fühlte, hierin seine verfassungspolitische Integrität zu sehen schien, aber es damit versäumte, einer modernen parlamentarischen Basis die entsprechende Unterstützung auf Dauer zu geben, die ihm umgekehrt auch innerhalb der Monarchie beziehungsweise der Staatskonstruktion des Reiches eine entscheidende Machtabsicherung geliefert hätte. So blieb Bismarck dem Hohenzollern gegenüber einseitig abhängig, was während seiner langen Regierungszeit gut ging, aber mit der usurpatorischen, neoabsolutistischen Attitüde des letzten Throninhabers, Wilhelm II., scheiterte, der nun selbst das Heft in die Hand nehmen wollte.[34] Der weiße Revolutionär (Henry Kissinger) war hier nicht revolutionär oder vorausschauend genug beziehungsweise: Es vertrug sich diese Rolle nicht mit seinem monarchischen Selbstverständnis. Die Loyalität des großen Staatsmannes Bismarck, der Europa lange Zeit durch seine grandiose Politik bestimmte, galt dem Kaiser. Diese Loyalität mag preußisch gesinnt gewesen sein, aber Bismarck hat damit Deutschland keinen guten Dienst erwiesen, wie sich durch Wilhelm II. zeigte. Bismarck war wie zu schlimmsten Zeiten des Feudalismus plötzlich von einem Parvenü abhängig, der Deutschland »einen Platz an der Sonne«[35] (Staatssekretär Bülow 1897) verschaffen wollte, eine Politik, die 1919 beziehungsweise mit Versailles endete. Disraeli und Gladstone in Großbritannien waren hier Bismarck voraus gewesen. So wurde Bismarck erstaunlicherweise letzten Endes ein Opfer des Wilhelminismus. Die parlamentarische Einbindung des Kanzlers, die Max Weber allzu spät erst einforderte – also die Beendigung der skizzierten

Kanzlermonarchie – hätte Deutschland vermutlich auf einen anderen Kurs gebracht. Wilhelm II. hat die Kanzlermonarchie nicht länger mitgetragen.[36]

Die Betrachtung des Bismarck-Reiches im Kontext einer von westdeutschen Historikern fixierten Sonderwegsthese war sicherlich eine überspitzte Beurteilung[37] der Entwicklung der zweiten Hälfte des 19. Jahrhunderts, die aus heutiger Sicht, in komparativer Betrachtung, nicht zu halten ist und zwischenzeitlich bezeichnenderweise kaum noch vertreten wird. Gerade die eindrucksvoll vergleichende Schrift von Christopher Clark zum Ersten Weltkrieg demonstriert auch im politikgeschichtlichen Bereich, wie sehr eine Abkehr von germanozentrischen Beobachtungen wichtig ist.[38] Sonderwege gab es viele, aber es sind nationale Wege in der europäischen Vielfalt von Wegen. Gleichwohl entsteht Erklärungsbedarf in Deutschland, weil nun mal das Deutsche Reich Schiffbruch erlitten hat, und die anderen Regime zwar nicht gut, aber besser weggekommen sind, jedenfalls kein Versailles erfahren mussten. Deshalb ist die Frage meines Erachtens unumgänglich, ob das Versailles von 1919 noch irgendetwas mit Bismarck zu tun hat, ob es in seiner Macht gelegen hätte, Deutschland dieses Schicksal zu ersparen. Und alle Folgen, die sich aus Versailles dann entwickelten.

Es scheint mir unvermeidlich und angemessen zu sein zu fragen, aus welchen Umständen heraus und durch welche Weggabelungen es zu einer Fehlentwicklung Deutschlands gekommen ist, an deren Ende der Erste Weltkrieg stand. Es hilft auch nicht weiter, wenn man weiß, dass es im 20. Jahrhundert Antisemitismen in vielen Ländern Europas gegeben hat, zum Teil radikaler als in Deutschland; und wenn man andererseits festhalten muss, zu welchem Verbrechen der Antisemitismus eben doch in Deutschland führte.

In Übereinstimmung mit Bismarck können wir sagen, dass es zur Staatsräson des Deutschen Reichs gehört hatte, den Bestand zu wahren, sich die Lage in der Mitte Europas immer zu vergegenwärtigen; und sich die Befürchtungen ausländischer Mächte vor Augen zu führen, aus denen heraus um jeden Preis verhindert werden sollte, dass es zu Bündnissen gegen Deutschland kommt.[39] Der berühmte *cauchemar des coalitions*, den Bismarck im Kissinger Diktat von 1877 seiner Nachwelt mit auf den Weg gab, trieb Bismarck zu Recht um –

aber sicherlich keinen Wilhelm II., dessen mangelnder politischer Instinkt Deutschland zum Verhängnis wurde.[40] Deutschland ist an diesem Wilhelminismus zugrunde gegangen, und nicht an einer Bismarck'schen Realpolitik. »Bismarck hat in den zwei Jahrzehnten als Reichskanzler seine ganze Kraft daran gesetzt, vom Deutschen Reich die bedrohlichen Folgen seiner Gründung abzuwenden«, so beginnt Andreas Hillgruber seine Ausführungen über die *Bismarck-Zeit (1871–1890)*.[41] Bismarck hat nicht den Weltkrieg vorausgesehen,[42] aber er hat vorausgesehen, dass Kriege gegen Deutschland geführt werden können und man mit dieser antideutschen Bündniskonstellation absolut rechnen müsste. Diesem Erbe waren seine Nachfolger nicht gewachsen und schon gar nicht der letzte Hohenzoller. Preußen hat diese unrühmliche Figur nicht verdient. Deutschland ist nicht an Preußen und nicht am preußischen Militarismus aufgelaufen, sondern an der Unfähigkeit seiner politischen Führung, an Mängeln seiner politischen Kultur und einer zu wenig beherzten Veränderung der Herrschaftsstrukturen einer Kanzlermonarchie.

Das nationalstaatliche Werk Bismarcks ist über die Katastrophe des 20. Jahrhunderts hinweg – strukturell-geografisch gesehen – noch immer, wenn auch in einer Schrumpfversion von 1990, wahrnehmbar. Es ist existent! Der deutsche Dualismus ist längst beendet, wenn auch um den Preis, dass Wien und Berlin nicht mehr zusammen gedacht werden können; sonstige dynastisch-reaktionäre Kleinstaatereien sind aber verschwunden. Die Okkupation nach 1945 hat das Land ebenso überstanden wie es einer glücklichen Fügung zufolge einer Morgenthauisierung entgangen ist; und sogar die Teilung der ganzen Nation war »nur« ein Transitorium. Deutschland hat durch seine Hybris, die mit dem Wilhelminismus begann, seine Größe verspielt und sich Bismarcks Maxime der Politik[43], sich zu bescheiden, versagt. Deutschland hat zur Urkatastrophe des 20. Jahrhunderts beigetragen, doch es hat in der Mitte Europas überlebt und es würde gut daran tun, realpolitisch als Macht der Mitte Europas seinen Weg zu finden – getreu der Räson Bismarcks, sich nicht in Europa zu isolieren.

***

Bismarck – ein Monolith. Ein großes Wort. Als solcher erscheint er im Rückblick und aus der Ferne eigentlich auch als Unikat und Solitär. Bei näherer Betrachtung – Reflexionen – ändert sich der Eindruck ein wenig, steht er nicht allein, sondern eingebettet in Konstellationen und Bündnisse, war gar abhängig von Kooperationsbereitschaften vieler seiner Kollegen, denen er auch in seinen Erinnerungen ein Denkmal setzte.

Dennoch überragt Bismarck seine politische Klasse und seine Nachfolger; jedenfalls scheint es so, als ob seine große Gestalt noch im 21. Jahrhundert erkennbar ist und dazu einlädt, über sein Erbe nachzudenken.

Zu diesem Band

Eine eigene kleine Abhandlung mit einer breiten politikgeschichtlichen Expertise legt *Peter März* vor. Seine biografische, porträtorientierte Studie einer amts- und wirkungsgeschichtlichen Betrachtung und seine komparativ akzentuierte Analyse von vier Kanzlerschaften liefern einen tragenden Baustein dieses Bandes. Der Vergleich der vier Kanzler Bismarck, Bülow, Adenauer und Kohl zeigt, dass man Bismarck vielleicht als einen Monolith ansehen kann, der sein eigenes Profil absolut besitzt. März spielt die bekannten Faktoren einer Kanzlerdemokratie zur Analyse der vier Matadore durch. Dabei erwähnt er die schwierige politische Doppelexistenz des preußisch eingebetteten Reichskanzlers, er diskutiert die Rolle und das Verhältnis des Militärs zu Bismarck, er arbeitet die Stellung Bismarcks zu Reichstagsmehrheiten heraus, auf die es dem Reichskanzler zum Regieren ankommen musste, und er skizziert die Entwicklung einer Art Reichskanzlei, mit der Politik betrieben wurde. Wichtig ist auch die Erwähnung, wie sehr Bismarck einen Präventivkrieg, also die in der Gesellschaft diskutierte Sorge um künftige militärische Unterlegenheit – die Situation von 1914 –, ablehnte.

Eine verfassungsgeschichtlich und ebenfalls politikgeschichtlich angelegte filigrane Abhandlung liefert *Hans Fenske*. Als Verfassungsexperte – auch im Sinne der Verfasstheit einer politischen Ordnung – zeigt er den Verfassungsgebungsprozess im zweiten Reich und zuvor des Norddeutschen Bundes auf. Er kann nachweisen, wie sehr sich Bismarck um diese Verfassungsgebung des Norddeutschen Bundes persönlich bemühte: 17 der 64 Artikel waren von Bismarck entworfen worden. Konstitutionelle Regierungssysteme waren auch in Europa verbreitet, ein parlamentarisches gab es der Sache nach nur in Großbritannien und Belgien, dennoch kann man nach Fenske den Norddeutschen Bund als den verfassungsmäßig modernsten Staat im damaligen Europa bezeichnen. Fenske ist auch der Ansicht, dass es ein drastisches Fehlurteil (Wehler) bedeute, wenn man das Deutsche Reich als eine pseudokonstitutionelle autoritäre Monarchie bezeichne, in der die Parteien ohnmächtig gewesen sein sollen. Auch von einer Kanzlerdiktatur zur Zeit Bismarcks könne wahrlich keine Rede sein.

Längst untergegangen ist der in der deutschen Geschichte lange Zeit bestimmende deutsch-deutsche Dualismus. Golo Mann sprach von der ersten Teilung Deutschlands 1866. *Ulrich Schlie* schreibt zum Datum 1866 einen spannenden Essay und hält einleitend fest, dass in einem einzigen Gefecht entschieden worden war, ob Deutschland künftig von Berlin oder von Wien aus regiert werden würde. Bismarck hat nach der österreichischen Niederlage Österreich zu gewinnen versucht, was sich im Laufe der Zeit bis zum Zweibund von Preußen und Habsburg, von Deutschland und Österreich entwickelt hat, dessen Verdichtung allerdings vor dem Ersten Weltkrieg zur Nemesis wurde. Zu Recht erwähnt Schlie auch den Wettbewerb zwischen dem System Metternich und dem System Bismarck, der zeitversetzt ausgetragen wurde. Der Einschätzung von Ulrich Schlie, dass die Beschäftigung mit der von Preußen und Habsburg geprägten Vergangenheit verpasste Gelegenheiten zutage treten lasse, kann nur zugestimmt werden. Preußen und Habsburg seien auf ganz unterschiedliche Weise zu Opfern ihrer eigenen Geschichte geworden.

Der Beitrag von *Werner Plumpe* über Bismarcks Sozialpolitik liefert den überraschenden Befund, der sich in der Fachliteratur abzeichnet: Der vielfach bemühte Zusammenhang von sozialpolitischer Gesetzgebung und Sozialistenverfolgung stelle eine oberflächliche Betrachtung dar. Bismarck sei es tatsächlich um einen umfassenderen Schutz vor Erwerbsunfähigkeit gegangen. Denn die sozialen Nöte seien sehr dringlich, die Kommunen mit den sozialen Problemen unmittelbar konfrontiert gewesen. Der Staat aber habe sich aus den Fragen der sozialen Sicherung herausgehalten, was nicht länger durchhaltbar gewesen sei. Insofern, so Plumpe, folgten die Maßnahmen der Sozialpolitik einer objektiven Logik und nicht einem Reflex an die sozialdemokratische Adresse. Es hat diesen Zusammenhang gegeben, aber er war viel loser. Bismarcks Intention war, dass sich jeder arbeitende Mensch durch Arbeit selbst erhalten können sollte und seine materiellen Interessen befriedigt werden sollten, was auch zur Stabilisierung der sozialen Ordnung beitragen würde. Bismarck wollte die Kosten der Sozialversicherung staatlicherseits aufbringen, während seine Gegner, insbesondere die der Sozialdemokratie, ihre politischen Vorfeldorganisationen (Hilfskassen) mit diesen Aufgaben befasst sehen wollten. Gegner der Gesetzgebung hatten also ihrerseits ein Interesse, zu behaupten, dass die Sozialgesetzgebung nur der Bekämpfung der Sozialdemokratie diente.

Dem Phänomen Junker widmet sich *Heinz Reif* in einer Rekonstruktion. Das Bild erfahre von Jahrzehnt zu Jahrzehnt eine immer aggressiver werdende Zuschreibung von Negativmerkmalen. Gerade der äußere Habitus dieses ostelbischen Ritterguts- und Militäradels trug zur Feindbildwerdung bei. Schon der Freiherr vom Stein hatte die Klasse als herzlos, hölzern und halbgebildet bezeichnet. Mit dem Junker wird seit dem 19. Jahrhundert das Bild verbunden: ein wenig bevölkertes Land, riesige stagnierende Gutswirtschaften, Kulturlosigkeit eines Koloniallandes. Als problematisch gilt, dass dieser Adelsstand im Militär und Beamtentum zeitweise überhand nahm. Hugo Preuß habe in den Junkern eine Gefährdung des Bürgertums gesehen, weil die Demokratisierung des Bürgertums aufgehalten wurde, ja es sich in Richtung einer Feudalisierung entwickelt habe. Bei Werner Sombart werde diese Feudalisierung des Bürgertums ebenfalls erwartet, als Selbstfeudalisierung. Bei Max Weber behindere diese sinkende Klasse durch ihre reaktionäre Politik die Dynamisierung der Gesellschaft. Franz Mehring spreche gar von einer monarchisch verschleierten Junkerrepublik in der man existiere. Wilhelm Röpke sehe in dem Junker einen Bauern mit Monokel, der charakterlich defizitär sei und dazu beitrage, das Preußen-Bild in Deutschland verhasster zu machen. Ein Reflex dieser Feindbildbestimmung finde sich in jeder Propaganda der Alliierten in beiden Kriegen, vor allen Dingen aber im zweiten, nach dem Preußen verboten wurde.

Der verfolgten Sozialdemokratie in der Ära Bismarck setzt *Brigitte Seebacher* ein eindrucksvolles Denkmal. Zunächst würdigt sie Lassalle, mit dem Bismarck sich zu arrangieren begonnen hatte. Im Kern geht es dann aber um August Bebel, um dessen Kampf- und Leidensgeschichte im zweiten Reich. Er hat die Annexion Elsass-Lothringens abgelehnt und einen ehrenvollen Frieden mit Frankreich verlangt. Bebel hat die Reichsgründung nur aus der Haft miterleben können und war wegen der Kritik an der Annexion im Dezember 1870 verhaftet worden – wegen »Vorbereitung zum Hochverrat«! Noch 1889 standen in Elberfeld-Barmen 128 Sozialdemokraten vor Gericht und 400 Zeugen wurden geladen. Das Ausmaß an Diskreditierung und Verfolgung hat die politische Kultur des zweiten Reiches vergiftet. Wenn Willy Brandt 1967 Walther Rathenau zitiert: die Bismarck'sche Zeit sei für alle Zeiten vorüber, dann ist dies nachvollziehbar.

Ulrich Lappenküper skizziert ein eindrucksvolles und einfühlsames Porträt einer Einrichtung, die sich dem Erinnern an Bismarck widmen kann, ohne einem Mythos frönen zu müssen. Der Autor zeichnet ein Bild einer Memorialkultur, die im Sachsenwald, parteiübergreifend und wissenschaftlich besten Ansprüchen genügend, eine historische Leistung erbringt. Lappenküper spiegelt aber auch die Geschichte des Bismarck-Bildes in den unterschiedlichen deutschen Gesellschaften. Vor allem wird der sehr lange Weg bis zur Einrichtung der Otto-von-Bismarck-Stiftung aufgezeigt, der belegt, wie schwierig es in Deutschland ist, ein Erbe anzutreten, das die Geschichte hinterlassen hat – und dem man sich stellen können muss, denn, so zitiert Lappenküper, »jede Kultur beruht auf Erinnerung« (Norbert Lammert).

Henry Kissinger verweist gleich zu Beginn seiner berühmten, 1968 zuerst erschienen Studie über den weißen Revolutionär auf den Anstoß, warum man sich mit Bismarck beschäftigen sollte, auch im 21. Jahrhundert. Bismarck habe die Landkarte Europas neu gestaltet, aber sein Erbe sei von nicht zu bewältigender Größe gewesen.

Kissinger geht methodisch so vor, dass er schon in der biografischen Entwicklung Bismarcks dessen Naturell herausarbeiten möchte. Weiterführender ist vielleicht seine Bemerkung, die auch den späteren Außenminister Kissinger bestimmt haben dürfte: »Friedliche Veränderung ist nur dann möglich, wenn die Mitglieder eines internationalen Staatensystems den Wert ihrer Ordnung über jede zwischen ihnen auftretende Uneinigkeit hinaus anerkennen.« Diese Erkenntnis schließt fast zum jüngsten Buch Kissingers, *World Order* (2014), auf, in dem das Westfälische System von 1648 gewürdigt wird. Dass die Zustände, die in Deutschland herrschten, der Schlüssel für das europäische Gleichgewicht waren, führt zu Bismarcks Leistung hin. Bismarck versuchte die Realität nach seinen Zielen hin zu gestalten und war insofern revolutionär. Eine Politik, die die Ereignisse nur abwartet, würde leicht von ihnen bestimmt werden. Eine von Kissingers Thesen lautet, dass die von der Revolution, der deutschen Einheit, entfesselten Kräfte einer eigenen Logik folgen, die mit den ursprünglichen Zielvorstellungen ihrer Initiatoren nichts mehr gemein haben, sondern machtbezogen sich verselbständigen. Nur solange Bismarck regierte, konnte seine *tour de force* in der Geschichte des 19. Jahrhunderts, auf der Grundlage eines um Deutschland zentrierten komplizierten Bündnissystems, die Engpässe beziehungsweise Starrheit des internationalen Systems überspielen. Der hier wiederaufgelegte Aufsatz von Henry Kissinger besticht, weil er Bismarck wegführt vom stereotypen Bild eines Konservativen, eines junkeraffinen Politikers und ihm ganz im Gegenteil die nötige Anerkennung für seine realpolitischen Leistungen zollt und damit einen Politikertyp goutiert – übrigens 1968 ihn mit de Gaulle! vergleicht –, den man später vielleicht als großen Reformer wiederfindet, in Gestalt Bismarcks aber als Gründerfigur (Deutsches Reich) und als Anstifter von neuen, sozialstaatlichen Politikfeldern ausgewiesen findet.

Der große Bismarck-Kenner *Michael Stürmer* nimmt sich vor, die alten Erzählungen zu überprüfen. An sich sei das Bismarck-Reich, insbesondere im Bewusstsein der Westdeutschen bis 1989, kein Gegenstand ernsthafter Betrachtungen mehr gewesen. Doch wenn die Weltgeschichte mit der Tür ins Haus falle, so Stürmer, könne das Haus nicht unverändert bleiben. Auch Stürmer fällt es nicht schwer, von einer Staatskunst zu sprechen, die sich 1989/90 nach innen ebenso wie nach außen behauptet hat und Sinn für Geschichte und Geografie und speziell Geopolitik entwickelt habe. Stürmer spricht von den Lehren der Geschichte, die man im Verhältnis zu Russland etwa ziehen könne – bis in unsere Tage!

Vergleichen was vergleichbar ist, heißt ja nicht, dass man etwas gleichsetzt – in diesem Sinne nimmt sich *Hans-Peter Schwarz* mit einer gewissen Courage die Einigungsbewegungen von 1871 und 1989/90 einmal vor. Dabei wecken sowohl die Unterschiede als auch die aufgezeigte Vergleichbarkeit gleichermaßen Erstaunen. Beide Male gelang es, einen deutschen Nationalstaat zu errichten, von dem angesichts der Widerstände im In- und Ausland weder Bismarck noch Kohl es vernünftig fanden, unmittelbar zu sprechen. Genauso wie im 19. Jahrhundert schon geschehen, hatten sich in Westdeutschland viele Widerstände gegen eine Nationalbewegung etabliert. Dass ein späterer deutscher Außenminister noch eine Woche nach dem Fall der Mauer die Wiederherstellung des deutschen Nationalstaates mindestens 25 Jahre lang verhindert wissen wollte, steht für sich. Willy Brandt war diese Metternich'sche Ängstlichkeit nicht zu eigen. Weder Bismarck noch Kohl hatten per se einen größeren Bezug zur jeweiligen Nationalbewegung, an deren Spitze sie sich aber rasch zu stellen wussten. Beide Staatsmänner wussten ausländische Mächte für ihr Vorhaben zu gewinnen. Innenpolitisch galt es für beide, Anti-Preußentum oder antinationales Denken aufzufangen. Der faszinierende Vergleich, der dem Biografen Adenauers wie Kohls hier gelungen ist, steht für sich.

***

Ich danke allen Autoren, dem Verlag, meinen Mitarbeitern, beratenden Kollegen und der Jakob-Kaiser-Stiftung für die Möglichkeit, eine derart wertvolle Sammlung von Betrachtungen im Bismarck-Jahr zusammenstellen zu dürfen.

Anmerkungen

1 Hillgruber, Andreas: *Die Last der Nation. Fünf Beiträge über Deutschland und die Deutschen*, Düsseldorf 1984.

2 Dass es sich bei Bismarcks Memoirenwerk »vor allem auch (um) eine Art ›Lehrbuch der Politik‹« gehandelt habe, darauf habe Gustav Schmoller schon 1898 hingewiesen, so Hans-Christof Kraus im Nachwort (Anm. 29) zu Schmollers Text.

3 »In der Auseinandersetzung mit Bismarck hat jede Epoche unserer Geschichte seitdem, und zumal die unsrige, zuletzt immer sich selbst gesucht – was zum Wesen aller Historie einschließlich der wissenschaftlichen gehört.« In: Stürmer, Michael: *Bismarck. Die Grenzen der Politik*, München 1987, S. 9.

4 »Es hätte Deutschlands Jahrhundert werden können; am Anfang des Jahrhunderts war Deutschland das Land des dynamischen Aufstiegs.« In: Stern, Fritz: *Verspielte Größe. Essays zur deutschen Geschichte des 20. Jahrhunderts*, München 1996, S. 11.

5 »Es geht nicht darum, China einzudämmen, sondern darum, mit seinem unvermeidlichen Aufstieg umzugehen. China muss sich zurückhalten, und zwar innerhalb definierbarer Grenzen.« In: Kissinger, Henry / Zakaria, Fareed / Ferguson, Nial / Li, David Daokui: *Wird China das 21. Jahrhundert beherrschen? Eine Debatte*, München 2012, S. 63.

6 Seeley, John Robert: *Introduction to political science. Two series of lectures*, London / New York 1896, S. 4.

7 »[…] und die Fähigkeit zu warten, während die Verhältnisse sich entwickeln, ist eine Vorbedingung praktischer Politik.« In: Craig, Gordon A.: *Deutsche Staatskunst von Bismarck bis Adenauer*, Düsseldorf 1961, S. 23 (Im Original: Bismarck, Otto von: *Gesammelte Werke*, IX. Bd., S. 49–50).

8 www.bismarcktuerme.de, zuletzt abgerufen am 16. 11. 2014.

9 Stürmer zitiert den berühmten Ausspruch, der in der Budgetkommission des Abgeordnetenhauses am 30. September 1862 gefallen ist und der für Bismarcks Politikstil prophetische Bedeutung zukam: »Preußens Grenzen nach den Wiener Verträgen sind zu einem gesunden Staatsleben nicht günstig; nicht durch Reden und Majoritätsbeschlüsse werden die großen Fragen der Zeit entschieden – das ist der Fehler von 1848 und 1849 gewesen –, sondern durch Eisen und Blut.« In. Stürmer, Bismarck (Anm. 2), S. 57. Dass am 06. 10. 1989 Michael Gorbatschow in Ost-Berlin auf diese Formel hinwies weiß Joachim von Arnim zu berichten in: *Zeitnot. Moskau, Deutschland und der weltpolitische Umbruch*. Mit einem Vorwort von Horst Teltschik, Bonn 2013, S. 214.

10 Vgl. zur belastenden Rolle des Militärs die nach wie vor sehr eindrucksvolle, empfehlenswerte Studie von Ritter, Gerhard: »Moltke und Bismarck –

Strategie und Politik«, in: Ritter, Gerhard: *Staatskunst und Kriegshandwerk. Das Problem des »Militarismus« in Deutschland.* Erster Band: *Die altpreußische Tradition* (1740–1890), 1959, S. 238–329. Ritter betont vielfach, wie sehr Bismarck oft den Militärs widersprach, während Moltke zum Beispiel die völlige Niederwerfung und Wehrlosmachung des Feindes favorisierte.

11 Fellner, Fritz: »Die Historiographie zur österreichisch-deutschen Problematik als Spiegel der nationalpolitischen Diskussion«, in: *Österreich und die deutsche Frage im 19. Und 20. Jahrhundert*, hrsg. von Heinrich Lutz und Helmut Rumpler, München 1982, S. 33–59.

12 »Cavour und Bismarck gründeten den jeweiligen Nationalstaat auf vorhandenen kulturellen Grundlagen, die sich bereits als national verstanden, weil sich in den Zivilgesellschaften signifikante Minderheiten als ›Nation‹ oder als ›nationale Gemeinschaft‹ fühlten, bevor ein National›staat‹ existierte.« In: Rusconi, Gian Enrico: *Cavour und Bismarck. Zwei Staatsmänner im Spannungsfeld von Liberalismus und Cäsarismus*, München 2013, S. 8.

13 Schieder, Theodor: »Das Deutsche Reich als Nationalstaat«, in: Schieder, Theodor: *Nationalismus und Nationalstaat. Studien zum nationalen Problem im modernen Europa*, hrsg. von Otto Dann und Hans-Ulrich Wehler, Göttingen 1991, S. 207.

14 Schieder, Deutsche Reich, Ebd., S. 211.

15 Zitiert nach Althammer, Beate: *Das Bismarckreich 1871–1890*, Paderborn 2009, S. 191.

16 Stern, Fritz: *Verspielte Größe. Essays zur deutschen Geschichte des 20. Jahrhunderts*, München 2005.

17 Vgl. Althammer, Bismarckreich (Anm. 15), S. 60.

18 Steinberg, Jonathan: *Bismarck. Magier der Macht*, Berlin 2012, S. 9, 16–17, 19

19 Vgl. Nipperdey, Thomas: *Deutsche Geschichte 1866–1918*, II. Bd. *Arbeitswelt und Bürgergeist*, München 1990, S. 337–347 und S. 350–352.

20 Ritter, Staatskunst (Anm. 10), 1. Band, 8. Kapitel, Craig (Anm. 7)

21 Bernd Heidenreich in seinem Vorwort zum Band: *Das Deutsche Kaiserreich 1890–1914*, hrsg. von Bernd Heidenreich und Sönke Neitzel, Paderborn 2011, S. 7.

22 Henry Kissinger im Gespräch mit Thomas Schmid, in: *Welt am Sonntag*, 29. 06. 2014.

23 Juliane von Mittelstaedt und Erich Follath: Interview with Henry Kissinger: »Do we achieve world order through chaos or insight?«, Spiegel-online vom 13. 11. 2014, http://www.spiegel.de/international/world/interview-with-henry-kissinger-on-state-of-global-politics-a-1002073.html (zuletzt abgerufen am 17. 11. 2014.

[24] Ebd.; vgl. dazu Ritter, Staatskunst, Anm. 10, S. 304 über »echten Interessensausgleich«.

[25] Kissinger, Henry: *Weltordnung*, München 2014, S. 11.

[26] Kissinger, Ebd., S. 18–19.

[27] »Das Westfälische System bezog seine Universalität aus seinem prozeduralen – und wertneutralen – Wesen. Seine Regeln konnten von jedem Land übernommen werden: die Nichteinmischung in die inneren Angelegenheiten anderer Staaten, die Unverletzlichkeit der Grenzen, die Souveränität der Staaten sowie die Förderung des internationalen Rechts.« In: Kissinger, Ebd. S. 413.

[28] So hatte ich formuliert, um das Konzept der Realpolitik Ludwig August von Rochaus (*Grundsätze der Realpolitik*, 1853 und 1869) zu aktualisieren und gegenüber Vorurteilen zu rehabilitieren, vgl. meinen Aufsatz »Rochaus Realpolitik redivivus« in der Festschrift für Christian Hacke *Außenpolitik und Staatsräson*, hrsg. von Volker Kronenberg, Jana Puglierin, Patrick Keller, Baden-Baden 2008, S. 252.

[29] »Immer wieder betonte Bismarck, dass man in der auswärtigen Politik nur Schaden stiftet, wenn man Sympathien, traditionellen Gefühlen, allgemeinen Stichworten wie Legitimität oder Kampf gegen die Revolution, folge. Es ist in seinen Werdejahren ein Lieblingsthema gegenüber seinen konservativen Freunden, wie falsch es sei, wenn man einen Mann wie Napoleon III. reize und zurückstoße, weil man sich in Berlin noch in der Stimmung von 1813 fühle. Nur das Interesse des eigenen Staates dürfe maßgebend sein, das man freilich mit weitem Blick, mit Abwägung aller Beziehungen klar und scharf und mit keckem, kühnen Mute erfassen müsse; in den Augenblicken des Erfolgs dürfe man aber auch nicht etwa zur Befriedigung nationaler Eitelkeit oder militärischen Ruhms einen Schritt zu weit gehen.« In: Schmoller, Gustav: *Über die »Gedanken und Erinnerungen« von Otto Fürst von Bismarck* (1898 ersch.), mit einem Nachwort von Hans-Christof Kraus, Berlin 2010, S. 11 f.

[30] Fritz Stern formuliert gar, sie sei »das wirklich Fatale im Wilhelminischen Reich« gewesen, in: Stern, Größe (Anm. 4) S. 15. Vgl. auch Steinberg, Bismarck (Anm. 18), S. 643 und 659.

[31] Vgl. eingehend untersucht bei Ritter, *Staatskunst und Kriegshandwerk*. (Anm. 10) Zweiter Band., bes. ii. Teil, 5. Kapitel: »Die ›Militarisierung‹ des deutschen Bürgertums«, S. 117 ff.

[32] »[…] dass die Frage von Krieg und Frieden auch im Kriege stets zur Kompetenz des verantwortlichen politischen Ministers gehört«, Bismarck, Otto von: *Gedanken und Erinnerungen*, Buch II, Kapitel XII., Gütersloh o.J. (ca. 1965), Wiedergabe aus der kritischen Friedrichsruher Ausgabe, hrsg. von Gerhard Ritter und Rudolf Stadelmann, 13. Bd., 1932.

[33] Vgl. auch die intensive Auseinandersetzung mit diesem Themenspektrum

bei Gerhard Ritter, der auch die große Rolle des »Gleichgewichts der Mächte« in der Epoche 1815–1914 betonte: Die Haltung Bismarcks: der Krieg als Hilfsmittel verantwortlicher Staatskunst, in: Ritter, Staatskunst, 1. Bd. (Anm. 10), S. 302–329, hier S. 305.

34 Schon Kardinal Richelieu warnte davor, dass »es nichts Gefährlicheres für einen Staat gibt, als gewissen Geistern eine große Autorität zu verleihen, die nicht genug Verstand haben, um ihren eigenen Weg zu finden und doch davon so viel zu haben glauben, dass sie nicht nach dem Rat anderer fragen. Sie können weder selbständig einen guten Rat geben, noch den Vorschlägen derer folgen, die fähig sind, ihnen einen zu geben, und daher machen sie sehr große Fehler.«, Plessis Duc de Richelieu, Armand du: *Das Politische Testament,* 1643, Klassiker der Politik, 14. Bd., Berlin 1926, S. 144.

35 Bülow, Bernhard von: *Deutschlands Platz an der Sonne. Fürst Bülows Reden nebst urkundlichen Beiträgen zu seiner Politik.* »Mit Erlaubnis des Reichskanzlers« gesammelt u. hrsg. von Johannes Penzler, I. Band 1897–1903, Berlin 1907, S. 6–8.

36 In den Gedanken und Erinnerungen Anm. 32, III. Buch, IX. Kapitel, hat Bismarck gar darüber nachgedacht, dass der Monarch »ohne Verletzung unserer Verfassung« selbst die Politik führen könne, letztlich aber, so wendet er ein, dann ungesichert Presse und Parlament gegenübertreten müsse. Das sei nicht mehr zeitgemäß. Und im Kapitel X. des II. Buches schreibt er apodiktisch: »Absolutismus der Krone ist ebenso wenig haltbar wie Absolutismus der parlamentarischen Majoritäten«.

37 In diesem Sinne, um einer Überspitzung zu begegnen, war schon damals besonders eindrucksvoll zu lesen, was die britischen Historiker Geoff Eley und David Blackbourn mehr als kritisch, so gegen Lepsius, Parsons, Dahrendorf u.a.m. gewandt, in den Raum stellten, vgl. Eley, Geoff / Blackbourn, David: *Mythen deutscher Geschichtsschreibung. Die gescheiterte bürgerliche Revolution von 1848*, Frankfurt am Main 1980, hier S. 33. Dass in der damaligen Debatte auf westdeutscher Seite sehr nachlesenswerte Werke entstanden, sei mit dem Hinweis auf die Dissertation von Bernd Faulenbach belegt, vgl. Faulenbach, Bernd: *Ideologie des deutschen Weges. Die deutsche Geschichte in der Historiographie zwischen Kaiserreich und Nationalsozialismus*, München 1980. Vgl. auch Calleo, David P.: *Legende und Wirklichkeit der deutschen Gefahr. Neue Aspekte zur Rolle Deutschlands in der Weltgeschichte von Bismarck bis heute*, Bonn 1981.

38 Dass Bundeskanzler Helmut Kohl bei einem Besuch in der Deutschen Botschaft in Moskau 1983 diesen Sachverhalt ebenfalls gut begründet aussprach, berichtet Joachim von Arnim, Zeitnot, (Anm. 9), S. 85–86.

39 Dazu Bismarck in *Gedanken und Erinnerungen* (Anm.32), Buch II, Kap XVIII: »[…] Versuch, die Möglichkeit der antideutschen Koalition

durch vertragsmäßige Sicherstellung der Beziehungen wenigstens zu *einer* Großmacht einzuschränken.« (S. 198) An sich hätte er diejenige zu Russland favorisiert, aber die österreichische letztlich vorziehen müssen. Bismarck erwähnt dann später auch die möglichen Krisenherde, die im Juli 1914 akut auftreten: »Nicht bloß der Panslawismus und Bulgarien oder Bosnien, sondern auch die serbische, die rumänische, die polnische, die tschechische Frage, ja selbst noch heute die italienische im Trentino, in Triest und an der dalmatinischen Küste können zu Kristallisationspunkten für nicht bloß österreichische, sondern auch europäische Krisen werden, von welchen die deutschen Interessen nur insoweit nachweislich berührt werden, als das Deutsche Reich mit Österreich in ein solidarisches Haftverhältnis tritt [...] Für Deutschland unmittelbar existiert die Gefahr, in schwere und gefährliche Kämpfe verwickelt zu werden [...].« (S. 209).

40 Vgl. den knappen Text des Biografen von Wilhelm II.: Röhl, John C. G.: »Der Nachtfalter«, in: Klussmann, Uwe / Mohr, Joachim (Hrsg.): *Das Kaiserreich. Deutschland unter preußischer Herrschaft*, München 2014, S. 99–103.

41 Hillgruber, Andreas: *Die gescheiterte Großmacht. Eine Skizze des Deutschen Reiches 1871–1945*, Köln 1982, S. 17.

42 Aber einen bemerkenswerten Satz Bismarcks von 1887 über den Prinzen Wilhelm hält Reinhardt Mohr fest: Er sei »ein Brausekopf, könne nicht schweigen, sei Schmeichlern zugänglich und könne Deutschland in einen Krieg stürzen, ohne es zu ahnen und zu wollen«. Voilà, diese Charaktereinschätzung traf den Punkt. In: Mohr, Reinhardt: »Das Dreikaiserjahr«, in: Mohr, Reinhardt / Klussmann, Uwe (Hrsg.): *Das Kaiserreich. Deutschland unter preußischer Herrschaft. Von Bismarck bis Wilhelm II.*, München 2014, S. 97. Uwe Klussmann hat für den Band ein Engels-Zitat, ebenfalls von 1887, ausgekramt, das prophetisch die Katastrophe des Ersten Weltkriegs vorwegnimmt (ebd., S. 247).

43 Von der Michael Stürmer zu Recht spricht: »Vertrauen bilden, berechenbar sein, sich kleiner machen als man war, den älteren Mächten den Vortritt lassen überall außer in Mitteleuropa, das war die Maxime Bismarck'scher Politik, geprägt von der unter Großmächten so seltenen Tugend der Selbstbeschränkung und des kollektiven Sicherheitsdenkens.« In: Stürmer, Grenzen (Anm. 3), S. 97–98.

»Genie« im Kanzleramt?

Otto von Bismarck als erster deutscher Kanzler und als preußischer Regierungschef

Peter März

1. Expositionen

An Bismarck-Verherrlichung war in Deutschland schon früh, bereits nach seiner Entlassung durch Kaiser Wilhelm II. am 18. März 1890, kein Mangel. Zu den Höhepunkten von Bismarcks Glorifizierung nach der Verbannung aus seinen Ämtern zählten seine ausgedehnte Reise im Sommer 1892 nach Dresden, Wien und München – aus Anlass der Vermählung seines Sohnes Herbert mit der Gräfin Marguerite von Hoyos in der österreichischen Hauptstadt –, sein 80. Geburtstag 1895 und später, in der Zeit nach dem verlorenen Ersten Weltkrieg, die nostalgische Sehnsucht in die scheinbar gute alte Zeit des Kaiserreiches unter Wilhelm I.

Schon zwei Jahre nach seiner Entlassung war Bismarck im Geschichtsbild großer Teile der Öffentlichkeit, auch und gerade unter Einschluss des 1866 geschlagenen Österreichs, vom reaktionären preußischen Junker zum Idol des nationalen Bürgertums geworden.[1] Vom »Genie« aber spricht ein anderer, wenn auch nicht frei von zweifelndem Unterton: der Historiker, Sicherheitspolitiker und ehemalige US-amerikanische Außenminister Henry A. Kissinger. Er gebraucht, auf Bismarck bezogen, die bekannte Formel vom weißen Revolutionär, also vom Staatsmann, der die Revolution von oben durchgesetzt habe, um die von unten abzufangen, und er schreibt über die Verfasstheit, die Bismarck in Deutschland seit Ende der 1860er-Jahre durchsetzte: »Die neue Ordnung, die den Konservativen zu demokratisch, den Liberalen zu autoritär und den Legitimisten zu machtorientiert erschien, war auf ein Genie zugeschnitten, das sich vornahm, die widerstreitenden Kräfte sowohl auf der innenpolitischen als auch auf der außenpolitischen Ebene, dadurch zu bändigen, dass es sie jeweils gegeneinander ausspielte.«[2]

Will man sich Bismarcks Regieren nähern und will man es in eine vergleichende – deutsche – Perspektive zu rücken suchen, dann liefert uns Kissinger hier vermutlich in der Tat fast so etwas wie einen archimedischen Punkt. Es ist das Moment des Undogmatischen, die Art und Weise, sich eine große Variationsbreite in Bündnisoptionen innen- wie außenpolitisch zu erhalten und immer wieder die Zeitgenossen und insbesondere darunter die Gegenspieler durch abrupt anmutende Wendungen zu verblüffen, sie schachmatt zu setzen, im Einzelfall aber auch zu gewinnen. Beispielhaft demonstriert erscheint das durch die Einführung des gleichen Wahlrechts in Norddeutschem Bund und Deutschem Reich 1867 beziehungsweise 1871.

Freilich: Von einer Harmoniegeschichte mit schlechthin versöhnendem Abschluss kann bei Bismarck gewiss nicht die Rede sein. Ein Urpreuße, wenn auch nicht im politischen Sinn Hochkonservativer, Theodor Fontane, schrieb aus Anlass von Bismarcks 80. Geburtstag 1895 mit sehr kritischem Unterton an seine Tochter Martha: »Diese Mischung von Übermensch und Schlauberger, von Staatengründer und Pferdediebstahl-Steuerverweigerer […], von Heros und Heulhuber, der nie ein Wässerchen getrübt hat, erfüllt mich mit gemischten Gefühlen und läßt eine reine helle Bewunderung in mir nicht aufkommen, es fehlt ihm gerade das, was recht eigentlich die Größe leiht.«[3] Nimmt man den deutschen Kulturraum, dann erscheint der südwestdeutsche Liberale und erste Bundespräsident Theodor Heuss als fast so etwas wie ein Antipode zu Theodor Fontane; beide sind nicht nur durch gute zwei Generationen getrennt. Aber auch bei Theodor Heuss bleiben ähnliche Vorbehalte, und die Gründe können nicht nur im zwischenzeitlichen Untergang des von Bismarck gestifteten Deutschen Reiches durch Hybris und Verbrechenspolitik des nationalsozialistischen Regimes liegen; denn auch über die Schwelle des Jahres 1945 hinweg finden wir zugleich bis in die Mitte der 1960er-Jahre eine ganze Menge Zustimmung zu Bismarck. Sie gründet wesentlich in dessen Bescheidung mit der sogenannten »kleindeutschen« Lösung und in seiner Intention wie in seinem Vermögen, von 1871 bis 1890 mit hohem Erfolg Kriegsvermeidungspolitik zu treiben und insgesamt in seinen politischen Management-Kapazitäten.[4] Theodor Heuss nun hat ersichtlich Bismarck auch ungeachtet der Zäsur, die die Phase des sogenannten Dritten Reiches von 1933 bis 1945 bedeutet, durchgängig eher skeptisch gegenüber gestanden oder, um es etwas anders zu formulieren: Er fand gar kein echtes Verhältnis zu ihm. Wie Heuss' Biograf Joachim Radkau beschreibt, war der spätere erste Bundespräsident ganze drei Jahre alt, als Bismarck bei den sogenannten Septennatswahlen zum Reichstag 1887 mit der nationalen Parole einer gebotenen Stärkung der Wehrkraft den Linksliberalen eine ihrer schwersten Niederlagen in der Geschichte des Kaiserreiches beibrachte; dieser familiär vermittelte Eindruck ist bei Heuss haften geblieben.[5] Über 60 Jahre später, 1951, ließ sich Heuss dafür gewinnen, zu Bismarcks Gedanken und Erinnerungen eine Einführung beizusteuern. Es ist ein umfangreicher Text, der beachtliche historische Kenntnis verrät.[6] Gewiss wägt Heuss in ihm vieles gegeneinander ab, aber letztlich lässt er sich dann doch von einem Verdikt bestimmen, bei dem die eigene Rolle als prinzipiell liberaler Publizist und Parlamentarier die Maßstäbe festlegt. Heuss' Abgrenzung gegenüber Bismarck erreicht da ihren Höhepunkt, wo er dem preußischen Reformer Freiherrn vom Stein attestiert, im Grunde die modernere und die legitimiertere Figur gewesen zu sein: Neben ihn trete »Bismarck fast als eine Figur des 18. Jahrhunderts, letzte große Verwirklichung der ›Kabinettspolitik‹, im Grunde Metternich näherstehend als dem nassauischen Retter und Erneuerer der zerschlagenen preußischen Staatlichkeit.«[7] Mit guten Gründen kann man sagen: Eine Wertung mit Voreingenommenheit. Stein wurzelte im Alten Reich, Bismarck im Politikbetrieb des 19. Jahrhunderts. Schlagen wir den Bogen bis in unsere Gegenwart, dann begegnet uns, zumal in den 1970er-Jahren, dominierend eine Interpretationslinie, die in Bismarck wesentlich den großen Manipulator sieht, einen Akteur, der ein an sich überholtes Regime für lange Zeit stärkte und stabilisierte und dafür im Resultat fatale politische Kosten in Kauf nahm: Es geht um die preußische Militärmonarchie. Obwohl angesichts der ökonomischen und sozialen Prozesse der Zeit überlebt, habe sie dank Bismarcks Instrumentalisierung außenpolitischer Erfolge wie außenpolitischer Gefahren, dank seines manipulativen Einsatzes nationaler Parolen und dank der Spaltung des Bürgertums in Nationalliberale und Linksliberale auf fatale Weise über einen längeren Zeitraum hin stabilisiert werden können.[8] Wie nun also heute vorgehen, nicht nur 200 Jahre nach Bismarcks Geburt, sondern auch ein Vierteljahrhundert nach der Wiederherstellung jenes Nationalstaates, den der ursprüngliche preußische Junker aus Schönhausen an der Elbe, also ganz in der Mitte des damaligen Deutschlands, »geschmiedet« hatte, wie seine Zeitgenossen sagten, und der, gegen alle Erwartungen, 1990 wieder zusammengefügt wurde, wenn auch räumlich auf weniger als zwei Drittel seines ursprünglichen Bestandes reduziert, konstitutiv ganz anders ausgestaltet und in seiner Verankerung heute europäisiert? Denn daran kann kein Zweifel sein: Das seit dem 3. Oktober 1990 wiedervereinigte Deutschland, ob nun als sogenannter postklassischer Nationalstaat oder ganz einfach als Nationalstaat, es steht jedenfalls in einer eindeutigen Kontinuität zur Gründung des Norddeutschen Bundes 1867 und des Deutschen Reiches 1871. Alle Systemwechsel haben daran nichts geändert – Systemwechsel heben Nationalstaaten nicht auf, denken wir nur an den Fall Frankreich. Und je weiter die Zeit voranschreitet, desto mehr wird aus heutiger Perspektive die eben zeitweilige Teilung Deutschlands nach dem Zweiten Weltkrieg zunehmend wenn schon nicht zu einer Episode, so doch zu einem Kapitel unter anderen in der deutschen Nationalgeschichte.

2. Referenzrahmen Kanzlerschaften

Das kann aber auch heißen: Das Agieren des ersten Deutschen Bundes- (1867–1871) wie des ersten deutschen Reichskanzlers (1871–1890) kann, zumindest versuchsweise, auch gedeutet und gewissermaßen getestet werden im Vergleich mit anderen Kanzlerschaften in der deutschen Geschichte. Natürlich wird man dabei die Unterschiede, nicht nur in den Ordnungs- und Verfassungssystemen, stets mit bedenken müssen, also im Blick auf die Rolle des Landes als unabhängige Großmacht oder heute als integrierte Mittelmacht, im Blick auf die Parteienverhältnisse und die Rahmenbedingungen, wie sie politische Kulturen und mediale Kommunikationen vorgeben.

Aus diesen letzteren Feststellungen ergibt sich bereits zugleich indirekt, dass für »Kanzlervergleiche« mit Bismarck kein Akteur aus der Zeit der Weimarer Republik infrage kommt. Das soll hier nicht weiter verfassungsrechtlich erörtert werden – unbestreitbar ist wohl, dass seit der Gründung des deutschen Nationalstaates 1871 die Regierungschefs auf nationaler Ebene konstitutiv nie in einer schwächeren Position waren als in der Zeit von 1919 bis 1933. Sie waren vom Parlament, das heißt von den Parlamentsmajoritäten, ebenso abhängig wie von der Gunst des Staatsoberhauptes, des Reichspräsidenten. Das unterscheidet sie von den Kanzlern bis 1918, die Parlamentsmajoritäten nicht stürzen konnten, ebenso wie von denen nach 1949, die nach dem Wortlaut der Verfassung im Wesentlichen nur durch das sogenannte konstruktive Misstrauensvotum zum Rücktritt gezwungen werden können, also durch die Wahl eines Nachfolgers mit der Mehrheit der Abgeordneten. Die beiden wesentlichen politischen Akteure im System der Weimarer Republik, Friedrich Ebert und Gustav Stresemann, waren nur marginal Regierungschefs gewesen. Der letzte kaiserliche Reichskanzler Prinz Max von Baden hatte, unter Bruch der Reichsverfassung, Ebert am 9. November 1918 mit dem Reichskanzleramt designiert; Ebert stand dann an der Spitze des sogenannten Rates der Volksbeauftragen, wurde aber am 11. Februar 1919 zum ersten Reichspräsidenten gewählt und starb in diesem Amt am 28. Februar 1925. Stresemann war im Herbst 1923 für einige Monate Kanzler an der Spitze der ersten Großen Koalition in Deutschland, über längere Zeit amtierte er aber erst im Anschluss daran als Reichsaußenminister (wie als Vorsitzender der Deutschen Volkspartei) bis zu seinem Tod am 3. Oktober 1929.[9] Nach alledem scheint es angeraten, Bismarck als Kanzler sozusagen in ein Quartett von bisher vier deutschen Kanzlern einzureihen; dazu gehören Bernhard von Bülow, amtierend von 1900 bis 1909, Konrad Adenauer, amtierend von 1949 bis 1963, Helmut Kohl, amtierend von 1982 bis 1998.[10] Natürlich erhebt sich zwischen den beiden kaiserzeitlichen und den beiden bundesdeutschen Kanzlern so etwas wie eine prinzipielle Schranke oder Barriere. Beide Gruppen, Bismarck und Bülow hier, Adenauer und Kohl da, agierten unter deutlich verschiedenen konstitutiven Voraussetzungen, einmal in der Monarchie mit Anbindung an den deutschen Kaiser und preußischen König in Personalunion, im anderen Falle in einer parlamentarischen Demokratie, mit konstitutiv schwachem Staatsoberhaupt, verglichen mit den Verhältnissen bis zum Ende der Weimarer Republik, und zugleich im formalen Amt des Parteiführers, das es so für die Kanzler des Kaiserreiches nicht gegeben hatte: Adenauer wurde Vorsitzender für den CDU-Bereich der alten Bundesrepublik auf dem Parteitag in Goslar von 1950 und blieb es bis weit in die Kanzlerschaft seines Nachfolgers Ludwig Erhard hinein. Helmut Kohl war schon neun Jahre CDU-Parteivorsitzender, als er 1982 Bundeskanzler wurde, und er behielt den Parteivorsitz bis zum Ende seiner Kanzlerschaft als eine zentrale Machtressource inne – am 27. Oktober 1998 wurde Gerhard Schröder zum Nachfolger Helmut Kohls als Bundeskanzler gewählt, 11 Tage später, auf dem CDU-Parteitag vom 7. November 1998, wurde Wolfgang Schäuble zum, wie man heute wohl sagen kann, mäßig geschätzten Nachfolger Kohls im Amt des CDU-Vorsitzenden.

Geradezu klassisch hat Karlheinz Niclauß für die (west-)deutsche Kanzlerdemokratie sechs Bestimmungsfaktoren entwickelt: Dominanz des Kanzlerprinzips über das Ressort- und das Kabinettsprinzip, Kanzlerbonus im Regierungslager und beim Gros der Wähler, Personalisierung der Auseinandersetzung zwischen Amtsinhaber und oppositionellem Kanzlerkandidaten, enge Verbindung zwischen dem Amt des Kanzlers und der Führung der größten Regierungspartei, deutliche Abgrenzung zwischen regierungstragendem und regierungsbekämpfendem Lager und Profilierung durch die Außenpolitik.[11] Es wird hier jeweils zumindest kursorisch zu prüfen sein, welche Elemente aus diesem Set auch auf die Spezifik der Regierungsführungen Bismarcks (und Bülows) gegebenenfalls Anwendung finden können. Um hier mit dem Thema Behauptung im Amt unter demokratischen Bedingungen abzuschließen – auch dabei wird dann die Frage der Anwendbarkeit auf wesentlich vordemokratische Zeiten von Interesse sein: Karl-Rudolf Korte, mit der beste Kenner der Kanzlerschaft Helmut Kohls, geht für bundesdeutsche Normalkanzlerschaften von einer Dauer von acht Jahren aus. Er sieht gegen Ende dieses Zeitraumes den Reiz des Neuen ebenso erschöpft wie Verschleißfaktoren allmählich überhand nehmend. Und als »Vorboten des Machtwechsels« benennt er: »1. Machterosionen: Fehlende Unterstützung; 2. Steuerungsverluste: Endloser Politikstau; 3. Kommunikationsdefizit: Anhaltendes Meinungstief; 4. Realitätseinbußen: Die Stufen der Vereinsamung.«[12] Die achtjährige »Normaldauer« erscheint für die Geschichte der Bundesrepublik, vor wie nach der Wiedervereinigung von 1990, überraschend oft zu gelten, zumal dann, wenn man es mathematisch nicht gar zu akkurat nimmt: Bei Adenauer war gewissermaßen der obere Wendepunkt mit dem Triumph bei der dritten Bundestagswahl von 1957 und dem bisher erstmaligen Gewinn der absoluten Mehrheit durch eine Parteienformation erreicht. Der Niedergang setzte mit der »Präsidentschaftskrise« von 1959 ein, dem Hin und Her um die Nachfolge des ersten Bundespräsidenten Theodor Heuss, in dem Adenauer, zeitweilig selbst Kandidat für das Amt des Staatsoberhauptes, eine denkbar unglückliche Figur abgab. Im Falle Helmut Schmidts waren es circa achteinhalb Jahre, vom Frühjahr 1974 bis zum Herbst 1982, am Ende ausgelaugt durch die Kontroversen um Haushaltskonsolidierung und NATO-Doppelbeschluss. Bei Helmut Kohl wären es – ohne die historische Zäsur der deutschen Wiedervereinigung von 1989/90 – aller Voraussicht nach auch acht Jahre geblieben, bis zu einer wahrscheinlichen Wahlniederlage bei einer Bundestagswahl vom Anfang 1991; stattdessen avancierte Kohl zum Kanzler der Einheit und absolvierte eine zweite Achtjahressequenz, von 1990 bis 1998. Im Falle von Gerhard Schröder waren es sieben Jahre, von 1998 bis 2005; Angela Merkel ist drauf und dran, die Achtjahresregel deutlich zu übertreffen, wenn auch in jeweils sehr verschiedenen Konstellationen: Sie amtiert derzeit, seit Ende 2013, in einer für sie zweiten großen Koalition, dazwischen hatte es, von 2009 bis 2013, das Bündnis von Unionsparteien und FDP gegeben. Hier liegt aber ein gravierender Unterschied zu den beiden Urgestalten der Unionsparteien: Adenauer hatte zwar am Ende, seit 1961, mit einer großen Koalition geliebäugelt, de facto aber durchgängig mit kleinen Koalitionen regiert, bei denen die FDP bis zum Auseinanderleben Mitte der 50er-Jahre der wesentliche bürgerliche Partner gewesen war – und 1961 wurde sie es wieder.[13] Für Kohl war die FDP durchgängig der gegebene Koalitionspartner.

Blicken wir nun zurück ins Kaiserreich: Auch hier gab es, analog zu Ludwig Erhard (1963–1966) und Kurt Georg Kiesinger (1966–1969), kürzere Kanzlerschaften, bei denen die Inhaber sich schon nach wenigen Jahren verschlissen, wie im Falle Leo von Caprivis, im Amt von 1890 bis 1894, im Falle des Fürsten Chlodwig zu Hohenlohe-Schillingsfürst, in den folgenden Jahren bis zur Jahrhundertwende; neben Bülow und seiner Kanzlerschaft von 1900 bis 1909 steht die Kanzlerschaft seines Nachfolgers Theobald von Bethmann Hollweg – die ebenfalls in ein Zeitraster von acht Jahren passt, über den Ausbruch des Ersten Weltkrieges 1914 hinweg, von 1909 bis 1917. Die folgenden kurzzeitigen Kriegskanzler Graf von Hertling, Georg Michaelis und Max von Baden können hier außer Betracht bleiben. Auch bei Bismarck selbst ergibt die Achtjahresformel, zugegeben extensiv interpretiert, durchaus Sinn: Gut acht Jahre waren es von seiner Bestallung als preußischer Ministerpräsident im September 1862 bis zum Aufstieg in das Amt des deutschen Reichskanzlers 1871. Und ähnlich wie man für Helmut Kohl postuliert hat, bei normalem Fortgang der Dinge wäre seine Kanzlerschaft 1990/91 an ihr Ende gelangt, lässt sich für den preußischen Ministerpräsidenten (und seit 1867 Bundeskanzler des Norddeutschen Bundes) Otto von Bismarck feststellen, dass die letzte Phase vor Ausbruch des deutsch-französischen Krieges im Juli 1870 für ihn eher perspektivlos verlief: Die Wahlen zum Zollparlament, durch das der nach dem innerdeutschen Krieg von 1866 wiederhergestellte Deutsche Zollverein einen parlamentarischen Unterbau erhielt, waren in den süddeutschen Ländern 1868 durchaus antipreußisch ausgefallen. In Bayern hatte die klerikal-partikularistische »Patriotenpartei« obsiegt.[14] (Für die Länder nördlich der Main-Linie waren die Abgeordneten des Norddeutschen Reichstages in Personalunion zugleich Mitglieder des Zollparlaments.) Nachdem wie ein *deus ex machina* der deutsch-französische Krieg von 1870/71 für hinreichende nationale Integration gesorgt und die Möglichkeit zur Nationalstaatsgründung eröffnet hatte, amtierte Bismarck, ähnlich wie Kohl ab 1990, frisch bestärkt und neu legitimiert, über die siebziger Jahre im Zeichen einer liberalen Politik der inneren Einigung in Wirtschaft und Gesellschaft. Für Letzere stand geradezu symbolhaft der Kulturkampf mit der katholischen Kirche. Das nächste Jahrzehnt wiederum, ab etwa 1878/79, stand im Zeichen einer konservativ-patriarchalischen Sammlungspolitik: Das liberale Element bis einschließlich des von Eduard Lasker geführten linken Flügels der Nationalliberalen wurde zurückgedrängt. Das Sozialistengesetz vom 21. Oktober 1878 stand nicht nur für die unmittelbare Auseinandersetzung mit der Sozialdemokratie, sondern insbesondere für das Leitbild von einem starken monarchischen Staat; es richtete sich mit seinen Mustern von Integration und Ausgrenzung de facto nicht zuletzt gegen die politischen Ambitionen des Liberalismus.

Schließlich das Ende der Kanzlerschaften Bismarcks wie Bülows: Beide schienen jeweils, Bismarck seit dem Tode Kaiser Wilhelms I. 1888, Bülow seit dem Desaster um das *Daily-Telegraph*-Interview Kaiser Wilhelms II. 1908, ihrer realen Machtgrundlagen beraubt. Zunächst Bismarck: Bei den »Septennatswahlen« zum Reichstag 1887 hatte er seinen letzten Wahltriumph mit der Parole nationaler Sicherheit durch Aufrüstung errungen und konnte sich nunmehr auf ein festgefügtes Kartell aus Deutschkonservativen, Freikonservativen und nach rechts gewendeten Nationalliberalen stützen. Nun aber zerbrach sehr schnell seine Machtbasis: Erfolgreich intrigierte gegen ihn Graf Waldersee, der Nachfolger des Grafen Moltke im militärischen Spitzenamt des Generalstabschefs. Die Reichstagswahlen vom 20. Februar 1890 zertrümmerten Bismarcks Kartell von 1887. Sie reduzierten die Zahl seiner Parlamentssitze von 220 auf 135. Damit war auch jede Verlängerung des Sozialistengesetzes ausgeschlossen. Bismarck neigte am Ende zu Staatsstreichüberlegungen. Der junge Kaiser Wilhelm II. hingegen wollte seine Regierung nicht mit der Gefahr des Bürgerkrieges beginnen und präferierte große sozialpolitische Konzessionen, die der Kanzler wiederum vehement ablehnte. Und naturgemäß wollte der Kaiser auch nicht, dass sich mit den Bismarcks – Herbert von Bismarck amtierte als Staatssekretär im Auswärtigen Amt – eine Art Zweitdynastie installierte, die die Hohenzollern ins Abseits drängte. Jenseits aller Emotionen und jenseits der insbesondere nach dem verlorenen Ersten Weltkrieg so oft ventilierten Frage, ob die Bismarcks in einer weiter geführten Verantwortung für die deutsche Außenpolitik die Konstellation des Jahres 1914 hätten verhindern können, bleibt die schlichte sachliche Erkenntnis, dass der Konflikt und das Ausscheiden des Kanzlers am Ende wohl unvermeidbar waren.

In gewisser Analogie das Ende der Kanzlerschaft Bernhard von Bülows 1909: Hier kurz vor dem Ende ein triumphal anmutender Wahlsieg, die Reichstagswahlen des Jahres 1907, die sogenannten Hottentottenwahlen: Bülow hatte sie geschickt gegen den linken Zentrumsflügel unter dem aufstrebenden württembergischen Abgeordneten Matthias Erzberger instrumentalisiert, der die Kolonialpolitik des Reiches, Verschwendung wie Grausamkeiten, heftig und gut munitioniert angegriffen hatte. Das daraufhin zustande gekommene Bülow-Kartell umspannte den ganzen parteipolitischen Bogen von den Deutschkonservativen bis zur linksliberalen Fortschrittlichen Volkspartei. Bei Kaiser wie Bürgertum machte Bülow vor allem dadurch Punkte, dass ihm nahezu die Halbierung der sozialdemokratischen Mandatszahl von bislang 81 auf nun nunmehr 43 gelang, allerdings nicht mittels Stimmenrückgängen, sondern mittels Isolierung der SPD beim zweiten Wahlgang (»Stichwahl«) am 5. Februar 1907 in den Wahlkreisen, in denen beim ersten Wahlgang kein Kandidat mindestens die Hälfte der Stimmen erreicht hatte. Aber bis zum Ende war es nurmehr eine kurze Frist.

Der Kaiser, der sich durch waghalsige Aussagen im Interview mit der britischen Zeitung *Daily Telegraph* 1908 entblößt hatte, sah sich durch seinen Kanzler nicht gedeckt, sondern förmlich verraten. Bülow, dessen Regierungsapparat die redaktionelle Verantwortung trug, ließ den Kaiser im Regen stehen. Am 24. Juni 1909 zerbrach dann der Bülow-Block bei der innenpolitisch entscheidenden Abstimmung über eine große Finanzreform.[15] Die insbesondere zur Finanzierung der stetig wachsenden Militärausgaben, zumal für die Flotte, dringend erforderliche Reichsfinanzreform war vor allem daran gescheitert, dass die (preußischen) Konservativen Besitzsteuern auf Reichsebene nach wie vor ablehnten.

Wer Kanzlerschaften bis 1918 mit Kanzlerschaften seit 1949 vergleicht, wird vermutlich an erster Stelle an die zentralen konstitutiven Unterschiede denken, einmal an ein Amtieren in monarchischen

Zeiten und zugleich ohne Sorge, vom Parlament gestürzt werden zu können, zwar in Bündnis wie in Absprache mit Parteien, aber ohne an deren Spitze zu stehen, und zum anderen ein Regieren im parlamentarischen System, in einer Parteien- und Mediendemokratie, dazu unter den Bedingungen einer stetig fortentwickelten europäischen Integration. Sie lassen das Bild souveräner Großmachtpolitik wie aus einer sehr fernen Vergangenheit anmuten. Ein weiterer Faktor aber wird bei all diesen zutreffenden Überlegungen gern übersehen, nämlich die politische Doppelexistenz Reichskanzler *und* preußischer Ministerpräsident (zudem noch preußischer Außenminister). Man stelle sich dazu nur einmal vergleichend vor, die gegenwärtige Bundeskanzlerin führe zugleich die Regierung im Lande Nordrhein-Westfalen, das im Bundesstaat eine im Vergleich zu seiner tatsächlichen sehr viel gewichtigere Rolle spielt. Bismarck begann als preußischer Ministerpräsident auf der Grundlage der Verfassung des Landes von 1850, nachdem er auf dem Höhepunkt des Konfliktes zwischen Landtag und Monarch um die Heeresreform bei seiner berühmten Begegnung mit König Wilhelm I. im Schlosspark von Babelsberg am 22. September 1862 seine künftige Stellung so definiert hatte: »Ich fühle wie ein kurbrandenburgischer Vasall, der seinen Lehnsherren in Gefahr sieht. Was ich vermag, steht Euer Majestät zur Verfügung.«[16] Die Personalunion beider Ämter seit 1867 (Bundeskanzler des Norddeutschen Bundes) beziehungsweise 1871 (Reichskanzler) war im Kaiserreich dann die Regel, nur zweimal wurde von ihr abgewichen: Von Januar bis November 1873 gab Bismarck das Amt des preußischen Regierungschefs an den ihm befreundeten Kriegsminister Albrecht von Roon ab – und er hat in der Folge immer wieder diese Konstruktion als wenig glücklich bezeichnet. Sein Nachfolger Leo von Caprivi musste schließlich in den letzten beiden Jahren seiner Kanzlerschaft, von 1892 bis 1894, in Preußen den hochkonservativen Grafen Botho zu Eulenburg als Ministerpräsident amtieren lassen, ein politisch antagonistisches Verhältnis, das nicht lange gut gehen konnte. Die preußische Verfassung von 1850 kannte an sich gar keinen Ministerpräsidenten, er war de facto nur ein »primus inter pares innerhalb des kollegial verfassten Kabinetts«.[17] Eine förmliche Richtlinienkompetenz gab es nicht, vielmehr eher eine politisch bedingte. Und erst durch die berühmte Kabinettsordre vom 8. September 1852 wurde sichergestellt, dass die Ministerpräsidenten die Politik der Ressortinhaber wirksam zu koordinieren vermochten und an der Kommunikation zwischen einzelnen Ministern und Monarchen beteiligt werden mussten. Bismarck war gleichwohl von Anfang an Chef im preußischen Staatsministerium beziehungsweise in der preußischen Regierung. Das hatte drei Gründe:

Er war der letzte Joker, den Militärs und Konservative im Verfassungskonflikt zwischen Monarch und Landtag über die preußische Heeresreform im Ärmel hatten, und er wusste das natürlich. Ansonsten gab es nur die Alternativen Nachgeben, Abdankung des Königs und Übergang zu einem parlamentarischen Regieren oder offener Staatsstreich – und beides war unbedingt zu vermeiden. Zweitens war Bismarck, der ja als Verwaltungsbeamter im unmittelbaren Sinne gescheitert war – als Referendar hatte er vor dem zweiten Staatsexamen und angesichts der Mühsal des üblichen Staatsbetriebes kapituliert –, zugleich ein *homo politicus* par excellence. Und drittens war er Spezialist in allen Fragen der Außenpolitik, bezogen auf Preußens Rolle im Deutschen Bund wie in den europäischen Großmächtebeziehungen. Dazu hatte er eine elfjährige Lehrzeit verbracht, von 1851 bis 1859 als preußischer Gesandter am Bundestag in Frankfurt am Main, dann bis 1862 als Botschafter in Sankt Petersburg und zuletzt noch für kurze Zeit in diesem Jahr als Botschafter in Paris. Kein Zweifel: Von Anfang an stand mit ihm die Person im Zentrum, nicht der Amtsträger.

3. Sozialisation

Bismarck trat mit 32 Lebensjahren als Parteigänger, aber nicht als Parteisoldat der legitimistischen preußischen Konservativen in die Politik ein, am Vorabend der Revolution von 1848/49. Von Anfang an liebte er es zu provozieren, unkonventionell zu sein, Grenzen zu überschreiten und war dabei stets bereit, über alle Grenzen hinweg zu kommunizieren. Der geistreiche Gegenspieler war ihm zumeist lieber als der konforme Parteigänger – Letzteren pflegte er zu instrumentalisieren, aber schwerlich zu respektieren. Blickt man auf den jungen Abgeordneten und konservativen preußischen Troubleshooter, so findet man eine Figur, die förmlich aus Lust provozierte. Gegen die nationale Mehrheitswoge setzte er das preußische Staatsinteresse. Im preußischen Landtag provozierte er am 21. April 1849 gegen die Annahme der von der Frankfurter Nationalversammlung verabschiedeten Reichsverfassung: »Preußen soll zum Staatenhause 40 Abgeordnete nach Frankfurt schicken, also 1 auf 400000. Die Bayern sind schon mehr wert, da kommt auf 200000 einer; Weimar auf 120000 [...] und Liechtenstein, was soviel Einwohner hat als Schöneberg – hier vor dem Halleschen Tor – würde im Staatenhause denselben Einfluss ausüben als die Mehrzahl der preußischen Regierungsbezirke mit 400000 und mehr Einwohnern.«[18] Preußen, so damals der Kern von Bismarcks Überzeugungen, durfte eben nicht in Deutschland aufgehen, es durfte keinesfalls für deutsche nationale Zwecke in Großmachtkonflikte hineingezogen werden, und es musste um jeden Preis als Staat mit monarchischer Prärogative erhalten bleiben. Vier Jahre später, im September 1853, schrieb er an Prinz Wilhelm, den späteren König und Kaiser: »Preußen ist keineswegs durch Liberalismus und Freigeisterei groß geworden, sondern durch eine Reihe von kräftigen, entschlossenen und weisen Regenten, welche die militärischen und finanziellen Kräfte des Staates sorgfältig pflegten und schonten, sie aber auch in eigner, selbstherrschender Hand zusammenhielten, um sie mit rücksichtslosem Muthe in die Waagschale der europäischen Politik zu werfen, sobald sich ein günstiger Moment dazu darbot. Dieses System müssen wir auch noch ferner beibehalten, wenn die Monarchie zu einem haltbaren Abschluß gelangen soll. Der parlamentarische Liberalismus kann dabei als ein vorübergehendes Mittel zum Zweck dienen, aber er kann nicht selbst der Zweck unsres Staatslebens sein.«[19] Wie lässt sich diese Passage nun deuten?

Die monarchische Prärogative blieb unangetastet, im Grunde ungeschmälert bis zu Bismarcks Ende im politischen Amt, mehr als eine Generation später. Aber sie erfuhr bereits jetzt gravierende Flankierungen: Es geht nicht um Prinzipienpolitik, sondern um »Realpolitik«, um das Wahrnehmen günstiger Chancen für Staat und Monarchie, die sich dann eher kurzfristig aus bestimmten Konstellationen heraus bieten. Gleichzeitig wird eine bestimmte Bandbreite der politischen Kräfte akzeptiert: Das liberale Moment soll gewiss nicht die Hegemonie in der preußischen Monarchie gewinnen dürfen, wohl aber im Kräfteparallelogramm für eine nützliche instrumentelle Verwendung dienen. Hinzu kommt eine zweite Dimension: In der Revolutionszeit hatte der junge Abgeordnete von Bismarck die nationale, über Preußen hinausweisende Formel zumeist zynisch von sich gewiesen, sozusagen als ein Spielfeld von »Kreisrichtern, Professoren und anderen Schwätzern«, eine Formulierung, zu der er sich sehr viel später verstieg. Dazu hatte auch gehört, dass er die andere deutsche, protokollarisch höherrangige Großmacht Österreich mit Respekt behandelte; wenn die nationale Frage gar nicht im Vordergrund stand, sondern die Frage nach der Selbstbehauptung Preußens, dann war es ja auch kontraproduktiv, nur der Verwirklichung einer kleindeutschen Schimäre halber sich auf einen Konflikt mit Österreich einzulassen. Deshalb war es auch nur folgerichtig, dass Bismarck die faktische preußische Kapitulation in Olmütz 1850 vor Österreich, mit Russland im Hintergrund, das heißt die Preisgabe einer preußisch dominierten deutschen Union, guthieß. Dieser Bezugsrahmen sollte sich nun aber gravierend mit seinem Amtsantritt als preußischer Vertreter am Deutschen Bundestag in Frankfurt 1851 wandeln. Einmal wurde hier Bismarck sozusagen in einen deutsch-mitteleuropäischen Kommunikationsraum hineingestellt. Damit stieß er intensiviert auf so etwas wie die deutsche Frage aus preußischer Perspektive. Was sich daraus zusehends entwickelte, war das Bild einer die deutsche Frage instrumentalisierenden preußischen Realpolitik, die zugleich hochkonservative, alteuropäische Muster über Bord warf. Damit wuchs auch das für die preußischen Konservativen indiskutable bonapartistische Frankreich für Bismarck in die Rolle eines mit Interesse zu beobachtenden Akteurs, gegebenenfalls auch Partners hinein. So schrieb er am 21. Dezember 1854 an seinen alten politischen Ziehvater Leopold von Gerlach – und hier deuteten sich die Brüche der späteren Zeit zwischen Bismarck und diesem Lager über die Reichsgründung hinweg bereits an: »Das Unglück aber, was Sie aus einer Verbindung mit Frankreich für uns kommen sehn, erwarte ich vielmehr aus unserer Hingabe für Österreich; etwa aus dem Grunde, weil mich mein Bettgenosse viel leichter betrügen, vergiften, erdolchen kann als ein Fremder, mit dem ich in gelegentliche Geschäftsverbindung trete, besonders wenn der Bettgenosse der Ruchlosere und Feigere ist. Ich bin aber weit entfernt, eine Verbindung mit Frankreich als etwas Erwünschtes, freiwillig Erstrebendes anzusehn. Nur halte ich nicht für gut, […] daß wir nie und unter keinen Umständen uns mit Louis Napoleon alliiren würden; der Glaube, daß diese Möglichkeit für uns gar nicht existire, schwächt unsre Stellung m. E. erheblich.«[20]

Bismarck eignete sich in den ersten Jahren seiner Amtszeit als Ministerpräsident, noch intensiver als zuvor in den Botschafterjahren, ein Denken und Agieren in Alternativen an; »Realpolitik« steht damit in engstem Zusammenhang. Bismarck suchte es prinzipiell zu vermeiden – vermutlich kann man hier ein, wenn nicht sein grundlegendes Politikmuster erkennen –, in eine Lage der Alternativ- beziehungsweise Optionslosigkeit gedrängt zu werden. Das gilt für die Innen- wie für die Außenpolitik und vor allem für jene Sphäre, in der beide Dimensionen einander nahekommen, zuvörderst in der deutschen Frage, in den Beziehungen Preußens beziehungsweise Norddeutschlands zu Süddeutschland wie zu Österreich.

Der »kurbrandenburgische Vasall«, als der Bismarck bei seinem König im September 1862 Punkte gemacht und als der er um ihn geworben hatte, ist tatsächlich doch eine auch imaginierte, teilweise kokettierende Figur. In Wirklichkeit ist der Monarch von Anfang an eine instrumentelle Größe unter anderen. Der Ministerpräsident führt einerseits den Verfassungskonflikt auf die denkbar härteste Weise durch; er versucht liberale Beamte ebenso zu disziplinieren, wie er gefährlich nahe am Staatsstreich operiert; ziemlich gleichzeitig spricht er mit Ferdinand Lassalle über Sinn und Nutzen der Einführung des gleichen Wahlrechts – gegen das in Preußen herrschende Dreiklassenwahlrecht; Lassalle verspricht sich davon etwas für das wachsende Proletariat, Bismarck einiges von der gestärkten Repräsentanz der Bauern und Landarbeiter in den konservativen Strukturen des ostelbischen Preußen. Im Sinne Wilhelms I. ist das alles nicht. Und gleichzeitig wiederum kommuniziert Bismarck mit führenden Liberalen – er signalisiert ihnen, dass die dreijährige Dienstzeit für die Wehrpflichtigen, auf der der König beharrt, für ihn selbst gar kein Dogma sei; er führe hier nur den Willen des Königs aus, aber das werde sich schon ändern. Liberale Minister, so sie den Mut aufbrächten, unter so widrigen Umständen in die Regierung einzutreten, müssten da nur einen langen Atem haben. Im Grunde hintergeht er mit solchen Avancen diesen König, dem er sich als »kurbrandenburgischer Vasall« angedient hat.

Die preußische Innenpolitik jener Jahre ist stets zugleich die deutsche Politik Preußens: Auch hier hält sich Bismarck bis zuletzt, bis zum innerdeutschen Krieg vom Sommer 1866, mehrere Optionen offen. Und er präpariert zugleich das Gelände, indem er, auch unter Verletzung von mancherlei Prinzipien, die Geneigtheit der beiden außerdeutschen Großmächte gewinnt, des bonapartistischen Frankreichs und des zaristischen Russlands. Bismarck ist wohl sehr bald klar geworden, dass trotz des Scheiterns der Revolution von 1848/49, an dem er selbst ja einen, wenn auch marginalen Anteil genommen hatte, der Status quo in Mitteleuropa nicht einfach auf lange Zeit erhalten bleiben konnte. Aber ebenso wenig wie Helmut Kohl Ende der 1980er-Jahre, hatte er in den 1860er-Jahren einen »Masterplan«. Zunächst einmal wusste Bismarck, was er nicht wollte und wen es gegebenenfalls zu instrumentalisieren galt:

Er wollte keine organische Weiterentwicklung des Deutschen Bundes zu einer stetig verdichteten Konföderation, bei der die gesamtösterreichische Ländermasse zusammen mit den deutschen Mittelstaaten gegenüber Preußen auf Dauer hegemonial bleiben würde. Insofern war sein schärfster Gegenspieler in diesen Jahren der Leiter der sächsischen Politik, Graf Beust, der genau diesen Weg anstrebte.[21] Gegen diesen Trend setzte er sich mit aller Härte zur Wehr, als er nahezu brachial 1863 seinen König daran hinderte, am Frankfurter Fürstentag unter dem Präsidium des österreichischen Monarchen Kaiser Franz Joseph teilzunehmen. Gleichzeitig verschreckte er, das wurde hier schon angedeutet, die preußischen Hochkonservativen, indem er das bonapartistische Frankreich ins Kalkül nahm – und auf der anderen Seite schloss er, auch 1863, die »Alvenslebensche Konvention« mit Russland.[22] Für alle, die dem liberalen freiheitlichen Prinzip anhingen, war diese Konvention förmlich ein Schlag ins Gesicht – für Bismarck hingegen waren solche Positionen »Professorenpolitik«; dafür hatte er nur abfällige Worte. Ohne dass der spätere Showdown mit Österreich damals schon absehbar war, schuf Bismarck so jedenfalls Voraussetzungen, um Österreich gegenüber in die Vorhand gelangen zu können. Was aber stellte er sich hier vor?

Die schließliche Verdrängung Österreichs aus Deutschland war nicht zwingend von Anfang an in Bismarcks Vorstellungen angelegt, auch in dieser Hinsicht zeigte er sich alles andere als dogmatisch. Vielmehr bot er gewissermaßen eine ganze Bandbreite an Möglichkeiten an, wobei die Extreme das Verschwinden Österreichs aus Deutschland oder ein Kondominium mit jeweiliger Hegemonie beider Seiten, Preußens in Norddeutschland, Österreichs südlich der Mainlinie, sein sollten. Gegenüber dem österreichischen Botschafter Graf Károlyi führte er schon wenige Monate nach seinem Amtsantritt als Ministerpräsident aus:

»Preußens Stellung in Deutschland verstehe ich folgendermaßen. Parallel mit dem Zollverein müssten auf dem materiellen Gebiete, wie Eisenbahnen usw., nicht durch den Bund, sondern durch freie Vereinbarung zwischen Preußen und jedenfalls den norddeutschen Staaten ähnliche Institute gegründet und die Führung der beiden norddeutschen Armeekorps Preußen überlassen werden, während die beiden andern dem österreichischen Kommando zufielen.«[23] Am Ende pokerte Bismarck hoch und gewann, worüber er selbst sich durchaus nicht sicher gewesen war: In der finalen Krise des Deutschen Bundes vom Mai und Juni 1866 schlug er, in Berlin immer noch im Konflikt mit der weit überwiegenden liberalen Mehrheit im Landtag, für die Lösung der deutschen Frage einen neuen engeren Bund auf der revolutionären Grundlage des gleichen Wahlrechts vor – und eben diesem Bund sollte Österreich nicht mehr angehören. Und zugleich waren außenpolitisch die Voraussetzungen geschaffen, um den Waffengang mit Österreich und seinen Verbündeten mit einiger Aussicht auf Erfolg führen zu können: Russland stand tendenziell im preußischen Lager, Frankreich erwartete die preußische Niederlage und versprach sich Kompensationen am Rhein bei diplomatischer Hilfestellung für Preußen. Italien, das auf Venetien und weitere Territorien schielte, stand im Bündnis mit Preußen, so dass die Österreicher, was vermutlich mehr als das preußische Zündnadelgewehr den Ausschlag gab, einen Teil ihres Heeres südlich der Alpen operieren lassen mussten.

Am Tag der Entscheidungsschlacht von Königgrätz, am 3. Juli 1866, wurde in Preußen ein neuer Landtag gewählt. Er brachte eine gewichtige, ja fast revolutionäre, eher wohl konterrevolutionäre Gewichtsverschiebung. Der Erfolg, obwohl noch nicht vollständig eingetreten, nährte den Erfolg: Die Konservativen stiegen von 35 auf 119 Mandate. Bismarcktypisch – und wieder, wie beim Fürstentag von 1863, gegen den Monarchen gerichtet – war auch die Friedensgestaltung: Sie war insofern radikal, als sie jene eliminierte, für die auf dem Spielfeld aus Bismarcks Sicht kein sinnvoller Platz mehr war – und jene schonte, die für künftige Kombinationen gebraucht werden würden. Der Monarch hingegen wollte einen herkömmlichen Friedensvertrag: Sogenannte »Schuldige« sollten bezahlen, möglichst alle Gegner auch Gebietsverzicht leisten, wie es nun einmal üblich war. Zugleich aber sollten nicht revolutionär Dynastien wie im Falle des welfischen Königreiches Hannover einfach radikal entthront werden. Bismarck, der sogenannte Vasall, führte den Konflikt an zwei, wenn nicht drei Fronten: Einmal ein schneller Friedensschluss, um Frankreich nicht die Chance zu eröffnen, auf einer Vermittlungsprämie zu beharren und durch Gebietsgewinne im Linksrheinischen die preußische Politik unter nationalen Gesichtspunkten zu desavouieren. Zum Zweiten Schonung der süddeutschen Staaten und vor allem Österreichs gegen den Willen des Königs, der Teile Nordbayerns – die alten Hohenzollernschen Markgrafschaften – und Böhmens annektieren wollte. Bismarck hat sich dagegen nahezu mit Brachialgewalt durchgesetzt. Selten in seiner gesamten Amtszeit hat er gegen den eigenen Monarchen so hoch gepokert, so viel zerschlagenes Porzellan in Kauf genommen und sich am Ende durchgesetzt: »Von Österreich ist durch die doppelte Erklärung, daß es aus dem Deutschen Bunde austrete und eine Rekonstruktion desselben ohne seine Teilnahme und unter Preußens Führung zulassen und daß es alles anerkennen werde, was Eure Königliche Majestät in Norddeutschland zu tun für gut befinden werde, alles wesentliche gewährt, was Preußen von ihm zu fordern hat. […] Wenn dieses Ziel […] gesichert werden kann, so würde es […] ein politischer Fehler sein, durch den Versuch, einige Quadratmeilen mehr von Gebietsabtretungen oder wenige Millionen mehr von Kriegskosten von Österreich zu gewinnen, das ganze Resultat wieder infrage zu stellen […].«[24]

Gewiss hat Bismarck 1866, als er Österreich »schonte«, noch nicht den späteren Zweibund von 1879 zwischen dem Deutschen Reich und Österreich-Ungarn im Blick haben können. So langfristig-determiniert agierte er nicht. Aber ebenso sicher ist, dass ihm 1866 bereits die Konstellation eines Ausgleiches zwischen Preußen beziehungsweise Preußen-Norddeutschland oder Preußen-Kleindeutschland und dem historisch und kulturell ja doch so eng verbundenen Österreich vor Augen stand.

Schließlich drittens die Indemnitätsvorlage gegenüber dem preußischen Landtag, der Formelkompromiss, mit dem nachträglich die parlamentarische Billigung für die ungenehmigten Haushalte seit Beginn des Verfassungskonfliktes und damit auch für die Heeresreform eingeholt wurde. Auch hier argumentierte Bismarck »realpolitisch« gegenüber einem Monarchen, der in diesem Schritt so etwas wie ein Schuldeingeständnis sah – und ihn zunächst vehement ablehnte. Bismarck hingegen beharrte darauf, im Lande ein erträgliches Verhältnis wiederherzustellen – bei dem er selbst dann freilich als Regierungschef der eigentliche Nutznießer war. Denn wenn es gelang, das Konfrontationsverhältnis gegenüber dem Parlament zu überwinden, dann sank zugleich seine eigene Abhängigkeit vom Monarchen.

4. Regieren und Regierungsapparat

Einen Kanzler beziehungsweise Staatskanzler hatte es in Preußen nur einmal gegeben, mit Karl August von Hardenberg vom 4. Juni 1810 bis zu seinem Tode am 26. November 1822.[25] König Friedrich Wilhelm III. hatte in der Ernennungsurkunde für Hardenberg eine besondere Prärogative des Staatskanzlers zum Ausdruck gebracht: »Ich habe beschlossen, Euch zum Staatskanzler zu ernennen und Euch unter meinen unmittelbaren Befehlen die obere Leitung aller Staatsangelegenheiten zu übertragen.«[26] Der Ministerpräsident im Königreich Preußen hingegen war unter den Bedingungen der Verfassung von 1850 an sich eine schwache Figur, ein *primus inter pares* – darauf wurde schon eingegangen. Im Falle Bismarcks kam zumindest hinzu, dass er sich frühzeitig ein hohes Maß an persönlicher Autorität erkämpfte; nach elf Jahren als preußischer Chefdiplomat und als *political animal* schlechthin, dazu als Joker im preußischen Verfassungskonflikt war er eine erhebliche politische Kapazität. Aber das war er mehr als Einzelakteur, von seinen Kollegen im Staatsministerium hielt er zumeist wenig – man wird hier, ausnahmsweise, der Charakteristik in seinen Memoiren folgen dürfen: »Ebenso war der Handelsminister Graf Itzenplitz nicht im Stande, das Steuer seines überladenen ministeriellen Fahrzeugs selbstständig zu führen, sondern trieb in der Strömung, welche seine Untergebenen ihm herstellten.«[27] Die Ausnahme war sicherlich der ihm auch persönlich nahestehende Kriegsminister Albrecht von Roon. Roon war ja schon im September 1862 massiv daran beteiligt gewesen, Bismarck in einer Art Nacht-und-Nebel-Aktion nach Berlin beziehungsweise Potsdam zu holen, um den König von der Abdankung und damit vom Übergang Preußens zu einem liberalen Regime abzuhalten. Aber die preußischen Kriegsminister hatten in der Hohenzollern-Monarchie sowie auch später im Deutschen Reich eine Art Sonderstellung. Denn da die Armee uneingeschränkt der Kommandogewalt des Königs unterstand – und Bismarck selbst legte zumindest äußerlich stets den größten Wert darauf, dass es dabei blieb –, war der Kriegsminister eine Art Zwitter zwischen zivilem Minister und General in der autonomen Militärhierarchie.

Für Bismarcks konstitutive Stellung bedeutete der Aufstieg zum Bundeskanzler des Norddeutschen Bundes 1867 und vier Jahre später zum deutschen Reichskanzler – mit nahezu unveränderten Kompetenzen – einen Quantensprung. Er behielt die Funktionen des preußischen Ministerpräsidenten und, nunmehr deutlich an Gewicht zulegend, auch des preußischen Außenministers; denn als solcher »dirigierte« er die 17 preußischen Stimmen im Bundesrat. Der Kanzler aber, ernannt und entlassen allein vom preußischen König als Inhaber des Bundespräsidiums, beziehungsweise – seit 1871 – vom Deutschen Kaiser, war von nun an, formal bis zum 9. November 1918, der einzige Minister auf der Ebene des neu geschaffenen Bundesstaates. »Er wurde ein Verfassungsorgan ersten Ranges, das gerade aus seiner Zwischenstellung zwischen Bundespräsidium und Bundesparlament (Reichstag, P.M.) die Freiheit des selbstständigen

Handels gewann.«[28] Im verfassungsrechtlichen Sinne bedurfte der Kanzler zwar nicht einer Mehrheit im Reichstag. Parlamentarische Missbilligungen konnten seine Stellung gegenüber dem Monarchen gegebenenfalls – punktuell – sogar stärken; gegen das Parlament war freilich auf Dauer nichts auszurichten: Denn ohne Reichstagsmehrheiten und damit ohne gebilligte Haushalte ließ sich über längere Zeit nicht regieren, es sei denn der Kanzler ließ es, wie zuvor in Preußen, auf einen Konfliktkurs gegenüber dem Parlament ankommen. Das Reich war aber nicht mehr die enge preußische Monarchie, sondern ein differenziertes politisches System. Bismarck liebte das Spiel mit mehreren Bällen auch in der Innenpolitik, gegen das tendenziell unitarische Verfassungsorgan Reichstag setzte er das konföderale Element der Einzelstaaten und ihrer Monarchen, darauf ist noch zurückzukommen. Seine Zentralbehörde war zunächst das 1867 geschaffene »Bundeskanzleramt«, seit 1871 als »Reichskanzleramt« weitergeführt. An seiner Spitze stand bis 1876 der liberale preußische Karrierebeamte Rudolf von Delbrück. Delbrück war Freihändler, er hatte im Herbst 1870 in Versailles an den Verhandlungen zur Einbindung der süddeutschen Staaten in den neuen künftigen Nationalstaat mitgewirkt; er war vom Typus her so etwas wie ein Modernisierer und Technokrat, der nun mit vielerlei ökonomischen und zivilrechtlichen Regelungen die Rahmenbedingungen für die innere Einheit des neuen Nationalstaates herzustellen suchte. Bismarck wurde bald misstrauisch, nichts fürchtete er so sehr wie Machtkonzentration an ihm vorbei. Dazu kam in seinem Regieren eine Art Fundamentalkrise ab der Mitte der 70er-Jahre. Der Kanzler nahm lange Urlaube, bis zu zehn Monate, auf seinen Gütern Varzin in Hinterpommern und später Friedrichsruh bei Hamburg, während derer, wie auch bei seinem Kuraufenthalten im bayerisch-unterfränkischen Bad Kissingen, er darüber nachdachte, wie es denn an der politischen Spitze des Reiches und Preußens weitergehen solle. Die im Parlament oft mit Vehemenz geforderte Einführung von Reichsministern lehnte Bismarck entschieden und bis an das Ende seiner Tage ab, nichts wäre für ihn inakzeptabler gewesen als ein weiteres Kollegialorgan, dazu noch am Ende mit parlamentarischer Verantwortlichkeit. Dazu war ihm die sozusagen immanent-technokratische Machtausweitung des Reichskanzleramtes suspekt. An den Kaiser schrieb er am 22. Januar 1878: »Das Reichskanzleramt in der Gestalt eines zentralisierten Reichsministeriums mit dem unabweislichen Streben, seinen Einfluss auf die ihm nicht untergeordneten Landesregierungen zu üben und zu verstärken, hat schon bisher periodisch in sehr fühlbarer Weise die Wirkungen gehabt, dass die Minister der größeren Bundesstaaten und namentlich E. M. preußische Minister nur selten und mit Zurückhaltung an den Arbeiten des Bundesrates teilnahmen.«[29] Im Ergebnis wurde das »Reichskanzleramt« 1879 zu einem »Reichsamt des Innern« mit vielerlei Verwaltungszuständigkeiten degradiert und entpolitisiert. Dazu traten stetig neue Reichsämter, entsprechend der Ausweitung von Politikmaterien auf nationaler Ebene, etwa das Reichspostamt, das Reichsschatzamt, schließlich ein Reichskolonialamt. An der Spitze all dieser Einrichtungen aber standen auf Reichsebene weisungsgebundene Staatssekretäre, eben nicht Minister mit politisch eigenständiger Führung von Geschäftsbereichen. Anstelle des expandierenden Reichskanzleramtes erhielt der Reichskanzler 1878 die *Reichskanzlei*. Sie war wohl das, was Bismarck wollte, äußerlich unscheinbar, ein besseres Sekretariat, tatsächlich die zentrale Kommunikations- und Koordinationsinstanz auf Reichsebene.

Am Ende gewinnt man, liest man die Vielzahl an Stellungnahmen und auch Parlamentsreden Bismarcks zur Struktur der Reichsleitung, den Eindruck, dass ihm, der einmal als preußischer Ministerpräsident begonnen hatte, die Reichsfunktionen schließlich näher standen. Als Reichskanzler war er eine Art administrativer Autokrat, freilich nicht im luftleeren Raum, sondern im Mit- und Gegeneinander verschiedener Größen. Als preußischer Ministerpräsident musste er sich bis zum Ende seiner aktiven Tage mit Themen wie Bildungs- und Schulwesen, Kommunalordnungen und Verkehrswegebau abplagen. Wenn derlei Themen nicht auf höherer politischer Ebene instrumentalisiert und damit zweckentfremdet werden konnten, dann war diese Prosa schwerlich eine Welt, die ihn faszinierte.

Was ergibt sich nun, wenn man die wirklich singuläre Konstruktion des Bundes- beziehungsweise Reichskanzlers in der deutschen Geschichte von 1867 bis 1918 mit der des Bundeskanzlers seit 1949 vergleicht? Und ist ein solcher Vergleich überhaupt anzustellen?

Versucht man es, dann erscheinen zwei Punkte bemerkenswert: Der Kanzler im Kaiserreich war der einzige Minister auf Nationalstaatsebene, er hatte es aber zugleich mit einem sehr viel stärkeren Staatsoberhaupt zu tun – aber diese Feststellung bedarf wiederum der Relativierung: Denn der deutsche Kaiser und preußische König konnte seinen Kanzler und Premier in Preußen in der Realität nicht einfach nach der Laune eines absolutistischen Duodezfürsten auswechseln. Ohne ein Mindestmaß an Akzeptanz in der politischen Klasse des Reiches ging es nicht. So ist auch nie, trotz mancherlei Unkenrufen, ein wirklich hochkonservativer preußischer »Reaktionär« ins Kanzleramt gelangt.

Schließlich: Bismarck war zwar bei allen Reichstagswahlen bis 1890 nie ein »Spitzenkandidat«. Er nahm aber mit seinem Apparat stets Einfluss auf das Wahlgeschäft und die Wähler wussten sehr wohl, welche Kräfte der Kanzler favorisierte. Allerdings ging es am Wahltag nicht unmittelbar um sein Leben und Überleben im Amt. Helmut Kohl wurde 1998 abgewählt, Bismarcks Ergebnis bei der Reichstagswahl 1890 war ähnlich desaströs. Aber zunächst einmal schwächte es nur seine Stellung; hätte der Monarch ihm weiter den Rücken gestärkt, dann hätte er, wie er so gern formulierte, »weiterkämpfen« können, zumindest für einige Zeit.

5. Politische Fraktionierungen, Parteien

Der Bezug zum Staatsganzen, die Bindung an den Monarchen, die viel geringere Rolle der Parteien im öffentlichen Leben und schließlich ihre konstitutive Beschränkung weitestgehend auf Funktionen außerhalb der Exekutive, all diese Momente führten dazu, dass Gestaltung in den hohen Staatsämtern sich in einem nur mittelbaren Verhältnis zu Parteien, Fraktionen und Parlamentsmehrheiten sah. Die Eigenart dieses Systems bestand somit darin, dass der Akteur an der Spitze des Staats- und Regierungsapparates sich zwar nicht als politisches Neutrum verstand, es aber bei allen Präferenzen zu verschiedenen Zeiten für bestimmte Parteien, Fraktionen und Konstellationen doch stets vermied, sich ganz mit einer Richtung oder Fraktionierung zu identifizieren. Bismarck hat darüber selbst im Reichstag reflektiert, so am 29. November 1881: »Die stärkeren Fraktionen stellen an mich den Anspruch, ich soll (sic!) ihnen nicht nur meine Person, sondern das kaiserliche Gewicht zur Verfügung stellen für ihre Fraktionszwecke, dann würden sie […] mit mir zusammen wirtschaften. Ja, wenn das meine Überzeugung wäre, wenn meine Überzeugung mit einer dieser Fraktionen vollständig übereinstimmte, so würde ich mich gern der Fraktion anschließen und würde aus meinem Herzen keine Mördergrube machen, vorausgesetzt, dass ich voraussähe, mit dieser Fraktion kann ich mein Jahrhundert in die Schranken fordern, und die ist stark genug, um das Deutsche Reich mit ihrer Hilfe zu festigen, auszubilden und zu regieren.«[30] Im Weiteren reflektierte der Kanzler dann darüber, er könne sich so etwas unter britischen Bedingungen vorstellen, also bei nur zwei relevanten Parteien im Parlament, deren Majoritäten sich jeweils in Regierungsbildung und politischer Führung ablösten. Es spricht nun sehr viel dafür, dass er hier mit Nebelkerzen warf. Denn genau dieses britische System der parlamentarischen Verantwortlichkeit hat er im Prinzip ja stets abgelehnt und an seiner Stelle eben jene Konstellation befürwortet – und mit den Verfassungsregelungen von 1867 und 1871 selbst wesentlich mit herbeigeführt –, bei der er die zentrale Funktion in einem System von Zuordnungen und Verantwortlichkeiten besaß. Parlament und Fraktionen waren dabei kein unwichtiger Faktor, aber nicht der einzige und unter keinen Umständen sollten sie dominant werden. Vielleicht am klarsten hat Bismarck die Nichtakzeptanz einer Parteidominanz in seiner ganz entscheidenden Reichstagsrede vom 9. Juli 1879 zum Ausdruck gebracht. Es war möglicherweise die Schlüsselszene bei jener zentralen innenpolitischen Kurskorrektur, die das liberale Jahrzehnt in Preußen-Deutschland beendete. Materiell hieß dies: ein Finanzpaket aus Zöllen (Eisen und Getreide) wie Verbrauchssteuern (Tabak) und damit zugleich ein ganz neues Einnahmeniveau für die Reichsfinanzen, sowie partieller Ausgleich mit dem katholischen Zentrum, das diesen Kurs mittrug, ja mit gestaltete. Hinter diesem Politikwechsel stand eine Lobby aus Schwerindustrie und Landwirtschaft, die die Kräfte im Reichstag neu justieren half. Dieser neue Kurs entsprach nicht nur den Interessen der agrarischen und in Teilen der bürgerlichen Wählerschaft. Das Zentrum mochte so hoffen, seinerseits Bismarck in Abhängigkeit zu bringen und den Kulturkampf mildern, vielleicht ganz aus der Welt schaffen zu können. Es ging aber, und das ist ganz typisch für Bismarcks Agieren, nicht einfach darum, nunmehr das Zentrum an der Stelle der Nationalliberalen zu einer Art Koalitionspartei zu machen. Einmal ließ der Stand des Kulturkampfes das grundsätzlich noch nicht zu, es sollte fast noch ein Jahrzehnt ins Land gehen bis zu seiner Abschwächung. Vor allem war es Bismarck darum zu tun, eine relative Präferenz durch eine andere relative Präferenz zu ersetzen, mehr nicht. Und damit verband sich die Taktik, auch innerhalb der betroffenen Parteien beziehungsweise Fraktionen Gunst und Hader zu verteilen.

Es war eine Sensation, als der Reichskanzler am 3. Mai 1879 den führenden, aber eben nicht den alleinführenden Repräsentanten des Zentrums, Ludwig Windthorst, in seinem Haus zur parlamentarischen Soiree empfing und ostentativ in ein langes Gespräch zog.[31] Freilich war und blieb Windthorst trotz aller Signale eine Figur, die Bismarck denkbar fern stand: Nicht nur als führende Kapazität im Zentrum, sondern auch als Anwalt des alten Königreiches Hannover und der 1866 entthronten Welfen-Dynastie. So hat Bismarck den eigentlichen Schlussstein der damaligen Neuregelung der Reichsfinanzen mit dem zentralen Rivalen Windthorsts an der Spitze des Zentrums, dem bayerisch-fränkischen Freiherrn von Franckenstein, ausverhandelt. Es ging um die berühmte Franckensteinsche Klausel, die der Reichskanzler schließlich akzeptierte: Reichseinnahmen aus den neuen Finanzquellen, die 130 Millionen Mark jährlich überstiegen, sollten proportional an die Länder überwiesen werden; der bayerisch-fränkische Aristokrat von Franckenstein, obwohl ursprünglich gegenüber der kleindeutschen Reichsgründung strikt ablehnend, war für Bismarck eine deutlich akzeptablere Figur als der konfliktorientierte Windthorst – und Letzterer »tobte«[32], weil der Kanzler nicht mit ihm die entscheidenden Verhandlungen geführt hatte. Bismarck gelang es bei dieser Operation nicht nur, das bis dahin so vehement bekämpfte Zentrum taktisch geschickt auf seine Seite zu ziehen. Bei der Verbannung der Nationalliberalen 1879 aus der Gunst des Kanzlers handelte es sich keineswegs um eine Reise ohne Wiederkehr. Und ein Teil der Fraktion blieb auch jetzt im Kanzlerlager. Es waren jene, die den nationalen Integrationskurs über (ökonomisch-) liberale Prinzipien stellten. Derlei »Ordnungspolitik« wurde von Bismarck als akademisch-weltfremd abgetan. Und mit aller Offenheit hatte er drei Tage zuvor im Reichstag erklärt, wie er sein Verhältnis zu Fraktionen sah: »Eine Fraktion kann sehr wohl die Regierung unterstützen und dafür einen Einfluss auf sie gewinnen, aber wenn sie die Regierung regieren will, dann zwingt sie die Regierung, ihrerseits dagegen zu reagieren.«[33]

Die sogenannte liberale Ära, die im Grunde mit dem preußischen Sieg über Österreich 1866, mit der Indemnitätsvorlage und mit der Errichtung des Norddeutschen Bundes begonnen hatte, und die nun, im Sommer 1879, endete, hatte im Zeichen einer vergleichbaren Konfrontation Bismarcks gestanden, im Zeichen seiner Abwendung von den preußischen Konservativen. Vielleicht war dies der schmerzhafteste innenpolitische Bruch, mit dem er je konfrontiert war, denn hier ging es um die zumindest weitgehende Abwendung von jenem Milieu, dem er selbst eigentlich entstammte. Aber auch in den späten 1860er- und frühen 1870er-Jahren kam für ihn eine gewissermaßen zementierte Bindung an eine Partei, an eine Richtung und an ein Dogma nicht infrage. Für die altpreußischen Konservativen hingegen begann das Verhängnis 1866. Ihre Welt gründete im Bündnis von Thron und Altar, in den patriarchalischen Lebensverhältnissen auf dem Lande, in der Einbindung der preußischen Monarchie in die Integrität der dynastischen Verhältnisse im Zentrum Europas wie auch in das Kooperationsmuster der drei konservativen europäischen Ostmächte Preußen, Österreich und Russland. In idealer Weise hatte die Heilige Allianz nach dem Ende der napoleonischen Ära diese Welt verkörpert. Nun stellte die von Bismarck repräsentierte preußische Politik mit einem Mal Fundamente dieser Ordnung infrage: Sie entthronte die Welfen in Hannover, sie sprengte die legitime Ordnung des Deutschen Bundes, sie ventilierte den Gedanken eines nach gleichem Wahlrecht bestimmten deutschen Nationalparlaments, sie ging auf die Liberalen zu und beantragte die nachträgliche Billigung der Haushaltsvorlagen und ging damit zugleich im Verfassungskonflikt einen ansehnlichen Schritt in Richtung Parlamentarisierung.

Bismarcks alter politischer Ziehvater, von dem er sich freilich schon getrennt hatte, Ludwig von Gerlach, brandmarkte den innerdeutschen Krieg von 1866: »Das war Kains Brudermord, Judas Verrath und die Kreuzigung des Herrn auch.«[34] Nun überwarf sich Bismarck mit früheren Weggefährten wie Hans von Kleist-Retzow und Moritz von Blanckenburg. Der innerdeutsche Krieg von 1866 und sein Ausgang zeitigten zweierlei parteipolitische Klärungen beziehungsweise Neuformationen: Im liberalen Lager entstand die Nationalliberale Partei. Sie sah sich vorderhand als die Partei des nationalen Kompromisses mit der preußischen Staatsführung und im Ergebnis als die Partei der schließlichen Reichsgründung, bis es 1879 zum weitgehenden Bruch kam. Im konservativen Lager, in dem die Altkonservativen nun in Opposition zum Regierungskurs gerieten, bildete sich mit den Freikonservativen eine neue Formation heraus: Pragmatischer und nationaler als die Altkonservativen, durchweg auf Regierungskurs, gouvernemental, rekrutiert vor allem aus Beamten-, Offiziers- und Industriellenmilieu, weniger aus dem Milieu der streng evangelischen, vielfach pietistischen ostelbischen Gutsbesitzer und Adeligen. Erst, als sich 1876 die »Deutschkonservativen« formierten, die sich innerlich auf den Boden der neuen Nationalstaatsgründung stellten, und sich eher als agrarische ökonomische Lobbypartei verstanden, begann der Bruch allmählich zu heilen.

Zunächst aber eskalierte die Konfrontation zwischen Bismarck und dem herkömmlichen altpreußischen Konservativismus weiter, über den Einschnitt der Reichsgründung hinweg.

Der preußische und deutsche Kulturkampf gegen die katholische Kirche war – jedenfalls auch – Teil eines etatistischen Modernisierungsprozesses. Zwei Reformmaßnahmen in Preußen provozierten in besonderer Weise den Protest der Altkonservativen, das Schulaufsichts- und das Kreisreformgesetz. Beide griffen in die althergebrachten Verhältnisse ein: Das Schulaufsichtsgesetz von 1872 definierte die Schulaufsicht als eine Funktion des Staates, nicht mehr der Kirche. Das Kreisreformgesetz griff in die lokalen politischen Besitzstände der Gutsbesitzer und Landadeligen ein. »Das Gesetz hob die Polizei- und Verwaltungsbefugnisse der Rittergutsbesitzer auf.«[35] Es fand am 23. März 1872 eine breite Mehrheit im preußischen Landtag – gegen die Minderheit von Rittergutsbesitzern und Landräten aus dem ostelbischen Preußen. Aber es fiel ein halbes Jahr später im preußischen Herrenhaus geradezu krachend durch, mit 145 gegen

18 Stimmen. Hier hatte das alte, monarchisch-ständische Preußen seine letzte Rückzugsbastion. Bismarck, auch hier wie oft von überschießender Emotionalität, wollte daraufhin das Herrenhaus, in dem der landständische Adel den Ton angab, geradezu gleichschalten: Künftig sollten hier auf Loyalität getrimmte hohe Beamte und bürgerliche Profiteure des Wirtschaftsaufschwunges den Ton angeben. Stattdessen kam es zu geringen Modifikationen des Kreisreformgesetzes und im Herrenhaus nur zu einem »Pairs-Schub« durch die Ernennung von 24 neuen Mitgliedern, hohen Offizieren und Beamten, auf deren Loyalität die preußische Regierung baute. Damit wurde schließlich die Akzeptanz des Kreisreformgesetzes erreicht.

Bismarcks weiterer und gegenläufig erscheinender Kurswechsel von 1879, zurück in ein nun nationaler gewordenes und stärker auf ihn zugeschnittenes konservatives Lager, erfolgte freilich weder abrupt noch kurzfristig, und vollständig war er schon gar nicht. Einer der engsten Verbündeten Bismarcks im nationalliberalen Lager war der aus dem Hannoverschen stammende Rudolf von Bennigsen, insofern ähnlich Windthorst eine preußische Kriegsbeute von 1866. Gerade weil Bennigsen mit seiner Biografie nicht die gewissermaßen innerpreußischen Belastungen des Verfassungskonfliktes von 1862 mit sich herumtrug, war er für Bismarck und dessen Avancen in besonderer Weise zugänglich – und umgekehrt bemühte sich Bismarck in der Endphase seiner verdichteten Kooperation mit den Nationalliberalen, Bennigsen für ein Ministeramt in Preußen zu gewinnen. Bezeichnend auch für seine ganz persönliche Kultur als patriarchalischer Gutsherr und gewissermaßen guter Hausvater ist, wie er Bennigsen am 9. Juli 1877 kurzfristig für einige Tage nach Varzin in Hinterpommern bat. Da es »ohne gesellschaftliche Ansprüche« zugehe, könne der Gast auch gerne den Frack zuhause lassen, solle aber feste Stiefel mitbringen. Die Ministerkandidatur Bennigsens scheiterte am Ende. Ebenso wie Bismarck sich von ihr eine Rechtswendung der Nationalliberalen versprochen hatte, ging es Bennigsen umgekehrt und ganz plausibel darum, durch zusätzliche nationalliberale Minister in Preußen eben das zu erreichen, was der Kanzler und Ministerpräsident unbedingt vermeiden wollte, eine mehr oder weniger förmliche liberale Regierungskonstellation. Bismarck, das zeigte die innenpolitische Konstellation in der zweiten

Hälfte der 1870er-Jahre, wog ab, er ging nicht radikal von A nach B, er akzeptierte das Neue, hier die Einbeziehung von reformierten Konservativen und Zentrum, nur eingeschränkt, und er brach, auch wenn es verbal noch so heftig zuging, die Brücken hinter sich keineswegs vollständig ab.

Diese Kultur der innenpolitischen Politikgestaltung sollte von ihm ein letztes Mal mit großem Erfolg bei der Auseinandersetzung um zwei große Militärvorlagen in den Jahren 1886 bis 1888 praktiziert werden. Wieder ging es im Zeichen eines nationalen Integrationsprozesses um die Position der Mittelparteien, der Nationalliberalen und des Zentrums. Die Sozialdemokratie stand ohnehin außerhalb jeglichen Kalküls. Und die Linksliberalen, die Freisinnigen, wurden von Bismarck vielfach wegen ihres prinzipiellen Rechtsstaatskurses trotz aller ideologischen Gräben als de facto Helfershelfer der Sozialdemokraten denunziert. So blieben für eine nationale Integration beziehungsweise Sammlung im Wesentlichen die beiden konservativen Parteien, die Nationalliberalen und das Zentrum, Letzteres weiterhin am wenigsten geschätzt wegen seiner Orientierung hin zum Heiligen Stuhl und zur katholischen Welt, seiner Rolle als eine Art politisch-parlamentarischer Schutzherr der Polen in den preußischen Ostprovinzen, kurzum wegen seiner inneren Unabhängigkeit gegenüber dem kleindeutschen Hohenzollernreich.

1887 kam zweierlei zusammen: Einmal bedurfte es prinzipiell einer neuen Militärvorlage im Reichstag; seit 1874 galt als Kompromiss zwischen Kanzler und Militärapparat auf der einen Seite, Parlament auf der anderen Seite die gesetzliche Festlegung der Präsenzstärke der Armee auf jeweils sieben Jahre, das berühmte *Septennat.* Nach 1881 stand damit eine solche Neufestlegung, ein letztes Mal in der Bismarck-Zeit, für 1887/88 an. Hier berührten sich nun zwei Problemkreise:

Zum einen ging es um die parlamentarische Mitsprache im Militär- und Rüstungsbereich und damit, nach den Erfahrungen des preußischen Verfassungskonfliktes, um einen hochsensiblen Konfliktgegenstand im System des preußisch-deutschen Konstitutionalismus. Die zweite Dimension war die außenpolitische, mit ihren ganz eigenen innenpolitischen Konsequenzen: Das Jahr 1887 stand im Zeichen einer außenpolitischen Doppelkrise, auf der einen Seite einer innenpolitisch instrumentalisierten Kriegsgefahr im Verhältnis zu Frankreich. Dafür gab der aggressiv auftretende französische Kriegsminister Boulanger die rechte Zielscheibe ab. Am 14. Januar 1887 hatte Bismarck durch den Kaiser den Reichstag auflösen und Neuwahlen ausschreiben lassen, zweieinhalb Wochen später erschien im Blick auf die französische Bedrohung in der Zeitung *Post* ein Artikel unter dem Titel: »Auf des Messers Schneide«[36]. Tatsächliche Kriegsgefahr ging auf der anderen Seite hingegen in diesen Monaten eher von dem belasteten Verhältnis zwischen Deutschland – mit Österreich-Ungarn – und Russland im Zeichen der Bulgarienkrise aus. Die führenden Militärs im Generalstab drängten in dieser Situation auf einen Präventivkrieg gegenüber Russland, auf ein gemeinsames Vorgehen mit Österreich-Ungarn, das in einem Feldzug in Kongresspolen eine militärische Entscheidung herbeiführen sollte. Bismarck war gegen den Krieg, aber dieser Kurs ließ sich nur durchhalten, wenn er mit selbstbewussten nationalen Parolen verbunden wurde und für innenpolitische Sammlung im Zeichen einer klaren Polarisierung zwischen nationalem und nichtnationalem Lager stand. Wieder waren Nationalliberale und Zentrum die parlamentarischen Kräfte, um die im Kern der Konflikt geführt wurde. Und umgekehrt sollten Aufrüstung und innere Stärkung die Politik in die Lage versetzen, den Militärs die Begründung für den tatsächlichen Waffengang zu nehmen: Denn ein Präventivkrieg aus einer Situation angenommener oder künftiger potenzieller Schwäche, und sei es auch im Zeichen eines Zweifronten-Krieges gegen Frankreich und Russland, werde dann überflüssig werden, wenn das Reich aus eigener Stärke nichts zu befürchten habe. Hier wird deutlich, wie sehr bei Bismarck Innen- und Außenpolitik, Strategie, Taktik und Instrumentalisierung in enger Wechselbeziehung zueinander standen. Und um das katholische Zentrum unter Druck zu setzen, verfügte Bismarck über eine Waffe, die förmlich genial anmutet, den eigens dazu in Stellung gebrachten Heiligen Vater, Papst Leo XIII. Anfang Januar 1887 wies der Vatikan den in München amtierenden Nuntius an: »Sie wollen daher aufs Lebhafteste die Führer des Centrums dafür interessieren, daß sie allen ihren Einfluß bei ihren Kollegen anwenden und dieselben versichern, daß sie durch die Unterstützung des Septennats dem Heiligen Vater eine große Freude bereiten und das für die Sache der Katholiken sehr vortheilhaft sein wird.«[37] Zugleich gewann Bismarck die kommunikative Hegemonie gegenüber Parlament und Öffentlichkeit durch zwei große Reichstagsreden, die in Teilen geradezu in den nationalen Sprachhaushalt eingegangen sind, der vom 11. Januar 1887 und der vom 6. Februar 1888. Bei der ersten Rede schob er jenen Abgeordneten, die der bereits vorliegenden Septennatsvorlage die Zustimmung versagten, die Verantwortung für einen künftigen, gegenüber Frankreich verlorenen Krieg und für die Folgen zu, und er sparte dabei nicht mit nationaler Dramatisierung: »Man würde dafür sorgen, dass das Deutsche Reich so stark nicht bleibt, wie es ist. Man würde, von der Rheingrenze ausgehend, uns vom Rhein soviel abnehmen, wie man könnte; […] wir würden Schleswig ganz ohne Zweifel an Dänemark verlieren. […] Nun meine Herren, ich kann mir danach nicht denken, wer überhaupt sich stark genug fühlte, die Verantwortung für die Möglichkeiten des Eintritts solcher Zustände zu übernehmen. Die verbündeten Regierungen sind es ganz sicher nicht […]. Die verbündeten Regierungen haben […] dem Volk gegenüber die Verantwortlichkeit dafür, dass dieser Schutz jederzeit vorhanden sei.«[38] Mit den »verbündeten Regierungen« kommt hier eine weitere, für die spätere Bismarckzeit typische Referenzebene ins Spiel. Je mehr Bismarck den Reichstag unter Druck zu setzen suchte, desto mehr bedurfte er dazu außerparlamentarischer Verbündeter. Die föderale, in Teilen konföderale Struktur des Bismarck-Reiches legte es dazu nahe, sie im Bundesrat wie bei den Monarchen und Regierungen der anderen deutschen Staaten zu suchen, von außerdeutschen Partnern wie dem wie ein *deus ex machina* auf die Bühne gezauberten Papst ganz abgesehen. Der Papst selbst hatte durchaus plausible Gründe, sich mit dem evangelischen deutschen Reichskanzler gegen das katholische Zentrum zu verbinden: Das Deutsche Reich stand im Bündnis mit Österreich-Ungarn, der einzig verbliebenen substantiell katholischen Großmacht in Europa. Frankreich und Italien hingegen waren zwar sozusagen auf dem Taufschein katholisch, Frankreich aber politisch laizistisch, und das neue italienische Königreich hatte 1870 den letzten Rest des Kirchenstaates militärisch beseitigt und stand im Fundamentalkonflikt mit dem Heiligen Stuhl. Zusätzlich erhoffte sich der Papst, nicht ohne Grund, die weitgehende Beseitigung der Kulturkampfgesetze, wenn er hier mit dem deutschen Kanzler konform ging.

Auf der monarchischen Ebene suchte der bayerische Prinzregent Luitpold, als Angehöriger des wittelsbachischen Hauses 1870 noch ganz auf der Seite der Gegner des bayerischen Eintritts in das neue Reich, in denkbar brüsker Form die bayerischen Abgeordneten im katholischen Zentrum anlässlich einer Begegnung in der Berliner bayerischen Gesandtschaft am 9. Dezember 1886 zur Annahme der Septennatsvorlage buchstäblich zu vergattern.[39] Bismarcks Mobilisierungsstrategie ging bei der Reichstagswahl vom 21. Februar 1887 voll auf: Die Wahlbeteiligung stieg auf 77 Prozent gegenüber 60 Prozent bei der Reichstagswahl von 1884. Insbesondere die Nationalliberalen, die sich wieder nach rechts gewandt und hinter die Septennatsvorlage gestellt hatten, profitierten von der Loyalität mit Kaiser, Kanzler und Reich im Zeichen nationaler Sammlung: Sie stiegen von 997000 Wählern auf jetzt 1678000, von 51 auf 99 Mandate; die drei Kartellparteien, Deutschkonservative, Freikonservative und Nationalliberale erreichten 220 von 397 Mandaten. Für Bismarck hatte es sich also voll ausgezahlt, das Septennat vom Vorgänger-Reichstag mit 183 gegen 154 Stimmen ablehnen und dann neu wählen zu lassen. Der sogenannte Kartell-Reichstag billigte die Septennatsvorlage, darunter auch eine Reihe von Zentrumsabgeordneten, der größte Teil von ihnen enthielt sich. Kaum war aber die neue Friedenspräsenzstärke der Armee gebilligt, erfolgte der nächste rüstungspolitische Paukenschlag, die Ausdehnung der Dienstpflicht in der Landwehr vom 32. auf das 39. Lebensjahr. Für den Mobilisierungsfall brachte sie zusätzliche rund 700000 Soldaten, oder wie Bismarck plastisch sagte »die Armee einer zweiten Großmacht«. Zur Begründung holte der Kanzler im Reichstag am 6. Februar 1888 über volle zwei Stunden weit aus. Sein Kernargument war:

Durch die Einbeziehung der älteren, ausgebildeten Jahrgänge für den Mobilisierungsfall sollte Deutschland eine so hohe Kriegsstärke erreichen, dass die potenziellen Gegner, Frankreich und Russland wurden hier ganz offen genannt, entweder vom Krieg abgeschreckt werden würden – ein Argument, das im Blick auf den Kalten Krieg ab 1946/47 sehr modern klingt – oder, falls es doch zum Waffengang komme, Deutschland zuversichtlich auf den Kriegsausgang blicken dürfe. Die Schlussfolgerung lautete: Für einen Präventivkrieg aus Sorge um künftige Unterlegenheit gebe es also keinen Anlass, und daher könne Deutschland unbesorgt, wie in den bald schon zwei Jahrzehnten seit der Reichsgründung, weiter Friedenspolitik betreiben: »Diese gewaltige Verstärkung wird, wie ich glaube, auch beruhigend auf unserer eigenen Landsleute wirken und wird die Nervosität unserer öffentlichen Meinung, unserer Börse und unserer Presse einigermaßen ermäßigen.«[40] Und um einer etwaigen Kriegspolitik weiter den Boden zu entziehen, fügte der Reichskanzler hinzu, dass Krieg kein Instrument (mehr) einer opportunistisch kalkulierenden Kabinettspolitik sei. Friedenspolitik und nationale Parole kamen so zusammen: »Wenn wir in Deutschland einen Krieg mit der vollen Wirkung unserer Nationalkraft führen wollen, so muss es ein Krieg sein, mit dem alle, die ihn mitmachen, alle, die ihm Opfer bringen, kurz und gut, mit dem die ganze Nation einverstanden ist; es muss ein Volkskrieg sein.«[41] Man kann es auch so sagen: Bismarck stellte hier die nationale und plebiszitäre Referenzebene gegen die repräsentative, die parlamentarische. Parlament, Parteien und Fraktionen wurden dabei sozusagen von oben und unten unter Druck gesetzt, von oben durch Monarchen und Regierungen, von unten durch das nationale Wohl, das er durch sich repräsentiert sah und das er agitatorisch geschickt gegen die im Parlament vertretenen politischen Fraktionierungen ins Feld zu führen verstand. Ausschalten, beseitigen wollte er Letztere damit freilich keineswegs. Bismarck hat oft und glaubhaft versichert, prinzipiell kein Anhänger eines absolutistischen Systems zu sein. Es ging ihm vielmehr um ein Kräfteparallelogramm, dessen Nutznießer er selbst sein wollte.

6. Weitere Bezugsfaktoren

Der frühe Bismarck war preußisch-royalistisch gesinnt, dazu kokettierte er mit dem gleichen Wahlrecht, um die, aus seiner Sicht, Preußen mediatisierende Struktur des Deutschen Bundes plebiszitär in die Luft sprengen zu können. Österreich kam in der ungünstigeren Alternative die Rolle des entfernten Partners in einem mitteleuropäischen Kondominium zu, in der besseren wurde es aus Deutschland verdrängt. Die deutschen Mittelstaaten schließlich, darunter die profiliertesten Bayern und Sachsen, waren so etwas wie Störelemente. Sie drohten Preußen in einer Weise zu fesseln wie die Zwerge den Gulliver. Dieser gesamte Bezugsrahmen wandelte sich grundlegend schon beim deutschen Einigungsprozess im Herbst 1870. Bismarcks journalistischer Adlatus Moritz Busch zitierte ihn beim Abendgespräch nach der Einigung mit der bayerischen Delegation über den Beitritt des Landes zum Deutschen Bund, wie es damals noch hieß, am 23. November 1870: »Die Zeitungen werden nicht zufrieden sein [...], der dumme Kerl hätte mehr fordern sollen; er hätte es erlangt, sie hätten gemußt; und er kann recht haben – mit dem Müssen. Mir aber lag mehr daran, daß die Leute mit der Sache innerlich zufrieden waren – was sind Verträge, wenn man muß! –, und ich weiß, daß sie vergnügt fortgegangen sind. Ich wollte sie nicht pressen, die Situation nicht ausnutzen.«[42] Die konföderale Struktur des Reiches bot Bismarck die Chance, dem nach seiner Funktionslogik unitarischen Verfassungsorgan Reichstag – denn je zentralstaatlicher das Reich werden würde, desto mächtiger musste sein Parlament werden –, so etwas wie Gegenmacht entgegenzusetzen. Es ging dabei vor allem um die Kooperation der großen Einzelstaaten Preußen, Bayern an nächster Stelle, aber auch Sachsen und Württemberg – was naturgemäß den Kleineren schmeichelte. Das ging mitunter so weit, dass Bismarck klagte, im neuen Nationalstaat sei Preußen eigentlich zu groß; insofern habe er die Annexionen von 1866 nur notgedrungen durchgeführt, um Preußen zur geostrategisch so wichtigen Landbrücke von Ostelbien ins Rheinland zu verhelfen. Diese föderale Tendenz verstärkte sich noch mit dem Ende der liberal dominierten Ära gegen Ende der siebziger Jahre, und nun kam ein weiterer, staatsrechtlich außerdeutscher Faktor hinzu: Österreich: Im Mittelpunkt der Betrachtungen steht dabei der deutsch-österreichische Zweibund vom 7. Oktober 1879. Die Frage ist, in welchen Kontext er sich eigentlich einfügt, 13 Jahre nach der Schlacht bei Königgrätz und dem österreichischen Eingeständnis, fortan kein innerdeutscher Faktor mehr zu sein. Zunächst einmal war der Zweibund eine klassische Großmächteallianz, seinem Wortlaut nach ein Defensivbündnis gegen Russland. Sein Abschluss stellte damit zunächst nichts anderes dar als eine Station in der Gesamtentwicklung der Sicherheits-, Friedens- und Bündnispolitik auf dem europäischen Kontinent nach dem deutsch-französischen Krieg von 1870/71. Vorausgegangen waren das Dreikaiserabkommen der drei klassischen Ostmächte von 1873, die sogenannte Krieg-in-Sicht-Krise von 1875, bei der Deutschland tatsächlich oder vermeintlich einen zweiten Feldzug gegen Frankreich ins Auge gefasst hatte, und daran, tatsächlich oder vermeintlich, von Russland und Großbritannien gehindert wurde, und die zunehmenden Vorstöße des St. Petersburger Hofes, Preußen-Deutschland solle sich nun endlich für die Dienste erkenntlich zeigen, die Russland ihm bei den Kriegen von 1866 und 1870/71 geleistet habe, indem es der Berliner Politik den notwendigen Manövrierraum schuf.[43] Das Erbe der preußischen Außenpolitik wies entschieden in die prorussische Richtung, seit sich Friedrich der Große mit Zarin Katharina 1764 verbündet hatte, ein Jahr nach dem Ende des Siebenjährigen Krieges. Hier war eine Tradition entstanden, in der die preußischen Offiziere und Diplomaten über Generationen aufwuchsen. Preußen war, mit dem Höhepunkt in der Zeit der Heiligen Allianz 1815, so etwas wie die Assistenz-Großmacht Russlands in Mitteleuropa; beide sicherten sich gegenseitig, beide hatten keinerlei territoriale Ansprüche gegeneinander, und beider Dynastien, Hohenzollern und Romanows, waren eng miteinander verbunden und verwandt. Nun aber hatten sich Bezugsrahmen und Interessen gravierend gewandelt: Für das Deutsche Reich kam die Verbindung mit dem zaristischen Imperium und damit die Akzeptanz eines subalternen Status schwerlich infrage. Ließ Deutschland sich auf eine Verbindung mit Russland ein, dann lag die Kompetenzkompetenz für Konflikte in Europa in St. Petersburg, nicht in Berlin. Kam es dann zum Krieg zwischen Russland und England, dann musste Deutschland als eine Art Vasall mitgehen. Österreich-Ungarn hingegen war die unbestreitbar schwächere Macht; es würde, so durfte Bismarck kalkulieren, nicht von Deutschland Gefolgschaft erwarten, sondern auf einen erheblichen Gewinn an Sicherheit spekulieren. Und die Verbindung zu Wien werde Berlin auch keinesfalls die Feindschaft mit London einbringen, denn Österreich-Ungarn und Großbritannien waren im Grunde Partner auf dem Balkan beim Bemühen, das Vordringen Russlands in dieser Region und gegen die türkischen Meerengen einzudämmen – das war eine der Lehren des Berliner Kongresses von 1878 gewesen. Bismarck hatte also allerhand außenpolitische Gründe, für ein Bündnis mit Österreich-Ungarn zu optieren. Es gab aber noch eine zweite, innenpolitische Dimension. An Kaiser Wilhelm I., dem diese neue Kombination so heftig widerstrebte, dass er an Abdankung dachte, schrieb der Kanzler am 7. September 1879: »Schließlich gestatte ich mir, mit Bezugnahme auf die nationalen Empfindungen im gesamten Deutschen Reiche noch auf die geschichtliche Tatsache ehrfurchtsvoll hinzuweisen, daß das ›deutsche Vaterland‹ nach tausendjähriger Tradition sich auch an der Donau, in Steiermark und in Tirol noch wieder findet, in Moskau und Petersburg aber nicht. Diese Tatsache bleibt für die Haltbarkeit und für die Popularität unserer auswärtigen Beziehungen im Parlamente und im Volke von wesentlicher Bedeutung.«[44] Hier gilt es nun, die einzelnen Stränge zusammenzuführen: 1879, das ist das Jahr des inneren Umbaus des Reiches, der Schaffung einer neuen Steuer- und Finanzordnung, der Distanzierung von den Liberalen und der Gewinnung von so etwas wie einer neuen Geschäftsgrundlage gegenüber dem Zentrum und mit ihm der katholischen Welt. Was konnte dabei von größerem Wert sein als das Verheilen auch der großdeutschen Wunden von 1848/49 und vor allem von 1866? Bismarcks ursprüngliches Konzept war es 1879, über eine reine Militärallianz hinaus, eine »organischen Union« beider Staatswesen herzustellen, durch parlamentarische Ratifikationen in besonderer Weise und vor allem öffentlichkeitswirksam legitimiert. Jenseits einer reinen Sicherheitsallianz sollten wirtschaftliche und kulturelle Kooperationen vereinbart werden – ein wenig fühlt man sich an den deutsch-französischem Vertrag vom 22. Januar 1963 und die darin enthaltenen Vereinbarungen über Zusammenarbeit auf den verschiedensten Gebieten erinnert. Kein Zweifel: Diese Kombination sollte in der Tradition der Vorstellungen von einem engeren und einem weiteren Bund in Mitteleuropa stehen, einem engeren in Gestalt des 1871 gegründeten kleindeutschen Reiches, und einem weiteren in Gestalt der Verbindung mit Österreich-Ungarn. Das war die Lösung von 1849 gewesen, die schließlich gescheitert war; mit diesem Modell war auch Bismarck noch 1866 in die agitatorische Feldschlacht bei den letzten Sitzungen des Bundestages in Frankfurt gezogen. Die so seit 1867 bestehende österreichisch-ungarische Doppelmonarchie widersetzte sich allerdings dieser Struktur unter ihrem aus Ungarn stammenden Außenminister Graf Julius Andrássy, denn in Wien und Budapest wusste man, was eine solche Teilfusion bedeuten musste: nämlich die Position der Zweitrangigkeit, vielleicht der Gefolgschaft gegenüber dem deutschen Vormund. So blieb es beim reinen Sicherheitsbündnis mit antirussischer Stoßrichtung, das überdies fürs Erste offiziell geheim gehalten wurde. Gleichwohl wusste man in den beiden Ländern und in ganz Europa sehr bald, dass hier eine neue Allianz entstanden war, und auch von ihrer kulturnational-identitären Unterfütterung, ob nun förmlich verbrieft oder nicht, war vielfach die Rede. Der preußische Staatsminister von Lucius berichtete von der Sitzung der preußischen Regierung am 28. September 1879: »Diese Allianz ist die Wiederaufrichtung des Deutschen Bundes in einer neuen, zeitgemäßen Form. Ein Bollwerk des Friedens für lange Jahre hinaus. Populär bei allen Parteien, exklusive Nihilisten und Sozialisten.«[45] Und bei dieser geradezu großdeutschen Tonlage blieb es weiter. Vor der Reichstagsauflösung, mit der Bismarck 1887 in den Wahlkampf um das Septennat ging, erklärte er bei seiner großen Parlamentsrede vom 11. Januar 1887: »Unsere Aufgabe haben wir zuerst darin erkannt, die Staaten, mit denen wir Kriege geführt hatten, nach Möglichkeit zu versöhnen. Es ist uns dies vollständig gelungen mit Österreich. Die Absicht und das Bedürfnis, dahin zu gelangen, beherrschten bereits die Friedensverhandlungen in Nikolsburg im Jahre 1866, und es hat uns seitdem nie das Bestreben verlassen, die Anlehnung an Österreich wiederzugewinnen, die wir vor 1866 nur scheinbar und buchstäblich hatten, die wir jetzt in der Wirklichkeit vollständig besitzen *(Bravo!)*. Wir stehen mit Österreich in einem so sicheren und vertrauensvollen Verhältnisse, wie es weder wie im Deutschen Bund trotz aller geschriebenen Verträge noch früher im Heiligen Römischen Reiche jemals der Fall gewesen ist *(Bravo!)* …«[46]

Bismarck mag die hier gefundene Lösung nahezu ideal angemutet haben: Im Zweibund war das Deutsche Reich unbestreitbar der stärkere Partner, es stabilisierte mit der außenpolitischen auch die innenpolitische Lage in Österreich und hier naturgemäß an erster Stelle die Position der Deutschen in den Ländern der Donaumonarchie. Das bedeutete aber zugleich, dass das Auseinanderbrechen Österreich-Ungarns möglichst vermieden werden musste, und dass man sich, solange es ging, auch gar nicht die Frage stellte, wie sich das Deutsche Reich im Falle eines Untergangs der Donaumonarchie verhalten sollte. Denn für die preußisch-deutschen Führungsschichten wäre dies naturgemäß die denkbar unerwünschteste Eventualität gewesen: Traten diese Länder auf sich gestellt dem Deutschen Reich bei, dann brachten sie ihm jede Menge Minderheitenkonflikte ein, verstärkten das katholische Element, und außenpolitisch gab es mit einem Mal keinen Bündnispartner mehr, sondern eine isolierte Position.

In einer gewissen Analogie mag man auf der innerstaatlichen Ebene die Kommunikation Bismarcks in dieser Phase mit den Süddeutschen, namentlich dem bayerischen König Ludwig II., sehen. Auch hier ging es um Kommunikation, um Vertrauensgewinn, um den Abbau innerdeutscher Barrieren. Bismarck urlaubte beziehungsweise kurte fast regelmäßig während des Sommers in Bad Kissingen, sozusagen dem nördlichsten bayerischen Vorposten, bereits nördlich der Main-Linie. Dazu stellte ihm der bayerische König stets eine Kutsche mit Pferden zur Verfügung. Das gab jedes Mal den äußeren Anlass für einen relativ intensiven Austausch von Dankschreiben mit umfangreichen politischen Darlegungen. Der bayerische Monarch sollte sich privilegiert, informiert und in die Reichspolitik einbezogen fühlen können.[47] Am 4. August 1879 schreibt der Reichskanzler aus Bad Kissingen an den bayerischen König im Blick auf die parteipolitischen Entwicklungen auf Reichsebene: »Das Centrum hat zum ersten Male begonnen, sich im positivem Sinne an der Gesetzgebung des Reiches zu betheiligen. […] Die nationalliberale Partei, wird, wie ich hoffe, durch die letzte Reichstagssession ihrer Scheidung in eine monarchische und eine fortschrittliche, also republikanische Hälfte entgegengeführt werden.« Und zum Moment des Persönlichen: »Einen wesentlichen Antheil an der guten Wirkung hat die Leichtigkeit, mit welcher E.W.M. Gnade mich in den Stand setzt, die gute Luft der umgebenden Wälder zu genießen. Die ausgezeichneten Pferde des Marstalls E.W.M. machen es leicht, jeden Punkt der schönen Umgebung Kissingens zu erreichen […].«[48] Fünf Wochen später ist Bismarck in Bad Gastein, der Vertragsschluss mit

Österreich bahnt sich an. Aus Bad Gastein richtet er am 10. September 1879 ein bemerkenswert umfangreiches Schreiben an den bayerischen König. Es erläutert detailliert die außenpolitische Lage in der Dreiecksbeziehung zwischen Deutschland, Russland und Österreich aus seiner Sicht, und auch hier kommt die großdeutsch-mitteleuropäische Komponente wieder zum Ausdruck: »Ich würde es für eine wesentliche Garantie des Europäischen Friedens und der Sicherheit Deutschlands halten, wenn das Deutsche Reich auf eine [...] Abmachung mit Österreich einginge, welche zum Zweck hätte, den Frieden mit Russland nach wie vor sorgfältig zu pflegen, aber wenn trotzdem eine der beiden Mächte angegriffen würde, einander beizustehen [...]. Der rein defensive Charakter dieser gegenseitigen Anlehnung der beiden deutschen Mächte an einander könnte auch für niemanden etwas Herausforderndes haben, da die selbe gegenseitige Assekuranz beider in dem deutschen Bundesverhältniß von 1815 schon 50 Jahre völkerrechtlich bestanden hat.«[49] Auch hier also der Zweibund von 1879 ganz in der Kontinuität der Beziehungsmuster von Altem Reich und Deutschem Bund. Im Folgejahr, am 1. Juni 1880, appelliert Bismarck an den bayerischen König, die monarchische Solidarität gegen die parlamentarische Linke, das heißt die ihm nicht botmäßigen Kräfte im Reichstag, zu setzen: »Wenn der Reichstag in einer starken und conservativen Mehrheit den verbündeten Regierungen gegenüber eine wohlerwogene Stellung einnimmt, so wird eine verständige Politik gewiß mit derselben rechnen wollen; wenn aber gerade die turbulenten, demokratischen und unitarischen Elemente des Reichstags unter Benutzung der Stimmvortheile, welche sie aus der principiellen Opposition des Centrums ziehn in die Rechte der Regierung mit eingreifen wollen, so darf meines Erachtens unter Letzteren die Nachgiebigkeit keine Vertretung finden.«[50] Eine solche Wunschkombination hatte Bismarck deutlich später mit den Reichstagswahlen vom Februar 1887 ansatzweise erreicht: Die beiden konservativen Parteien und die nach rechts gewendeten Nationalliberalen fest in seinem Lager, das Zentrum von der nationalen Sammlungsparole des Kanzlers durchaus nicht unbeeindruckt, die Monarchen weitgehend auf seiner Seite. War doch mehr als bezeichnend gewesen, wie der De-facto-Nachfolger des am 13. Juni 1886 unter mysteriösen Umständen im Starnberger See zu Tode gekommenen Königs Ludwig II., Prinzregent Luitpold, am 9. November dieses Jahres die bayerischen Reichstagsabgeordneten in Berlin zusammengestaucht und auf Bismarck-Kurs zu bringen versucht hatte. Aber diese Phase unbestrittener innenpolitischer Hegemonie hielt nicht lange an. Am 9. März 1888 starb, über 90-jährig, Kaiser Wilhelm I. Bismarck, der ihm 27 Jahre als Regierungschef gedient hatte, verlor damit im Ergebnis doch die entscheidende Stütze seiner Macht. Zum Nachfolger, Kaiser Friedrich III., dem Monarchen für 99 Tage, hatte er stets ein problematisches, oft kritisches Verhältnis unterhalten. Umso mehr galt das für dessen Gemahlin Victoria, mit ihrer britisch-liberalen Sozialisation. Aber die hier begründeten, jahrzehntelangen Konflikte spielten nun eigentlich keine Rolle mehr. Der todkranke Kaiser Friedrich III. konnte in seiner kurzen Regentschaft keine Akzente mehr setzen. Am Ende ging es ihm um Kontinuität, und auf dem Totenbett legte er die Hände Bismarcks und seiner Frau ineinander. Schließlich ahnten wohl beide, Bismarck wie Friedrich III., dass der unfertige neue Kronprinz Wilhelm zu verlässlicher Führung des Reiches schwerlich im Stande sein werde. Der Bruch mit diesem war bald so tief, dass ein gleitender Übergang nicht möglich war. Das fruchtlose Nachspiel der Bismarck'schen Kanzlerschaft von 1888 bis 1890 bleibt hier außer Betrachtung.

7. Spezialität im preußisch-deutschen Reich: Bismarck und das Militär

An sich war Bismarck, der, je älter er wurde, desto lieber die Uniform der Halberstädter Kürassiere trug, Zivilist. Selbst dem Schmalspurmilitärdienst als Einjährig-Freiwilliger, zuerst bei den Garde-Jägern in Potsdam, dann bei den Pommerschen Jägern in Greifswald, hatte er mit dem Verweis auf eine »Muskelschwäche«, die er sich bei einer studentischen Mensur zugezogen habe, zu entkommen versucht.[51] An dieser Stelle der vergleichende Blick auf die drei anderen Kanzler, die hier fakultativ in die Betrachtung mit einbezogen werden: Von den insgesamt Vieren, Bismarck, Bülow, Adenauer und Kohl, hatte nur einer je wirklich Pulverdampf gerochen, Bernhard von Bülow im deutsch-französischen Krieg von 1870/71. Bülow war als Student, mit ausgedehntem Freizeit-, Gesellschafts- und Kulturprogramm, bei Ausbruch des Krieges als Freiwilliger eingetreten, avancierte nach dem Ende der Feindseligkeiten zum Leutnant bei der Kavallerie, begann sich freilich beim Militär unter Friedensbedingungen zu langweilen, legte die juristischen Examina ab und trat schließlich 1873 mit väterlicher Protektion – sein Vater Bernhard von Bülow war inzwischen Staatssekretär im Auswärtigen Amt – in den diplomatischen Dienst ein.[52] Bülow fühlte sich offenkundig in Zivil sehr viel wohler, Aufnahmen, die ihn als Diplomaten beziehungsweise Reichskanzler zeigen, präsentieren ihn in aller Regel in Gehrock oder Frack. Anders Bismarck: Im formalen militärischen Dienstrang kletterte er immer höher bis in Generalsränge. Am Krieg von 1870/71 nahm er mit seinen Mitarbeitern aus dem Auswärtigen Amt, die zumeist Zivil tragen mussten und damit gegenüber den sogenannten Halbgöttern in Uniform deklassiert erschienen, selbst bevorzugt in Uniform teil.

Ganz anders die Verhältnisse in der zweiten deutschen Nachkriegszeit, nach 1945: Konrad Adenauer wie Helmut Kohl hatten nie gedient; Kohl hatte als Halbwüchsiger noch ein sehr konkretes Bild von den Gefahren des Krieges und vom Untergang des NS-Regimes gewinnen können. Adenauer kokettierte eher damit, dass er als zivil-katholischer Rheinländer dem preußischen Militärsystem habituell distanziert gegenüberstand. Zugleich aber war niemand anders als er der Schöpfer der westdeutschen Armee der Nachkriegszeit, der Bundeswehr. Nach dem Ausbruch des Korea-Krieges Ende Juni 1950 schlug Adenauer den westlichen Siegermächten einen deutschen Wehrbeitrag im Rahmen einer westlichen Streitmacht vor.[53] Im Ergebnis kamen zwei Momente zusammen: Schutz des Bundesgebietes, damit Friedenssicherung vor einer Aggression von Osten, und Aufstieg der jungen Bundesrepublik in einen möglichst gleichberechtigten Status im Rahmen der westlichen Staatenwelt. Was sich dann entwickelte, war trotz vielerlei personeller Kontinuitäten mit dem Militärapparat der Reichswehr beziehungsweise Wehrmacht bis 1945 eine gänzlich neue Tektonik deutscher Militärverfassung: Das Zivil beanspruchte die absolute Hegemonie gegenüber der Uniform. Die zivilen Staatssekretäre rangierten im Verteidigungsministerium über den militärischen Spitzen, die »Befehls- und Kommando-Gewalt« hatten die durchweg bis heute zivilen Verteidigungsminister inne, im Kriegsfall sollte sie auf den Regierungschef übergehen. Es gab und gibt weder einen verselbstständigten Generalstab noch einen eigenständigen Strang militärischer Kommandohierarchie an Parlament und Regierung vorbei – im Gegenteil. Noch entscheidender für den Bruch gegenüber der Welt vor 1945, vor 1933 oder vor 1918 war aber noch etwas ganz anderes: Die Integration der Bundeswehr als eine Kontingentsarmee in die festgefügte Struktur der NATO. Insofern ähneln formale Anbindung und Struktur der Bundeswehr in der Zeit des Kalten Krieges auf bestimmte Weise den Verhältnissen, denen das bayerische Kontingentsheer im Kaiserreich unterworfen war: mit einer relativen Autonomie, von der im Kriegs- beziehungsweise Verteidigungsfall nichts mehr übrigblieb, mit dem verfassungsmäßig verbürgten Recht des Oberbefehlshabers, des deutschen Kaisers und preußischen Königs, Standard und Leistungsvermögen dieser Kontingentsstreitmacht auf dem allgemein festgelegten Niveau sichergestellt zu wissen, so wie es auch für die Bundeswehr im NATO-Verbund galt. Und schließlich galt und gilt für die gesamte Zeit des Kalten Krieges, dass konkrete Kriegsführung unter nuklearen Bedingungen als suizidal zu gelten hat. Daraus resultierte die Maxime von der Friedenswahrung durch Abschreckung. Krieg als konkret operatives Mittel von Politik erschien ausgeschlossen.

Auch Helmut Kohl war Zivilist, und auch ihm war die Bundeswehr, zu seiner Zeit in der NATO nach den Streitkräften der USA die zweitgrößte konventionelle Armee, vor allem ein politisch wichtiges Instrument. Gegenüber der in Rüstungsfragen stets besonders tough auftretenden britischen Premierministerin Margret Thatcher wie auch gegenüber den Amerikanern konnte er immer wieder mit dem Argument Punkte machen, die Westdeutschen unterhielten anders als ihre angelsächsischen Verbündeten eine Wehrpflichtarmee mit allen daraus resultierenden psychologischen Belastungen.[54]

Wie fügt sich nun Bismarck in dieses Tableau ein? Für die Sicherheitspolitik in seiner Zeit als Reichskanzler, insgesamt knapp zwei Jahrzehnte, ergibt sich jedenfalls in einem entscheidenden Punkt der merkwürdige Befund, dass sie in gewisser Weise den Kriegsverhinderungsstrategien der Nachkriegszeit nach 1945 ähnelte, obwohl von der Welt des nuklearen Zeitalters noch um Generationen getrennt. Höhepunkt waren, wenn man diese relativ moderne Begrifflichkeit auf das späte 19. Jahrhundert anwenden kann, die hier schon geschilderten Konflikte um so etwas wie eine »Nachrüstung« von 1886 / 88. Anders als bei den Auseinandersetzungen um NATO-Doppelbeschluss und Nachrüstung mit Pershing 2-Raketen und sogenannten Marschflugkörpern gegen die sowjetische Vorrüstung mit SS-20-Mittelstreckenraketen im sogenannten zweiten Kalten Krieg von 1979 bis 1983[59] ging es damals naturgemäß nicht darum, Waffensysteme von unerhörter Vernichtungskapazität operativ und technisch so präzise gegeneinander zu positionieren, dass die wechselseitige Wirksamkeit den konkreten Einsatz möglichst ausschloss. Aber der politische Grundgedanke, wie ihn Bismarck gegen Ende der 1880er-Jahre formulierte, war doch verblüffend ähnlich: Deutschland sollte militärisch so stark sein, dass jede Bedrohung, und sei sie der *worst case* eines Zweifrontenkrieges durch Frankreich und Russland, militärisch aussichtslos sei, so dass die potenziellen Kontrahenten ihn daher möglichst erst gar nicht unternähmen. Freilich: Mehr als in der zweiten Hälfte des 20. Jahrhunderts war Kriegsführung, nicht nur bei den Militärs, sondern auch bei politischen Akteuren wie Bismarck immer noch eine zwar denkbar unerwünschte, aber doch konkret mögliche Eventualität, und gegen sie galt es sich auch zu wappnen. Schließlich bedeuteten Krieg und Niederlage nicht wechselseitige Auslöschung wie im Nuklearzeitalter, sondern »nur« erhebliche Verluste: territoriale Einbußen, hohe Reparationen, möglicherweise die Rückgängigmachung der Reichsgründung und Verlust des Großmacht-Status. Ein solcher *worst case* sah naturgemäß noch anders aus als ein *worst case* in der Zeit nach Hiroshima und Nagasaki.

Bismarck trat in Uniform auf, aber er erweckte zugleich, insbesondere bei der Glorifizierung seiner Rolle in den acht verbleibenden Lebensjahren nach der Entlassung vom März 1890, den Eindruck, er, der Zivilist, habe es in kritischen Situationen immer verstanden, die Militärs in die Schranken zu weisen und seine Letztverantwortlichkeit sicherzustellen. Vor kräftigen Manipulationen scheute er dabei nicht zurück: Eine Schlüsselszene dafür sind die Auseinandersetzungen im preußischen Hauptquartier nach der Schlacht von Königgrätz am 3. Juli 1866 über die Frage, wie es nun weitergehen solle: ein schneller, für alle Beteiligten möglichst schmerzfreier Friedensschluss oder die Fortsetzung des Feldzuges durch Böhmen und Mähren, um Österreich möglichst weitgehend zu schwächen und territoriale Gewinne zu erzielen? Bismarck schreibt dazu in seinen Memoiren *Erinnerung und Gedanke*: »Die Lage war eine schwierige; allen Generalen war die Abneigung gemeinsam, den bisherigen Siegeslauf abzubrechen, und der König war militärischen Einflüssen im Laufe jener Tage öfter und bereitwilliger zugänglich als den meinigen […].«[56] In Wirklichkeit verhielt es sich aber ganz anders, als Bismarck es Jahrzehnte nach den Ereignissen in Friedrichsruh diktierte: Für eine Fortsetzung des Feldzuges war der Monarch, König Wilhelm II.; seine militärischen Spitzen aber vertraten ganz andere Auffassungen, sie standen mit Bismarck im Friedenslager. Denn die militärische wie auch die politische Lage war schwierig und unübersichtlich: Die österreichische Armee war schwer angeschlagen, aber keineswegs vernichtet; Wien zog nun mit dem neuen Oberbefehlshaber Erzherzog Albrecht die in Oberitalien stehenden Truppen, die dort erfolgreich gegen den preußischen Verbündeten Italien gekämpft hatten, über die Alpen zum Schutze des österreichischen Kernlandes heran. Die preußische Armee drohte sich in den ungarischen Weiten gewissermaßen zu verlieren. Dazu war sie durch die Cholera zusehends geschwächt, und über allem stand die Sorge vor einer französischen Intervention am Rhein. Gerade die militärische Logik sprach also dafür, diesem Krieg so schnell es ging ein Ende zu setzen. Bismarck aber legte Wert darauf, dem König und seinen weitergehenden Ambitionen nicht im größeren Kreis, sondern als einsamer Held widerstanden zu haben.

Berühmt ist eine weitere Episode, bei der er im Nachhinein kräftig an seiner Heldenrolle feilte. Es geht um die Zugfahrt des preußischen Hauptquartiers nach Ausbruch des Krieges gegen Frankreich im Sommer 1870 von Berlin an den Rhein. Bismarck schreibt darüber in seinen Memoiren: »Schon bei der Abreise nach Köln erfuhr ich durch einen Zufall, daß beim Ausbruch des Krieges der Plan festgestellt war, mich von den militärischen Berathungen auszuschließen. Ich konnte das aus einem Gespräch des Generals von Podbielski mit dem Grafen Roon entnehmen, dessen unfreiwilliger Ohrenzeuge ich dadurch wurde, daß es in einem Nebencoupé stattfand, dessen

Scheibenwand von einer breiten Oeffnung über mir durchbrochen war.«[57] Im preußisch-deutschen Hauptquartier von Versailles eskalierte dann der Konflikt zwischen Bismarck und dem Generalstab im Dezember 1870. Man gewinnt fast den Eindruck eines kleinen Krieges mit Papier und Tinte vor dem Hintergrund des großen Krieges am Belagerungsring um die französische Hauptstadt. Bismarck attackierte Generalstabschef Moltke, und es kann kein Zweifel daran sein, dass er in dieser Auseinandersetzung der offensivere, der heftigere, ja der um Einschüchterung bemühte Teil war. Die Militärs fürchteten um die Einheitlichkeit des Oberbefehls und die Stringenz ihres professionellen Vorgehens. Der Kanzler, ganz dem Primat des Politischen verhaftet, wollte eine möglichst schnelle Kriegsbeendigung durch militärische Eskalation, damit nicht andere europäische Akteure, Großbritannien oder Russland, auf den Plan traten. Das hieß: Artillerieeinsatz gegen Paris, Verschärfung der Kriegsführung wie der Okkupationspolitik in den besetzten Regionen; dem Generalstab unterstellte er ein Übermaß an Rücksichtnahme gegenüber dem Gegner, es reichte bis hin zu der Annahme, daran seien die aus Großbritannien stammende Gattin des Kronprinzen, Prinzessin Victoria, wie die familiären britischen Verbindungen von Generalstabschef Moltke schuld. Für die Kriegführung selbst vertrat Bismarck die Auffassung, »unmittelbar auf die französische Armee selbst einwirken und einen heilsamen Schrecken verbreiten würde es, wenn es möglich wäre, die Truppen Eurer Majestät daran zu gewöhnen, daß weniger Gefangene gemacht und mehr die Vernichtung des Feindes auf dem Schlachtfeld ins Auge gefaßt würde.«[58] Auf eine knappe Formel gebracht war die Position des Leiters der preußischen Politik: Härtere, verlustreichere Kriegführung zur schnellen Beendigung der Feindseligkeiten, um weitergehende politische Verwicklungen zu verhindern.

Die Schwebelage zwischen Politik und Militär in Preußen-Deutschland ist oft beschrieben worden. Für die spätere Bismarckzeit, das heißt die Jahre nach der Reichsgründung, kann man zunächst eindeutig davon ausgehen, dass der Kanzler die Kompetenzkompetenz fest in Händen hielt, gegenüber den Militärs vermutlich nicht weniger als gegenüber den Parlamentariern. Das hing zusammen mit seinem Prestige, wobei er die Generalstäbler weiterhin nervte, mit der eher diplomatischen Grundhaltung des Generalstabschefs von Moltke, der Konflikte nicht auf die Spitze trieb, sondern gegebenenfalls einen Schritt zurücktrat, und mit der Konfliktbereitschaft des Kanzlers gegenüber dem Monarchen. Darüber hinaus gab es eine ganze Reihe von politischen Festlegungen, die den Militärs durchaus ganz in ihren Kram passten, an erster Stelle die bündnispolitische Grundsatzentscheidung durch den Zweibund mit Österreich-Ungarn von 1879.

Um hier ein Zwischenfazit zu ziehen: Der Kanzler und mit ihm die Sphäre der Politik waren durchaus stärker, die Sphäre des Militärischen damit eher schwächer beziehungsweise eher weniger übergriffig, als es in manchem Klischee vom preußisch-deutschen Militärstaat den Anschein hat. Man muss aber auch hinzufügen: Diese Gewichtung war weniger strukturell bedingt als durch Rolle und Bedeutung der konkreten Akteure.

Es kommt noch ein weiterer Aspekt hinzu: Bismarck agierte seinerseits beachtlich in die Sphäre des Militärischen hinein: Das ging bei Rüstungsfragen bis in technische, ja physikalische und ballistische Details. Ähnlich wie bei der Steuerpolitik[59] zeigte sich Bismarck auch bei der Rüstungspolitik von einer verblüffenden Detailkenntnis. Der in seinen jungen Jahren gescheiterte Verwaltungsbeamte, gescheitert, weil ihn die administrative Filigranarbeit langweilte, wurde auf seine älteren Tage zum Faktenhuber. Und auch in seinem Falle galt: Wissen ist Macht. In der Rüstungspolitik gerierte sich Bismarck, ganz patriarchalisch-fürsorglich, als so etwas wie der gute Hausvater der Armee. Soldaten bräuchten zweckmäßige, wärmende Kleidung, und vor allem bräuchten sie leistungsfähige, international wettbewerbsfähige Infanteriewaffen. Die 1870er- und 1880er-Jahre waren eine Zeit mehrfacher Umrüstungen und Quantensprünge bei den europäischen Armeen. Grundlegende technische Weiterentwicklungen folgten vor allem beim Infanteriegewehr aufeinander, zunächst vom Vorder- zum Hinterlader, dann zum Repetiergewehr und schließlich zum Gewehr mit rauchlosem Pulver und geringerem Kaliber, das mit höherer Rasanz schießen konnte. Bismarck zeigte beziehungsweise gerierte sich hier als der besorgte Experte, der die professionellen Experten förmlich vor sich her trieb. Dazu kokettierte er mit seinen Kenntnissen als passionierter Jäger. Beim rauchlosen Pulver, das einen Quantensprung bei der Infanteriebewaffnung darstellte, kommunizierte er eng mit dem Fabrikanten Max Duttenhofer, an den staatlichen Instanzen vorbei. Duttenhofer behauptete, höhere Qualität als staatliche Fabriken herstellen zu können.[60] Ganz persönlich beteiligte sich der Kanzler sogar an der Auseinandersetzung um die Frage, wie lange man welches Schießpulver funktionsfähig lagern könne und wann durch Feuchtigkeit Unbrauchbarkeit drohe. Modern gesprochen: Das war das Gegenteil eines Generalisten, das war Detailverliebtheit.

8. Ruhestand und Selbststilisierung

Von den vier hier kursorisch betrachteten Kanzlern verlor nur einer sein Amt durch eine Wahlniederlage, Helmut Kohl 1998. 108 Jahre zuvor war die Niederlage des Bismarck-Kartells bei der Reichstagswahl unbestreitbar ein beschleunigendes Moment für seinen Abgang, aber nicht unmittelbar und nicht in einem formalen Maße zwingend. Aber von den Vieren, Bismarck, Bülow, Adenauer und Kohl, scheint nur Letzterer einigermaßen in Frieden aus dem Amt geschieden zu sein. Er hatte eine beispiellose Agenda auf der Habenseite, mit der niemand, er auch nicht, bei Antritt seiner Kanzlerschaft 16 Jahre zuvor hatte rechnen können: den Vollzug der deutschen Wiedervereinigung und die Weiterführung der europäischen Integration in einem Maße, das jedenfalls er als historisch ebenso notwendig wie legitimiert ansah. Kohl blieb im Geschäft; die Funktion des Ehrenvorsitzenden der CDU, die ihm wie selbstverständlich zugefallen war, interpretierte er durchaus politisch. Beim Europäischen Rat vom 11. Dezember 1998 avancierte er zum »Ehrenbürger Europas«.[61] Dann riss mit einem Mal die Spendenaffäre, gemessen am historischen Zäsurcharakter der Phase vom Fall der Mauer in Berlin bis zur Entscheidung für die Einführung des Euro, eine Fußnote, Kohl medial-kommunikativ in den Abgrund. Und als er sich davon politisch einigermaßen erholt hatte, beraubten ihn körperliche Gebrechen weitgehend der Fähigkeit, seine historische Rolle selbst vital darzustellen. Anders sein Vorgänger Helmut Schmidt. Schmidt, dem wortgewandten Mitherausgeber der Wochenzeitung

Die Zeit, stand und steht die ganze mediale Zunft der Elbmetropole zur Verfügung. Sie schreibt ihn je länger, desto intensiver zum Staatsmann und Intellektuellen von singulärer Urteilskraft hoch. Es dauert vermutlich lange, bis der deutschen Gesellschaft allmählich wenigstens in Teilen dämmern wird, dass dabei vielfach die Grenze zur peinlichen Hagiographie überschritten wird.[62]

Adenauer schied im Oktober 1963 mit viel Galle aus dem Amt. Schwer zu sagen, ob es besser gewesen wäre, hätte er einen von ihm stärker akzeptierten Nachfolger im Amt als Ludwig Erhard gefunden, von dem er noch dazu befürchtete, dass er das letzte Erbe seiner Politik, die privilegierte Beziehung zum gaullistischen Frankreich, ausschlagen werde.[63] Adenauer behielt den Parteivorsitz solange es ging, bis zum 21. März 1966. Und er kommunizierte und intrigierte gegen Erhard und gegen die neuen Verhältnisse mit jedem, der nur in Frage kam: mit Charles de Gaulle, mit Franz Josef Strauß, mit Eugen Gerstenmaier; auch der Bundespräsident Heinrich Lübke war in diesem Spiel. Und so wurde auch Erhards letzter großer Triumph, der Sieg bei der Bundestagswahl 1965, ein »ungeheurer und unerwarteter Wahlsieg«, für den Vorgänger »eine böse Überraschung«[64].

Bernhard von Bülow, inzwischen Fürst und »Durchlaucht«, schied 1909 aus dem Amt, mit kaum gebändigter Wut auf den Kaiser wie auf den ebenso ungeliebten wie verachteten Nachfolger Theobald von Bethmann Hollweg und ohne ersichtlich je über die eigenen großen Fehler wie Fehlschläge in seiner Politik zu reflektieren: über den Verrat des Kaisers in der *Daily-Telegraph*-Affäre 1908, über das Nichtzustandekommen einer umfassenden Finanzreform und schließlich – das war vielleicht der wundeste Punkt – über die Misserfolge in der sogenannten »Weltpolitik«. Bülow, der gelernte Diplomat, hatte Weltpolitik als strategische außenpolitische Aufgabe des Deutschen Reiches formuliert. Aber an strategischen Positionen war in seiner Amtszeit eigentlich nichts hinzugekommen. Viel schlimmer: Die Isolierung Deutschlands, ob nun Einkreisung oder Selbstauskreisung, machte ihre entscheidenden Fortschritte gerade in den Jahren seiner Kanzlerschaft. Die erste Marokko-Krise zeigte 1904/05 ein Zusammengehen Großbritanniens und Frankreichs, zwei Jahre später erreichten die vermeintlichen weltpolitischen Antipoden, London und St. Petersburg, ein Arrangement. Die Berliner

Diplomatie hatte stets darauf gebaut, dass es eben dazu, zu einer Kooperation von Walfisch und Bär, nie kommen werde. Seine Wut arbeitete Bülow im dritten Band seiner *Denkwürdigkeiten* ab, der der Zeit nach seiner Entlassung über den Ersten Weltkrieg hinweg bis in die zwanziger Jahre gewidmet ist.[65] Die ersten Kapitel des Buches dienen allein der Abrechnung, Abrechnung mit Kaiser wie Nachfolger, Abrechnung mit Staatssekretären und preußischen Ministern, die entweder unfähig seien oder ihn verraten hätten. Was folgt, ist eine Enzyklopädie von Begegnungen mit und Zuschriften aus der preußisch-deutschen Oberschicht, zumeist liberal-konservative Professoren, die Bülow als großem Staatsmann huldigen.

Kein Zweifel: Bismarck, obwohl nach der Entlassung in keinerlei Funktion mehr, war von allen vier Kanzlern für die verbleibende Lebenszeit die mit Abstand wichtigste Potenz. Gewiss. Das Bild ist ambivalent. Sein Biograf Otto Pflanze schreibt: »Kaum jemand konnte sich vorstellen, wer seinen Platz einnehmen sollte. […] Dennoch war die Reaktion auf Bismarcks Sturz in der Presse und im Parlament eher schwach. Nach zwanzig Jahren Sicherheit und Frieden erschien das Reich […] als eine unverrückbare Realität, die bestehen bleiben würde, wer immer an seiner Spitze stand.«[66] Einen anderen Eindruck gewinnt, wer die Bilder auf sich wirken lässt, die eine der besten Chronistinnen der Zeit, die Baronin Spitzemberg, in ihrem Tagebuch von der Abfahrt Bismarcks am 29. März 1890 malt: »Wie eine Sturmflut warf sich die Menge dem Wagen entgegen, ihn umringend, begleitend, aufhaltend, Hüte und Tücher schwenkend, rufend, weinend, Blumen werfend. […] Frau von Hirschfeld war im Lehrter Bahnhof und schilderte den Enthusiasmus als unermesslich; die inneren Räume waren zum Erdrücken voll, die Fenster wurden ausgehoben, an den Säulen hingen die Menschen bis hoch oben, jubelnd, weinend, sich die Hände drückend; plötzlich fing einer an, die ›Wacht am Rhein‹ zu singen, und ›wie Donnerhall‹ pflanzte sich der Sang fort, bis draußen die Zehntausende entblößten Hauptes das alte Siegeslied sangen; den Kürassierschwadronen liefen die hellen Tränen von den Wangen […]«[67] Bismarck nahm ein nationalliberales Reichstagsmandat an, er ging auch noch sehr viel mehr als in seiner Zeit als Reichskanzler auf den publizistischen Markt, gewann die *Hamburger Nachrichten* als sein Sprachrohr, daneben auch die

Münchner Allgemeine Zeitung, und er konspirierte und kommunizierte mit Maximilian Harden, einem verlässlichen publizistischen Feind des Kaisers. Zu seiner Genugtuung konnte Bismarck erleben, dass die Ära seines Nachfolgers Caprivi, innenpolitisch im Zeichen einer liberalen Öffnung, außenpolitisch im Zeichen der Nichtfortsetzung des geheimen Rückversicherungsvertrages mit Russland, auf den sich Bismarck so viel zugute hielt, denkbar kurz blieb: zwei Jahre im Amt des preußischen Ministerpräsidenten, vier Jahre im Amt des Reichskanzlers. Bismarcks Anhängerschaft umfasste nicht die ganze deutsche Gesellschaft, aber doch einen beachtlichen Teil. Überspitzt formuliert kann man es vielleicht so sagen: Jetzt, in seinen letzten Lebensjahren, erreichte der Prozess einer Entborussifizierung wie Germanisierung seinen Abschluss. Bismarck wurde zum nationalen Idol des Bürgertums, der Akademiker, in besonderer Weise der Burschenschaften an den deutschen Universitäten. Und man kann mit einigem Grund sagen: Er inszenierte und genoss diesen Prozess, der seinen Höhepunkt bei zwei Anlässen fand: bei Bismarcks Mitteleuropareise von 1892, über Dresden, Wien, München und Bad Kissingen, aufgezogen wie ein nationales beziehungsweise großdeutsches Happening;[68] und bei Bismarcks 80. Geburtstag am 1. April 1895, der zum großen Nationalfest und zugleich schon zum Abschied von ihm wurde. Dabei kam es Bismarck noch zugute, dass eine Reichstagsmehrheit aus Zentrum, Linksliberalen und Sozialdemokraten eine Woche zuvor, am 23. März, eine Grußadresse des Parlaments an den Jubilar abgelehnt hatte. Nun musste sich der Kaiser süß-säuerlich mit seinem Exkanzler solidarisieren. Er gab ein Bankett im Berliner Schloss, während in Friedrichsruh sechs Militärkapellen aufspielten, 10000 Telegramme und 450000 Zuschriften eingingen. Gut drei Jahre später verstarb Bismarck. Aber auch aus dem Schatten des Toten konnte sich Wilhelm II. zeit seines Lebens nicht befreien. Der Reichsgründer ragte als Mythos und als stiller Vorwurf gegen den seit dem 10. November 1918 im niederländischen Exil weilenden Kaiser bis weit in die zwanziger Jahre hinein. Den einen, die sich wie Gustav Stresemann nun an eine Ausgleichspolitik mit den Siegern des Ersten Weltkrieges machten, galt Bismarck als Vorbild für Realpolitik; den anderen, die wie die Deutschnationalen schlicht die Vergangenheit glorifizierten, diente er als Symbol einer überhöhten Vergangenheit und damit zugleich als stiller Vorwurf gegen die neue Republik.

Jeder der vier hier in die Betrachtung einbezogenen Kanzler war bemüht, das Urteil der Nachwelt möglichst selbst zu prägen, ja, was in keinem Falle gelingen konnte, gültig festzuzurren. Den größten Aufwand trieb aus diesem Quartett bis heute Helmut Kohl, am wenigsten manipulativ und am meisten wohl im Stile eines Chronisten ging Konrad Adenauer vor. Seine Erinnerungen gelten heute noch als aussagekräftige Quelle dafür, wie die frühe Bundesrepublik auf Westkurs getrimmt wurde.[69] Bismarcks und Adenauers Memoirenwerk unterscheiden sich gravierend. Adenauer arbeitete mit hohem Dokumenteneinsatz, Bismarck wollte Genugtuung. Die jeweilige Gegenwart stimulierte ihn dazu, danach die jeweils geschilderte Vergangenheit auszurichten. »Bismarck, der Realist, war darauf bedacht, die Unfähigkeit seiner Nachfolger bloßzustellen. Bismarck, den Narzissten, gelüstete es, aller Welt zu offenbaren, wie schäbig man mit ihm verfahren war. Bismarck, der Pädagoge wollte die nächste Generation in den Prinzipien unterweisen, auf denen jede deutsche Außenpolitik gründen müsse. Bismarck, der Monarchist, zögerte, das Ansehen der Dynastie zu beschädigen. Dieser letzte Bismarck scheint die Vorherrschaft gehabt zu haben, doch nur um Haaresbreite […].«[70] Aber so antipodisch Bismarck und Adenauer auch vorgingen, beide bedurften sie einer verlässlichen disziplinierenden, mitunter verzweifelnden Hilfestellung: In Adenauers Fall war es seine frühere Mitarbeiterin Anneliese Poppinga. Sie stellte das Gerüst zur Verfügung und recherchierte die Materialien. Ohne sie hätte es ebenso wenig je Memoiren Adenauers gegeben wie ohne Lothar Buchers Fron in Friedrichsruh die Erinnerungen Otto von Bismarcks. Bucher tat sich noch sehr viel schwerer als Anneliese Poppinga: Mit sehr viel weniger Material musste er aus den assoziativ-unsystematischen Erzählungen Bismarcks etwas machen, die Diktate wie ein Puzzle neu zusammenlegen. Die *Gedanken und Erinnerungen* erschienen wenige Monate nach Bismarcks Tod im November 1898. Der dritte Teil, mit der Kritik an Kaiser Wilhelm II. und der Entlassung im Mittelpunkt, folgte erst nach dem Ende der Monarchie 1921. Bismarck und Helmut Kohl haben sich über ihr je eigenes Memoirenwerk hinaus eines weiteren Kunstgriffes bedient: Sie gewährten ihnen nahestehenden Historikern noch in ihrer Amtszeit privilegierten Aktenzugang und taten so das ihnen Mögliche, um ein wissenschaftliches Bild ihrer Zeit vermitteln zu können. In beiden Fällen stand dabei naturgemäß das Zentralereignis ihrer Epoche im Mittelpunkt, bei Bismarck die Reichsgründung, bei Kohl die deutsche Wiedervereinigung. Mit anderen Worten: Was für Bismarck der nationalliberale, kleindeutsch orientierte Historiker Heinrich von Sybel war, wurde für Helmut Kohl der Politikwissenschaftler Werner Weidenfeld mit einer Arbeitsgruppe, die die verschiedenen für die Wiedervereinigung Deutschlands 1989/90 relevant anmutenden Themenfelder darstellte. Sybel war seit 1875 Direktor der preußischen Staatsarchive. Bismarck gewährte ihm qualifizierten Aktenzugang, und auf dieser Grundlage erschien 1889 bis 1894 das siebenbändige Werk *Die Begründung des Deutschen Reichs durch Wilhelm I.* Der einschlägige Brockhaus-Artikel resümierte 1934: »Die Darstellung erstreckt sich ausschließlich auf die politische Entwicklung und das Wirken Bismarcks.«[71] Der erst in Mainz, dann in München lehrende Politikwissenschaftler Werner Weidenfeld galt als CDU-orientiert und in diesem Spektrum deutlich eher auf dem europäischen als auf dem nationalen Flügel stehend. Weidenfeld war vor allem durch Publikationen zur Legitimierung einer stetig fortschreitenden Intensivierung der europäischen Integration hervorgetreten. Er gehörte zu jenen, die die *Deutsche Frage* in einer künftigen europäischen Struktur aufgehoben sahen.[72] Sein eigenes Opus magnum über den außenpolitischen Kontext der deutschen Wiedervereinigung »basiert auf einer Fülle von internen Dokumenten der Bundesregierung, die in der Regel einer dreißigjährigen Sperrfrist unterliegen. Eine Sondergenehmigung hatte den Zugang bereits wenige Jahre nach Abschluss des Einigungsprozesses eröffnet, was sonst nach dem Jahr 2020 ein Fall für die Historiker gewesen wäre.«[73] Freilich ließ es Kohl nicht damit sein Bewenden haben. Im selben Jahr wie die Bände der Arbeitsgruppe um Werner Weidenfeld zur Geschichte der Deutschen Einheit 1998 erschien eine Sonderedition aus den Akten des Bundeskanzleramtes zum Wiedervereinigungsgeschehen.[74] Und dieses Gesamtopus wurde also gerade noch auf den Weg gebracht und abgeschlossen, bevor durch den Wechsel im Kanzleramt von Helmut Kohl zu Gerhard Schröder Hindernisse hätten aufgebaut werden können. Kohl selbst hat bislang, neben einem Spezialband zur deutschen Einheit[75], ein dreibändiges Memoirenwerk vorgelegt. Und dies einmal mehr mit dem Anspruch des politischen Akteurs, seine und die Geschichte seiner Zeit definitiv darstellen zu können – was ihm freilich so wenig gelingen wird, wie allen anderen Memoirenschreibern vor und nach ihm: »In meinen Erinnerungen geht es mir wesentlich darum, zu erklären, was wir damals warum und wie entschieden haben […]. Damit erhalten die Leserinnen und Leser einen unverstellten Einblick in jene schicksalhaften Jahre unserer Republik und in die komplizierten politischen Zusammenhänge dieser Zeit.«[76] Im Falle der vierbändigen *Denkwürdigkeiten* des Fürsten Bülow, die er aus gutem Grund erst nach seinem Tode 1930 und1931 erscheinen ließ, ist der extrem hohe, auf die Spitze getriebene Subjektivitätsgrad so offenkundig, dass sich die Frage nach einer Dekonstruktion dieses Memoirenwerkes gar nicht mehr stellt. Bülow erscheint als genialer Politiker, unbestechlicher Beobachter von Zeit und Zeitgenossen wie als unübertrefflicher Bildungsbürger mit einem Zitatenvorrat ohnegleichen. Aber wer all das als Lektürevoraussetzung mit einer gewissen Ironie akzeptiert, mag von diesen vier Bänden *Denkwürdigkeiten*, die die Geschichte des Kaiserreiches auf ihre Weise bemerkenswert vielgestaltig vermitteln, vielleicht mehr profitieren als von einem Memoirenwerk, das auf der uneinlösbaren Prämisse von Objektivität beharrt.

9. Schlussfolgerungen

Das Quartett der vier Kanzler Bismarck, Bülow, Adenauer und Kohl erscheint durch so viele ganz unterschiedliche Bedingungs- und Handlungsfaktoren in sich differenziert, dass ein Vergleich nur sehr fragmentarisch angestellt werden kann. Er wurde in diesem Beitrag daher auch nur ansatzweise versucht, in manchem angedeutet. Zwei von den vier Akteuren waren Adelige, zwei, die beiden Kanzler aus der Zeit nach dem Zweiten Weltkrieg, kleinbürgerlicher Abkunft. Bismarck und Bülow agierten in einem Bezugsrahmen mit weiterhin bestehender preußischer Monarchie, deutschem Kaiser beziehungsweise preußischem König, Sonderstellung des Militärs, Groß-, in Ansätzen Weltmachtanspruch des Nationalstaates, den es in so hohem Maße ab 1918 und ab 1949 endgültig nicht mehr gab. Adenauer und Kohl führten ein Staatswesen mit tatsächlich nicht mehr vorhandener Souveränität, einbezogen in die NATO und integriert in die Europäische Union, am Ende sogar ohne eigene Währung. Dazu kam ihre Rolle als Parteipolitiker in einer parlamentarischen Demokratie. Und es fiele gewiss nicht schwer, weitere, markante Gegensätze ausfindig zu machen.

Gleichwohl stellt sich doch die Frage, ob nicht alle vier Akteure in zwar nicht gleichzusetzenden, aber wenigstens in Teilen vergleichbaren Bezugsrahmen handeln mussten und ob nicht bei Bismarck, Adenauer und Kohl auf eine bestimmte, durchaus ähnliche Weise historische Größe geltend gemacht werden kann. Jacob Burckhardt schreibt in *Weltgeschichtliche Betrachtungen* in einem ausführlichen Kapitel über »Das Individuum und das Allgemeine« zu historischer Größe: »Der große Mann ist ein solcher, ohne welchen die Welt uns unvollständig schiene, weil bestimmte große Leistungen nur durch ihn innerhalb seiner Zeit und Umgebung möglich waren und sonst undenkbar sind; er ist wesentlich verflochten in den großen Hauptstrom der Ursachen und Wirkungen.«[77] Zunächst einmal: Auch historische Größe wurzelt vermutlich nicht nur in Person, Gestaltungskraft und Umständen, sondern sie bedarf ebenso trivial anmutender Hilfen: Bismarck, Adenauer und Kohl verfügten je über einen Mitarbeiter, in konservativem Deutsch würde man wohl besser formulieren Gefährten, der ihnen mit größter Intensität zuarbeitete und ihr vollständiges Vertrauen genoss. In Bismarcks Falle war das sein Sohn Herbert, der 1873 ins Auswärtige Amt eintrat, hier de facto bis zu beider dienstlichem Ende 1890 als Privatsekretär des Kanzlers diente, 1886 formal zum Staatssekretär aufstieg. In Adenauers Fall war dies der Amtschef des Kanzleramtes Hans Globke; ähnlich wie bei den Bismarcks verließ Globke zusammen mit »seinem« Kanzler 1963 das Amt. Im Falle Helmut Kohls ist wohl an erster Stelle Horst Teltschik zu nennen. Kohl holte den gelernten Politikwissenschaftler und Fachmann für Internationale Beziehungen 1972 in die Mainzer Staatskanzlei. Teltschik stand dann im Bundeskanzleramt Helmut Kohl von 1982 bis 1991 zur Seite. In der Wiedervereinigungsphase 1989 / 90 war er der eigentliche strategische Kopf im Kanzleramt und damit zugleich Rivale des Apparates von Außenminister Genscher. Teltschiks frühzeitiges Ausscheiden, sieben Jahre vor dem Ende von Kohls Kanzlerschaft, gibt auch ein Beispiel dafür, wie viel die Führungsfigur verlieren kann, wenn es zur Trennung von der wichtigsten Vertrauensfigur kommt.

In allen drei Fällen dominierte gesellschaftspolitisch die Distanz gegenüber oder auch die Abkehr von einer reinen, liberalen Lehre zur Gestaltung von Wirtschaft und Sozialsystem. Ganz einfach formuliert: Die Politik ist wichtiger als die Ökonomie. Es geht darum, gesellschaftliche Gruppen zu pazifizieren, wenn es geht zu gewinnen, etwaige Gegner sozialpolitisch von links zu überholen, Bündnisse mächtiger Gruppen und Verbände zu schmieden und gesellschaftspolitische Integration zu leisten.

Bei Bismarck dokumentiert sich eine solche Grundausrichtung von Politik im Ende der liberalen Ära nach dem Gründerkrach und ersten wirtschaftlichen Eintrübungen, personifiziert im Ausscheiden des Leiters des Reichskanzleramtes Rudolf von Delbrück 1876. Was dann folgte, war eine Politik zur Abschirmung vor allem der ostelbischen Landwirtschaft gegen Importbedrohungen, im Bündnis mit den Grundstoffindustrien durch die forcierte Zollpolitik, und ein Jahrzehnt später, in den 1880er-Jahren, die Bismarck'sche Sozialpolitik mit den neuen Versicherungssystemen gegen Krankheit, Unfälle, Invalidität und Alter, von Bismarck selbst als Staatssozialismus und Therapie gegen das Aufkommen der Sozialdemokratie bezeichnet. In gewisser Weise hat Adenauer diese Bismarck'sche Kontinuität fortgesetzt: Durch Konzessionsbereitschaft gegenüber den Gewerkschaften in der Frage der Mitbestimmung am Anfang der fünfziger Jahre suchte er das Bündnis zwischen Gewerkschaften und Sozialdemokratie zu schwächen, die Gewerkschaften so – im Gegensatz zur ablehnenden Haltung der Sozialdemokratie – für die Politik der Westintegration zu gewinnen. Vor Wahlen wurden kostspielige sozialpolitische Wahlgeschenke verteilt, mit dem Höhepunkt der großen Rentenreform von 1957. Die reine ordoliberale Lehre, wie sie das Bundeswirtschaftsministerium unter Ludwig Erhard repräsentierte, war Adenauer stets ein Dorn im Auge. Das galt ebenso grenzüberschreitend in der Außenhandelspolitik: keine globale Open-Door-Politik im Sinne Ludwig Erhards, sondern kontinentaleuropäische Schwerpunktbildung mit dem Frankreich Charles de Gaulles. Helmut Kohl verfügte nicht mehr über die großen Verteilungsspielräume der Wirtschaftswunderjahre. Aber von einem radikalen Schnitt in der Wirtschafts- und Sozialpolitik konnte ab 1982 nicht die Rede sein: Heilige Kühe wie die Subventionen im Kohlebergbau konnten weiter grasen. Die Gelegenheit der Wiedervereinigung 1989/90 wollte niemand beim Schopfe packen, um strukturelle Eingriffe in den Sozialstaat vorzunehmen. Dazu kamen in der Ära Kohl ganz neue Leistungen wie Erziehungsgeld, Erziehungsurlaub, Anerkennung von Kindererziehungszeiten in der Rentenversicherung und Einführung der Pflegeversicherung.

Wer Bismarck, Adenauer und Kohl ernsthaft historische Größe zusprechen will, wird freilich jenseits integrierender und kostspieliger Gesellschaftspolitik *das jeweilige Zentralereignis ihrer Kanzlerschaft in den Mittelpunkt der Betrachtung rücken* müssen: Bei Bismarck den Durchbruch zum Nationalstaat 1870/71, bei Adenauer den Aufbau und die Stabilisierung der alten Bundesrepublik im westlichen Verbund, mit dem Höhepunkt von NATO-Beitritt, Aufhebung des Besatzungsstatutes und wenigstens ansehnlichem Souveränitätsgewinn 1955, bei Kohl die Wiedervereinigung Deutschlands 1989/90 und in Verbindung damit, ob nun unmittelbar oder mittelbar, eine strukturelle Weiterentwicklung der europäischen Integration. *Alle drei Zäsuren haben den deutschen Zug auf ein neues Gleis gesetzt*, in eine neue Richtung fahren lassen. Das ist im Kern das, was mit vollem Recht von historischer Größe bei diesen drei Kanzlern sprechen lässt. Natürlich gibt es aber gravierende Unterschiede:

Adenauer musste sich die Aufgabe, als er 1949 als Bundeskanzler begann, nicht suchen, und er musste auch nicht auf den historischen Zufall setzen. Seine *Agenda war gewissermaßen naturgegeben*: Selbstbehauptung Westdeutschlands in der fundamentalen Systemauseinandersetzung des Kalten Krieges, Überwindung der durch Verbrechen und Blutspur des Dritten Reiches geradezu zwangsläufigen Stigmatisierung des Landes, ökonomischer Wiederaufbau – das »Auferstanden aus Ruinen« der DDR-Hymne traf in sehr viel höherem Maße auf die Bundesrepublik als auf die DDR zu. Bismarck und Kohl haben nach den zentralen Zäsuren in ihrer politischen Biografie, bei Bismarck 1870/71, bei Kohl 1989/90 stets betont, das, was das schließliche Resultat war, in einem Fall das (kleindeutsche) Deutsche Reich, im anderen das wiedervereinigte Deutschland, von Anfang an gewollt zu haben. Unbestreitbar haben dabei beide Legenden gestrickt. Sie haben jeweils die Gelegenheit beim Schopf gepackt, als an sich wenig auf den Gewinn beziehungsweise Wiedergewinn nationaler Einheit hindeutete – und als dann mit einem Mal neue Umstände plötzliche Chancen eröffneten.

In Süddeutschland hatten sich gegen Ende der 1860er-Jahre hin die Distanzierungsbemühungen gegenüber Preußen und dem Norddeutschen Bund verstärkt. In Bayern stürzte über die Jahreswende 1869/70 der preußenfreundliche Ministerpräsident Chlodwig zu Hohenlohe-Schillingsfürst nach einer Landtagswahl, bei der in Gestalt der bayerischen »Patriotenpartei« das katholisch-konföderale Element die Mehrheit errungen hatte. Erst der Ausbruch des Krieges gegen Frankreich im Juli 1870, geschickt als Nationalkrieg gegen den »Erbfeind« inszeniert, schuf die psychologischen Voraussetzungen zur Überwindung der Mainlinie.

In den 1980er-Jahren schien nationale Einheit im geteilten Deutschland in weite Ferne gerückt. Die politischen und publizistischen Eliten in Westdeutschland hielten dieses Ziel zumeist für historisch überholt und für antieuropäisch. Helmut Kohl betrieb, dokumentiert in seiner Zehn-Punkte-Erklärung vor dem Deutschen Bundestag vom 28. November 1989, drei Wochen nach dem Fall der Mauer in Berlin, eine improvisierte Wiedervereinigungspolitik. Auf sie war man weder in den Bonner Ministerien und Fraktionen noch in den Redaktionen der meinungsbildenden Medien vorbereitet.

Es bleibt der große Unterschied, dass 1870/71 Krieg geführt wurde und viel Blut floss – über 100000 Kriegstote auf französischer, über 40000 auf deutscher Seite –, und dass 1989/90 in Europa kein Schuss fiel, sieht man vom Untergang des Ceauçescu-Regimes im Dezember 1989 in Rumänien ab. Und das wiedervereinigte Deutschland profilierte sich dann, wider alle unterstellten deutschen Unsicherheiten, als verlässlicher Teil der europäischen Integration. Das Deutsche Reich hingegen habe, so die vergleichende Kritik, als »halbhegemoniale« Größe in Europa mehr oder weniger isolierte Machtpolitik betrieben, mit dem schließlichen Fiasko des Ausbruches des Ersten

Weltkrieges 43 Jahre nach der Reichsgründung. Derlei Vergleiche, zuungunsten Bismarcks und seiner Schöpfung, verleugnen aber die historischen Kontexte, die stets mit zu bedenken sind. Kriegführung galt im 19. Jahrhundert als sozusagen naturgegebenes Instrument der Politik. Alle europäischen Großmächte hatten daran Anteil, Frankreich dreimal, im Krimkrieg 1853 bis 1855, 1859 im oberitalienischen Feldzug gegen Österreich und schließlich 1870 / 71 im Krieg gegen Preußen-Deutschland. Dazu kam ein imperiales Abenteuer wie seine Intervention in den sechziger Jahren in Mexiko. Russland führte in dieser Phase zweimal Krieg, im Krimkrieg und gut 20 Jahre später gegen das Osmanische Reich. Mit blutigen Feldzügen integrierte es die Kaukasus-Region in sein Imperium. Die europäischen Konfliktlagen der Zeit hat Bismarck auf dem Berliner Kongress von 1878 zu entschärfen versucht. Entscheidender für eine faire Bewertung erscheint aber, dass er nach der Reichsgründung auf eine sehr ernsthafte Weise das Deutsche Reich für »saturiert« erklärte, künftige Kriege zwar nicht ausschloss, das war unter den Bedingungen der Zeit eben schlechthin unmöglich, wohl aber unbestreitbar bis zu seinem Ausscheiden aus dem Amt im März 1890 in bemerkenswertem Maße Friedens- und Sicherheitspolitik betrieb. Was ihn in seiner Politiktypologie eher von manchen Kanzlern – und zumal der amtierenden Bundeskanzlerin – der 1949 ins Leben getretenen Bundesrepublik unterschied, war ein stetes Bemühen um Optionen und Alternativen. Die Außen- und Sicherheitspolitik ist nur ein Beispiel dafür: Neben der Konstante des 1879 vereinbarten Zweibundes mit Österreich stand die Sorge auch um Stabilität in den Beziehungen zu Russland, zuletzt dokumentiert im Rückversicherungsvertrag von 1887. Und nahezu gleichzeitig lotete Bismarck in der Korrespondenz mit dem britischen Außenminister Salisbury die Möglichkeit für ein deutsch-britisches Bündnis aus. Das hätte zugleich bedeutet, dass Deutschland seine sehr autonome, »halbhegemoniale« Stellung aufgegeben und sich an die Flügel- und Weltmacht Großbritannien angelehnt hätte. Es war somit eine Politik, die jeweils weit entfernte Optionen prüfte und in Betracht zog.

Ähnliches gilt für die Innenpolitik. Auch hier spielte Bismarck stetig die verschiedensten Kombinationen durch. Stets galt es, mit »Alternativlosigkeit« zugleich Sackgassen zu vermeiden.

Bismarck war heftig, emotional, oft hasserfüllt. Zugleich konnte er charmant und werbend sein. Auch diejenigen, die ihm sehr oft mit guten Gründen politisch, gesellschaftlich oder kulturell fern standen, waren sich sehr im Klaren darüber, dass er ein Großer war. Im Nachruf Alfred Kerrs vom 4. August 1898 hieß es: »Am Sonntagmorgen wußte man, daß er tot war. […] In dieser Sekunde fühlt man, mag eine Art Hass die Grundempfindung gegen ihn gewesen sein, wie tief man ihn immer grollend geliebt hat. Ein Stück von Deutschland ist es, das in den Fluten des Weltgeschehens für alle Ewigkeit versank.«[78] Bismarck bleibt ein Thema, für die »Berliner Republik« vermutlich mehr als für die alte Bundesrepublik.

Anmerkungen

1 Bei Zitaten wurde die Orthografie aus den jeweiligen Quellensammlungen übernommen
(Gilt für alle Zitationen im Band – Der Herausgeber)
Vgl. Pflanze, Otto: *Bismarck. Der Reichsgründer*, München 1997, S. 638: »Wenn Bismarck 1892 an den Höfen Deutschlands und Österreichs wie ein Paria behandelt wurde, so war er für die Öffentlichkeit ein Held, einer der größten Helden der deutschen Geschichte. Seine Reise von Friedrichsruh nach Berlin und weiter über Dresden nach Wien, wo er bis zum 22. Juni verweilte, um sich dann über München nach Bad Kissingen zu begeben, kann nur als beispielloser Triumphzug beschrieben werden.« Vgl. auch Stribrny, Wolfgang: *Bismarck und die deutsche Politik nach seiner Entlassung (1890–1898)*, Paderborn 1977, S. 122ff.

2 Kissinger, Henry A.: »Der weiße Revolutionär: Reflexionen über Bismarck«, in: Gall, Lothar (Hrsg.): *Das Bismarck-Problem in der Geschichtsschreibung*, Köln / Berlin 1971, S. 392–482, hier S. 392.

3 Zitiert nach Wagner, Karlheinz: »Das Geheimkonto. Über Bismarcks Reptilienfonds. Die Zahlungen an Bayern und das Bestechen der Journalisten«, in: *FAZ*, Wochenendbeilage vom 11. 03. 2000.

4 Etwa in diesem Sinn Ritter, Gerhard: »Das Bismarckproblem«, in: Gall, Bismarck-Problem (Anm. 2), S. 119–137, Erstveröffentlichung in: *Wort und Wahrheit. Monatsschrift für Religion und Kultur* 5 (1950), S. 918–931.

5 Radkau, Joachim: *Theodor Heuss*, München 2013, S. 30.

6 Heuss, Theodor: »Das Bismarck-Bild im Wandel. Ein Versuch«, in: Gall, Bismarck-Problem (Anm. 2), S. 155–276, ursprünglich Einführung zu Bismarck, Otto von: *Gedanken und Erinnerungen, Reden und Briefe*, Berlin

1951, S. 7–27, zu Entstehen und Substraten dieses Textes, Radkau, Heuss, S. 300ff.

7 Heuss, Bismarck-Bild (Anm. 6), S. 260.

8 In diesem Sinne, nur exemplarisch, Wehler, Hans-Ulrich: *Bismarck und der Imperialismus*, Köln 1969; Wehler, Hans-Ulrich.: *Das Deutsche Kaiserreich 1871–1918*, Göttingen 1973.

9 Zu Ebert: Mühlhausen, Walter: *Friedrich Ebert 1871–1925. Reichspräsident der Weimarer Republik*, Bonn 2006, zu Stresemann: Wright, Jonathan: *Gustav Stresemann 1878–1929. Weimars größter Staatsmann*, München 2006; zwar gelangen Stresemann in seiner so kurzen Zeit als Regierungschef die entscheidenden Stabilisierungserfolge, um die Republik im Krisenjahr 1923 vor dem gänzlichen Untergang zu bewahren: die Beendigung der Hyperinflation durch die Einführung der Rentenmark, zuvor schon der Abbruch des passiven Widerstandes gegen die Ruhr-Intervention Frankreichs und Belgiens, die Absetzung der sächsischen Regierung mit KPD-Beteiligung und, wenn auch hier in einer deutlich passiven Rolle, das Überstehen des sogenannten Hitler-Putsches in München vom 9. November 1923. Im Grunde waren dies alles aber nur Notoperationen, zu einer strategisch gestaltenden Politik gelangte Stresemann erst als stabilisierender Parteiführer wie als Außenminister in den Folgejahren.

10 Nimmt man alle vier Akteure zusammen, dann wird das Literaturangebot naturgemäß unübersehbar. Im Falle Bismarcks wird vor allem auf vier Biografien aus der jüngeren Zeit Bezug genommen: Gall, Lothar: *Bismarck. Der weiße Revolutionär,* Frankfurt am Main / Berlin / Wien 1990, Engelberg, Ernst: *Bismarck,* 1. Bd. *Urpreuße und Reichsgründer*, Berlin 1985, 2. Bd. *Das Reich in der Mitte Europas*, Berlin 1990, Pflanze, Otto: *Bismarck,* 1. Bd. *Der Reichsgründer*, München 1997, 2. Bd. *Der Reichskanzler*, München 1998, Steinberg, Jonathan: *Bismarck. Magier der Macht,* Berlin 2011; zu Bülow: Winzen, Peter: *Reichskanzler Bernhard von Bülow. Mit Weltmachtfantasien in den Ersten Weltkrieg*, Regensburg 2013, deutlich positiver zu Bülow: Fesser, Gerd: *Reichskanzler Bernhard Fürst von Bülow*, Berlin 1991; zu Adenauer die zweibändige Biografie: Schwarz, Hans-Peter: *Adenauer. Der Aufstieg 1876 bis1952*, Stuttgart 1986; Schwarz, Hans-Peter: *Adenauer. Der Staatsmann: 1952–1967*, Stuttgart 1991: zu Helmut Kohl: Schwarz, Hans-Peter: *Helmut Kohl. Eine politische Biografie*, München 2012.

11 Vgl. Niclauß, Karlheinz: *Kanzlerdemokratie. Bonner Regierungspraxis von Adenauer bis Kohl*, Stuttgart 1988, S. 67ff.

12 Korte, Karl-Rudolf: »Der Anfang vom Ende: Machtwechsel in Deutschland«, in: Korte, Karl-Rudolf/Hirscher, Gerhard (Hrsg.): *Aufstieg und Fall von Regierungen*, München 2001, S. 23–64, hier S. 37.

13 Vgl. *Adenauer. Rhöndorfer Ausgabe,* hrsg. von Morsey, Rudolf/Schwarz, Hans-Peter, Bd.: *Adenauer und die FDP,* Paderborn u. a. 2013

14 Vgl. für einen wichtigen Exponenten dieser Richtung die Biografie Aretin, Karl Otmar von: *Franckenstein. Eine politische Karriere zwischen Bismarck und Ludwig II.*, Stuttgart 2003, S. 23.

15 Winzen, Bülow (Anm. 10), S. 450.

16 Zitiert nach Huber, Ernst Rudolf: *Deutsche Verfassungsgeschichte seit 1789*, 3. Bd. *Bismarck und das Reich*, Stuttgart 1963, S. 302.

17 Huber, Verfassungsgeschichte (Anm. 16), 3. Bd., S. 64.

18 Bismarck, Otto von: *Werke in Auswahl* (WiA), I. Bd. *Das Werden des Staatsmannes 1815–1854*, 1. Teil 1815–1864, hrsg. von Gustav Adolf Rein / Wilhelm Schüßler / Alfred Milatz / Rudolf Buchner, Darmstadt 1962, S. 217.

19 WiA, I. Bd., 1. Teil, S. 541–542.

20 WiA, II. Bd. *Das Werden des Staatsmannes 1850–1862*, 2. Teil 1854–1862, Darmstadt 1963, S. 47.

21 Vgl. Flöter, Jonas: *Beust und die Reform des Deutschen Bundes 1850–1866. Sächsisch-mittelstaatliche Koalitionspolitik im Kontext der deutschen Frage*, Köln, Weimar, Wien 2001.

22 Die Konvention sah vor, dass zur Niederwerfung des polnischen Aufstandes von 1863 in »Kongresspolen« russische Truppen gegebenenfalls die preußische Grenze überschreiten durften – und umgekehrt auch preußische Streitkräfte die Grenze gegenüber Kongresspolen.

23 Besprechung vom 04. 12. 1862, WiA, III. Bd. *Die Reichsgründung*, 1. Teil 1862–1866, Darmstadt 1965, S. 29.

24 Immediatbericht Bismarcks an den König Wilhelm I. vom 24. 07. 1866, WiA, III. Bd., 1. Teil, Darmstadt 1965, S. 771.

25 Vgl. Hermann, Ingo: *Hardenberg. Der Reformkanzler*, Berlin 2003.

26 Zitiert nach Hermann, Hardenberg (Anm. 25), S. 289.

27 WiA, VIII. Bd, A. Teil Erinnerung und Gedanke, Darmstadt 1975, S. 232–233.

28 Huber, Verfassungsgeschichte (Anm. 16), 3. Bd., S. 660.

29 WiA, VI. Bd. *Reichsgestaltung und Europäische Friedenswahrung*, 2. Teil 1877–1882, Darmstadt 1976, S. 98.

30 WiA, VI. Bd., 2. Teil, S. 599.

31 Das Gespräch war so intensiv, dass Bismarck Windthorst, und hier gehen die Angaben auseinander, Bier oder Bowle über den Frack goss und seine bestürzte Ehefrau Johanna herbei eilte, um den Schaden durch Abtupfen zu begrenzen. Bismarck wäre zuzutrauen, dass auch diese Form des Nahekommens inszeniert war. Die Schilderung der Szene bei Pflanze, Reichskanzler (Anm. 10), S. 206.

32 Aretin, Franckenstein (Anm. 14), S. 107.

33 WiA, VI. Bd., 2. Teil, S. 332.

34 Zitiert nach Pflanze, Reichsgründer (Anm. 10), S. 341.

35 Pflanze, Reichsgründer (Anm. 10), S. 722.

[36] Zitiert nach Canis, Konrad: *Bismarcks Außenpolitik 1870–1890. Aufstieg und Gefährdung*, Paderborn u.a. 2004, S. 284.

[37] Zitiert nach Schmid, Michael: *Der »Eiserne Kanzler« und die Generäle. Deutsche Rüstungspolitik in der Ära Bismarck (1871–1890)*, Paderborn u.a. 2003, S. 235.

[38] WiA, VII. Band, 3. Teil »Reichsgestaltung und Europäische Friedenswahrung, 1883–1890«, Darmstadt 1981, S. 446f.

[39] Vgl. die Schilderung bei Aretin, Franckenstein (Anm. 14), S. 234: Der Prinzregent ließ die bayerischen Abgeordneten im Reichstag erst einmal 40 Minuten warten, weil er mit, wie es hieß, preußischen Generalen tafelte. Und danach hieß es im Befehlston gegen zaghaften Widerstand: »Ich bin vollständig mit der Vorlage einverstanden und wünsche dringend, daß die Entscheidung im Sinne der gemachten Propositionen ausfalle, zum Wohle des Vaterlandes. Ich halte es für dringend notwendig.«

[40] WiA, VII. Bd., 3. Teil, S. 607. Bismarcks Argumentation am 6. Februar 1888 war also im Kern eine entgegengesetzte gegenüber den Überlegungen, Ängsten und Imaginationen großer Teile der deutschen Reichsleitung in der Julikrise von 1914, nämlich jetzt, den Präventivkrieg anzunehmen und zu führen, um nicht wenige Jahre später in aussichtsloser Lage einer französisch-russischen Überlegenheit, insbesondere angesichts der eskalierenden russischen Rüstung, ausgesetzt zu sein.

[41] WiA, VII. Bd., 3. Teil, S. 609.

[42] Deuerlein, Ernst (Hrsg.): *Die Gründung des Deutschen Reiches 1870/71 in Augenzeugenberichten*, Düsseldorf 1970, Nachdruck Stuttgart 2011, S. 222.

[43] Vgl. Insgesamt Hildebrand, Klaus: *Das vergangene Reich. Deutsche Außenpolitik von Bismarck bis Hitler*, München 1989, S. 34ff.; Canis, Bismarcks Außenpolitik (Anm. 36), S. 64ff.

[44] Stürmer, Michael (Hrsg.): *Bismarck und die preußisch-deutsche Politik*, München 1973, S. 148.

[45] WIA, VI. Bd., 2. Teil, S. 379.

[46] WiA, VII. Bd., 3. Teil, S. 435.

[47] Vgl. für 1879 die Briefe Bismarcks an König Ludwig II. von Bayern in: Bismarck, Otto von: *Gesammelte Werke*, 4. Bd. *Schriften 1879–1881*, hrsg. von Konrad Canis, Lothar Gall, Klaus Hildebrand und Eberhard Kolb, Paderborn u.a. 2008.

[48] Bismarck, Gesammelte Werke (Anm. 47), S. 125–126.

[49] Bismarck, Gesammelte Werke (Anm. 47), S. 181.

[50] Bismarck, Gesammelte Werke (Anm. 47), S. 444.

[51] Engelberg, Urpreuße und Reichsgründer (Anm. 10), S. 146.

[52] Vgl. Bülow, Bernhard Fürst von: *Denkwürdigkeiten*, 4. Bd. *Jugend- und Diplomatenjahre*, Berlin o.J. (1931), S. 132ff.; Winzen, Bülow (Anm. 10), S. 27ff.

[53] Schwarz, Adenauer, Aufstieg (Anm. 10), S. 764.

[54] Vgl. Schwarz, Kohl (Anm. 10), S. 362.

[55] Vgl. Gassert, Philipp / Geiger, Tim / Wentker, Hermann (Hrsg.): *Zweiter Kalter Krieg und Friedensbewegung. Der NATO-Doppelbeschluss in deutsch-deutscher und internationaler Perspektive,* München 2011.

[56] WiA, VIII. Bd., A. Teil *Erinnerungen und Gedanken*, Darmstadt 1975, S. 319.

[57] WiA, VIII. Bd., A. Teil., S. 362.

[58] Zitert nach Engelberg, Urpreuße und Reichsgründer (Anm. 10), S. 742.

[59] Vgl. Reichstagsrede vom 10. 03. 1877, WiA, VI. Bd., 2. Teil »Reichsgestaltung und Europäische Friedenswahrung 1877–1882«, Darmstadt 1976, S. 18.

[60] Schmid, Generäle (Anm. 37), S. 329ff.

[61] Vgl. Schwarz, Kohl (Anm. 10), S. 865ff. »Unerwartetes comeback«.

[62] Vgl. in diesem Sinne überschießend Sommer, Theo: *Unser Schmidt. Der Staatsmann und der Publizist*, Hamburg 2010.

[63] Vgl. Koerfer, Daniel: *Kampf ums Kanzleramt. Erhard und Adenauer*, Stuttgart 1987, S. 753ff.

[64] Schwarz, Adenauer (Anm.10), Staatsmann, S. 910.

[65] Bülow, Bernhard Fürst von: *Denkwürdigkeiten.* 3. Bd. *Weltkrieg und Zusammenbruch*, Berlin o.J. (1930).

[66] Pflanze, Reichskanzler (Anm. 10), S. 617.

[67] Vierhaus, Rudolf (Hrsg.): *Das Tagebuch der Baronin Spitzemberg. Aufzeichnungen aus der Hofgesellschaft des Hohenzollernreiches,* Göttingen 1989, S. 275–276.

[68] Vgl. die detaillierte Schilderung bei Stribrny, Bismarck nach seiner Entlassung (Anm. 1), S. 122ff. Die Berliner Intrigen, in Dresden, Wien und München den gestürzten Kanzler nicht an den jeweiligen Höfen zu empfangen, provozierten großdeutsche beziehungsweise nationale Kundgebungen für Bismarck an Donau und Isar. Der Fürst selbst rächte sich bei zwei Reden auf dem Jenaer Marktplatz, der abschließenden Station dieser Unternehmung, für die Demütigung durch Wilhelm II. und dessen Kanzler Caprivi. Er forderte, ganz gegen seine frühere Politik, kritische Öffentlichkeit und gestärkte Parlamente, um monarchischen Absolutismus in die Schranken zu weisen. Unter Bezug auf Goethes Götz von Berlichingen unter stürmischem Beifall am 31. Juli 1892 in der thüringischen Universitätsstadt, zitiert nach Stribrny, Bismarck nach seiner Entlassung, S. 156: »Man kann ein treuer Anhänger seiner Dynastie, seines Königs und Kaisers sein, ohne von der Weisheit aller Maßregeln seiner Kommissare, wie es im Götz heißt, überzeugt zu sein.« Damit hatte auch der Nachfolger Caprivi sein Fett weg.

[69] Vgl. Adenauer, Konrad: *Erinnerungen 1945–1953*, Stuttgart 1965; Adenauer, Konrad: *Erinnerungen 1953–1955*, Stuttgart 1966; Adenauer, Kon-

rad: *Erinnerungen 1955–1959*, Stuttgart 1967; Adenauer, Konrad: *Erinnerungen 1959–1963. Fragmente*, Stuttgart 1968.

70 Pflanze, Reichskanzler (Anm. 10), S. 657.

71 *Der Große Brockhaus*, 18. Bd., Leipzig 1934, S. 372; vgl. auch den Nachdruck in 3 Bänden, Leipzig 1930.

72 Vgl. Roos, Sören: *Das Wiedervereinigungsgebot des Grundgesetzes in der deutschen Kritik zwischen 1982 und 1989*, Berlin 1996, S. 283.

73 Weidenfeld, Werner / Wagner, Dieter M. / Bruck, Elke: *Geschichte der deutschen Einheit*, 4. Bd *Außenpolitik für die deutsche Einheit. Die Entscheidungsjahre 1989 / 90*, Stuttgart 1998, S. 645. Ähnliches galt für die Bände Korte, Karl-Rudolf: *Geschichte der deutschen Einheit*, 1. Bd., *Deutschlandpolitik in Helmut Kohls Kanzlerschaft. Regierungsstil und Entscheidungen 1982–1989*, Stuttgart 1998 und Jäger, Wolfgang / Walter, Michael: *Geschichte der deutschen Einheit*, 3. Bd., *Die Überwindung der Teilung. Der innerdeutsche Prozeß der Vereinigung 1989 / 90*, Stuttgart 1998.

74 Dokumente zur Deutschlandpolitik. *Deutsche Einheit. Sonderedition aus den Akten des Bundeskanzleramtes 1989 / 90*, bearb. von Hanns Jürgen Küsters und Daniel Hofmann, München 1998.

75 *Kohl, Helmut: »Ich wollte Deutschlands Einheit«*, dargestellt von Kai Diekmann und Ralf Georg Reuth, Berlin 1996.

76 Kohl, Helmut: *Erinnerungen 1990–1994*, München 2007, S. 14; ferner Kohl, Helmut: *Erinnerungen 1930–1982*, München 2004; Kohl, Helmut: *Erinnerungen 1982–1990*, München 2005.

77 Burckhardt, Jacob: *Weltgeschichtliche Betrachtungen*, Ausgabe Leipzig 1935, S. 211.

78 Zitiert nach Schmid, Generäle (Anm. 37), S. 693.

Die Einheit verfassen –
Auf dem Weg zur Moderne?

Hans Fenske

Auf die Vorhaltungen eines Abgeordneten während der Beratungen über den Reichshaushalt im März 1877 entgegnete Bismarck, er betrachte es nicht als Schande, wenn er sich hinsichtlich der Verfassungsentwicklung als Schüler bezeichne. Den Eindrücken der Erfahrung sei er nicht unzugänglich. Wer sich anders verhalte, gerate leicht in die »Klippe und Versandungen […], in denen wir nach der großen Hoffnung von 1848 ein halbes Menschenalter gearbeitet haben«.[1] Der Entwicklung seines verfassungspolitischen Denkens und Handelns während dieser Zeit sei in der Folge nachgegangen.

Für Bismarcks politische Einstellung in seinen jüngeren Jahren gibt es nur wenige Zeugnisse. Zu Beginn seiner ab Herbst 1890 diktierten Erinnerungen sagte er, dass er von der Schule »deutschnationale Eindrücke« mitgebracht habe, die freilich nicht so stark gewesen seien, seine preußisch-monarchischen Empfindungen zu verdrängen. Den Deutschen Bund hielt er nur für ein Zwischenstadium und glaubte, »dass die Entwicklung der nächsten Zukunft zur deutschen Einheit führen werde«. Mit einem amerikanischen Studienfreund wettete er, »dass dieses Ziel in 20 Jahren erreicht sein werde«.[2] 1855 erinnerte ihn ein anderer Studienfreund aus den Berliner Semestern daran, dass er damals eine Konstitution für unvermeidlich gehalten und gemeint habe, nach deren Erlass als Parlamentarier zu äußeren Ehren zu kommen. Im Juli 1838 entschloss er sich, seine berufliche Zukunft nicht im Staatsdienst zu suchen, den er während seiner Referendarzeit kennengelernt hatte, sondern als Gutsherr auf dem Lande. Dafür fand er die Billigung seiner Eltern. Eine ältere Cousine schrieb ihm dagegen abmahnend. Ihr antwortete er im August in einem langen Brief, dessen Entwurf er später auch seinem Vater schickte. Er begründete seine Entscheidung damit, dass ihm die Natur der Geschäfte und die dienstliche Stellung der Staatsdiener nicht zusagten, weil die Wirksamkeit der einzelnen Beamten zu wenig selbstständig sei. Sie müssten oft Maßnahmen treffen, die sie für falsch hielten. »Wo soll da Freude an der Berufserfüllung, das Bewusstsein Nutzen zu stiften oder auch nur seine Pflicht gegen sein Vaterland zu tun, herkommen?« Bei ihm würden Konflikte im Dienst ziemlich häufig sein, »zumal da mein politischer Glaube dem von unserem Gouvernement anerkannten wesentlich zuwiderläuft«. Er unterstrich, dass er das gegenwärtige System für ungerecht halte, und erklärte, er könne es nicht mit seinem Gewissen vereinbaren, »unter die Fahnen einer Regierung zu treten, deren Grundsätze zu bekämpfen, insoweit der Gehorsam gegen die bestehenden Gesetze es erlaubt, ich für eine meiner vornehmsten Pflichten gegen mein Vaterland halte«. Die edelste Belohnung eines Staatsdieners sei das Bewusstsein, »mehr dem Wohle seiner Mitbürger als dem eigenen gelebt zu haben«, dessen könne er nur unter der Voraussetzung des Gewissens teilhaftig werden. Im Fortgang des Briefes sagte er, dass ihn Erfolge, die auf breitgetretenen Wegen zu erreichen seien, nicht reizten, dass aber Auszeichnungen, wie sie ein Staatsmann bei freier Verfassung oder ein Mitspieler bei energischen Bewegungen erreichen könne, ihn anzögen wie das Licht die Mücke.[3]

Der junge Bismarck war Gegner des bürokratischen Absolutismus und hielt den Übergang Preußens zum Verfassungsstaat für geboten. Mit dem lockeren Gefüge des Deutschen Bundes war er unzufrieden. Er wollte nachhaltig öffentlich wirken. Mehr als 40 Jahre später sagte er in einer langen grundsätzlichen Rede im Reichstag, für ihn habe »immer nur ein einziger Kompass, ein einziger Polarstern«, nach dem er steuerte, »bestanden, Salus publica«. Er habe sich immer die Frage gestellt, was für sein Vaterland und die deutsche Nation »das Nützliche, das Zweckmäßige, das Richtige« sei.[4] Seinem künftigen Schwiegervater schrieb er Ende 1846, er habe früher einem nackten Deismus mit pantheistischen Beimischungen gehuldigt, aber in letzter Zeit zum Glauben zurückgefunden. Einige Monate später erklärte er im Vereinigten Landtag, die Realisierung der christlichen Lehre sei der Zweck des Staates. Es ging ihm in der Folge darum, seine ihm von Gott auferlegte Pflicht zu erfüllen, er betonte aber immer wieder, wie schwer es sei, Gottes Willen zu erkennen.

Nach seinen religiösen Überzeugungen war Bismarck der liberalen Strömung innerhalb des Protestantismus zuzurechnen. Nach seiner politischen Haltung gehörte er zum linken Flügel des Konservatismus. Mit einem betonten Liberalismus konnte er nichts anfangen. Nach seinem Eintritt in den Vereinigten Landtag im Mai 1847 sprach er in einem Brief an seine Braut und baldige Ehefrau Johanne von Puttkamer von den »banalen aufgeputzten Phrasen der rheinischen Weinreisen-Politik«.[5] Im Revolutionsjahr 1848 / 49 bejahte er die Umbildung Preußens zum konstitutionellen Staat ausdrücklich. Die von Friedrich Wilhelm IV. am 5. Dezember 1848 erlassene Verfassung gehörte seines Erachtens zwar nicht zu den vorzüglichsten, von denen die Geschichte Nachricht gebe, als ihren »Hauptvorzug« nannte er aber, »dass sie da ist«.[6] Bei den Beratungen um ihre Revision in der Zweiten Kammer ging es ihm vor allem darum, dass das Gleichgewicht zwischen Krone und Parlament gesichert blieb. An der in der Frankfurter Nationalversammlung im März 1848 fertiggestellten Verfassung missfiel ihm die starke Stellung des Reichstags, das allgemeine Stimmrecht bei den Wahlen, die angesichts der Einwohnerzahl zu schwache Stellung Preußens im Staatenhaus, die einjährige Haushaltsperiode und ihre Geltung für das gesamte Gebiet des bisherigen Deutschen Bundes. Danach könnte der künftige Kaiser gezwungen sein, Fürsten, die sie nicht annehmen wollten, »als Rebellen zu behandeln«. In diesem Zusammenhang kritisierte er den Anspruch der in Frankfurt versammelten Abgeordneten, »kein Jota an dieser Verfassung zu ändern«, also die ganz und gar nicht gegebene Bereitschaft zu einer Verständigung mit den deutschen Staaten. Kategorisch erklärte er: »Die deutsche Einheit will ein jeder, den man danach fragt, sobald er nur deutsch spricht, mit dieser Verfassung aber will ich sie nicht.« So empfahl er, »die deutsche Einheit auf dem von der Regierung betretenen Wege herbeizuführen«.[7]

Die Absicht der preußischen Regierung seit dem Frühjahr 1849 war auf eine Zusammenfassung derjenigen deutschen Staaten gerichtet, die die von ihr vorgelegte Reichsverfassung anerkannten. Das Verhältnis zu Österreich sollte auf dem Wege der gegenseitigen Verständigung geregelt werden. Die Verfassungsvorlage entsprach weitgehend dem von der Paulskirche erarbeiteten Text, nur war das Gewicht der Reichsgewalt gemindert und an die Stelle des Kaisers ein Reichsvorstand als Primus inter Pares in einem fünfköpfigen Fürstenkollegium gesetzt. Bismarck meldete auch gegenüber dieser Vorlage Bedenken an, da er das Gewicht Preußens nicht gebührend berücksichtigt sah, und sagte, das preußische Volk wolle sein Königtum nicht verschwimmen sehen, es wolle, »dass der preußische Adler seine Fittiche von der Mosel bis zum Donnersberg schützend und herrschend ausbreite«, aber frei wolle es ihn sehen, nicht gefesselt von einem neuen Regensburger Reichstag. Trotz seiner Vorbehalte betonte er, dass er der Regierung seine Unterstützung nicht entziehen werde.[8] Die Reichsverfassung sollte von den Regierungen mit einem eigenen zu diesem Zweck gebildeten, aus zwei Kammern bestehenden Parlament vereinbart werden. Bismarck bewarb sich mit Erfolg um ein Mandat im Volkshaus. Im Wahlkampf legte er dar, dass der neue Bundesstaat nicht »auf Kosten der Ehre, Unabhängigkeit und Kraft Preußens« zustande kommen dürfe.[9] Für ihn war Preußen die einzige gesunde und kräftige Grundlage der engeren Einigung Deutschlands. Im Volkshaus, das von Ende März bis Ende April 1850 in der Erfurter Augustinerkirche tagte, fand er keinen großen Anklang.

Österreich setzte der preußischen Unionspolitik die Wiederherstellung des Deutschen Bundes entgegen. Die Beziehungen zwischen Wien und Berlin spitzten sich im Herbst 1850 krisenhaft zu. Preußen bestritt dem nur von einem Teil der deutschen Staaten beschickten Bundestag das Recht, in die inneren Angelegenheiten Kurhessens einzugreifen. In einem Mitte Oktober unterzeichneten Vertrag betonten Österreich, Bayern und Württemberg ihre Entschlossenheit zur Aufrechterhaltung des Deutschen Bundes und nannten jeden Wiederspruch gegen einen Bundesbeschluss über Kurhessen einen Bundesbruch. Sie sagten sich zu, die Rechte des Bundes mit allen Mitteln zu verteidigen, notfalls auch unter Einsatz der bewaffneten Macht. Das veranlasste Friedrich Wilhelm IV. und Ministerpräsident Brandenburg zum Einlenken. Am 28. Oktober trafen Brandenburg und der österreichische Ministerpräsident Schwarzenberg in Warschau in Anwesenheit des Zaren Nikolaus I. eine Übereinkunft. Brandenburg erkannte die Wiederherstellung des Bundes an, dem die Donaumonarchie künftig mit ihrem gesamten Gebiet angehören sollte, und bekam dafür zugestanden, die Unionspolitik fortsetzen zu können, allerdings unter Verzicht auf die vom Erfurter Parlament genehmigte Verfassung. Die kurhessische Frage wurde in diese Abmachung nicht einbezogen. Sie spitzte sich weiter zu, als bayerische Truppen und ein österreichisches Bataillon am 1. November in Kurhessen einmarschierten und Preußen zur Sicherung seiner dortigen Etappenstraßen ebenfalls Truppen dorthin entsandte. Ein Krieg der beiden deutschen Großmächte war nicht auszuschließen. Vorsorglich ordnete Friedrich Wilhelm IV. am 5. November die Gesamtmobilmachung der preußischen Armee an. Am Tage darauf starb Brandenburg, die Leitung der Geschäfte übernahm interimistisch Innenminister Otto von Manteuffel. Er war auf Ausgleich bedacht. Am 29. November vereinbarte er im mährischen Olmütz mit Schwarzenberg, dass die kurhessische und die schleswig-holsteinische Frage, über die die Meinungen zwischen Wien und Berlin ebenfalls auseinandergingen, durch eine von allen deutschen Staaten beschickte Konferenz beigelegt werden sollte. Eine weitere Konferenz sollte in Dresden über die Zukunft des Bundes befinden. Preußen versprach zudem, die Aktionen der bayerischen und österreichischen Truppen in Kurhessen nicht zu behindern, durfte aber seine Truppen auf den Etappenstraßen belassen.

Als Manteuffel der Zweiten Kammer darüber berichtete, stieß er auf viel Widerspruch. Von liberaler Seite wurde eine Adresse an den König beantragt, die auf einen Regierungswechsel zielte. In langer Rede verteidigte Bismarck die von Manteuffel abgeschlossene Punktation. Er warnte vor einem Krieg, denn Preußen müsse dann gegen Österreich und Russland stehen, stellte eindringlich die großen Opfer und schweren Schäden vor Augen, die ein Krieg verursachen würde, verteidigte den Verzicht auf die Unionspolitik und warb für einen friedlichen Dualismus der beiden deutschen Großmächte. Er sprach den Wunsch aus, »dass dasjenige, was Preußen und Österreich nach gemeinschaftlicher unabhängiger Erwägung für vernünftig und politisch richtig halten, durch die beiden gleichberechtigten Schutzmächte Deutschlands gemeinschaftlich ausgeführt werde«.[10] Seine Rede, eine der bedeutendsten die er je hielt, beeindruckte die Liberalen nicht. Dem Unmut der Kammer über die Olmützer Punktation begegnete die Regierung mit der Vertagung. Anfang Januar 1851 fand sie für ihre Politik die Billigung einer knappen Mehrheit der Abgeordneten.

Als im Frühjahr 1851 feststand, dass der Bund in seiner früheren Gestalt wiederhergestellt werde, schlug Leopold von Gerlach, der zum engsten Kreise um den König gehörte, diesem Bismarck für den Posten des preußischen Bundesgesandten vor und fand dafür Zustimmung. Auf eigenen Wunsch wurde Bismarck in Frankfurt zunächst nur Legationsrat, während der Vertreter Preußens in St. Petersburg unter Beibehaltung dieser Stellung zugleich als Bundesgesandter amtierte. Bald folgte ihm Bismarck in dieser Funktion nach und behielt die Stelle bis Anfang 1859. Er trat sein Amt in der Erwartung an, die Praxis der Vorverständigung zwischen Österreich und Preußen, die im Vormärz üblich gewesen war, werde wieder erneuert, sah aber schnell, dass dem nicht so war. Schon Ende Juli schrieb er an Manteuffel, Preußen werde wohl auf eine konstruktive Politik am Bund verzichten und die Befriedigung seiner Bedürfnisse in dem ihm von der Natur angewiesenen geografischen Raum, also in Norddeutschland, »mehr auf dem Wege der Separatverträge über Zölle, Gesetzgebung und Militärwesen […] suchen« müssen.[11] Seine Überzeugung festigte sich zunehmend, dass Österreich den Anspruch auf einen überwiegenden Einfluss in Deutschland nicht aufgeben werde. Bei dieser Hegemonialpolitik sei Preußen Österreich im Wege, schrieb er 1853 an Gerlach, »also können wir uns auf die Dauer nicht vertragen […], einer muss weichen oder vom anderen ›gewichen werden‹.«[12] Er fürchtete, dass Preußen schließlich um seine Existenz kämpfen müsse. Daraus zog er jedoch nicht den Schluss, dass Preußen einen Krieg unter möglichst günstigen Umständen herbeiführen sollte. Während des Krimkriegs trat er für die Neutralität ein. Er sehe nicht ein, warum Preußen Krieg führen sollte, »solange man uns in Ruhe lässt«, äußerte er Ende 1854 gegenüber Gerlach.[13] Ähnlich dachte er 1859, als Österreich in Oberitalien in einen Krieg mit dem Königreich Sardinien-Piemont und Frankreich verwickelt war. Aus St. Petersburg, wo er Preußen seit Kurzem vertrat, richtete er Mitte Mai ein langes Schreiben an den nunmehrigen Außenminister Alexander von Schleinitz und riet dazu, die gegenwärtige Krise zu einer Änderung der Bundesverhältnisse auszunutzen. In preußischer Sicht war der Krieg dem Bunde ganz fremd, nach österreichischer Auffassung dagegen nicht. Sollte die Majorität am Bundestag einen Beschluss im Sinne Österreichs fassen, könnte Preußen darin »eine willkürliche Änderung des Bundeszwecks, als einen Bruch der Bundesverträge, finden«. Das sei kein Unglück, sondern ein Fortschritt zum Besseren, denn Preußen könne dann die Beziehungen zu den kleineren deutschen Staaten neu regeln. Damit schlug Bismarck die Wiederaufnahme der Unionspolitik vor. Am Schluss seines Briefes sagte er, das Bundesverhältnis sei »ein Gebrechen Preußens, welches wir früher oder später ferro et igni werden heilen müssen, wenn wir nicht beizeiten [...] eine Kur dagegen vornehmen«.[14] Dass die Kur dem Einsatz von Eisen und Feuer vorzuziehen sei, war ihm selbstverständlich.

Schleinitz machte sich diese Ansicht nicht zu eigen. Er war in der italienischen Krise für Vermittlung. In der preußischen Führung gab es aber auch Persönlichkeiten, die für einen Kriegseintritt an der Seite Österreichs waren. Prinz Wilhelm, der für seinen inzwischen regierungsunfähigen Bruder die Regentschaft führte, zögerte mit seiner Entscheidung. Als er sich entschloss, die ganze Armee auf Kriegsfuß zu setzen, fand er dafür in der Sitzung des Staatsministeriums am 5. Juli 1859 keine Mehrheit. Wenig später schlossen die in Oberitalien Kriegführenden einen Waffenstillstand. Damit waren alle Erwägungen, welchen Gewinn Preußen aus dem Krieg ziehen könnte, hinfällig. Bismarck setzte seine Bemühungen fort, die preußische Führung für eine aktive Reformpolitik zu gewinnen und so dem in der Bevölkerung weitverbreiteten Wunsch nach mehr Einheit zu entsprechen. Im April 1860 regte er bei Schleinitz die Schaffung einer Volksvertretung am Bunde an, aber der Minister ging darauf gar nicht ein. Im Juli 1861 kam er in seiner umfangreichen Baden-Badener Denkschrift für König Wilhelm I. – Friedrich Wilhelm IV. war Anfang des Jahres gestorben – auf den Gedanken zurück. Er wies darauf hin, dass das Missvergnügen in breiten Kreisen der Deutschen über die Mängel der Gesamtverfassung wachse und sich zunehmend gegen die Regierung kehre. Von ihnen werde erwartet, »dass sie mit mehr praktischem Erfolge als bisher dem Ziele einer engeren Einigung Deutschlands zustreben«, namentlich durch Zusammenfassung der deutschen Wehrkraft und durch die Sicherung einer freien Bewegung im Gebiet der materiellen Interessen. Er erklärte es für unmöglich, das mit der bestehenden Bundesverfassung zu erreichen. So nannte er eine indirekt zu wählende »nationale Vertretung des deutschen Volkes bei der Bundes-Centralbehörde« das einzige Mittel, um der dynastischen Sonderpolitik ein Gegengewicht zu geben. Zuständig sollte diese Repräsentation für die Wehrkraft und die Zoll- und Handelsgesetzgebung nebst verwandten materiellen Interessen sein. Den Bundestag wollte er umgestaltet sehen. Dabei war sicherzustellen, dass Preußen nicht in die Rolle einer beherrschten Minderheit herabgedrückt werden konnte. Bismarck hielt es für zweifelhaft, dass die Nationalvertretung auf bundesverfassungsmäßigem Wege zu erreichen war, und rechnete mit Widerstand vor allem durch Österreich und Bayern. So verwies er darauf, dass die Schaffung nationaler Einrichtungen auch durch freie Vereinbarungen der interessierten Staaten möglich sei.[15]

Ende September 1862 wurde Bismarck interimistisch und zwei Wochen später definitiv preußischer Ministerpräsident und Außenminister. Die liberale Presse kommentierte das sehr negativ. Die *Allgemeine Zeitung* in Augsburg, ein führendes deutsches Blatt, sah es als unzweifelhaft an, dass die preußische Regierung anstatt ihren Frieden mit der Landesvertretung zu schließen und sich dem Ausbau der verfassungsmäßigen Institutionen zu widmen, »nicht davor zurückschrickt, ohne Budget zu regieren und sich einer abenteuerlichen Großmachtpolitik in die Arme zu werfen«.[16] Zur Begründung dieses scharfen Urteils verwies sie auf die »Antecedentien« Bismarcks – seine Bemühungen um die Bildung einer konservativen Partei in der Revolutionszeit – und auf seinen bekannten Charakter.

Die beherrschende Frage in der preußischen Politik war der seit 1861 bestehende schwere Konflikt zwischen Abgeordnetenhaus mit seiner liberalen Mehrheit und der Regierung. Durch Nichtbewilligung des Etats versuchten die Parlamentarier, die von ihnen in der Form, wie sie der König wünschte, abgelehnte Heeresreform zu verhindern. Bismarck suchte zunächst einen Ausgleich und bot den Liberalen sogar Ministersitze an, konnte sie dafür aber nicht gewinnen. So führte er die Regierung in den nächsten Jahren ohne ordnungsgemäß zustande gekommenen Haushalt und berief sich dabei darauf, dass das Staatsleben nicht stillstehen dürfe und die notwendigen Ausgaben getätigt werden müssten. Das war eine durchaus vertretbare Position, aber Popularität gewann Bismarck damit nicht. Die Liberalen beschränkten ihre Opposition nur auf die Haushalts- und Heeresfrage und blockierten die Gesetzgebung nicht insgesamt. Das Staatsleben ging mithin überwiegend normal weiter.

Die wichtigste deutschlandpolitische Frage war nach wie vor die Bundesreform. Wenige Wochen nach der Übernahme der Regierungsgeschäfte suchte Bismarck den österreichischen Botschafter Károlyi für einen Ausgleich zu gewinnen. Er trug ihm am 4. Dezember eindringlich vor, dass es für Preußen Lebensbedingung sei, sich in Norddeutschland frei und ungehindert bewegen zu können. Stelle Österreich seine Politik darauf ein, so sei eine feste Allianz der beiden Großmächte möglich, und das wäre für Österreich die beste Lösung. Setze es aber seine gegenwärtige deutschlandpolitische Richtung fort, so beschwöre es eine Katastrophe, die in letzter Konsequenz zum Kampf führen müsse. Eine Sinnesänderung in Wien bewirkte dieser Appell selbstverständlich nicht. Im August 1863 ließ Kaiser Franz Joseph sich von einem eigens dazu nach Frankfurt einberufenen Fürstentag, an dem Wilhelm I. auf Drängen Bismarcks nicht teilnahm, eine Reformakte genehmigen. Danach sollte ein sechsköpfiges Direktorium die Bundesexekutive innehaben, der Bundestag ihm als Beratungsorgan dienen. Eine von den einzelstaatlichen Landtagen gewählte Versammlung der Bundesabgeordneten sollte an der Gesetzgebung des Bundes mitwirken, deren Beschlüsse sollten aber nur dann gültig werden, wenn die Versammlung aller Fürsten und Magistrate der Freien Städte dem zugestimmt hatte. Eine Verbesserung der Bundesverfassung war das nicht, im Gegenteil. So war die öffentliche Reaktion denn auch überwiegend negativ. Nach dem Beschluss des Fürstentages sollte die Reformakte nur mit Billigung Preußens in Kraft treten. Preußen sprach sie nicht aus, sondern legte ein eigenes Reformprojekt vor. Es entsprach dem, was Bismarck dem König 1861 in der Baden-Badener Denkschrift dargelegt hatte, mit einem gewichtigen Unterschied: Die Nationalvertretung sollte direkt gewählt werden. Nur dann war nach Bismarcks Ansicht gewährleistet, dass Preußen »nichts zu opfern hat, was nicht dem ganzen Deutschland zugute kommt«.[17]

Mitte November 1863 starb Friedrich VII., König von Dänemark und Herzog von Schleswig, Holstein und Lauenburg. Im Blick auf das unterschiedliche Erbrecht in Dänemark und Holstein hatten die europäischen Großmächte sowie Schweden und Norwegen im Londoner Protokoll von 1852 die Erhaltung des dänischen Staatenkomplexes als im europäischen Interesse liegend bezeichnet und dem Prinzen Christian von Schleswig-Holstein-Sonderburg das gesamte Erbe zugesagt. Prinz Christian musste dafür zusichern, Schleswig nicht in Dänemark einzugliedern. Der in Holstein erbberechtigte Herzog von Augustenburg wurde übergangen. Schon in den 1850er-Jahren suchte Dänemark die Londoner Vereinbarung beiseitezuschieben. Das führte im Bundestag zu Erwägungen über eine Exekution – Schleswig, das nicht dem Bunde angehörte, und Holstein waren staatsrechtlich untrennbar miteinander verbunden. Der sogenannte Protokollprinz erließ unmittelbar nach dem Herrschaftsantritt als Christian IX. eine Gesamtstaatsverfassung für Dänemark und Schleswig und setzte sich damit über das Londoner Protokoll hinweg. Das löste in Deutschland weithin Empörung aus. Die Bundestagsmehrheit wollte ein augustenburgisches Schleswig-Holstein, ebenso das preußische Abgeordnetenhaus. Preußen und Österreich verlangten dagegen die Achtung des Londoner Protokolls. Bismarck war freilich der Ansicht, dass Dänemark eher einen Krieg führen als seine 1852 eingegangene Verpflichtung erfüllen werde. Sollte es zum Kriege kommen, wurde die Lossagung vom Londoner Protokoll möglich. »Der Krieg hebt bekanntlich alle Verträge auf«, sagte er am 18. Dezember 1863 im preußischen Abgeordnetenhaus.[18] Am liebsten hätte er Schleswig-Holstein preußisch gesehen, zweifelte aber, ob das zu erreichen war, und stellte sich auf den Herrschaftsantritt des Augustenburgers ein. Allerdings wollte er für Preußen militärische Sonderrechte in Schleswig-Holstein.

Die dänische Regierung war zu keinerlei Konzessionen bereit und trieb die Entwicklung damit Ende Januar 1864 zum Krieg. Dabei hoffte sie auf die Unterstützung Englands, aber dazu war London nicht bereit. Mit der Lösung des Konfliktes befasste sich eine Ende April in London zusammentretende Konferenz der Mächte. Preußen und Österreich bezeichneten nun das Protokoll von 1852 als erloschen. Die Herrschaft Christian IX. über die Elbherzogtümer stellten sie gleichwohl nicht in Frage, nur verlangten sie von ihm, dass er deren Eigenständigkeit achte. Auch sollte Schleswig in den Deutschen Bund aufgenommen werden. Dänemark war nicht zu Zugeständnissen bereit. So endete die Konferenz Ende Juni ergebnislos. Nun brachten die beiden deutschen Großmächte den Krieg schnell zum Ende. Der Präliminarfrieden vom 1. August, der Ende Oktober durch den Wiener Frieden bestätigt wurde, verpflichtete Dänemark zur Abtretung von Schleswig, Holstein und Lauenburg an Österreich und Preußen, auch musste es zusagen, alle Entscheidungen der beiden deutschen Mächte über die Herzogtümer anzuerkennen. Der am Londoner Protokoll orientierten Politik Bismarcks und seines österreichischen Kollegen Rechberg war es zu danken, dass keine weitere Macht in den Krieg eingriff und die Zahl der Opfer gering blieb.

Das österreichisch-preußische Kondominat über die Elbherzogtümer konnte nur ein Zwischenstadium sein. Bismarck war bereit, die Herrschaft Friedrichs von Augustenburg anzuerkennen, wünschte aber eine Militär- und Marinekonvention mit Schleswig-Holstein, den Bau eines Nord-Ostsee-Kanals mit militärischen Rechten Preußens an dessen Eckpunkten, den Eintritt des Landes in den Zollverein, die Erarbeitung einer neuen Verfassung und anderes. Darauf ließ sich der Augustenburger nicht ein. Die Hoffnung auf eine Verständigung mit Rechberg, mit dem Bismarck sehr gut zusammengearbeitet hatte, zerschlug sich, als Rechberg im Oktober durch den Grafen Mensdorff-Pouilly ersetzt wurde. Dieser stellte sich die Rolle Schleswig-Holsteins am Bundestag als die eines treuen Parteigängers Österreichs vor. So kam es bald zu Spannungen zwischen Berlin und Wien. Bei einem Kronrat im Mai 1865 war Wilhelm I. dafür, Österreich vor die Alternative Annahme der preußischen Forderungen an den Augustenburger oder Annexion der Herzogtümer durch Preußen zu stellen. Ein solches Ansinnen konnte zum Kriege führen. So war die Zustimmung zu den Überlegungen des Königs denn auch gering. Bismarck gab zwar zu, dass ein bewaffneter Zusammenstoß mit Österreich »bei der traditionellen Politik des Wiener Kabinettes früher oder später doch kaum zu vermeiden sein werde« und dass Preußen dabei derzeit die besseren Aussichten habe, wollte aber den Rat zu einem Kriege nicht geben und trat für die Herabsetzung der Forderungen an den Augustenburger und für weitere Verhandlungen ein. Erst wenn diese gänzlich scheiterten, sei »ein höheres Ziel ins Auge zu fassen«, nämlich der Erwerb Schleswig-Holsteins und die »Herbeiführung eines staatsrechtlichen Verhältnisses der deutschen Mittel- und Kleinstaaten zu Preußen«.[19]

Die weiteren Verhandlungen führten im August zur Konvention von Gastein. Bei Fortdauer des Kondominiums wurde Schleswig preußischer und Holstein österreichischer Verwaltung unterstellt. Preußen bekam den Eintritt der beiden Herzogtümer in den Zollverein und den Bau des Nord-Ostsee-Kanals zugestanden. Lauenburg ging gegen eine finanzielle Abfindung an den König von Preußen. Über den künftigen Landesherren sagte die Konvention nichts. Da Österreich das sehr selbstbewusste Auftreten des Augustenburgers in Holstein uneingeschränkt zuließ, war die Stimmung zwischen Berlin und Wien schnell wieder gereizt. Wilhelm I. blieb bei der Ansicht, der offene Bruch zwischen den beiden Großmächten sei dem verdeckten Kampf vorzuziehen. Bismarck ließ in Paris und Wien wegen der Neuordnung Deutschlands sondieren und in München anfragen, wie Bayern sich stellen werde, wenn Preußen die deutsche Frage in Angriff nehme. Der bayerische Ministerpräsident von der Pfordten war bereit, Preußen im Norden einen größeren Einfluss zuzugestehen, und dachte an einen Staatenbund zwischen dem Norden, dem Süden und Österreich.

Am 21. Februar 1866 beschloss der österreichische Kronrat, weiterhin nach einer diplomatischen Lösung zu suchen, aber die Monarchie doch auf einen Krieg vorzubereiten und die deutschen Mittelstaaten aufzufordern, sich in diesem Falle auf die Seite des Kaiserstaates zu stellen. Eine Woche später tagte auch in Berlin ein Kronrat. Dabei sagte Bismarck, die ganze Entwicklung treibe auf den Krieg zu, »es würde ein Fehler sein, ihm jetzt aus dem Wege zu gehen«.[20] So schlug er eine Allianz mit Italien vor. Den Ernst dieses Schrittes werde, so hoffte er, Österreich nicht verkennen und sich zu neuen Verhandlungen bereit finden. Österreich begann Anfang März mit Rüstungen, Preußen vier Wochen später, blieb im Rüstungsstand aber immer hinter der Donaumonarchie zurück. Bei den deutschen Regierungen ließ Bismarck für eine Reform des Bundes werben. Er wollte einen preußisch-bayerischen Antrag am Bundestag auf Wahl eines deutschen Parlaments, das in Frankfurt über die Bundesreform beraten sollte. Der Parlamentsidee stand von der Pfordten positiv gegenüber, für einen gemeinsamen Antrag war er aber nicht zu haben. So tat Preußen diesen Schritt am 9. April allein. In der Kommission, die über den Antrag beriet, fand sein Bundesgesandter im Mai eine nicht ungünstige Aufnahme für die preußischen Vorstellungen.

Der liberale preußische Landtagsabgeordnete Anton von Gablenz trug Ende April Bismarck einen Plan für die Lösung der schleswig-holsteinischen Frage und die Verbesserung der Bundesverhältnisse vor, den er mit seinem Bruder Ludwig, dem österreichischen Statthalter in Holstein, erarbeitet hatte. Danach sollte ein preußischer Prinz Landesherr in Schleswig-Holstein werden und Preußen militärische Rechte in seinem Lande einräumen. Den Oberbefehl über die Streitkräfte des Bundes in Norddeutschland sollte künftig der König von Preußen innehaben. Bismarck ging mit Billigung Wilhelms I. auf das Vermittlungsangebot von Gablenz ein und machte ergänzende Vorschläge. Gablenz reiste zweimal nach Wien. Bei seinem ersten Besuch dort wurde ihm ein gewisses Interesse bekundet, bei seinem zweiten Aufenthalt Ende Mai hörte er jedoch ein klares Nein. Die Mehrheit der österreichischen Minister wollte den Krieg und erwartete einen österreichischen Sieg. Die dann von Preußen zu zahlende Kriegsentschädigung sollte nicht nur die Kosten des Feldzuges decken, sondern zugleich auch die finanziellen Schwierigkeiten der Monarchie mindern. Kaiser Franz Joseph hielt eine Verständigung mit Preußen für »rein unmöglich ohne Abdizierung unserer Großmachtstellung« und sah, wie er seiner Mutter schrieb, »dem Krieg mit Ruhe und dem Vertrauen auf Gott entgegen«. Die Monarchie vertrage »eher einen Krieg als einen langen aufreibenden faulen Frieden«.[21]

Am Bundestag erklärte Österreich am 1. Juni, für die Entscheidung über Schleswig-Holstein sei der Bund unter Berücksichtigung des dortigen Landesrechts zuständig. Deshalb müssten die schleswig-holsteinischen Stände einberufen werden. Diese Erklärung wertete Bismarck als Aufkündigung der Konvention von Gastein. Er ließ den preußischen Gouverneur in Schleswig anweisen, Truppen nach Holstein zu verlegen. Damit sollte das Mitbesitzrecht Preußens an Holstein unterstrichen werden. Der österreichische Statthalter, von seinem preußischen Kollegen informiert, führte daraufhin seine Truppen über die Elbe in das Königreich Hannover.

Der preußische Plan zur Bundesreform, an dessen Formulierung Bismarck großen Anteil gehabt hatte, wurde im Bundestag am 10. Juni vorgelegt und am selben Tag den Regierungen der deutschen Staaten übergeben. Damit wurde die Frage verbunden, ob sie bereit seien, einem auf dieser Basis zu errichtenden neuen Bund beizutreten, wenn das bisherige Bundesverhältnis sich auflösen sollte. Er umfasste zehn Artikel. Artikel I definierte das Bundesgebiet mit dem Gebiet der Staaten, die dem Deutschen Bunde angehört hatten, aber ohne die kaiserlich-österreichischen und die königlich-niederländischen Landesteile. Nach Art. II wurde die gesetzgebende Gewalt des Bundes vom Bundestag in Gemeinschaft mit einer periodisch zu berufenden Nationalvertretung ausgeübt. Zur Gültigkeit der Gesetzesbeschlüsse war die Übereinstimmung der Mehrheit des Bundestages mit der Mehrheit der Volksvertretung erforderlich und ausreichend. Gemäß Art. III sollte die Umgestaltung des Bundes von den deutschen Regierungen mit einem nach dem preußischen Antrag vom 9. April zu berufenden Parlament vereinbart werden. Art. IV sagte, dass die Nationalvertretung aus direkten Wahlen nach dem Reichswahlgesetz vom 12. April 1849 hervorgehe – damit nahm Bismarck die Wahlrechtsvorstellungen der Paulskirchen-Linken auf. Nach Art. V bildeten die Staaten des Bundes ein gemeinsames Zoll- und Handelsgebiet. Art. VI wies dem Bund einen breiten Kompetenzbereich zu: Münze, Maß, Gewicht, Zoll, Handel, Bankwesen, Patente und geistiges Eigentum, Freizügigkeit und Heimatrecht, Gewerbe, Kolonisation und Auswanderung, Schutz des Außenhandels und der Seeschifffahrt, das Eisenbahnwesen, soweit die Interessen der Landesverteidigung betroffen waren, den allgemeinen Verkehr, Post und Telegrafie, Zivilprozessordnung und Konkursverfahren. Art. VII betraf die völkerrechtliche Vertretung des Bundes und die Frage von Krieg und Frieden. Bei einem Angriff auf das Bundesgebiet war die Bundesgewalt zur Kriegserklärung verpflichtet, in den anderen Fällen war dazu »die Zustimmung der Souveräne von mindestens zwei Dritteilen der Bevölkerung des Bundesgebietes erforderlich«. Art. VIII betraf die Kriegsmarine des Bundes und gab Preußen den Oberbefehl. Nach Art. IX bestand die Landmacht des Bundes aus der Nord- und der Südarmee. Über Erstere hatte der preußische König den Oberbefehl, über Letzere der bayerische. Gemäß Art. X sollten die Beziehungen des Bundes zu den deutschen Landesteilen der Habsburgmonarchie »nach Vereinbarung über dieselben mit dem zunächst einzuberufenden Parlament durch besondere Verträge geregelt werden«.[22] Über die in den zehn Artikeln mehrfach genannte Bundesgewalt machte der Reformvorschlag keine Aussagen. Hier war an einen veränderten Bundestag gedacht. Wie er künftig aussehen würde, blieb der Verständigung mit dem Parlament vorbehalten.

Die Verwirklichung dieses Planes hätte eine gründliche Verbesserung der Bundesverfassung gebracht und die Wünsche der meisten Deutschen nach mehr Einheit weitgehend erfüllt. Er kam im Bundestag jedoch nicht mehr zur Verhandlung. Der österreichische Präsidialgesandte nannte am 11. Juni die Verlegung preußischer Truppen nach Holstein eine bundesrechtlich verbotene Selbsthilfe, gegen die der Bund einschreiten müsse. Deshalb beantragte er – unter Missachtung des in der Wiener Schlussakte für solche Fälle vorgesehenen Verfahrens – »die schleunige Mobilmachung sämtlicher nicht zur preußischen Armee gehörigen Armeekorps des Bundesheeres«.[23] Sie sollten innerhalb von zwei Wochen schlagfertig sein.

Der preußische Ministerrat sah das als eine faktische Kriegserklärung an und stellte fest, dass Preußen einem Bunde, der das Bundesrecht missachtete, nicht mehr angehören könne. Er beschloss Sachsen, Hannover, Kurhessen und Nassau, die ihre Truppen ebenfalls mobilisiert hatten, dazu aufzufordern, die Streitkräfte auf Friedensfuß zu setzen und dem preußischen Bundesreformvorschlag beizutreten. Versagten sie sich dem, befänden sie sich mit Preußen im Krieg, andernfalls sei ihre Souveränität und ihr Territorialbestand garantiert. Am 14. Juni nahm der Bundestag den österreichischen Antrag mit 8 zu 6 Stimmen an. Daraufhin erklärte der Vertreter Preußens weisungsgemäß den Bundesvertrag für erloschen und betonte zugleich, dass Preußen an der Einheit der Nation festhalte und dem einen angemessenen Ausdruck geben werde. Der zwei Tage später von Preußen an die Staaten nördlich des Mains (mit Ausnahme der beiden Königreiche, Kurhessens und Nassaus) gerichteten Bitte, im bevorstehenden Kampf an die Seite Preußens zu treten und sich an der Bildung einer neuen Vereinigung zu beteiligen, folgten fast alle von ihnen.

Fraglos waren die österreichischen Spitzenpolitiker in den Monaten vor dem bewaffneten Zusammenstoß der beiden deutschen Großmächte viel kriegswilliger als Bismarck. Die Ziele waren dabei weit gesteckt. Die österreichische Hegemonie über Deutschland sollte nachhaltig gestärkt werden. Das lässt sich sehr gut an dem Geheimvertrag ablesen, den Österreich mit Frankreich am 12. Juni schloss. Darin versprach Österreich die Abtretung Lombardo-Venetiens über Frankreich an Italien und sagte zu, Gebietsveränderungen in Deutschland, die das europäische Gleichgewicht verschoben, nur nach Zustimmung Frankreichs vorzunehmen. In einer Zusatznote wurde vereinbart, dass Österreich sich in Deutschland vergrößern durfte. Mündlich wurde abgesprochen, dass Österreich keine Einwendungen gegen eine territoriale Umgestaltung Deutschlands erheben werde, die »Sachsen, Württemberger und Bayern auf Kosten mediatisierter Fürsten vergrößern und aus der Rheinprovinz einen neuen unabhängigen Staat«[24] machen werde. Die Regelung hinsichtlich Italiens, das seit dem 8. April mit Preußen in einer auf ein Vierteljahr befristeten Allianz verbunden war, sollte dazu dienen, Italien aus dem Krieg herauszuhalten. Mit der Vergrößerung Österreichs war Schlesien gemeint. Der Verlust dieser Provinz und des Rheinlandes hätte die preußische Machtstellung sehr gemindert. Den beiden süddeutschen Königreichen und Sachsen war dagegen eine erhebliche Steigerung des Gewichts zugedacht. Ihre Vergrößerung auf Kosten mediatisierter Fürsten konnte nur in Thüringen und in Baden erfolgen. Bei einer Verwirklichung dieses Programms konnte man Preußen schwerlich noch eine Großmacht nennen. Das war die Verschiebung des europäischen Gleichgewichts, die der Geheimvertrag in allgemeiner Form absprach.

Bismarck hätte den Krieg am liebsten vermieden, wie sein Eingehen auf die Mission Gablenz' und sein Bemühen um die Bundesreform zeigen. Sein Kriegsziel war viel bescheidener als das in Wien bedachte. Er wollte, wie er Anfang Juni dem bayerischen Ministerpräsidenten schrieb, »nichts als ehrliche national Reform […], um unsere Nation aus der Schwäche der Zerrissenheit zu ihrer europäischen Geltung zu erheben.«[25] Das Verhältnis zu Österreich sollte davon unberührt bleiben. Drei Jahrzehnte später sagte er einem Journalisten, er habe Österreich nur soweit bekämpfen wollen, »dass es sich uns in Deutschland füge«, nicht aber es vernichte.[26]

Ohne förmliche Kriegserklärung begannen die militärischen Aktionen am 16. Juni. Die österreichischen Truppen fochten – abgesehen von Italien – von Anfang an unglücklich. Schon am 1. Juli riet der Befehlshaber der Nordarmee in Wien dringend zum Frieden. Nach der schweren Niederlage bei Königgrätz am 3. Juli erbat der Vertreter Österreichs in Paris die französische Vermittlung, und Kaiser Napoleon III. machte das sogleich sehr entschieden zu seiner Sache. Am 21. Juli wurde eine fünftägige Waffenruhe vereinbart, fünf Tag später kam im mährischen Nikolsburg der Präliminarfrieden zustande. Österreich blieb mit Ausnahme Lombardo-Venetiens territorial unversehrt. Es erkannte die Auflösung des Deutschen Bundes an und gab seine Zustimmung »zu einer neuen Gestaltung Deutschlands ohne Beteiligung des österreichischen Kaiserstaates« und zur Schaffung eines Bundesstaates nördlich des Mains durch Preußen sowie in verklausulierter Form zu den Annexionen, die Preußen dort vornehmen würde. Der Gebietsstand Sachsens wurde garantiert. Es billigte den Zusammentritt der süddeutschen Staaten zu einem Verein, »dessen nationale Verbindung mit dem Norddeutschen Bunde der weiteren Verständigung zwischen beiden vorbehalten bleibt«. Seine Rechte an Schleswig und Holstein übertrug es Preußen.[27] Dass hier nurmehr von einem Norddeutschen Bund die Rede war, nicht von der Einigung des ganzen außerösterreichischen Deutschlands, wie das noch der Reformantrag vom 10. Juni wollte, war Folge der französischen diplomatischen Intervention.

Der am 23. August in Prag unterzeichnete definitive Friede zwischen der Donaumonarchie und Preußen enthielt außer den Nikolsburger Bedingungen Regelungen, die sich aus der Auflösung des Deutschen Bundes ergaben. Die Friedensverträge Preußens mit den süddeutschen Staaten und dem Großherzogtum Hessen wurden bis zum 3. September abgeschlossen, der mit Sachsen im Oktober. Sie behandelten die Besiegten sehr schonend und verpflichteten sie zur Anerkennung der Nikolsburger Bedingungen. Dem Wunsch Württembergs, Badens und Hessens, in den neuen Bund einbezogen zu werden, entsprach Bismarck nicht, nur Hessen bekam das für sein nördlich des Mains gelegenes Gebiet zugestanden. Gleichzeitig mit den Friedensverträgen schloss Preußen mit Bayern, Württemberg und Baden Schutz- und Trutzbündnisse. Die Vertragspartner garantierten sich ihre territoriale Integrität und versprachen sich für einen Kriegsfall gegenseitige Hilfe. Dabei sollte der König von Preußen den Oberbefehl haben. Es war nicht auszuschließen, dass sich aus dem Drängen Frankreichs auf Kompensation für den Gewichtszuwachs Preußens ein Krieg ergab. Für einen solchen Fall erwog Bismarck die Proklamation der Reichsverfassung von 1849, um so ganz Deutschland zu mobilisieren. Er war aber weiterhin der Ansicht, dass die Reichsverfassung »nur mit einer gründlichen Revision für uns brauchbar ist«.[28] Über die Zukunft Hannovers, Kurhessens, Nassaus und der Stadt Frankfurt hatte der Krieg entschieden. Sie wurden förmlich am 20. September mit Preußen vereinigt, nachdem der Landtag das entsprechende Gesetz gebilligt hatte. In der Botschaft Wilhelms I. an die beiden Häuser des Landtags über diesen Schritt war von einer politischen Notwendigkeit die Rede. Preußen müsse vor wiederkehrender Gefahr geschützt werden, und die nationale Neugestaltung Deutschlands solle eine festere Grundlage bekommen. Auch Schleswig-Holstein wurde zu einer preußischen Provinz gemacht.

Am 19. August schloss Preußen mit den norddeutschen Staaten (mit Ausnahme Sachsens) ein Offensiv- und Defensivbündnis zur Erhaltung der Unabhängigkeit und Integrität. Dieser Zweck sollte »definitiv durch eine Bundesverfassung auf der Basis der preußischen Grundzüge vom 10. Juni 1866 sichergestellt werden, unter Mitwirkung eines gemeinschaftlich zu berufenden Parlaments«. Das dabei anzuwendende Wahlrecht war das von der Paulskirche verabschiedete. Das Bündnis galt bis zum Abschluss des neuen Bundesverhältnisses. Dafür wurde ein Jahr veranschlagt.[29] Bismarck nahm die Arbeit an der künftigen Verfassung unverzüglich in Angriff. Er bat drei hohe Beamte um Entwürfe, nämlich Robert Hepke, der im

Außenministerium für die deutsche Frage zuständig war, Hermann Wagener, Vortragender Rat im Staatsministerium, und Max Duncker, Leiter des Zentralarchivs. Hepke war ein gemäßigter und Wagener ein entschiedener Konservativer, während Duncker auf eine langjährige politische Tätigkeit in gemäßigt liberalem Geist zurückblicken konnte; in der Paulskirche hatte er der Fraktion im Casino angehört. Einen weiteren Entwurf erhielt Bismarck, wahrscheinlich auf seine Bitte hin, von Oskar Graf Reichenbach, der in der Paulskirche in der demokratischen Fraktion Deutscher Hof gesessen hatte. Er war 1849 wegen der Teilnahme am Rumpfparlament des Hochverrats angeklagt worden und für einige Zeit in Haft gewesen. Danach war er nach London ins Exil gegangen, hielt sich 1866 aber für längere Zeit in Deutschland auf. Die Autoren der von Bismarck erbetenen Entwürfe deckten mithin ein breites politisches Spektrum ab.

Hepke arbeitete den Bundesreformvorschlag vom 10. Juni breiter aus. Wagener wollte die Fürsten über den Fürstenrat an der politischen Willensbildung teilnehmen lassen und engte ansonsten die Eigenständigkeit der Gliedstaaten sehr ein. Duncker orientierte sich stark am Verfassungswerk der Paulskirche und hielt dabei Kontakt zu Johann Gustav Droysen, der in deren Verfassungsausschuss Schriftführer gewesen war. Reichenbach wollte ein Königreich Norddeutschland, dessen Glieder weitgehend mediatisiert werden, aber eine ausgeprägte Selbstverwaltung besitzen sollten. Von Legationsrat Bucher im Außenministerium, der 1848/49 in der preußischen Nationalversammlung und in der Zweiten Kammer zum Linken Zentrum gehört hatte und von 1850 bis 1861 in London im Exil gewesen war, ließ Bismarck sich Gutachten über die vier Entwürfe machen.

Die Vorlagen Wageners und Reichenbachs hielt Bismarck für ungeeignet, da sie die Gliedstaaten allzu gering einstuften. Auch der Entwurf Dunckers war ihm zu zentralistisch. Während eines längeren Aufenthaltes in Putbus auf Rügen brachte er seine Ansicht der Verfassungsfrage in drei Diktaten zu Papier. Im ersten Diktat, am 30. Oktober betonte er, dass die Entwürfe »zu zentralistisch-bundesstaatlich für den dereinstigen Beitritt der Süddeutschen« seien. Man müsste sich in der Form mehr an den Staatenbund halten, »diesem aber praktisch die Natur des Bundessstaates geben mit elastischen, unscheinbaren, aber weitgreifenden Ausdrücken«. Je mehr man an frühere Formen anknüpfe, umso leichter werde sich die Sache machen lassen. Er wolle als Zentralbehörde deshalb kein Ministerium, sondern einen Bundestag. An dem vor dem Kriege verkündeten Programm sei festzuhalten, »dass Bundesgesetze durch Übereinstimmung der Majorität des Bundestages mit der Volksvertretung entstehen«. Zu den Wahlen sagte er: »Keine Diäten, keine Wahlmänner, kein Census«, machte an dem zuletzt genannten Punkt aber gewisse Einschränkungen.[30] Im zweiten Diktat befasste Bismarck sich wenig später mit dem Militärwesen. Die Friedenspräsenz der Armee sollte bei einem Prozent der Bevölkerung liegen, über Kopfzahl und Dislokation der Bundesfeldherr entscheiden. Auch sollte er den Kriegszustand erklären und gegen die Staaten die Bundesexekution verhängen können, die ihren militärischen Pflichten nicht nachkamen. Zur Vermeidung langwieriger Auseinandersetzungen sollten die Kosten für die Armee pauschalisiert werden. Das dritte Diktat stammte vom 19. November. Hier unterstrich Bismarck nochmals, dass die Herstellung eines monarchischen Bundesstaates schwieriger sei als die Anknüpfung an das bisherige System. Dann äußerte er sich zum Bundestag. Dort sollte Preußen zusätzlich zu seinen bisherigen Stimmen die der annektierten Staaten haben und somit 17 von 43 Stimmen führen. Damit wäre es nicht leicht zu majorisieren, denn die zur Mehrheit fehlenden Stimmen würden sich ihm gewiss anschließen. Außerdem könnte man für Verfassungsänderungen eine Zweidrittelmehrheit verlangen, die ohne Preußen nicht zu haben war, und Preußen bei Militärfragen ein Vetorecht geben. Jeder Staat sollte zum Bundestag so viele Vertreter ernennen können, wie er Stimmen hatte, sodass Sachverständige für die verschiedensten Gebiete in dem Gremium sitzen konnten. Die Stimmen sollten aber jeweils nur einheitlich abgegeben werden können, unabhängig von der Zahl der anwesenden Vertreter.

In Berlin erarbeiteten Bucher und Savigny, der letzte preußische Bundesgesandte, einen Verfassungstext und schickten ihn nach Putbus. Bismarck erhob einige Einwendungen. Nachdem Bucher und Savigny sie berücksichtigt hatten, erhielt ihr Entwurf am 9. Dezember die Zustimmung des inzwischen nach Berlin zurückgekehrten Ministerpräsidenten. Von den 64 Artikeln stammten 17 von

Bismarck, nämlich der Abschnitt über das Bundespräsidium und einige Vorschriften im Abschnitt über den Reichstag. Bei den Beratungen im Staatsministerium und im Kronrat wurden am 12. und am 14. Dezember noch einige Änderungen vorgenommen. Die Vorschriften über die Bundesexekution wurden gemildert. Das Wort Bundestag war für den Kronprinzen ein »verfluchter alter Name«, auf seinen Wunsch hieß es fortan Bundesrat.[31]

Nun bekamen die Partner des Augustbündnisses und Sachsen den Text vorgelegt. Sie nahmen ihn kühl auf, da sie künftig erhöhte Militärlasten zu tragen hatten, aber ihre Rechte im Militärwesen verloren. Ebenso verloren sie das Recht der diplomatischen Vertretung im Ausland und die freie Verfügung über Post, Telegrafie und Eisenbahn. Der Großherzog Peter von Oldenburg legte einen zum Teil auf die Unionsverfassung zurückgreifenden vollständigen Gegenentwurf vor. Für ihn gewann der oldenburgische Ministerpräsident innerhalb weniger Tage 13 Staaten. Nun gestand Bismarck bei den Militärlasten Übergangsfristen zu. Mit Sachsen, das in das Augustbündnis nicht einbezogen worden war, weil es damals noch keinen Friedensvertrag hatte, wurde eine Militärkonvention abgeschlossen. Der Bundesrat bekam verfassungsrechtliche Aufgaben zugewiesen. Anfang Februar 1867 stimmte eine Konferenz der Länder dem Verfassungsentwurf in seiner nunmehrigen Gestalt zu.

Am 12. Februar fanden die Wahlen zum Konstituierenden Reichstag des Norddeutschen Bundes gemäß dem von der Paulskirche erlassenen Wahlgesetz statt. Die Wahlbeteiligung belief sich auf durchschnittlich 65 Prozent. Die meisten Bewerber erreichten die erforderliche absolute Mehrheit sogleich, es wurden nur 45 Nachwahlen erforderlich. Von den 297 Abgeordneten war eine deutliche Mehrheit liberal. Die Fraktion der Nationalliberalen unter Vorsitz des Hannoveraners Rudolf von Bennigsen zählte 61 Mitglieder. Rechts von ihnen saßen 28 Altliberale und 39 Freikonservative, die in ihren politischen Ansichten den Altliberalen sehr nahe standen. Die in zwei Gruppen gespaltenen Linksliberalen hatten 33 Abgeordnete, 20 gehörten zur Fortschrittspartei, 13 zur Freien Vereinigung. Die Konservativen kamen auf 66 Abgeordnete, die in der Bundesstaatlich-Konstitutionellen Vereinigung sitzenden 20 Parlamentarier stammten fast alle aus Hannover und Schleswig-Holstein, sie verband der Protest gegen das Aufgehen ihrer Heimat in Preußen. Von den übrigen 30 Abgeordneten waren 15 Polen und Dänen, 13 fraktionslos und zwei Sozialdemokraten. Es handelte sich um ein ausgesprochenes Honoratiorenparlament. Zwei Drittel der Abgeordneten waren Beamte und Offiziere, viele hohen Ranges, 130 waren adlig.

Der Reichstag wurde am 24. Februar eröffnet und bekam die Verfassungsvorlage der verbündeten Regierungen am 4. März zugestellt. Er verzichtete auf die Einsetzung eines Verfassungsausschusses und nahm sofort die Plenarberatungen auf; für verschiedene Fragen bildeten einige Fraktionen Kommissionen. Der Antrag der Konservativen auf En-bloc-Annahme wurde ebenso wie der der Linken auf Verwerfung – wegen der Pauschalisierung der Heeresausgaben – abgelehnt. Im Laufe der Beratungen wurden die Vorschriften über das Finanzwesen präzisiert. Die wichtigste Änderung dabei war die Festsetzung einer einjährigen Haushaltsperiode statt der von den Regierungen vorgesehenen dreijährigen. Einbezogen wurden auch die Militärausgaben. Der in der Vorlage genannte Pauschbetrag von 225 Talern pro Mann sollte nur bis zum 31. Dezember 1871 gelten. Der Zuständigkeitsbereich der Bundegesetzgebung wurde ausgeweitet. Für Verträge mit fremden Staaten wurde die parlamentarische Genehmigung vorgeschrieben, sofern sie Gegenstände betrafen, die in den Bereich der Bundesgesetzgebung gehörten. Eingehend wurde über die Stellung des Bundeskanzlers debattiert. In der Verfassungsvorlage hieß es dazu nur, dass er vom Präsidium ernannt wurde, im Bundesrat den Vorsitz führte und sich dabei von jedem anderen Mitglied des Bundesrates vertreten lassen konnte. Bennigsen wollte zudem sagen lassen, dass die Anordnungen und Verfügungen des Bundespräsidiums im Namen des Bundes ergingen und zu ihrer Gültigkeit der Gegenzeichnung des Bundeskanzlers oder eines der von ihm ernannten Vorstände der einzelnen Verwaltungszweige erforderlich war, die dadurch die Verantwortung übernahmen. Ein zu erlassendes Gesetz sollte das näher regeln. Mit diesen Vorschriften wollte Bennigsen die Bildung eines Bundesministeriums vorbereiten, das zu schaffen Bismarck in Putbus für untunlich gehalten hatte. Sein Antrag fiel knapp durch, weil auch die Altliberalen und die Freikonservativen dagegen stimmten. Wohl in Absprache mit Bismarck beantragte der altliberale Abgeordnete Karl von Sänger, die Aussage über die Verantwortlichkeit in die Verfassung zu bringen. Bennigsen machte sich das zu eigen, fügte aber wiederum die Ankündigung eines Gesetzes über die Ministerverantwortlichkeit hinzu. Der Antrag Sänger wurde angenommen, die von Bennigsen gewollte Ergänzung wurde erneut abgelehnt. Durch die Vorschrift über die Verantwortlichkeit wurde die Stellung des Bundeskanzlers erheblich aufgewertet. Keine Mehrheit fanden Anträge, den Abgeordneten Diäten zu gewähren und einen Grundrechtsteil in die Verfassung einzufügen, wie die Linke es wollte. Am 16. April nahm der Konstituierende Reichstag die Verfassung mit 230 gegen 53 Stimmen an. Dafür waren die Konservativen, die Freikonservativen, die Altliberalen, die meisten Nationalliberalen und einige andere Abgeordnete. Die Bevollmächtigten der Regierungen stimmten diesem Beschluss am selben Tag zu. Darüber machte Bismarck, der sich während der Beratungen vielfach zu Wort gemeldet hatte, dem Reichstag in der 35. Sitzung am 17. April formell Mitteilung. Danach wurde der Konstituierende Reichstag geschlossen. Die Landtage der meisten Gliedstaaten ratifizierten die Verfassung, für ihre Gültigkeit hatte das freilich keine Bedeutung. Durch einzelstaatliche Patente wurde sie am 1. Juli überall in Kraft gesetzt. Damit trat der Norddeutsche Bund ins Leben, ein Staat, der auf 415000 Quadratkilometer 30 Millionen Einwohner zählte. Von seinen 22 Gliedstaaten war Preußen der weitaus größte. Innerhalb seiner Grenzen lebten 24 Millionen Menschen. Die Bevölkerungszahl des zweitgrößten Staates, Sachsen, belief sich nur auf ein Zehntel der preußischen. Am kleinsten war Schaumburg-Lippe mit 32000 Einwohnern. Nach der Aufwertung des Bundeskanzlers durch die Anträge Bennigsen und Sänger entschloss sich Bismarck, dieses Amt selbst zu übernehmen. Seine Ernennung durch das Präsidium, König Wilhelm I., erfolgte am 14. Juli, wenig später wurde der Bundesrat einberufen.

Die Verfassung des Norddeutschen Bundes umfasste die Präambel und 79 Artikel. Laut Präambel schlossen der König von Preußen und die anderen Monarchen sowie die Senate Hamburgs, Bremens und Lübecks – alle Vertragspartner wurden ausdrücklich benannt – »einen ewigen Bund zum Schutze des Bundesgebietes und des innerhalb geltenden Rechts sowie zur Pflege der Wohlfahrt des deutschen Volkes«. Das Bundesgebiet wurde in Art. 1 durch Aufzählung der Einzelstaaten definiert. Es folgten die Vorschriften über die Bundesgesetzgebung. Bundesgesetze gingen den Landesgesetzen vor. Es bestand ein gemeinsames Indigenat, jeder Einwohner eines Gliedstaates war mithin im gesamten Bundesgebiet Inländer. Der Gesetzgebung des Bundes unterlagen das Heimat-, Niederlassungs- und Staatsbürgerrecht, Handel und Gewerbe, Zoll, Steuern für Bundeszwecke, Münze, Maß und Gewicht, das Bankwesen, geistiges Eigentum, Schutz des Außenhandels und der deutschen Seeschifffahrt, das Konsulatswesen, der gesamte Bereich des Verkehrs, Rechtshilfe, Handels- und Wechselrecht, Strafrecht und gerichtliches Verfahren, das Militärwesen und Maßregeln für die Medizinal- und Veterinärpolizei. Bundesrat und Reichstag übten die Gesetzgebung gemeinsam aus. Für das Zustandekommen eines Gesetzes war die Übereinstimmung beider Häuser »erforderlich und ausreichend«. Kam es bei Gesetzen über Militär und Marine im Bundesrat zu Meinungsverschiedenheiten, gab die Stimme des Präsidiums den Ausschlag, wenn sie sich für die Aufrechterhaltung des bestehenden Zustandes aussprach. Die Stimmverteilung im Bundesrat war die des früheren Bundestags mit der einen Änderung, dass Preußen nun auch die Stimmen der von ihm annektierten Staaten führte. Jeder Gliedstaat konnte so viele Bevollmächtigte ernennen, wie er Stimmen hatte, doch mussten die Stimmen einheitlich abgegeben werden. Das betraf außer Preußen nur Sachsen mit vier und Mecklenburg-Schwerin sowie Braunschweig mit jeweils zwei Stimmen. Entschieden wurde mit einfacher Mehrheit, bei Stimmengleichheit gab die Stimme des Präsidiums den Ausschlag. Jeder Gliedstaat durfte Vorlagen machen, und jeder Bevollmächtige zum Bundesrat durfte im Reichstag erscheinen, wo er auf Verlangen gehört werden musste. Das Präsidium stand dem König von Preußen zu. Es hatte den Bund völkerrechtlich zu vertreten, Bündnisse und Verträge mit fremden Staaten einzugehen, Krieg zu erklären und Frieden zu schließen, Bundesrat und Reichstag zu berufen – das musste alljährlich geschehen –, zu eröffnen, zu vertagen und zu schließen. Es ernannte den Bundeskanzler, der im Bundesrat den Vorsitz führte und die Leitung der Geschäfte innehatte. Es hatte die Vorlagen des Bundesrates an den Reichstag zu bringen, die Bundesgesetze auszufertigen und zu verkünden und ihre Durchführung zu überwachen. Es ernannte die Bundesbeamten, und es hatte gegebenenfalls Bundesstaaten im Wege der Bundesexekution zur Erfüllung ihrer verfassungsmäßigen Pflichten anzuhalten. Nach Art. 17 wurden »alle Anordnungen und Verfügungen des Bundespräsidiums (...) im Namen des Bundes erlassen« und bedurften »zu ihrer Gültigkeit der Gegenzeichnung des Bundeskanzlers, welcher dadurch die Verantwortung übernimmt«. Der Reichstag ging aus allgemeinen und direkten Wahlen mit geheimer Stimmabgabe hervor. Bis zum Erlass eines Wahlgesetzes galten die 1867 angewandten Vorschriften; ihnen entsprach das im Mai 1869 erlassene Wahlgesetz. Er verhandelte öffentlich und konnte Gesetze im Rahmen der Bundeskompetenz vorschlagen. Die Legislaturperiode dauerte drei Jahre, auf Beschluss des Bundesrats konnte der Reichstag aber mit Zustimmung des Präsidiums vorzeitig aufgelöst werden. Die Neuwahl musste dann innerhalb von 60 Tagen erfolgen. Ohne seine Zustimmung konnte er nicht länger als 30 Tage vertagt werden. Über seine Geschäftsordnung bestimmte er allein. Seine Beschlüsse fasste er mit absoluter Mehrheit, ein Beschluss war nur gültig, wenn dabei die »Mehrheit der gesetzlichen Anzahl der Mitglieder« anwesend war. Die Abgeordneten waren an Aufträge und Weisungen nicht gebunden, hatten also ein freies Mandat. Sie genossen Immunität. Beamte bedurften für die Ausübung eines Mandats keines Urlaubs. Nach Art. 32 durften die Mitglieder des Reichstags »als solche keine Besoldung oder Entschädigung beziehen«. Das Verbot der Diäten war damit verfassungsmäßig festgeschrieben. Die Art. 33 bis 77 betrafen Zoll und Handel, das Eisenbahnwesen, Post und Telegrafie, Marine und Schifffahrt, das Konsulatswesen, den militärischen Bereich, die Bundesfinanzen und die Schlichtung von Streitigkeiten zwischen Gliedstaaten. Aus diesem weiten Bereich sei nur erwähnt, dass der König von Preußen Bundesfeldherr war und dass die preußische Militärgesetzgebung galt. In besonderen Fällen konnten die Ausgaben für einen längeren Zeitraum als die einjährige Haushaltsperiode festgelegt werden. Seine Ausgaben hatte der Bund mit dem Ertrag der Zölle, den Überschüssen aus Post und Telegrafie und mit Verbrauchssteuern zu decken. Reichte das nicht aus, konnte er, solange Bundessteuern nicht eingeführt waren, bei den Gliedstaaten Umlagen erheben. Außerordentliche Bedürfnisse konnten durch Anleihen finanziert werden. Die Schlichtung von Streitigkeiten zwischen Gliedstaaten oblag dem Bundesrat, wenn eine der Streitparteien ihn deshalb anrief. Nach Art. 78 erfolgte eine Verfassungsänderung auf dem Wege der Gesetzgebung, wobei im Bundesrat eine Zweidrittelmehrheit erforderlich war. Damit hatte Preußen unausgesprochen ein Vetorecht. Art. 79 schrieb vor, dass die Beziehungen des Bundes zu den süddeutschen Staaten »sofern nach Feststellung der Verfassung des Norddeutschen Bundes durch besondere dem Reichstag zur Genehmigung vorzulegende Verträge« zu regeln war. Der Eintritt dieser Staaten oder eines von ihnen in den Bund erfolgte auf Vorschlag des Präsidiums im Wege der Bundesgesetzgebung.[32]

Carl Schurz, ein Achtundvierziger-Demokrat, der 1850 ins amerikanische Exil gegangen war und dort in der Republikanischen Partei Karriere gemacht hatte, besuchte Bismarck im Januar 1868. In dem Gespräch, das die beiden führten, ging es vor allem um die Entwicklung in Deutschland in den zurückliegenden zwei Jahren. Schurz fragte Bismarck, ob dieser im Ernstfall tatsächlich die Verfassung von 1849, »die Waise der Revolution – adoptiert« hätte. Bismarck bejahte dies. »Gewiss, die Verfassung hatte einige mir sehr unsympathische Züge. Aber eigentlich ist sie doch nicht so sehr verschieden von dem, was ich jetzt anstrebe.«[33] Das traf zu. Die Verfassung des Norddeutschen Bundes definierte ebenso wie die von der Paulskirche erarbeitete eine konstitutionelle Monarchie mit starker Stellung des Parlaments. Durch die Regelung des Haushaltswesens und den Verzicht auf ein Veto des Präsidiums war das Gewicht des Reichstags nun größer als damals. Die Nichtaufnahme eines Grundrechtsteils war kein wirklicher Mangel, denn Grundrechte waren in den Verfassungen etlicher Gliedstaaten verbürgt, sehr ausführlich in der Preußens vom 31. Januar 1850, deren Artikel 3 bis 42 »die Rechte der Preußen« aufzählten. Das konstitutionelle Regierungssystem bestand inzwischen in vielen europäischen Staaten, aber immer bei einem eingeschränkten Wahlrecht. Das allgemeine, gleiche und direkte Wahlrecht mit geheimer Stimmabgabe gab dem Norddeutschen Bund im europäischen Vergleich einen Spitzenplatz. Ein parlamentarisches Regierungssystem, die Bindung der Minister an das Vertrauen des Parlaments, war verfassungsmäßig nirgends vorgeschrieben, der Sache nach bestand es nur in Großbritannien und Belgien. In beiden Staaten galt ein sehr eingeschränktes Wahlrecht.

In Großbritannien war zudem das Oberhaus ein konservativer Faktor von Gewicht. Die hohe Aristokratie und der Landadel hatten noch großen Einfluss. Guten Gewissens kann man den Norddeutschen Bund den verfassungsmäßig modernsten Staat im damaligen Europa nennen, abgesehen vom Sonderfall Schweiz. Sie war mit ihrer Verfassung von 1848 die erste Demokratie in Europa. Sie verliert allerdings »einen Teil ihres demokratischen Nimbus«, weil von Wahlausschließungsgründen etwa 10 Prozent der Männer betroffen waren.[34]

Bismarck hatte an der Entstehung der norddeutschen Verfassung einen starken Anteil, namentlich hinsichtlich der Vorschriften über das Präsidium und den Reichstag. Er schnitt sie sich aber nicht, wie nicht selten gesagt wurde, auf den Leib zu. Die Aufwertung des Bundeskanzlers zum verantwortlichen Minister nahm erst der Konstituierende Reichstag vor, der während seiner Beratungen überhaupt einen erheblichen Beitrag zur Modernität des Verfassungswerks leistete. In Bismarcks Überlegungen spielte die Rücksichtnahme auf die Einzelstaaten eine große Rolle, vor allem auf die in Süddeutschland, die er mit Blick auf die dortige Stimmung und aus außenpolitischen Rücksichten noch nicht in den Bund aufnehmen konnte. Er sah völlig richtig, dass die Paulskirche mit dem Anspruch, dass einzig und allein sie über die Verfassung zu entscheiden habe, einen schweren Fehler begangen hatte, da diese Position zur Folge hatte, dass die Interessen der Einzelstaaten nicht genug berücksichtigt wurden. Diesen Fehler wollte er vermeiden. Dass er gewisse Sicherungen – bei Verfassungsänderungen und im militärischen Bereich – zugunsten Preußens in die Verfassung aufnehmen ließ, war angesichts von dessen Bevölkerungszahl verständlich. Als ein vergrößertes Preußen dachte er sich den Bund auf keinen Fall. Er erwartete vielmehr, dass Preußen allmählich im Bund aufging. Dafür boten die Bundeskompetenzen gute Möglichkeiten.

Der nach dem Prager Frieden mögliche Bund der süddeutschen Staaten kam nicht zustande. Der bayerische Ministerpräsident Hohenlohe regte im Frühjahr 1867 an, den Bundesrat des Norddeutschen Bundes für Zollfragen zu erweitern. Das fand die Zustimmung Württembergs. Der badische Außenminister erklärte zudem die Bildung eines Zollparlaments für sinnvoll. Das griff Bismarck auf und ließ einen neuen Zollvereinsvertrag erarbeiten. Eine Konferenz aller Mitgliedsstaaten des Norddeutschen Bundes und der süddeutschen Staaten billigte das am 8. Juli. In der folgenden Zeit ratifizierten die Parlamente der sechs Mitglieder des neuen Zollvereins – Norddeutscher Bund, Bayern, Württemberg, Baden, Hessen und Luxemburg – den Vertrag. Am 1. Januar 1868 trat er mit einer Laufzeit von acht Jahren in Kraft. Damit wurde aus dem Zollverein ein Zollbundesstaat, dessen Willensbildung bei Zollfragen – im weiten Sinne verstanden – sich in konstitutioneller Form vollzog. Dem Bundesrat und dem Reichstag des Norddeutschen Bundes traten dann Bevollmächtigte respektive Abgeordnete aus den anderen fünf Staaten bei. Die Wahlen zum Zollparlament fanden nach dem Wahlrecht des Norddeutschen Bundes Anfang 1868 statt. Von den 85 süddeutschen Mandaten fielen nur 26 kleindeutsch ausgerichteten Bewerbern zu, für Bismarck ein Beleg, dass die Stimmung in Süddeutschland keineswegs für die volle Einigung war.

Der erste ordentliche Reichstag des Norddeutschen Bundes wurde am 31. August 1867 gewählt. Bei der Mandatsverteilung gab es gegenüber der Wahl vom Februar eine leichte Verschiebung nach links. In der Adressdebatte wurde vielfach der Wunsch nach einer entschiedenen Fortführung des Einigungsprozesses zum Ausdruck gebracht. Bismarck mahnte am 24. September in einer kurzen Rede zur Geduld. Es sei jeder Druck und jedes Drängen zu vermeiden. Wolle »die deutsche Nation in ihrer Gesamtheit, der Süden und der Norden, die Einheit«, dann sei »keine deutsche Regierung und kein deutscher Staatsmann stark genug, es hindern zu können«.[35] Er rechnete dabei aber mit langen Fristen. Das brachte er oft zum Ausdruck. Dem württembergischen Kriegsminister sagte er im Mai 1868, es erscheine ihm als etwas Großes, wenn Deutschland sein nationales Ziel noch im 19. Jahrhundert erreiche, »und wäre es in zehn oder gar fünf Jahren, so wäre das etwas Außerordentliches, ein unverhofftes Gnadengeschenk Gottes«.[36] In einem an den Gesandten in München gerichteten Erlass hieß es im Februar 1869, man könne die Uhren vorstellen, die Zeit gehe deshalb aber nicht schneller, »und die Fähigkeit zu warten, während die Verhältnisse sich entwickeln, ist eine Vorbedingung praktischer Politik«.[37] Als ein Jahr später im Reichstag die separate Aufnahme Badens in den Norddeutschen

Bund zur Sprache kam, sagte Bismarck, das könne in Stuttgart wie in München als Druck empfunden werden, die deutsche Vereinigung müsse aber in voller Freiwilligkeit erfolgen. Er würde »immer vorziehen, noch ein Menschenalter zu warten als Zwang auszuüben«. Man möge mit dem Erreichten zufrieden sein. Dabei verwies er auf den Zollverein und sagte, das Präsidium des Norddeutschen Bundes habe damit »ein Stück kaiserliche Gewalt« auch im Süden. Der sei nur »ein vorübergehendes Stadium«.[38]

Währenddessen tat der Reichstag viel für die Rechtsvereinheitlichung nördlich des Mains und verabschiedete bis zum Ende der Legislaturperiode im Mai 1870 eine Reihe wichtiger Gesetze wie die Gewerbeordnung, das Gesetz über die Freizügigkeit, die Maß- und Gewichtsordnung, das Gesetz über die Aktiengesellschaften und das Strafgesetzbuch. Die Gesetzesvorlagen wurden in aller Regel in preußischen Ministerien ausgearbeitet, da es entsprechende Bundesbehörden nicht gab, und dann von Preußen eingebracht; das Präsidium hatte nicht das Recht dazu. Bei der legislativen Arbeit zeigte sich bald, dass der Reichstag mehr Gewicht hatte als der Bundesrat. Bei Meinungsverschiedenheiten zwischen beiden Häusern war es gemeinhin der Bundesrat, der einlenkte. Nur bei Gesetzen, die in den Verfassungsorganismus eingriffen, widersprach er. So scheiterte ein Gesetzesentwurf aus dem Reichstag auf die Einführung verantwortlicher Bundesminister.

Das französische Drängen auf Kompensation für die Hinnahme des Norddeutschen Bundes richtete sich im Winter 1866/67 auf den Erwerb Luxemburgs. Daraus erwuchsen schwere Spannungen. Ein Krieg konnte nicht ausgeschlossen werden. Bismarck ließ deshalb im März 1867 die bis dahin geheim gehaltenen Schutz- und Trutzbündnisse im preußischen Staatsanzeiger veröffentlichen. Davon erwartete er eine abkühlende Wirkung in Frankreich. Als ihn ein freikonservativer Abgeordneter kurz danach fragte, ob er glaube, dass es innerhalb der nächsten fünf Jahre zu einem Krieg mit Frankreich komme und ob er den gegenwärtigen Zeitpunkt als den günstigsten dafür ansehe, bejahte er beides. Er glaubte »leider an einen deutsch-französischen Krieg in nicht allzu langer Frist«. Die durch die preußischen Siege verletzte französische Eitelkeit werde dazu drängen. Kategorisch stellte er fest, kein Staatsmann habe das Recht, einen Krieg zu beginnen, »bloß weil er nach seinem subjektivem Ermessen ihn in gegebener Frist für unvermeidlich hält«. Er fügte an, die Geschichte würde viel weniger Kriege verzeichnen, wenn die Außenminister immer den Oberfeldherren auf den Feldzügen gefolgt wären. Dabei verwies er auf seine Eindrücke 1866.[39]

Bismarck blickte fortwährend besorgt nach Paris und hatte dazu vielfachen Grund. Für den Sommer 1868 rechnete der preußische Gesandte dort mit einem Krieg. Einige Monate später gab es Verhandlungen zwischen Frankreich, Österreich und Italien über ein Bündnis. Dabei wurden von französischer Seite Vertragsentwürfe vorgelegt, die auf eine gründliche Umgestaltung Deutschlands gerichtet waren. Es sollten möglichst gleich große Staaten geschaffen werden. Das war die Wiederaufnahme der Überlegungen vom Juni 1866. Die Verhandlungen hatten kein Ergebnis.

Die im Sommer 1869 von Napoleon III. begonnene Liberalisierung seines autokratischen Systems sah Bismarck als Anzeichen für eine mögliche Entspannung. In einer Weisung an seinen publizistischen Mitarbeiter Moritz Busch sagte er Ende Februar 1870, diese Entwicklung dürfe, »da sie für uns Frieden verheißt«, keinem Frühjahrsfrost ausgesetzt werden. Man müsse in der deutschen Frage zurückhaltend sein. Die Kriegspartei in Paris warte nur auf ein Ereignis in Deutschland, das es ihr ermögliche, den Kaiser zum Kriege zu drängen. Der Norddeutsche Bund könne dann zwar siegen, aber es würden weitere Kriege folgen. Ein Krieg für etwas, das friedlich erreicht werden könne, sei ein Verbrechen.[40] Dass die Vollendung der deutschen Einheit in Frankreich als Anlass zum Krieg genommen werden konnte, war ihm bewusst. So kam es ihm darauf an, »die öffentliche Meinung, namentlich in Frankreich, allmählich damit vertraut zu machen, dass die Einigung Deutschlands unser natürliches, rechtmäßiges und durch die Verträge nicht untersagtes Ziel ist«.[41]

Die Frage, wie der seit Herbst 1868 vakante spanische Thron besetzt werden konnte, war noch ungelöst. Im September 1869 hatte der spanische Staatsrat Salazar den Prinzen Leopold aus der süddeutschen Linie der Hohenzollern, der mit Napoleon III. verwandt war, um die Kandidatur gebeten. Im Februar 1870 tat er das erneut und sprach nun auch Bismarck darauf an. Bismarck war für die Annahme des Angebots durch Leopold. Er hielt es für Deutschland für wünschenswert, jenseits Frankreichs ein Land zu haben, mit dessen Sympathie es rechnen konnte. Mit seiner Befürwortung des Projekts verband er keineswegs die Absicht, die deutsche Einigung über einen Krieg mit Frankreich voranzubringen. Die Kandidatur sollte möglichst lange geheim bleiben, Spannungen mit Frankreich befürchtete er von ihrem Bekanntwerden aber nicht, nur eine vorübergehende Beunruhigung. Mit diesem »krassen Fehlurteil« stand er nicht allein. Auch der Frankreich sehr wohlgesonnene britische Außenminister Clarendon sah von der Kandidatur nur einen ungünstigen Eindruck in Frankreich voraus, mehr nicht.[42] Hätte er eine große Empörung in Frankreich erwartet, so hätte er in Berlin sicher gewarnt, wie er das Anfang des Jahres getan hatte, als Bismarck erwog, den unpraktischen Titel Bundespräsidium durch den Kaisertitel zu ersetzen. Das hätte, wie Clarendon aus Paris erfuhr, dort Verärgerung hervorgerufen. Bismarck hatte daraufhin von dem Gedanken Abstand genommen.

Prinz Leopold konnte sich lange nicht zu der Kandidatur entschließen. Erst am 19. Juni sprach er seine Zustimmung aus. Der spanische Ministerpräsident wollte darüber mit Napoleon III. sprechen, ehe er das aber tun konnte, wurde Leopolds Zusage in Paris bekannt. Das rief dort eine große Erregung hervor. Außenminister Gramont, der Preußen ausgesprochen kritisch gegenüberstand, sagte dem norddeutschen Botschafter, »dieses Ereignis, wenn es vollendete Tatsache werden sollte, wäre dazu angetan, die Fortdauer des Friedens zu kompromittieren«.[43] Aus bester Quelle erfuhr der bayerische Gesandte, Gramont habe gesagt, Frankreich werde eher einen Krieg führen als einen Hohenzollern auf dem spanischen Thron dulden. Am 6. Juli hielten Gramont und Ministerpräsident Ollivier in der Kammer Reden, die nur als Kriegsdrohung verstanden werden konnten. Bismarck weilte in diesen Tagen auf seinem Gut in Hinterpommern. Von dort teilte er dem Auswärtigen Amt am 12. Juli mit, Leopold könne die Annahme der spanischen Krone »bei jetziger Sachlage nur unter der Bedingung anständigerweise aufrechterhalten, dass Spanien, falls Deutschland wegen dieser Sache von Frankreich angegriffen wird, sofort seinerseits Krieg an Frankreich erkläre und beginne«.[44] Eine solche Zusage konnte Leopold nicht geben. Am selben Tag sprach Leopolds Vater Karl Anton von Hohenzollern-Sigmaringen ohne Rücksprache mit seinem auf Reisen befindlichen Sohn den Verzicht auf die Kandidatur aus; Prinz Leopold bestätigte das bald danach. Anstatt sich damit zufriedenzugeben, verlangte Gramont nun einen Entschuldigungsbrief König Wilhelms I. für seine Billigung der Kandidatur und das Versprechen, dass er ihrer Erneuerung niemals zustimmen werde. Dazu war der König nicht bereit. Bismark, inzwischen wieder in Berlin, war nun überzeugt, dass Frankreich Rache für Königgrätz wolle und dass die spanische Thronfolgefrage nur ein Vorwand sei. Dem Rat von Kriegsminister Roon und Generalstabschef Moltke, Frankreich sofort den Krieg zu erklären, widersprach er aber. Sowohl die Vernunft wie die Religion erlaubten es nicht, so argumentierte er, einen Krieg zu beginnen, nur weil die Gelegenheit günstig sei. Den russischen Reichskanzler, der gerade in Berlin weilte, und den britischen Botschafter bat er um Vermittlung. Im französischen Ministerrat setzte sich Gramont am Nachmittag des 13. Juli mit der Forderung nach einem harten Kurs durch und stellte damit »die Weichen für die endgültige Entscheidung über Krieg und Frieden«.[45] Am späten Abend des 14. Juli fasste ein unvollständig besetzter Ministerrat unter Vorsitz des Kaisers den Beschluss zum Krieg. Die sogenannte Emser Depesche, mit der Bismarck die wichtigen Staaten und die Presse über die Unterredung des französischen Botschafters mit Wilhelm I. informierte, hatte dafür keine Bedeutung. In der Kammer erklärte Ollivier am 15. Juli, Preußen zwinge Frankreich den Krieg auf. Der Abgeordnete Thiers hielt ihm entgegen, mit dem Verzicht Leopolds seien die Interessen Frankreichs gewahrt gewesen, die Regierung habe durch ihr weiteres Vorgehen den Krieg unvermeidlich gemacht und Europa keine Zeit für die Vermittlung gegeben. Das entsprach den Tatsachen, beeindruckte die Kammer aber nicht. Sie bewilligte die beantragten Kriegskredite fast einstimmig. Am 19. Juli wurde die französische Kriegserklärung in Berlin übergeben.

In Paris ging man davon aus, dass Süddeutschland neutral bleiben und der Norddeutsche Bund geschlagen werde, auf jeden Fall mit Hilfe Österreichs. Ertrag des Krieges sollte die Wiederherstellung der Verhältnisse in Deutschland vor 1866 und am besten noch eine weitere Entmachtung Preußens sein. Russland hätte das allerdings nicht zugelassen. Zar Alexander II. stand ganz auf der Seite des Norddeutschen Bundes. Während der Krise hatte er in Wien auf Neutralität gedrängt. Tatsächlich hätte Russland bei einem Kriegseintritt der Donaumonarchie sogleich 300000 Mann in Marsch in Richtung auf ihre Grenze gesetzt. Reichskanzler Beust war sich über die russische Haltung völlig klar und ließ in Paris sagen, Österreich bleibe neutral. Seines Erachtens würde ein Krieg gegen Deutschland und Russland »die Existenz der Monarchie aufs Spiel setzen«.[46]

Der Krieg fand die Deutschen völlig einig. Sie sahen fast alle Deutschland als den angegriffenen Teil, waren voller Siegeszuversicht und glaubten, dass der Krieg »unter allen Umständen die volle deutsche Einheit« bringen werde, wie die Nationalliberale Partei in ihrem Aufruf sagte.[47] Sofort wurde auch die Wiederherstellung des Kaisertums verlangt. In den Kommentaren der Presse und in öffentlichen Ansprachen wurde vielfach auf die Freiheitskriege verwiesen. Auch Bismarck tat das. In der von ihm verfassten Thronrede, die Wilhelm I. am 19. Juli vor dem wieder einberufenen Reichstag hielt, hieß es: »Wir werden nach dem Beispiele unserer Väter für unsere Freiheit und für unser Recht gegen die Gewalttat fremder Eroberer kämpfen, und in diesem Kampfe, in dem wir kein anderes Ziel verfolgen, als den Frieden Europas zu sichern, wird Gott mit uns sein, wie er mit unseren Vätern war.«[48]

Der Krieg verlief ganz anders als in Paris erwartet. Die französischen Truppen erlitten in den ersten Wochen einige schwere Niederlagen. Napoleon III. geriet am 2. September in Gefangenschaft. Zwei Tage später wurde in Paris die Republik ausgerufen. Am 19. September schlossen deutsche Truppen die Stadt ein. Bismarck war zu einem Waffenstillstand bereit, damit die Franzosen eine Nationalversammlung wählen konnten, die nunmehrige französische Regierung wollte die von ihm verlangten Bürgschaften aber nicht geben. So dauerte der Krieg noch vier Monate an. Erst am 28. Januar 1871 wurde ein Waffenstillstand vereinbart, vier Wochen später in Versailles der Präliminarfrieden unterzeichnet, er wurde im Main in Frankfurt bestätigt. Frankreich hatte eine Kriegsentschädigung von 5 Milliarden Francs zu erbringen. Nach Zahlung von 2 Milliarden Francs sollten nur noch sechs nordöstliche Departements »als Pfand für die rückständigen drei Milliarden« besetzt bleiben. Das Elsass (ohne Belfort) und Deutsch-Lothringen nebst Metz musste

Frankreich an das Deutsche Reich abgeben.[49] Bereits Mitte September hatte Bismarck in einem Runderlass an die Missionen in Wien, London, St. Petersburg, München, Stuttgart und Karlsruhe dargelegt, dass Deutschland »durch bessre Grenzen als Bisher« gegen die Bedrohung geschützt werden müsse, die von Frankreich »seit Jahrhunderten gegen uns geübt wurden«. Es liege auch im europäischen Interesse, Frankreich das Ergreifen der Offensive zu erschweren.[50]

Bismarck hielt sich nach Kriegsbeginn in der deutschen Frage zunächst zurück. Er erwartete Initiativen aus Süddeutschland und täuschte sich damit nicht. Der badische Ministerpräsident Jolly erarbeitete im August eine Denkschrift über die Aufnahme Badens in den Norddeutschen Bund, die Erneuerung des Kaisertums und die Annexion des Elsass und von Teilen Lothringens. Nur auf den letztgenannten Punkt ging Bismarck in seiner Antwort näher ein. Dem norddeutschen Gesandten in Karlsruhe teilte er mit, dass von dort vertrauliche Anregungen namentliche nach München ausgehen sollten. Die Gespräche, die er in München führen ließ, zeigten, dass Bayern weitgehende Sonderwünsche hatte. Daraufhin ließ Bismarck am 30. September in Karlsruhe wissen, dass ihm ein Antrag auf Aufnahme Badens in den Norddeutschen Bund »als Grundlage für und als Druck auf Verhandlungen mit Bayern willkommen« sei.[51] Den entsprechenden Antrag empfing er mit Vergnügen. Der badische Schritt förderte auch die württembergische und die hessische Gesprächsbereitschaft. Die Verhandlungen mit den süddeutschen Staaten wurden in Versailles einzeln geführt, es gab nur eine gemeinsame Sitzung. Sie kamen für Baden, Hessen und Württemberg am 15. November zum Abschluss. Es sollte ein Deutscher Bund gebildet werden. Dessen Verfassung wurde dem Protokoll als Anhang beigegeben, sie war weitgehend mit der des Norddeutschen Bundes identisch. Die Bundeskompetenz wurde auf die Presse und das Vereinswesen ausgedehnt. Bei der Beschlussfassung über Angelegenheiten, die nicht dem gesamten Bund gemeinsam waren, sollten im Bundesrat nur die Stimmen der betroffenen Staaten zählen. Eine entsprechende Vorschrift wurde in den Abschnitt über den Reichstag eingefügt. Der Artikel über die Bundesexekution wurde dahin abgemildert, dass die Sequestration eines Landes oder seiner Regierungsgewalt nicht möglich war. Baden bekam die weitere Verfügung über die Bier- und Branntweinsteuer zugesagt. Auf Wunsch Württembergs wurde festgelegt, dass Verfassungsänderungen im Bundesrat einer Mehrheit von drei Vierteln der Stimmen bedürften – Preußen allein hatte damit nicht mehr die Möglichkeit, Änderungen zu verhindern – und dass Reservatrechte eines Staates nur mit dessen Zustimmung aufgehoben werden konnten. Die Parlamente der Vertragspartner sollten diese Vereinbarung unverzüglich ratifizieren, damit der Deutsche Bund am 1. Januar 1871 ins Leben treten konnte. Selbstverständlich war die Verfassungsfrage in diesen Wochen nicht nur ein Thema staatlicher Repräsentanten, auch in der Öffentlichkeit wurde breit darüber gesprochen. Zeitweilig nahm dieser Fragenkreis in der Presse einen breiteren Raum ein als die Berichterstattung über den Krieg.

Der bayerische Ministerpräsident Bray wollte zunächst den Anschluss an den Norden in Form eines weiteren Bundes. Bismarck schrieb ihm – am 4. November –, die Bildung eines engeren Bundes sei die einzige Basis, die »den Wünschen der deutschen Nation entspricht«, sie sei breit genug, um Bayern eine seiner Bedeutung angemessene Stellung zu geben.[52] Das akzeptierte Bray. Nun kamen die Verhandlungen schnell voran, schon am 23. November wurden sie abgeschlossen. In dem Vertrag über den Beitritt Bayerns zur Verfassung des Deutschen Bundes von diesem Tage hieß es einleitend, die Staaten des Norddeutschen Bundes und das Königreich Bayern »schließen einen ewigen Bund, welchem das Großherzogtum Baden und das Großherzogtum Hessen für dessen südlich vom Main gelegenes Staatsgebiet schon beigetreten sind und zu welchem der Beitritt des Königreichs Württemberg in Aussicht steht. Dieser Bund heißt Deutscher Bund«.[53] Bayern bekam erhebliche Zusagen gemacht. Sie betrafen das Militärwesen, Post, Telegrafie und Eisenbahnen, beachtliche Bereiche des Zivilrechts und einige Steuern und gingen über die den anderen süddeutschen Staaten gemachten Konzessionen hinaus. Bayern behielt das Gesandtschaftsrecht. Seine Gesandten sollten gegebenenfalls die des Bundes vertreten. In einem Schlussprotokoll wurde das näher erläutert. Eine besondere Verabredung zwischen dem König von Preußen und dem König von Bayern sagte, dass bei Friedensschlüssen immer ein Bevollmächtigter des Königs von Bayern einbezogen, aber vom Bundeskanzler instruiert werden sollte. Württemberg unterzeichnete seinen Beitrittsvertrag erst nach der Einigung des Norddeutschen Bundes mit Bayern, weil es nicht schlechter gestellt sein wollte als dieses, erreichte sein Ziel aber nicht ganz.

Das Recht des Präsidiums zur Kriegerklärung war jetzt, anders als 1867, an die Zustimmung des Bundesrats gebunden, sofern nicht ein unmittelbarer Angriff drohte. Für auswärtige Angelegenheiten sollte ein ständiger Bundesratsausschuss unter Vorsitz eines bayerischen Bevollmächtigten eingerichtet werden. Das bayerische Heer bildete einen besonderen Bestandteil des Bundesheeres mit eigener Verwaltung und stand in Friedenszeiten unter dem Oberbefehl des Königs von Bayern. Das Recht zur Verhängung des Ausnahmezustandes verblieb Bayern. Auch die württembergischen Truppen bildeten einen eigenen Verband, freilich unter dem Oberbefehl des Präsidiums auch in Friedenszeiten. Eine ähnliche Regelung bekam Sachsen zugestanden, allerdings ohne Absicherung in der Verfassung. Insgesamt belegen die Verträge, wie vorsichtig Bismarck mit den süddeutschen Staaten und vor allem mit Bayern umging.

Nach der Unterzeichnung des Bundesvertrags, des Schlussprotokolls und der besonderen Verabredung mit den bayerischen Bevollmächtigten kam Bismarck sichtlich bewegt zu seinen Mitarbeitern zurück und sagte: »Die deutsche Einheit ist gemacht und der Kaiser auch.« Er räumte ein, dass er mehr hätte verlangen können und entschuldigte seinen Verzicht darauf mit der Bemerkung, es sei ihm um die Zufriedenheit der Bayern gegangen. »Der Vertrag hat seine Mängel, aber er ist so fester. Was fehlt, mag die Zukunft schaffen.«[54]

Der Kaiser war zu diesem Zeitpunkt noch nicht ganz gemacht. Mit Rücksicht auf die Empfindlichkeit des bayerischen Königs Ludwig II. zögerte Bismarck lange, das Thema anzusprechen. Ende Oktober schrieb Großherzog Friedrich I. von Baden an Ludwig II. und bat ihn, gemeinsam mit den anderen deutschen Fürsten Wilhelm I. die Krone des Reiches anzubieten. »Die Erneuerung der deutschen Kaiserwürde als des Schlusssteins des Reiches deutscher Nation« sei eine sichere Bürgschaft »für die Unauflöslichkeit des alle deutschen Länder umschließenden Bandes«.[55] Graf Holnstein, der Vertraute Ludwigs II., brachte seinem König den Gedanken nahe, erwartete dafür aber finanzielle und territoriale Gegenleistungen. Bismarck machte hinsichtlich des ersten Wunsches eine Zusage, den zweiten lehnte er ab. Dem bayerischen Unterhändler gab er Entwürfe für die Briefe Ludwigs II. an die deutschen Fürsten und Senate und an Wilhelm I. mit. Ludwig II. übernahm sie fast unverändert. Am 3. Dezember überreichte Prinz Luitpold von Bayern Wilhelm I. den Kaiserbrief. Dieser war von der Kaiseridee gar nicht angetan, beugte sich aber dem Argument Bismarcks, es falle dem bayerischen König leichter, gewisse Rechte dem deutschen Kaiser als dem benachbarten preußischen König abzutreten.

Der Reichstag verhandelte ab Ende November über die Verträge mit den Südstaaten. Dabei wurden viele Bedenken vorgetragen. Den Nationalliberalen gingen die Zugeständnisse an den Süden und vor allen an Bayern viel zu weit. Der Zentrumsführer Windthorst sah in Artikel 78 über die Verfassungsänderung die Möglichkeit zur Mediatisierung aller deutschen Staaten gegeben, da der Bund auf diesem Wege seine Kompetenzen beliebig ausweiten konnte. Auch bedauerte er das Fehlen einer Bundesregierung und eines Bundesgerichts. Die Linksliberalen klagten über den Mangel freisinniger Regelungen. Es wurde jedoch von allen Seiten eingeräumt, dass man eine Neuverhandlung der Verträge nicht verlangen könne. Die Verträge mit Württemberg, Baden und Hessen wurden am 9. Dezember fast einstimmig angenommen, der mit Bayern mit 195 gegen 32 Stimmen. Das Fehlen von 70 Abgeordneten war wenigstens teilweise eine stillschweigende Ablehnung. Am selben Tag beschloss der Bundesrat im Einvernehmen mit den süddeutschen Regierungen die Einführung des Staatsnamens Deutsches Reich und des Titels Deutscher Kaiser. Dem stimmte der Reichstag am nächsten Tag zu, nur die sechs Sozialdemokraten wandten sich aus republikanischer Überzeugung dagegen.

Ebenfalls am 10. Dezember verabschiedete der Reichstag eine Adresse an Wilhelm I. mit der Bitte um Annahme des Kaisertitels. Zum Leiter der Delegation, die die Adresse in Versailles übergeben sollte, bestimmte er seinen Präsidenten Eduard Simson von der Nationalliberalen Partei. Simson hatte am 4. April 1849 die Abordnung der Paulskirche geführt, die Friedrich Wilhelm IV. die Kaiserwürde antrug. Wilhelm I. empfing die Delegation am 18. Dezember und sagte, er sehe in der einmütigen Stimme der deutschen Fürsten und

Freien Städte und dem damit übereinstimmenden Wunsch der deutschen Nation und ihrer Vertreter den Ruf der Vorsehung und werde ihm im Vertrauen auf Gott gerne folgen.

Das Vertragswerk wurde von den Landtagen in Baden, Hessen und Württemberg noch im Dezember mit großer Mehrheit ratifiziert, ebenso von der bayerischen Kammer der Reichsräte. Am 30. Dezember wurde das Vertragswerk im Gesetzblatt des Norddeutschen Bundes publiziert und zum 1. Januar 1871 in Kraft gesetzt. Für Bayern galt es noch nicht, da die Zustimmung der Kammer der Abgeordneten noch fehlte. Deshalb wurde auch die für diesen Tag vorgesehene Kaiserproklamation verschoben. So trat das Deutsche Reich ohne einen feierlichen Akt ins Leben. Die Deutschen nahmen das zufrieden hin. Für ihr Empfinden hatte sich die Einigung schon im Juli vollzogen. Die bayerische Regierung war selbstverständlich für die Ratifikation der Novemberverträge. Der Verfassungsausschuss der Kammer der Abgeordneten war überwiegend anderer Ansicht. Am 1. Januar empfahl er dem Plenum die Ablehnung und forderte Neuverhandlungen, an deren Ende die Schaffung eines unauflöslichen Bundes stehen müsse. Zur Begründung hieß es, der Vertrag bringe die völlige Mediatisierung Bayerns und die Unterwerfung unter den Militarismus und Absolutismus Preußens. Im Plenum dachte allerdings nur eine Minderheit so. Nach zehntägiger Redeschlacht wurde das Vertragswerk mit 102 gegen 48 Stimmen angenommen und damit die erforderliche Zweidrittelmehrheit gerade eben erreicht. Nach der Verkündung durch Ludwig II. galt es auch für Bayern, mit Wirkung vom 1. Januar 1871.

Wilhelm I. hatte der Kaiserdeputation des Reichstags zwar gesagt, er werde dem Ruf gern folgen, aber seine Vorbehalte gegen den Kaisertitel blieben. Deshalb kam es mit Bismarck am 17. Januar zu einem schweren Konflikt, den der Großherzog von Baden schlichtete. Am 18. Januar fand im Spiegelsaal des Schlosses von Versailles in Anwesenheit zahlreicher deutscher Fürsten und Prinzen, hoher Beamter und Offiziere und Abordnungen aus der Armee die feierliche Annahme der Kaiserwürde statt. Bismarck verlas die vom ihm verfasste Kundgebung des Kaisers an das deutsche Volk und betonte darin den Willen zum Frieden. Dann trat der Großherzog von Baden vor und ließ den Kaiser hochleben.

Wilhelm I. ernannte wenig später Bismarck zum Reichskanzler und berief den Bundesrat ein. Als er Mitte März nach Berlin zurückkehrte, wurde er in allen großen Städten an der Strecke festlich begrüßt und von zahlreichen Menschen bejubelt. Den Anfang März gewählten Reichstag eröffnete er am 21. März. In der von Bismarck verfassten Thronrede betonte er wiederum, dass das neue Reich von jeder Versuchung zum Missbrauch seiner durch die Einigung errungenen Kraft gefeit sei und »ein zuverlässiger Bürge des europäischen Friedens sein« werde.[56] Von den 382 Abgeordneten gehörten 125 der Nationalliberalen Partei an. Die ihnen sehr nahestehende, hauptsächlich in Süddeutschland tätige Liberale Reichspartei bekam 30 Sitze, die Freikonservative Deutsche Reichspartei 37. Das Zentrum hatte 63 Abgeordnete, die Konservativen kamen auf 57 und die Linksliberalen auf 47; 23 Abgeordnete gehörten zu anderen Gruppierungen. Die wichtigste Aufgabe des Parlaments war die Neuredaktion der Verfassung unter Einarbeitung der in den Novemberverträgen gemachten Zusage; die entsprechende Vorlage dafür machte Bismarck. Der Antrag des Zentrums auf Einfügung einiger Grundrechte – Bekenntnis- und Kultusfreiheit, Vereinigungs- und Versammlungsfreiheit, Garantie der kirchlichen Selbstverwaltung – verfiel der Ablehnung. Die Abgeordneten wollten ganz überwiegend nichts an der Verfassung ändern. Am 14. April verabschiedete der Reichstag die Verfassung des Deutschen Reiches fast einstimmig, dagegen waren nur die vier welfischen Abgeordneten, die beiden Sozialdemokraten und der eine Däne. Wilhelm I. fertigte das Verfassungsgesetz am 16. April aus, es wurde wenige Tage später im Reichsgesetzblatt veröffentlicht und trat am 4. Mai 1871 in Kraft.

Wie der Kaiser, so wurden auch die heimkehrenden Truppen überall begeistert begrüßt. Die zentrale Siegesfeier fand am 16. Juni in Berlin statt. Am Vormittag ritt der Kaiser mit seinem Gefolge zum Tempelhofer Feld und begrüßte die dort angetretenen Truppen. Dann führte er sie auf der Strecke, die er gekommen war, zum Opernplatz und nahm dort die Parade ab. Im Anschluss daran enthüllte er im Lustgarten das Denkmal für seinen Vater Friedrich Wilhelm III., den Stifter des Eisernen Kreuzes im Jahre 1813. Die Siegesfeier, die Hunderttausende von Menschen anzog, war so angelegt, dass sie die Gegenwart mit den Freiheitskriegen verband. Ganz in diesem Sinne sagte Bürgermeister Hedemann in seiner kurzen Ansprache am Brandenburger Tor: »Vorüber ist die kaiserlose Zeit.«[57] Wilhelm I. erklärte in seiner Rede, es sei auf den Grundlagen weitergebaut worden, die 1813, 1814 und 1815 gelegt worden seien.

Am 25. März 1813 hatten Zar Alexander I. und König Friedrich Wilhelm III. von Preußen in der Proklamation von Kalisch den Deutschen die »Wiedergeburt eines ehrwürdigen Reiches« versprochen und gesagt, dass die Neugestaltung »ganz allein den Fürsten und Völkern Deutschlands anheimgestellt bleiben« sollte.[58] Es dauerte 58 Jahre, bis die damit geweckten Erwartungen erfüllt wurden. Dabei wirkte der von Frankreich im Sommer 1870 gewollte Krieg zur Verhinderung der deutschen Einigung sicher fördernd. Die große Mehrheit der Deutschen identifizierte sich völlig mit dem, was zwischen dem Juli 1870 und dem Frühjahr 1871 geschah, auch in Süddeutschland. Das zeigen der Adressensturm in Bayern für die deutsche Einheit im Sommer 1870 und der erdrutschartige Sieg der Kleindeutschen bei der Landtagswahl in Württemberg Anfang Dezember 1870, bei der sich fast drei Viertel der Wähler für kleindeutsche Kandidaten entschieden, und das zeigen auch die vielen Zuschriften an die Mitglieder der bayerischen Abgeordnetenkammer während der zehntägigen Redeschlacht über den Novembervertrag. Von einer Reichsgründung von oben kann man nicht sprechen. Die »Völker Deutschlands«, um die Formel der Proklamation von Kalisch aufzugreifen, waren über die Parlamente und über die umfassende öffentliche Diskussion über das Geschehen sehr intensiv beteiligt. Ohne die breite Zustimmung aus der Bevölkerung wäre der Weg zur Reichsgründung sehr viel mühsamer und langwieriger gewesen.

Die Ordnung des Staatslebens in konstitutionell-monarchischer Form entsprach dem Verfassungsverständnis breiter Kreise. Die Frage, ob Deutschland mit dem Verfassungswerk von 1867/71 auf dem Weg zur Moderne war, ist unbedingt zu bejahen. Dass die 1867/71 geschaffene Staatsordnung Deutschland – neben der Schweiz – im europäischen Vergleich einen Spitzenplatz gab, wurde bereits oben bei Behandlung der Verfassung des Norddeutschen Bundes gesagt. Dieser Rang wurde längere Zeit behauptet, ehe andere Staaten aufholten. Nur in Frankreich, das am 30. Januar 1875 von der Konstituanten mit ganz knapper Mehrheit endgültig zur Republik erklärt wurde, war in den 1870er-Jahren das Wahlrecht ähnlich ausgedehnt. Der dortige Senat hatte aber eine betont konservative Struktur und der Staatspräsident eine starke Stellung. In der öffentlichen Meinung erlangten die Republikaner erst 1879 die Mehrheit. Jetzt war Frankreich die zweite Demokratie in Europa.

Es ist ein drastisches Fehlurteil, wenn man das Deutsche Reich als eine »pseudokonstitutionelle autoritäre Monarchie« versteht, in der die Parteien ohnmächtig waren.[59] Die deutsche Innenpolitik war wesentlich von einer umfangreichen legislativen Tätigkeit bestimmt, und dabei leistete der Reichstag den bedeutendsten Teil der Arbeit. Der Bundesrat stand erheblich hinter ihm zurück. Diese Gewichtsverteilung bildete sich bereits zwischen 1867 und 1870 aus. Schon im Mai 1871 hielt der leitende badische Minister Jolly den Bundesrat für eine Nullität, und sieben Jahre später stellte der braunschweigische Bundesratsbevollmächtigte von Liebe, der auch andere kleinere Staaten vertrat, in einem Brief an den Lübecker Senat fest, da der Bundesrat »fast immer nachgegeben« habe, sei »am Ende Lasker einflussreicher geworden als alle deutschen Regierungen zusammengenommen«.[60] Mit Lasker meinte er natürlich den Reichstag, in dem die Nationalliberalen, zu deren Wortführern Lasker gehörte, damals eine sehr starke Stellung hatten. Das große Gewicht des Reichstags blieb auch bestehen, als die nationalliberale Vorherrschaft ein Ende fand. Jeder Reichskanzler musste sehen, wie er mit dem Reichstag zu einem Einvernehmen kam. Von einer Kanzlerdiktatur zur Zeit Bismarcks kann wahrlich keine Rede sein und noch weniger für die wilhelminische Ära von einem persönlichen Regiment des Kaisers.

In der eingangs erwähnten Rede im Reichstag im März 1877 sagte Bismarck, es sei nötig, Reichsministerien einzurichten, die Frage sei nur, mit welchen Attributen die Reichsminister auszustatten seien. Er habe stets »an der einheitlichen Verantwortlichkeit eines Premierministers festgehalten«. Sodann beschäftigte er sich länger mit dem Problem der Verantwortlichkeit. In der Politik bestehe sie wesentlich darin, ob ein Minister »nach dem Urteil seiner Mitbürger und in erster Linie der Vertretung derselben« die Geschäfte so geführt habe, wie man es von einem zum Ministeramt hinreichend qualifizierten Mann verlangen könne. Es werde so sein, »dass ein

Minister auf den erkennbaren Wunsch der Mehrheit der Volksvertretung oder aus eigener Überzeugung zurücktritt«.[61] Ähnlich hatte der Abgeordnete Heinrich von Sybel bei der Diskussion über die Verantwortlichkeit des Bundeskanzlers am 23. März 1867 im Konstituierenden Reichstag gesagt, unter den modernen Verhältnissen habe keine Regierung Bestand, die auf die Dauer nicht vor den Ansprüchen der öffentlichen Meinung bestehe. Das war eine Leitlinie im bürgerlichen Verfassungsdenken bis zum Ersten Weltkrieg. Auf ein formalisiertes parlamentarisches Regierungssystem kam es den weitaus meisten bürgerlichen Politikern nicht an, sie waren mit der konstitutionellen Praxis bei dem starken Gewicht des Reichstages völlig einverstanden. Als der linksliberale Publizist Friedrich Naumann 1900 über Demokratie und Kaisertum nachdachte, kam er zu dem Schluss, dass es bis zum Parlamentarismus noch ein weiter Weg sei. Das sei erst möglich, wenn nach Aufsaugen der vielen kleinen Parteiunterschiede zwei beiderseits regierungsfähige, große Parteien entstanden seien. Bis dahin gab er dem Konstitutionalismus als Kompromiss zwischen Monarchie und Demokratie, als »Weg praktischen Zusammenwirkens beider Faktoren für die Entwicklung der Nation« sein Recht.[62] Der sehr einflussreiche Nationalökonom Gustav Schmoller hielt ihm einige Jahre später entgegen, es bedeute ein wechselndes Klassenregiment bald zugunsten der besitzenden, bald zugunsten der nichtbesitzenden Klasse, wenn in den deutschen Parlamenten eine feudal-industrielle Partei mit einer demokratisch-sozialistischen in der Leitung abwechsele. »Dieser Wechsel würde uns zu Grund richten. Darum bedürfen wir ein fürstliches Beamtenregiment über den Klassen und Parteien.«[63] Damit betonte er die besondere Fähigkeit der konstitutionellen Monarchie zum Ausgleich von Gegensätzen. Diese Ansicht war weit verbreitet.

Im Herbst 1908 kam es wegen einiger ungeschickter Äußerungen Wilhelms II. gegenüber den englischen Zeitung *Daily Telegraph* zu einer schweren innenpolitischen Krise. Selbst die Freisinnige Volkspartei, die programmatisch für das parlamentarische Regierungssystem eintrat, wollte in dieser Situation nur ein Ministeranklagegesetz. Ihr Sprecher Otto Wiemer sagte im Reichstag, seine Fraktion wolle nicht, »dass diese Frage zur Machtfrage wird zwischen Krone und Parlament«.[64] Nach langwierigen Beratungen änderte der Reichstag seine Geschäftsordnung mit dem neuen § 33a dahin, dass der Reichstag nach der Beantwortung einer Interpellation durch den Reichskanzler feststellen konnte, ob die Antwort seiner Ansicht entsprach oder nicht. Das war ein vorsichtiger Schritt in Richtung eines Misstrauensvotums. So hielt Reichskanzler Bethmann-Hollweg den Hinweis für geboten, dass die Geschäftsordnung keine Konsequenzen für das Verhältnis von Kanzler und Parlament habe. Die Sprecher der Fraktionen, selbst der SPD, beschwichtigten. Die Neuregelung bezwecke keine Machtverschiebung zugunsten des Reichstags.

Anlässlich des 25-jährigen Regierungsjubiläums von Kaiser Wilhelm II. erschien 1913 ein dickleibiger Prachtband, zu dem zahlreiche Sachkenner für ihre Fachgebiete Abhandlungen beigesteuert hatten. In der Einleitung sagten die Herausgeber, selten habe ein Zeitabschnitt »solche gewaltigen Veränderungen auf allen Gebieten des Volkslebens gebracht wie die letzten 25 Jahre«.[65] Das bestätigten die 59 Beiträge eindringlich. Die abschließende Studie stammte von dem Nationalökonomen Karl Helfferich, der politisch zum Linksliberalismus zählte. Er stellte fest, in den mehr als vier Friedensjahrzehnten seit der Reichsgründung habe »das deutsche Volk in rastloser, nie ermüdender Arbeit von Kopf und Hand [...] seine gesamten Daseinsbedingungen aus beschränkter Enge zu ungeahnter Entfaltung ausgeweitet und [...] einen Aufschwung vollzogen, wie er zusammengedrängt in eine so kurze Zeitspanne in der Völkergeschichte kaum seinesgleichen hat.« Er warnte aber vor Selbstüberschätzung und verwies darauf, »dass noch viele Aufgaben zu lösen seien«.[66] Der von ihm beschriebene Aufstieg wäre vielleicht nicht zu dieser Höhe gelangt, wenn die den Deutschen 1867/71 gegebene Verfassung minder fortschrittlich gewesen wäre.

Quellen und Literatur

Bismarck, Otto Fürst von: Die gesammelten Werke (GW), Bd. 1–15, Berlin 1924–1935, Neudruck Nendeln 1972 (Friedrichsruher Ausgabe)

Bismarck, Otto von: Werke in Auswahl (WiA). Jahrhundert-Ausgabe zum 23. September 1962, 8 Bände, hrsg. von Gustav Adolf Rein u.a., Darmstadt 1962–1983

Von den zahlreichen Bismarck gewidmeten Biografien seien genannt:

Meyer, Arnold, Oskar: Bimsarck. Der Mensch und der Staatsmann, Leipzig 1944

Marcks, Erich: Bismarck. Eine Biographie 1815–1851, Stuttgart 1951

Gall, Lothar: Bismarck. Der weiße Revolutionär, Frankfurt a.M. 1980

Engelberg, Ernst: Bismarck. 1. Bd. Urpreuße und Reichsgründer, 2. Bd. Das Reich in der Mitte Europas, Berlin 1985 u. 1990

Pflanze, Otto: Bismarck. 1. Bd. Der Reichsgründer, 2. Bd. Der Reichskanzler, München 1987 u. 1998

Kolb, Eberhard: Bismarck, München 2009, 2. erw. Aufl. 2014

Aus der weiteren Literatur sei verwiesen auf:

Anderson, Margret Lavinia: Lehrjahre der Demokratie. Wahlen und politische Kultur im Deutschen Kaiserreich, Stuttgart 2009

Becker, Otto: Bismarcks Ringen um Deutschlands Gestaltung, hg. und ergänzt von Alexander Scharff, Heidelberg 1958

Fenske, Hans: Der moderne Verfassungsstaat. Eine vergleichende Geschichte von der Entstehung bis zum 20. Jahrhundert, Paderborn 2001

Huber, Ernst Rudolf: Deutsche Verfassungsgeschichte seit 1789, 2. Bd. Der Kampf um Einheit und Freiheit 1830–1850, Stuttgart 1960, 3. Bd. Bismarck und das Reich, 3. wesentl. überarb. Aufl. Stuttgart 1988

Kolb, Eberhard: Der Kriegsausbruch 1870. Politische Entscheidungen und Verantwortlichkeiten in der Julikrise 1870, Göttingen 1970

Kolb, Eberhard: Der Weg aus dem Krieg. Bismarcks Politik im Krieg und die Friedensanbahnung 1870/71, München 1989

Kroll, Frank-Lothar: Geburt der Moderne. Politik, Gesellschaft und Kultur vor dem Ersten Weltkrieg, Berlin 2013

Kühn, Ulrich: Der Grundgedanke der Politik Bismarcks, Dettelbach 2001

Levillain, Philippe: und Rainer Riemenschneider (Hrsg.), La Guerre 1870/71 et ses Conséquences, Bonn 1990

Pollmann, Klaus Erich: Parlamentarismus im Norddeutschen Bund 1867–1870, Düsseldorf 1985

Schieder, Theodor/Deuerlein, Ernst (Hrsg.): Reichsgründung 1870/71. Tatsachen, Kontroversen, Interpretationen, Stuttgart 1970

Wetzel, David: Duell der Giganten Bismarck, Napoleon III. und die Ursachen des Deutsch-Französischen Krieges 1870/71, Paderborn 2005

Anmerkungen

1 Rede im Reichstag, 13. 03. 1877, *Werke in Auswahl,* IV. Bd., S. 25–40, hier S. 27. Nach dieser Ausgabe, abgekürzt WiA, wird in der Folge zitiert.

2 WiA, VIII. Bd., S. 2.

3 Bismarck an seinen Vater, 29. 09. 1838, WiA, I. Bd., S. 19–27, hier S. 23–24.

4 Rede im Reichstag, 24. 02. 1881, WiA, IV. Bd., S. 501–510, hier S. 509.

5 Bismarck an Johanna von Puttkamer, 26. 05. 1847, WiA, I. Bd., S. 142–144, hier S. 143–144.

6 Rede in der Zweiten Kammer, 21. 04. 1849, WiA, I. Bd., S. 213–221, hier S. 216.

7 Ebd. S. 218f.

8 Rede in der Zweiten Kammer, 06. 09. 1849, WiA, I. Bd., S. 235–242, hier S. 240.

9 Ansprache an die Wähler, 18. 12. 1849, WiA, I. Bd., S. 278–279.

10 Rede in der Zweiten Kammer, 03. 12. 1850, WiA, I. Bd., S. 333–344, hier S. 337.

11 Bismarck an Otto von Manteuffel, 29. 06. 1851, WiA, I. Bd., S. 415–417, hier S. 415.

12 Bismarck an Leopold von Gerlach, 19. / 20. 12. 1853, WiA, I. Bd., S. 554–558, hier S. 556.

13 Bismarck an Leopold von Gerlach, 21. 12. 1854, WiA, II. Bd., S. 45–48, hier S. 47.

14 Bismarck an Alexander von Schleinitz, 12. 05. 1859, WiA, II. Bd., S. 281–286, hier S. 284 u. 286.

15 Denkschrift über die deutsche Frage, Juli 1861, WiA, II. Bd., S. 384–389, hier S. 385.

16 *Allgemeine Zeitung*, Nr. 289 (1862), S. 4443.

17 Immediatbericht des Staatsministeriusm, 15. 09. 1863, WiA, III. Bd., S. 161–166, hier S. 165.

18 Rede im Abgeordnetenhaus, 18. 12. 1863, Bismarck, *Die gesammelten Werke* [GW], 10. Bd., S. 194–199, hier S. 196.

19 Stellungnahme Bismarcks im Kronrat, 29. 05. 1865, WiA, III. Bd., S. 534–536, hier S. 535 u. 536.

20 Protokoll der Kronratssitzung, 28. 02. 1866, WiA, III. Bd., S. 650–651.

21 Kaiser Franz Joseph I. an seine Mutter, 03. 06. 1866, in: Schürer, Franz (Hrsg.): *Briefe Kaiser Franz Josephs I. an seine Mutter 1838–1872*, München 1930, S. 352.

22 Grundzüge einer neuen Bundesverfassung, 10. 06. 1866, in: Huber, Ernst Rudolf (Hrsg.): *Dokumente zur deutsche Verfassungsgeschichte*, 2. Bd. *Deutsche Verfassungsdokumente 1851–1900*, 3. neubearb. Aufl., Stuttgart 1986, S. 234–236.

23 Antrag des österreichischen Bundestagsgesandten von Kübeck auf Mobilisierung des Bundesheeres gegen Preußen, 11. 06. 1866, in: ebd., S. 237–238.

24 Der französische Botschafter in Wien Herzog von Gramont an Außenminister Drouyn de Lhuys, 12. 06. 1866, in: Oncken, Hermann (Hrsg.): *Die Rheinpolitik Kaiser Napoleons III. von 1863 bis 1870 und der Ursprung des Krieges von 1870/71. Nach den Staatsakten von Österreich, Preußen und den süddeutschen Mittelstaaten*, 3 Bde., Stuttgart 1926, I. Bd., S. 268 (Übersetzung vom Verfasser). Der Vertrag vom 12. 06. 1866 ebd., S. 265–267.

25 Bismarck an Ludwig Freiherr von der Pfordten, 06. 06. 1866, WiA, III. Bd., S. 720.

26 Zitiert nach Kolb, Eberhard: »Strategie und Politik in den deutschen Einigungskriegen. Ein unbekanntes Bismarck-Gespräch aus dem Jahre 1895«, in: *Militärgeschichtliche Mitteilungen* 47/48, 1990, S. 123–142, hier S. 130.

27 Präliminarfrieden von Nikolsburg, 26. 07. 1866, in: Huber, Dokumente (Anm. 22), S. 247–249, hier S. 248.

28 Bismarck an Innenminister Graf Eulenburg, 16. 07. 1866, WiA, III. Bd., S. 764.

29 Bündnisvertrag mit den norddeutschen Staaten, 18. 08. 1866, in: Huber, Dokumente (Anm. 22), S. 268–270.

30 Überlegungen zur Gestaltung des Norddeutschen Bundes, 30. 10. 1866, WiA, IV. Bd., S. 7–8.

31 Zitiert nach Becker, Bismarcks Ringen, S. 287.

32 Verfassung des Norddeutschen Bundes, 16. 04. 1867, in: Huber, Dokumente (Anm. 22), S. 272–285.

33 Gespräche mit Carl Schurz, 28./29. 01. 1868, WiA IV. Bd., S. 219–223, hier S. 219.

34 Gruner, Erich: *Die Wahlen in den schweizerischen Nationalrat 1848–1919. Wahlrecht, Wahlsystem, Wahlbeteiligung, Verhalten von Wählern und Parteien, Wahlthemen und Wahlkämpfe*, Bern 1987, I,1. Bd., S. 98.

35 Rede im Reichstag, 24. 09. 1867, Bismarck, Die gesammelten Werke (Anm.18), 10. Bd., S. 385–389, hier S. 387.

36 Gespräch mit dem württembergischen Kriegsminister von Suckow, 11. 05. 1868, Bismarck, Die gesammelten Werke (Anm. 18), 7. Bd., S. 258–259.

37 Erlass an Georg von Werthern, 26. 02. 1869, WiA, IV. Bd., S. 309.

38 Rede im Reichstag, 24. 02. 1870, WiA, IV. Bd., S. 400–409 u. 409–413, hier S. 407 u. 411.

39 Gespräch mit dem Abgeordneten Graf Bethusy-Huc, Ende März 1867, WiA, IV. Bd., S. 142–143.

40 Busch, Moritz: *Tagebuchblätter.* Neue Ausgabe, Leipzig 1902, 1. Bd., S. 7.

41 Erlass an Albert Graf von Flemming, 28. 02. 1870, WiA, IV. Bd., S. 413–417, hier S. 415.

42 Kolb, Eberhard: *Der Kriegsausbruch 1870. Politische Entscheidungen und Verantwortlichkeiten in der Julikrise 1870*, Göttingen 1970, S. 54.

43 Freiher von Werther an König Wilhelm I., 05. 07. 1870, in: Oncken, Rheinpolitik (Anm. 24), III. Bd., S. 391–393, hier S. 392.

44 Telegramm an das Auswärtige Amt, 12. 07. 1870, WiA, IV. Bd., S. 470–471.

45 Kolb, Kriegsausbruch (Anm. 42), S. 134.

46 Aufzeichnung des sächsischen Diplomaten Graf Vitzthum, abgedruckt in Anm. 1 zum Brief des Grafen Beust an Fürst Metternich, 20. 07. 1870, Oncken, Rheinpolitik (Anm. 24), III. Bd., S. 464–467.

47 Aufruf der Nationalliberalen Partei, 15. 07. 1870, in: *National-Zeitung*, Nr. 326, 16. 07. 1870.

48 Thronrede zur Eröffnung des Reichstags des Norddeutschen Bundes, 19. 07. 1870, WiA, IV. Bd., S. 494–496, hier S. 496.

49 Friedens-Präliminarien zwischen dem Deutschen Reich und Frankreich, 26. 02. 1871, in: Huber, Dokumente (Anm. 22), S. 380–381, hier S. 381.

50 Runderlass an die Missionen in London, St. Petersburg, Wien, Washington, München, Stuttgart, Karlsruhe, 16. 09. 1870, WiA, IV. Bd., S. 537–539, hier S. 538.

51 Telegramm an Albert Graf von Flemming, 30. 09. 1870, WiA, IV. Bd., S. 552.

52 Bismarck an den bayerischen Ministerpräsidenten Bray, 04. 11. 1870, WiA, IV. Bd., S. 564–566, hier S. 565.

53 Bundesvertrag mit Bayern, 23. 11. 1870, in: Huber, Dokumente (Anm. 22), S. 329–333, hier S. 329.

54 Gespräch mit den Mitarbeitern, 23. 11. 1870, WiA, IV. Bd., S. 576.

55 Großherzog Friedrich I. von Baden an König Ludwig II. von Bayern, 31. 10. 1870, in: Huber, Dokumente (Anm. 22), S. 347–348.

56 Thronrede zur Eröffnung des Reichstags, 21. 03. 1871, WiA, IV. Bd., S. 1–3, hier S. 1.

57 *Berliner Sieges-, Einzugs und Friedenschronik des Jahres 1871*, Berlin 1871, S. 83.

58 Proklamation von Kalisch, 25. 03. 1813, in: Huber, Ernst Rudolf (Hrsg.): *Dokumente zur deutschen Verfassungsgeschichte*, I. Bd. *Deutsche Verfassungsdokumente 1803–1850*, 3. neubearb. und vermehrte Aufl., Stuttgart 1978, S. 81–82.

59 Wehler, Hans Ulrich: *Das deutsche Kaiserreich 1871–1918*, Göttingen 1973, S. 63 u. 79.

60 Zitiert nach Dahl, Helmut P.: *Lübeck im Bundesrat 1871–1914. Möglichkeiten und Grenzen einzelstaatlicher Politik im Deutschen Reich*, Lübeck 1969, S. 153.

61 Rede im Reichstag, 13. 03. 1877, WiA, IV. Bd., S. 25–40, hier S. 28.

[62] Naumann, Friedrich: *Demokratie und Kaisertum. Ein Handbuch für innere Politik*, Berlin 3. Aufl. 1904, S. 45.

[63] Schmoller, Gustav: »Demokratie und soziale Zukunft«, in: Schmoller, Gustav: *Aufsätze und Vorträge*, München 1920 (1912), S. 103–112, hier S. 105–106.

[64] Otto Wiemer im Reichstag, 10. 11. 1908, in: Fenske, Hans (Hrsg.): *Unter Wilhelm II.*, Darmstadt 1982, S. 266–267.

[65] *Soziale Kultur und Volkswohlfahrt während der ersten 25 Regierungsjahre Kaiser Wilhelm II. Ein Gedenkwerk in ausgewählten Einzelabschnitten*, Berlin 1913, (unpag.) Einleitung von Dr. Behr-Pinnow und anderen.

[66] Helfferich, Karl: »Die Entwicklung des Volkswohlstandes«, in: ebd. S. 819–869, hier S. 820.

»Förmlich geschieden?«
Der deutsche Dualismus, Bismarcks Kalkül und die Folgen des Duells von 1866

Ulrich Schlie

I.

In einem einzigen Gefecht war entschieden worden, ob Deutschland künftig von Berlin oder von Wien aus regiert werden würde. Die Schlacht am Morgen des 3. Juli 1866 nahe dem Dorf Sadowa an der Bistritz in Nordböhmen ging als eine der großen Entscheidungsschlachten in die Geschichte ein und beendete gleichsam einen der kürzesten Kriege, den es je gab. Hier, unweit der österreichischen Festung Königgrätz, hatte der preußische Generalstabschef Helmuth von Moltke zuvor einen gewaltigen Aufmarsch der preußischen Kräfte organisiert. Dass Preußen aus dieser Schlacht siegreich hervorging, ist allerdings auch darauf zurückzuführen, dass Moltke sich der Segnungen der industriellen Revolution geschickt zu bedienen verstand: Eisenbahn für den Truppentransport, verkabelte Kommunikation durch elektrische Telegrafie und schließlich das preußische Zündnadelgewehr, das sich im Liegen laden ließ. Bismarcks Devise, dass wer gesiegt habe, sich mäßigen solle, ersparte den Österreichern eine vernichtende Niederlage: Sie war bestimmend für den Vorfrieden von Nikolsburg am 26. Juli. Der endgültige Friedensschluss folgte in Prag am 23. August 1866. Mit dem kurzen Duell von 1866 war die Entscheidung zwischen großdeutsch und kleindeutsch gefallen. Es sollte eine Scheidung auf immer werden, kalkuliert vorbereitet, kalt vollzogen bei scheinbarer Schonung der anderen Seite, doch schon zu diesem Zeitpunkt die Möglichkeit der Aussöhnung, gar eine zweite Chance verwehrend. Der Deutsche Bund verschwand von der Bildfläche, das 1806 aufgelöste Heilige Römische Reich wurde endgültig in den Tiefen der Geschichte aufgehoben. Schleswig-Holstein, Hannover, Kurhessen, Hessen-Nassau und Frankfurt wurden preußisch. Alles, was nördlich der Mainlinie lag, wurde zum Norddeutschen Bund zusammengefasst, lediglich Bayern, Württemberg und Baden blieben selbständig. Die Verfassung des aus dem Krieg hervorgegangenen Norddeutschen Bundes von 1867 glich in wesentlichen Zügen der Reichsverfassung von 1871 mitsamt ihren konstitutionellen Schwächen. Und mehr noch: Auf dem Schlachtfeld in Nordböhmen war zugleich auch die europäische Ordnung von 1815 zerbrochen. Bismarck, der wie kein Zweiter das äquilibrische Spiel mit den fünf Kugeln beherrschte, sollte über seinen Sieg im Duell mit Österreich nicht wirklich glücklich werden. Nach 1871 zeigte sich, dass, als Preußens Macht gebrochen war und es ganz im Deutschen Reich aufging, Preußens Schicksal auch dem Deutschen Reich nicht erspart blieb.

War die Entscheidung von 1866 unausweichlich? Diese Frage führt zum Kern des preußisch-österreichischen Dualismus. War mit Bismarcks Lösung auf dem Schlachtfeld schon der Untergang des kleindeutsch-preußischen Nationalstaats von 1871 vorgezeichnet: zu klein für die Hegemonie, zu groß fürs Gleichgewicht? War in Königgrätz gar das Todesurteil für die Habsburgermonarchie gefällt? Die Ausrichtung des Donaustaates nach Südosten, auf der Grundlage des Ausgleichs mit Ungarn von 1867, war ohne Zweifel auch eine Abkehr von Zentraleuropa. Der Zweibund von 1873 konnte darüber nicht hinwegtäuschen. Eher verstärkte er die Probleme an der Peripherie und ließ sie zurückstrahlen ins Zentrum. Damit war zugleich das Grunddilemma des Verhältnisses von Österreich zum Deutschen Reich berührt. Einerseits war die Donaumonarchie damals aus deutschen Landen, aus dem Zentrum vertrieben. Und andererseits war das Deutsche Reich qua Vertrag an die Doppelmonarchie gebunden. Die Widersprüche eines immer komplizierter werdenden europäischen Staatensystems, das sich ins Globale ausweitete und bald darauf zerbrechen sollte, fanden im deutschen Dilemma, das immer auch ein österreichisches war, ihren Nukleus, und deshalb ist die Geschichte des preußisch-österreichischen Dualismus gar nicht losgelöst von der europäischen Geschichte zu betrachten. Bismarck scheint diese unheilvolle Bindung zwischen Preußen-Deutschland und Österreich bereits 1866 beim Friedensschluss vorausgesehen zu haben. Mit seiner leitenden Maxime hatte er zugleich eine bestimmende Vorgabe für die Bündnispolitik der folgenden Jahrzehnte formuliert: »Die Streitfrage ist entschieden. Jetzt gilt es die alte Freundschaft mit Österreich wiederzugewinnen.«[1]

Die Politik Bismarcks und seiner Nachfolger hat dies in den Jahren nach 1871 gegenüber Österreich immer wieder auf die ein oder andere Weise umzusetzen versucht, und in der Tat hat die Bindung an die Doppelmonarchie stärker als alles andere das Deutsche Kaiserreich von 1871 in seinem politischen Wollen bis zu seinem Untergang geprägt. Die ganze deutsche Geschichte des 20. Jahrhunderts ist deshalb nicht erklärbar, ohne das Verhältnis Preußen-Deutschlands mit Österreich ins Visier zu nehmen. Und selbst in der bittersten Stunde, im Zusammenbruch im Frühjahr 1945, waren Berlin und Wien die Bezugspunkte sowohl des Diktators in seiner Bunkerwelt unter der Reichskanzlei als auch der siegreichen Mächte der Anti-Hitler-Koalition.

II.

Otto von Bismarck, seit 1851 Gesandter Preußens beim Bundestag des Deutschen Bundes in Frankfurt, sodann Gesandter in St. Petersburg und Paris, 1862 preußischer Ministerpräsident und seit 1871 zudem Reichskanzler des Deutschen Reiches, war die wohl prägendste Gestalt der preußisch-deutschen Geschichte, Gründer der Großmacht des Deutschen Reiches, ein *Meister der Politik*. Für Bismarck bildete die Auseinandersetzung zwischen Österreich und Preußen die Folie, vor der er Preußens Aufstieg und Aufgehen im deutschen Nationalstaat vollzog. Er war der Inbegriff des preußischen Junkers, gänzlich frei und unabhängig in seinem Urteil und Handeln, musisch empfindsam zugleich, eine vielschichtige Persönlichkeit, voller Gegensätze, leidenschaftlich in seiner Liebe und in seinem Hass auf Gegner, maßlos, die Grenzen sprengend; und zudem ein Verfasser mit der schönsten Prosa, die in deutscher Sprache geschrieben wurde.

Vor 1870 war Bismarcks politisches Handeln ausschließlich von den Interessen der preußischen Monarchie bestimmt. Der Gleichklang der Ziele von deutscher Einheit und Festigung der Macht Preußens war bei Bismarck Ausfluss dieser Grundüberzeugung, die zu der Erkenntnis führte, dass sich Preußen mit genau jenen Elementen verbinden müsste, die im Gegensatz zu seinen inneren Strukturen standen. Dieser Grundgedanke ist das eigentlich Revolutionäre an Bismarcks Reichseinigungspolitik, die in der Gründung des Deutschen Reiches im Januar 1871 ihren archimedischen Punkt fand. Alle späteren Probleme der Reichsgründungszeit, die prekäre außenpolitische Lage, die auf Preußen zugeschnittene Verfassung zunächst des Norddeutschen Bundes, dann des Kaiserreiches, die vielfältigen Probleme der Innenpolitik bis hin zur Kolonialpolitik sind letztlich Konsequenz dieser revolutionären, die Fesseln Preußens und zugleich der politischen Blockbildung der Mächte überwindenden Bismarck'schen Politik der Reichsgründung. Der Ausschluss Österreichs aus dem von Preußen dominierten Reich war in Bismarcks revolutionärer Logik Konsequenz der Einsicht in die außenpolitischen Konstellationen. Seine ganze preußisch eingefärbte Reichseinigungspolitik ist damit bewusstes Gegenmodell zum System Metternich, dem die enge Verbindung von Preußen und Österreich – systemisch betrachtet – vor allem auch zur Einhegung der revolutionären Umtriebe diente. Aus Bismarcks Sicht konnte das System Metternich nur dazu angehalten sein, die Machtentfaltung Preußens zu begrenzen. Die ganze komplizierte verfassungsrechtliche Konstruktion, wie sie der Deutsche Bund von 1815 darstellte, war darauf ausgerichtet, Preußen einzuhegen, das Gewicht der 17 preußischen Stimmen auszutarieren, der politischen Wirksamkeit des Bundes Grenzen aufzuzeigen und zudem Preußens Expansionsabsichten durch die Konstruktion der Heiligen Allianz mit dem konservativen Prinzip der monarchischen Solidarität Russlands, Preußens und Österreichs zu verunmöglichen. Bismarck wurde aus der Erkenntnis heraus, dass sich Preußen, wenn es seinen Status quo verändern wollte, genau mit denjenigen Kräften einlassen musste, die vom System Metternich mit Absicht niedergehalten wurden – eben dem Liberalismus und der Nationalbewegung –, zum »weißen Revolutionär« (Henry Kissinger). Insofern ist Bismarck am Ende der eigentliche Überwinder des Systems Metternich geworden, gewissermaßen der Anti-Metternich, der als machiavellistischer Gelegenheitsergreifer die Gunst der historischen Stunde genutzt hat.

Der Dualismus zwischen Habsburg und Preußen, wie er im ganzen 19. Jahrhundert das Streben der Deutschen nach Einheit und Freiheit bestimmte und in den Auseinandersetzungen der Jahre 1866 und 1870/71 zu seinem Höhepunkt gelangte, ist damit auch als ein zeitversetztes Ringen der Systeme Metternich und Bismarck entschieden worden. Der Ausgang des Duells auf dem Schlachtfeld von Königgrätz anno 1866 hat eine lange Vorgeschichte: Es wäre wohl ohne die Wendung von 1848 und ohne Metternichs Ordnungsversuch anders verlaufen, und erst recht ist damit der Gang der deutschen Geschichte im 20. Jahrhundert ganz wesentlich nur vor dem Hintergrund der maßgeblich mit Metternich und Bismarck verbundenen Entwicklungen verstehbar. Die Verfassung des Deutschen Bundes wies eine ganze Reihe von fortschrittlichen, weit in die Zukunft weisenden Elementen auf, etwa mit der Feststellung des Artikels 41 der Wiener Schlussakte vom 15. Mai 1820, dass zur Erklärung eines Bundeskrieges Zweidrittelmehrheit erforderlich sowie Neutralität und Sonderfrieden einzelner Stände nicht mehr möglich sei. Doch in der Summe war die Reformunfähigkeit des Bundes souveräner Fürsten und freier Städte, der zwei einander in ihren Interessen auch widerstrebende Großmächte zusammenbringen sollte, der Grund dafür, weshalb er auf Dauer keine Perspektive für die Lösung der deutschen Frage aufzeigen konnte. Die Machtfrage zwischen Preußen und Österreich blieb, vorerst, ungeklärt. Und was dies als Belastung bedeutete, hatte Metternich wohl unterschätzt bei seinem Wiener Kabinettstück, Ordnung im Rahmen des monarchischen Prinzips gegen drohendes Chaos und anarchische Tendenzen infolge sozialen Aufbegehrens zu setzen. Der große Beschleunigungsschub im Übergang von der vorindustriellen zur industriellen Welt, der ab der Mitte des Jahrhunderts einsetzen sollte, war in Wien anno 1815 noch unerkannt. Die prägenden Strömungen, die den Verlauf des 19. Jahrhunderts bestimmen sollten, zeichneten sich freilich in Umrissen damals schon ab: Neben der nationalen waren dies die konstitutionelle und vor allem die soziale Frage.

Bestimmend für Bismarck war zum einen seine Verwurzelung im Prinzip der adeligen Herrschaft – die Anfänge von Bismarcks Karriere liegen in der adeligen Selbstverwaltung –, der Ständestaat mit dem König als *primus inter pares*; und da war zum anderen die Tradition des friderizianischen Machtstaats. »Jeder deutsche Fürst, der vor dem 30jährigen Kriege dem Kaiser widerstrebte, ärgerte mich«, schrieb er in den *Gedanken und Erinnerungen*: »Vom Großen Kurfürsten an aber war ich parteiisch genug, antikaiserlich zu urtheilen und natürlich zu finden, daß der 7jährige Krieg sich vorbereitete.«[2] Das friderizianische Geschichtsbild hatte er gewissermaßen mit der Muttermilch aufgesogen. Der Staat der preußischen Könige, die Selbstbehauptung in den *à outrance* geführten Kriegen und Krisen, das machttaktische Kalkül von den ewigen Interessen und die ausschließlich den Interessen dienenden Bündnisse, auch von der Unterordnung des Rechts unter die Macht – all dies findet sich früh schon in Bismarcks Denken angelegt. Bismarcks Verhalten im preußischen Heereskonflikt, seine Auffassung vom König als Kriegsherr und, davon abgeleitet, auch vom Volksheer als Königsheer, weil beim König die Kommandogewalt läge, ebenso wie die Positionierung in der Frage, ob die preußische Verfassung vom Grundsatz der Königsherrschaft oder von dem der Parlamentsherrschaft auszugehen habe, können nur vor diesem Hintergrund verstanden werden.

Und auch Preußens Verhältnis zu Österreich muss bei Bismarck immer vor diesem friderizianisch-machtstaatlichen Hintergrund betrachtet werden. Denn es war zunächst das Verhältnis zwischen der kleinsten Macht, dem Aufsteiger in die Pentarchie, dem noch immer um Selbstbehauptung und seinen Platz im Konzert der Mächte ringenden Preußen, und der mit damals 35 Millionen Einwohnern zahlenmäßig größten europäischen Macht, Habsburg. Und die im Deutschen Bund gefundene Lösung des scheinbaren Nebeneinander war eben keine dauerhaft belastbare Lösung, wie der erste Praxistest erwiesen hatte. Bismarck betrat die Bühne, als die deutsche Frage im Epochenjahr 1848 auf weite Sicht einer dauerhaften Lösung zugeführt werden sollte, und zwar in all ihren Bestandteilen der nationalen Frage – als machtstaatliche Begründung einer europäischen Großmacht –, der konstitutionellen Frage – der Schaffung eines liberalen Verfassungsstaats – und als soziale Frage, das heißt der Antwort auf die drängenden sozialen Probleme an der Schwelle vom vorindustriellen zum industriellen Zeitalter. Für die nationale Bewegung war Bismarck zu jener Zeit noch gänzlich unempfänglich. Auch für ihn werden das träumerische Professoren und tolle Studenten gewesen sein. In den *Gedanken und Erinnerungen* äußerte er sich dazu pointiert: »Die Frage der deutschen Einheit war in den letzten beiden Jahrzehnten unter Friedrich Wilhelm III. nur in Gestalt der burschenschaftlichen Strebungen und deren strafrechtlicher Repression in die äußere Erscheinung getreten. Friedrich Wilhelms IV. deutsches oder, wie er schrieb, ›teutsches‹ Nationalgefühl war gemütlich lebhafter wie das seines Vaters, aber durch mittelalterliche Verbrämung und durch Abneigung gegen klare und feste Entschlüsse in der praktischen Bethätigung gehemmt.«[3]

Noch deutlicher wurde Bismarck im geläuterten Blick der Memoiren zurück, als er »die preußische Ehre« darin verwirklicht sah, »daß Preußen vor Allem sich von jeder schmachvollen Verbindung mit der Demokratie entfernt halte, daß Preußen in der vorliegenden wie in allen anderen Fragen nicht zugebe, daß Deutschland etwas geschehe ohne Preußens Einwilligung, daß dasjenige, was Preußen und Österreich nach gemeinschaftlicher unabhängiger Erwägung für vernünftig und politisch richtig halten, durch die beiden gleichberechtigten Schutzmächte Deutschlands gemeinschaftlich ausgeführt werde.«[4]

III.

Wer die Beweggründe und Denkmuster aufzuspüren versucht, die Bismarcks Haltung zum deutschen Dualismus und seine daraus gezogenen Folgerungen beeinflusst haben, wird bei den prägenden Erfahrungen des Jahres 1848 fündig, die in der Tat für Bismarck ein tiefgehender Einschnitt gewesen sind. Sein viel strapaziertes, wohl bekanntestes Zitat aus dem Jahr 1862 – »Nicht durch Reden und Majoritätsbeschlüsse werden die großen Fragen der Zeit entscheiden – das ist der große Fehler von 1848 / 49 gewesen – sondern durch Eisen und Blut« – bringt die zentrale Lehre aus den Ereignissen des *tollen Jahres* auf den Punkt. Die seit den 1830er-Jahren offenkundige Konfrontation zwischen den konservativen Mächten der Heiligen Allianz – Russland, Österreich und Preußen – und der Entente westeuropäischer Staaten war durch die Entwicklungen von 1848 auf die Probe gestellt. Russland sah seinen Führungsanspruch durch das aufstrebende Preußen gefährdet, Britannien, der Wächter der europäischen Balance, hätte sich grundsätzlich mit einer kleindeutschen Lösung der deutschen Frage akkommodieren können, wenn Preußen nicht am 10. April 1848 in Schleswig einmarschiert wäre. Die deutsche Einheit war nur zu haben, wenn sie nicht das europäische Gleichgewicht beeinträchtigte. Dabei wäre bei einer größeren staatsmännischen Begabung 1848 zumindest eine moderate Lösung der deutschen Frage möglich gewesen. Denn der preußisch-österreichische Dualismus war im Frühjahr 1848 praktisch nicht existent.[5]

Gescheitert ist die Paulskirche, und darauf zielte Bismarcks Wort von den Reden und Majoritätsbeschlüssen, auch an sich selbst, an Palaver und überzogenen Erwartungen, am Anspruch, alles zugleich und frei nach der Devise *Wünsch Dir was* lösen zu wollen. Bismarcks Staatskunst bestand zuallererst in der Kunst der Bescheidung und der Fähigkeit zur klugen Einbettung des für die Nachbarn gerade Zumutbaren in den internationalen Rahmen, einen Rahmen, der durch duellartige Kriege und die kühle Ausnutzung des Wandels der Konstellationen erst geschaffen wurde. Die Größe des von Bismarck Geleisteten erschließt sich gerade in der Kontrastierung mit der Geschichte der gescheiterten Revolution von 1848.

Auch mit Blick auf das Duell zwischen Habsburg und Preußen wurde 1848 mehr entschieden, als es auf den ersten Blick ersichtlich war. Die warnenden Worte des bayerischen Ministerpräsidenten Ludwig Freiherr von der Pfordten vor den Konsequenzen einer kleindeutsch-preußischen Lösung bekommen vor dem Hintergrund des tatsächlichen Verlaufs der Geschichte einen geradezu seherischen Akzent: »Sind Österreich und Deutschland einmal förmlich geschieden, so werden sie sich schwer tun, wohl niemals wieder vereinigen. Dann wird im österreichischen Staat das deutsche Element sehr in den Hintergrund gedrängt werden, wo nicht ganz unterliegen. In Deutschland aber wird die Zentralisierung unaufhaltsam vorwärtsgehen, und es ist dann, vielleicht in nicht sehr ferner Zeit, wahrscheinlich, daß dieser große reine deutsche Staat eine mächtige Attraktion auf die in Österreich unterliegenden deutschen Elemente ausübt.«[6] Für Bismarck trennten sich von nun an die Wege Preußens und Österreichs, weil dies für die Verwirklichung der Ziele Preußens vorteilhafter erschien: Die Konstellation hatte sich verändert, die Wiener Ordnung war ausgehöhlt, die Verfassungsfrage politisiert, das unglückliche Agieren Friedrich Wilhelms IV. sollte eine Warnung sein. Bismarcks Stärke lag immer darin, dass er über feste Vorstellungen verfügte und trotzdem ideologiefrei Politik gestaltete. Gut war, was den Interessen Preußens diente, und diese waren mit denjenigen Österreichs, das war seine in der Zeit als Gesandter Preußens beim Bundestag erworbene Erkenntnis, keinesfalls identisch, sondern ihnen entgegengesetzt. Als Wendepunkt für diese Erkenntnis, den Bismarck in seinen Memoiren anführt, nannte er eine Depesche des Fürsten Schwarzenberg vom 7. Dezember 1850 über die Olmützer Ergebnisse, die der österreichische Kanzler so darstellt, als ob es »von ihm abgehangen hätte, Preußen zu ›demüthigen‹ oder großmüthig zu pardonieren […] Trotz der für preußisches Gefühl demüthigenden Inferiorität unseres Auftretens in Olmütz und Dresden war ich noch gut österreichisch nach Frankfurt gekommen; der Einblick in die Schwarzenbergsche Politik ›avilir, après démolir‹, den ich dort actenmäßig gewann, enttäuschte meine jugendlichen Illusionen.«[7]

Die Olmützer Punktation vom November 1850 ist in der Tat eine entscheidende Wegmarke, bei der Preußen nichts weniger als die nationale Führung preisgeben musste. Denn auch wenn Friedrich Wilhelm IV. 1848 die Kaiserkrone aus den Händen der Paulskirchenparlamentarier ablehnte, so blieb Preußen die einzige deutsche Macht, die in der Lage war, die nationalen Ziele der Zeit aufzugreifen. Otto Freiherr von Manteuffel hat in seinen *Denkwürdigkeiten* Preußens deutsche Berufung darin gesehen, dass sich Preußen mit Österreich verbinden solle, auch um der im südwestlichen Teil Deutschlands sich breitmachenden französischen Partei entgegenzutreten: »Das Streben nach deutscher Einheit ist bei dem tiefen Dualismus, der Deutschland spaltet, wenn auch ein schöner, doch ein bloßer Traum.

Praktisch kann eine Verschmelzung nur im Inneren jeder der beiden großen Parteien, in die Deutschland zerfällt, angestrebt werden.«[8] In Olmütz indes hat Österreich der preußischen Einigungspolitik von oben jene kalte Absage erteilt, die im preußischen Abgeordnetenhaus zu einem einmütigen Aufschrei der Empörung führte. Bismarck hat in seiner glanzvollen Olmütz-Rede vom 3. Dezember 1850 alle rhetorischen Register gezogen und in seinem Auftritt bereits die Konturen für sein politisches Programm der kommenden Jahrzehnte umrissen. Sein Standpunkt als Diener des preußischen Königs und leidenschaftlicher Verfechter preußischen Militärgefühls hat ihm über die Parteigrenzen hinweg bereits damals flammenden Beifall beschert: »Die preußische Ehre besteht nach meiner Überzeugung nicht darin, daß Preußen überall in Deutschland den Don Quichotte spiele für gekränkte Kammerzelebritäten, welche ihre lokale Verfassung für gefährdet halten. Ich suche die preußische Ehre darin, daß Preußen vor allem sich von jeder schmachvollen Verbindung mit der Demokratie entfernt halte, daß Preußen in der vorliegenden wie in allen Fragen nicht zugebe, daß in Deutschland etwas geschehe ohne Preußens Einwilligung (Heiterkeit), daß dasjenige, was Preußen und Österreich nach gemeinschaftlicher unabhängiger Erwägung für vernünftig und politisch richtig halten, durch die beiden gleichberechtigten Schutzmächte Deutschlands gemeinschaftlich ausgeführt werde.« Die Hauptfrage von Krieg und Frieden sei »die Gestaltung Deutschlands, die Regelung der Verhältnisse zwischen Preußen und Österreich und der Verhältnisse von Preußen und Österreich zu den kleinen Staaten«. Und dies sei zunächst in freien Konferenzen und nicht auf dem Schlachtfeld zu klären. Österreich war für ihn Ausland, so wie er Hessen oder Holstein als Ausland bezeichnete. Er nannte es eine »seltsame Bescheidenheit«, dass man sich nicht entschließen könne, Österreich für eine deutsche Macht zu halten: »Ich kann in nichts anderem den Grund hiervon suchen, als daß Österreich das Glück hat, fremde Volksstämme zu beherrschen, welche in alter Zeit durch deutsche Waffen unterworfen wurden.«[9]

1848 hatte das europäische Mächtesystem Risse bekommen und zudem waren Rechnungen offengeblieben. Die eigentliche Zäsur des internationalen Systems wurde dann der Krimkrieg 1856, weil er die Gewichte verschob und neue Konstellationen aufgrund des

Bruchs zwischen Russland und England und der Entzweiung Russlands von Österreichs brachte; zudem leitete er eine Phase ein, in der sich sowohl das Zarenreich als auch die Westmächte von Mitteleuropa abkehrten. Die *Krimkriegssituation*[10] ermöglichte in ihrer zumindest bis zur *Krieg-in-Sicht-Krise* des Jahres 1875 anhaltenden Verschiebung zwischen Zentrum und Peripherie jene Konstellation, die dann von Bismarck in den Kriegen von 1864, 1866 und 1870/71 genutzt werden konnte, an deren Ende die Gründung des Deutschen Reiches stand. Denn es war ohne Zweifel auf jene durch den Krimkrieg geschaffene Mächtekonstellation zurückzuführen, dass sich Bismarck in seinem Ziel des völligen Hinausdrängens Österreichs ermuntert fühlte. Bismarcks während des italienischen Krieges von 1859 angestellte Überlegungen, Großpreußen zu schaffen, indem Österreichs Notlage zum mit Frankreich und Russland abgestimmten Vorstoß nach Süden genutzt werden sollte, zeigen die in späteren Jahren wiederholt bewiesene Skrupellosigkeit, die sich wie ein roter Faden durch die preußische Politik in den 1860er-Jahren zieht. Die Mitteleuropapläne Schwarzenbergs und später Rechbergs, die österreichischen Sondierungen um einen Beitritt zum Deutschen Zollverein, die Bemühungen Habsburgs um eine Annäherung an die süddeutschen Partikularstaaten, all dies wurde in Bismarcks Preußen ausschließlich unter machttaktischen Gesichtspunkten gesehen.

Was sich nach Bismarcks Berufung zum preußischen Ministerpräsidenten am 22. September 1862 bis zur Proklamation des Deutschen Reiches im Spiegelsaal von Versailles vollzog, stellt sich aus rückblickendem Urteil als scheinbar in sich schlüssige Entwicklung dar, wobei Bismarck bemüht war, die Schuld für fehlerhafte Entwicklungen ganz allein Österreich zuzusprechen. Den Habsburgern attestierte er einen Mangel an Augenmaß für politische Möglichkeiten, das deutsche Element in Österreich hatte in seinen Augen die Fühlung mit der Dynastie und allgemein die Direktion verloren. Bereits zuvor, als Gesandter beim Bundestag des Deutschen Bundes in Frankfurt, waren Bismarck mit Blick auf Österreich die Illusionen genommen. »Die gegenseitige Anlehnung von Österreich und Preußen« bezeichnete er in seinen Memoiren als einen Jugendtraum, »entstanden durch Nachwirkung der Freiheitskriege und der Schule, nachdem ich mich überzeugt hatte, daß dasjenige Österreich, mit welchem ich bis dahin gerechnet, für Preußen nicht existierte, gewann ich die Überzeugung, daß auf der Basis der bundestäglichen Autorität nicht einmal die vormärzliche Stellung Preußens im Bunde zurückzugewinnen, geschweige denn eine Reform der Bundesverfassung möglich sein werde, durch welche das deutsche Volk der Verwirklichung seines Anspruchs auf völkerrechtliche Existenz als eine der großen europäischen Nationen Aussicht erhalten hätte.«[11]

In der Rückschau zeichnet sich auch noch klarer ab, dass das mit großer innerer Folgerichtigkeit von Bismarck in den 1850er-Jahren Erdachte konsequent zum Ausschluss Österreichs führte. So wie Bismarck den preußischen Verfassungskonflikt verschärfte und auf die Machtfrage zulaufen ließ, so nutze er die internationale Konstellation in den 1860er-Jahren nun immer unverhohlener zum Kräftemessen und machte, etwa in seinem Gespräch mit dem österreichischen Gesandten Karoly 1862 in Berlin, keinen Hehl daraus: Es ging ihm um die Errichtung eines von Preußen dominierten Gebildes, wie es dann in der Schaffung des Norddeutschen Bundes von 1867 auch seine territorialen Umrisse erhielt. Dabei dachte Bismarck immer wieder auch in Alternativen, verwarf Optionen, suchte auch dann noch in diplomatischen Gesprächen den Kontakt zu Österreich, als seine Entscheidung für den Waffengang bereits getroffen war. Die am 14. August 1865 in Bad Gastein abgeschlossene Konvention, die ein preußisch-österreichisches Kondominium – Österreich in Holstein, Preußen in Schleswig – vorsah, bedeutete nur vordergründig eine Lösung der Schleswig-Holstein-Frage, die ambivalente Übereinkunft war vielmehr geeignet, den Streit jederzeit verschärfen zu können. Die Vorgeschichte des Krieges von 1866 ist ein klassisches Lehrbeispiel dafür, wie öffentliche Meinung und Diplomatie geschickt instrumentalisiert werden, um der mit einer bestimmten Sicht, nämlich Bismarcks, verknüpften Schuldzuweisung an die Adresse Österreichs zum Durchbruch zu verhelfen, während zugleich zielstrebig Kriegsvorbereitungen getroffen werden.

IV.

Die Scheidung, auf die Bismarck so kühl seit den 1850er-Jahren hingearbeitet hatte, sollte von Dauer sein. Zu den klaren Verlierern zählte in jedem Fall der politische Katholizismus, der sich 1848 ergebnislos für die großdeutsche Sache ins Geschirr geworfen und vergebens auf Wien als den natürlichen Erben des Heiligen Römischen Reiches gesetzt hatte und sich nun – so wie Polen, Welfen und Sozialisten auch – als Reichsfeind in einem ganz und gar protestantisch geprägten und preußisch dominierten staatlichen Gebilde wiederfinden sollte. Jetzt war Österreich auf Dauer aus Deutschland herausgedrängt. Die Illusion vom *dritten Deutschland* flackerte bei Österreichs Sekundanten – bei den Königreichen Bayern und Württemberg genauso wie den Großherzogtümern Baden und Hessen-Darmstadt – für kurze Zeit auf, als noch einmal die Idee, den Deutschen Zollverein von 1834 mit parlamentarischen Institutionen zu versehen, *en vogue* gekommen war. Doch die Schutz- und Trutzbündnisse, die die süddeutschen Staaten mit Preußen bald schon nach 1866 abschlossen, wiesen den Weg ins Reich.

Österreichs Diplomatie wusste zunächst aus der schonenden Niederlage keinen wirklichen Profit zu schlagen. Die Ernennung des ehemaligen sächsischen Ministerpräsidenten Freiherrn von Beust zum Minister des Äußeren wurde in der Unterredung des österreichischen Ministerrates unter Vorsitz des Staatsministers Graf Belcredi mit Blick auf den großen Widerstand in der öffentlichen Meinung, insbesondere in Ungarn, kritisch diskutiert. Beusts Einlassung, »daß jede Provokation gegen Preußen sorgfältig unterlassen werden, daß man auf den Abschluß nützlicher Allianzen eventuell auch auf einer solchen mit Preußen bedacht sein und daher alles vermeiden müsse, was geeignet wäre, Preußen zu reizen«, entsprach ganz der vorsichtig taktierenden österreichischen Politik. Schon im Oktober 1866 warnte Beust, »daß die deutschen Sympathien nicht ganz verscherzt werden, da die österreichisch-deutschen Provinzen ein Preisgeben derselben nicht verwinden würden«.[12]

Es ist bezeichnend für den changierenden, im Grunde um eine Linie ringenden österreichischen Kurs, dass noch in der Nacht der Niederlage von Königgrätz Wien die Annäherung an Napoleon III. suchte.

Bismarck hatte seinerzeit die Frankreich zukommende Rolle bei der Vermittlung des Vorfriedens als diplomatischen Wechsel auf die Zukunft bewusst in Kauf genommen. Der Druck der öffentlichen Meinung in Paris – *revanche pour Sadowa*, das Dorf bei Königgrätz, war damals der Schlachtruf der Irredentisten und ein geflügeltes Wort – ließ Napoleon III. die territorialen Forderungen gegenüber Bismarck hochschrauben. Der französische Appetit richtete sich auf Landau in der Pfalz, Teile des Saargebiets und Luxemburg. Die Angst vor einem Zweifrontenkrieg hat Bismarck dann zu größeren Zugeständnissen veranlasst. Die von ihm gespielte Karte der Unterstützung des ungarischen Nationalismus war ebenso sehr auf die Furcht vor französischen Ambitionen zurückzuführen, wie er damit Österreich-Ungarn empfindlich zu schwächen trachtete. Die Möglichkeit des Zusammengehens von Österreich und Frankreich war wohl das entscheidende Motiv dafür, dass Bismarck auf eine dauerhafte vertragliche Regelung der preußisch-österreichischen Scheidung drängte. Bismarcks Interesse lag in einer status-quo-orientierten Mächtepolitik, in der Österreich an der Spitze einer Donaukonföderation durchaus seinen Platz hätte finden können. Diesem Zweck folgte die Bestandsgarantie für die territoriale Unversehrtheit Österreich-Ungarns und die auf Einhegung der irredentistischen Bewegungen im Habsburgerreich zielende Südosteuropapolitik Bismarcks, die keine Sympathien etwa für die Serben oder Rumänen erkennen ließ.

In den Jahren zwischen 1866 und 1870 konnte Bismarck seine ganze Virtuosität zur Entfaltung bringen. Die Geheimnisse seines Erfolgs – sorgfältige Analyse gegnerischer Interessenlagen, Überrumpelung, überraschende Frontwechsel bei Preisgabe scheinbar unverrückbarer Positionen, ein schnelles *fait accompli*, dann Klugheit und Mäßigung im Moment des Triumphs – konnte er nun im vollen Umfang zur Geltung bringen. Der eigentliche Duellgegner Bismarcks in jenen Jahren war Frankreichs Napoleon III. und Luxemburg das Objekt, um das es ging. Die Ambitionen Napoleons III. waren auf den käuflichen Erwerb Luxemburgs gerichtet, zugleich war Luxemburg erklärtes Ziel der deutschen Nationalbewegung, auch wenn die dortige politische Klasse traditionell nach Paris orientiert war. Der Deutsche Bund war aufgelöst, Luxemburg nicht Mitglied des Norddeutschen Bundes, dafür standen noch immer preußische Truppen in der einstigen Bundesfestung, ohne dass es dafür eine Rechtsgrundlage gegeben hätte. Bismarck ließ sich zunächst auf die Anbahnung des Handels mit Napoleon III ein, sprach gar davon, dass Preußen Frankreichs natürlicher Partner sei, und suchte die Vermittlung Britanniens. Auf dessen Initiative kam im Mai 1867 auf einer internationalen Konferenz der Kompromiss zustande, dass Luxemburgs Neutralität international garantiert wurde und das Land zugleich Mitglied des Deutschen Zollvereins bleiben konnte. Bismarck hatte, wieder einmal, mit Diplomatie und Mäßigung einen Waffengang verhindert. In Paris indes waren von der Luxemburgkrise an die Aussichten auf ein preußisch-französisches Zusammengehen auf den Nullpunkt gesunken und die öffentliche Meinung antipreußisch aufgeladen, mitunter vergiftet. Zugleich aber war aufgrund des Ausgleichs mit Ungarn von 1867 der österreichische Handlungsspielraum mit dem Ziel, das Ergebnis von 1866 notfalls auf dem Schlachtfeld zu korrigieren, dahingehend eingegrenzt, als die ungarischen Ambitionen weniger gegen Preußen als gegen Russland gerichtet waren – ausgerechnet zu einem Zeitpunkt, als sich Russland und Preußen einander mehr und mehr annäherten. Die einfache Zuordnung, wer antiösterreichisch sein wollte, musste zugleich auch propreußisch sein, wurde außer Kraft gesetzt, und doch arbeitete die Zeit gegen Preußen: Vor allem in den süddeutschen Ländern war die antipreußische Stimmung im Aufwind.

V.

War Bismarck mit der Gründung des Deutschen Reiches ans Ziel gelangt? Mit dem Gewinn der nationalen Einheit war für die Deutschen ein langersehnter Traum in Erfüllung gegangen. Das Deutsche Reich von 1871 war in seinem Charakter ein begrenzter, ein *amputierter Nationalstaat*[13], zu dem schon bei dessen Begründung im Jahr 1871 die Großdeutschen von 1848 keinen Zutritt erhalten hatten. Sie waren die eigentlichen Verlierer von Bismarcks Reichseinigungspolitik, und die Stimmen derer, die auf die Vorläufigkeit der Reichsgründung bestanden, waren im Kaiserreich von Anfang an kaum vernehmbar. Die Spannung zwischen Preußen und dem

Reich hingegen, die auch in der Person Bismarcks angelegt war, konnte von Anfang an verspürt werden; und in der Historiografie ist das Misstrauen gegen die preußisch-machtstaatliche Prägung der Reichsgründung und ihre Einordnung in den inneren Zusammenhang preußischer Territorialerweiterung, von Onno Klopp bis Franz Schnabel, nie gänzlich verstummt.

Zu den bitteren Lehren von 1848 zählte für die Deutschen auch die Erfahrung, dass die nationale Einheit nicht gegen die europäischen Mächte zu haben war. In drei duellartig geführten Kriegen hatte Bismarck die Gunst der Stunde eines »Wellentals der Weltpolitik« (Ludwig Dehio) genutzt. Unter dem Gewehranschlag Europas wurde das preußisch dominierte, kleindeutsche Kaiserreich am 18. Januar 1871 im Spiegelsaal des Versailler Schlosses proklamiert. Nicht nur mit dieser Demütigung machte sich das zweite deutsche Kaiserreich Frankreich von Anfang an zum unversöhnlichen Gegner. Mit der Annexion Elsass-Lothringens beging das Deutsche Reich eine der von Sebastian Haffner so bezeichneten »sieben Todsünden«.[14] Im Rückblick erkannte Bismarck die damals von der öffentlichen Meinung hartnäckig geforderte Annexion als Fehler. Elsass-Lothringen wurde Reichsland, eine verfassungsrechtliche Sonderkonstruktion, und blieb den Franzosen ein Stachel im Fleisch, der sie 1914 laut vernehmlich und einmütig nach Revanche schreien ließ.

Aber konnte man, um ein Wort Bismarcks abzuwandeln, Schach spielen, wenn 16 von 64 Feldern von vornherein nicht besetzt werden durften? Seine geografische Stellung als *halber Hegemon* wurde dem Deutschen Reich seitdem zum Dilemma, zu groß für das Gleichgewicht, zu klein für die Hegemonie. Die deutsche Frage stand von nun an im Zentrum der europäischen Politik. Nie war sie allein Eigentum der Deutschen, immer war sie auch und zuerst eine europäische Frage. Für Bismarck ergab sich aus dieser machtpolitischen Situation die Konsequenz, dass von den drei grundlegenden Optionen deutscher Außenpolitik – wie sie von dem Kölner Historiker Andreas Hillgruber prägnant herausgearbeitet wurden – nur eine übrigblieb. Konvenienzpolitik, das Abstecken von Einflusssphären auf Kosten der Klein- und Mittelstaaten, und die von Generalstabschef Moltke seit den 1860er-Jahren vertretene Präventivkriegskonzeption schieden aus. So blieb als einzige Option lediglich das von Bismarck virtuos gehandhabte »diplomatisch-politische Spiel, die Interessen der übrigen Großmächte gegeneinander zu lenken und die Spannungen insgesamt vom Zentrum an die Peripherie zu dirigieren, in zunehmendem Maße auch die sich aus dem Ausgreifen der Großmächte nach Übersee ergebenden Gegensätze zwischen ihnen in Afrika und Asien auszunutzen«.[15] Bismarcks Zauberformel der kommenden Jahre, in der Diplomatiegeschichte spricht man nur vom Zeitalter Bismarcks, wurde das Bekenntnis, Deutschland sei eine saturierte Macht. Der Albdruck der Koalitionen bestimmte sein Spiel mit den fünf Kugeln, dessen Leitlinien er im berühmten Kissinger Diktat vom 15. Juni 1877 wie folgt umrissen hat: »Wenn ich arbeitsfähig wäre, könnte ich das Bild vervollständigen und feiner ausarbeiten, welches mir vorschwebt: nicht das irgendeines Ländererwerbes, sondern das einer politischen Gesamtsituation, in welcher alle Mächte außer Frankreich unser bedürfen, und von Koalitionen gegen uns durch ihre Beziehungen zueinander nach Möglichkeit abgehalten werden.«[16]

Im Kissinger Diktat war gewissermaßen *in nuce* Bismarcks politisches Kalkül zusammengefasst, wie es sich als Folgerung aus der *Krieg-in-Sicht-Krise* des Jahres 1875 entwickelt hatte. Bismarck hatte die diplomatische Zuspitzung bewusst gesucht, wie sie durch den in der offiziösen *Post* am 8. April 1875 erschienenen Artikel des Publizisten Constantin Rößler »Ist Krieg in Sicht?« ausgelöst wurde, der als Reaktion auf ein französisches Kadergesetz die Forderung nach dessen Zurücknahme durch eine ernsthafte Kriegsdrohung in Aussicht stellte. Die durch seine Herausforderung provozierte Gemeinsamkeit der ansonsten einander kaum im herzlichen Einvernehmen verbundenen Mächte Großbritannien und Russland hatte Bismarck deutlich die Grenzen der Macht aufgezeigt und eine Klärung der internationalen Situation gebracht. So sehr die Mächte sich in anderen zentralen Fragen uneins sein mochten, in einem Punkt hatten sie Übereinstimmung erzielt: in der Überzeugung, Deutschland, dem Parvenü im Staatensystem, keinen weiteren Machtzuwachs zu erlauben. Das von da an gebetsmühlenhaft erneuerte Bekenntnis der Saturiertheit war folglich auch eine politische Überlebensnotwendigkeit. Bismarcks Kunst, die Interessen der Mächte vom Zentrum an die Peripherie zu verlagern und gegeneinander zu lenken, folgte der Einsicht in die – begrenzten – Möglichkeiten der deutschen Politik. Es bestand nun kein Zweifel mehr, dass mit der Gründung des Deutschen Reiches 1871 in Europas Mitte ein politisches Gravitationszentrum entstanden war, das einen grundlegenden Wandel des europäischen Mächtesystems bedeutete.

Für Bismarck musste es deshalb in den folgenden Jahren vorrangig darum gehen, das Erreichte abzusichern, und zu dieser Absicherung gehörte auch, in Innen- und Außenpolitik nicht in den Gegensatz zu den konservativen Mächten in Europa zu geraten. Der Schock der Pariser Commune saß den auf Bewahrung des Status quo ausgerichteten Mächten noch in den Gliedern, und die Konsequenzen, die daraus zu ziehen waren, wurden in Berlin ähnlich beurteilt wie in Wien. Bismarcks außenpolitische Option für Österreich-Ungarn ebenso wie die für Russland folgte auch der Erkenntnis, dass Ähnlichkeit in der Bewertung grundsätzlicher Fragen nicht als schlechteste Voraussetzung für ein engeres politisches Zusammengehen zu gelten hatte. Habsburg und Preußen-Deutschland zogen aus der durch die Reichsgründung ausgelösten politischen Konstellation im Grunde ähnliche Folgerungen, und sie bewegten sich – aus allerdings unterschiedlichen Motiven – aufeinander zu. Die Annäherung an Österreich war Bismarcks erster außenpolitischer Zug nach der Reichsgründung. Und das vom österreichischen Außenminister Beust nach dem Frankfurter Frieden im Mai 1871 formulierte Programm – »faktisches Prädominieren Mitteleuropas in der Waagschale der europäischen Geschicke durch vorläufige Verständigung Österreich-Ungarns und Preußen-Deutschlands in allen brennenden Tagesfragen mit dem ausgesprochenen Zwecke der Erhaltung des Weltfriedens«[17] sollte in den kommenden Jahren für die österreichisch-ungarische Politik bestimmend bleiben. Damit war der sich als politisches Ziel am Horizont abzeichnende Zweibund zwischen den beiden so ungleichen Reichen von Anfang an auf zweifache Weise belastet: zum einen, indem sich das Deutsche Reich zu sehr in die mitteleuropäische Interessensphäre der Habsburgermonarchie hineinziehen ließ, und zum anderen, indem die für die politische Orientierung Wiens so entscheidende Frage nach Zerfall oder Erhaltung der Monarchie durch das Zusammengehen mit dem Deutschen Reich zugleich in den Bereich Allianzpolitik gehoben wurde und von da an bündnispolitische Entscheidungen beeinflussen sollte, die eigentlich ganz anderen Gesetzen unterlagen. Dass Beusts Nachfolger Andrássy durchaus zum machttaktischen Spiel fähig war, zeigen seine Fühlungnahmen gegenüber Großbritannien in den Jahren 1872 und 1873, die dann aufgrund britischen Desinteresses nicht weiterverfolgt wurden. Jedenfalls belegen sie deutlich, dass es Wien zunächst und zuallererst aus einflusspolitischem Kalkül um die Formierung einer gegen Russland gerichteten Allianz ging. Österreich, der Besiegte von 1866, hatte sich mit der Reichsgründung abgefunden; was für Wien vor allem anderen zählte, war das von jeher verfolgte Ziel, einer für die Verwirklichung der eigenen Interessen möglichst vorteilhaften Konstellation zum Durchbruch zu verhelfen.

Der Abschluss des deutsch-österreichischen Zweibunds 1879, im Moment seiner Entstehung lediglich als bedingte diplomatische Option konzipiert, sollte bis in die Wilhelminische Ära das bestimmende Bündnis für das Deutsche Reich bleiben. Der Beistandsvertrag selbst wurde am 7. Oktober in Wien unterzeichnet. Zunächst war der Zweibund nur auf fünf Jahre datiert und der Bündnisfall auf Drängen des österreichischen Verhandlungsführers Andrássy ausdrücklich nur auf den Fall eines russischen Angriffs ausgerichtet. Wenn damit die Möglichkeit eines französischen Angriffs nur implizit genannt wurde, so konnte daraus immerhin ein gewisses Zugeständnis Österreichs abgeleitet werden. Bismarck hatte den Zweibund seinem Monarchen Wilhelm I. abgetrotzt, der aus alter Verbundenheit mit Russland wenig Neigung zum Zusammengehen mit der Habsburger Monarchie verspürte. Neben den taktischen Überlegungen sollte der Zweibund eine Art Reservelösung für den an Bedeutungslosigkeit zugrunde gegangenen Deutschen Bund darstellen. Bismarcks weitausgreifende Überlegungen, das Bündnis zwischen Wien und Berlin auf ein staatsrechtliches Fundament zu stellen – weit über den Charakter einer Defensivallianz hinaus – und von den Parlamenten absegnen zu lassen, können nur so erklärt werden. Misst man den tatsächlichen Gehalt des Zweibundvertrags an Bismarcks ursprünglichen Vorstellungen von einem weite Bereiche des politischen Lebens umspannenden Zusammengehens, so ist in der Tat seine Bezeichnung als »ein Produkt der Verlegenheit«[18]

zutreffend. Umso erstaunlicher ist, dass es Bismarck gelang, den Abschluss des Zweibundes in der öffentlichen Meinung als großen Erfolg zu stilisieren: Unisono wurde vor allem der antirussische Zug des Zweibundes begrüßt und als Schlussstrich unter den Dreikaiserbund begriffen.

Ganz ohne Zweifel wollte Bismarck einen Teil der bei der Würdigung des Zweibundes erfolgten Ruhmesbezeigungen auf sein eigenes Konto abzweigen. Doch ganz wesentlich war der Albdruck der Koalitionen für Bismarck ausschlaggebend, den er immer wieder, wie in dem Schreiben an Kaiser Wilhelm I. aus Gastein am 31. August 1879, nach Unterredungen mit Andrássy, niedergeschrieben hat: »Es bedarf auch keines Beweises, daß wir, in der Mitte Europa's, uns keiner Isolirung [sic] aussetzen dürfen. Meiner Überzeugung nach sind [Unterstreichung i. O.] wir derselben aber ausgesetzt, wenn wir hier nicht durch eine Defensiv-Allianz mit Österreich vorbeugen.«[19] Bismarck hatte die Interessen Österreichs scharf kalkuliert. Von der Annahme ausgehend, dass Britannien auf Dauer auf dem Kontinent keinen »hinreichenden Beistand« leisten werde, analysierte er, dass eine »österreichisch-französische Intimität« für Deutschland dieselben Gefahren in sich berge wie eine österreichisch-russische; und »wie die letztere durch Frankreich, so kann die erstere jederzeit durch die launenhaften Entschließungen der russischen Politik zu einer erdrückenden Triple-Alliance gegen Deutschland werden«.[20] Der Wert des österreichisch-deutschen Bündnisses lag für Bismarck in der Friedenssicherung, und er war von der Nützlichkeit und politischen Notwendigkeit dieser Defensivallianz so fest überzeugt, dass er, wie er seinem Monarchen schrieb, im Falle der Ablehnung des Abschlusses nicht mehr den Mut gefunden hätte, »die auswärtige Politik Preußens und Deutschlands amtlich und als Verantw[ortlicher] Minister weiter zu führen«.[21] Eine Fortsetzung der Beziehungen zu Österreich ohne vertragsmäßige Grundlage hätte für Bismarck vor allem mit Blick auf mögliche kriegerische Verwicklungen mit Russland – die Pflege freundschaftlicher Beziehungen zu Russland stand für ihn ebenfalls ganz oben auf der politischen Agenda – negative Auswirkungen nach sich gezogen. In einem Schreiben an Bülow verstieg sich Bismarck sogar zu der Aussage, dass er für den Fall, dass der Kaiser die Einigung mit Österreich genehmige, bereit sei, »einige

Verletzungen meines Anstandsgefühls in dem Sinne in den Kauf zu nehmen, daß Rußland damit eine goldene Brücke gebaut und die Möglichkeit ruchloser Corsarenkriege in die Ferne gerückt wird«.[22]

Der Zweibund war also am Anfang nicht mehr als eine begrenzte Option, erst im Laufe der Zeit, genauer gesagt nach Bismarcks Abgang 1890, hat er eine Qualität erreicht, die dann im Vorfeld des Ersten Weltkriegs zu jenen fatalen Folgen führen sollte, die Habsburg und Preußen in ihrer Existenz betrafen. Der Zweibund ist damit in Bismarcks flexiblem Bündnisgeflecht der einzige Vertrag, der nicht nur Dauer im Wandel verkörperte, sondern auch, ganz im Gegensatz zum Kalkül beim unmittelbaren Abschluss, eine immer engere Allianz heraufbeschwor und damit den diplomatischen Spielraum beengte, statt ihn zu vergrößern.

Für Österreich-Ungarn ergab sich das Hauptmotiv für den Abschluss des Zweibunds ebenfalls aus einer auf die eigenen Interessen bezogenen Lageanalyse. Österreich-Ungarn hatte zwar die geopolitische Verschiebung, die die Reichsgründung bedeutete, zur Kenntnis genommen, war dadurch jedoch kaum in seinen territorialen und machtpolitischen Ambitionen gezügelt. Sichtbar wurde dies insbesondere beim Blick auf die unterschiedliche Interessenlage beider Staaten auf dem Balkan. Für Habsburg besaß dieser eine zentrale Bedeutung für die Ausweitung und Festigung seiner Mitteleuropakonzeption; für Bismarck war er allenfalls Erprobungsfeld für taktische Züge und gezielte Nadelstiche, etwa wenn er die großserbische Bewegung förderte, nur um einen Kontrapunkt zu den Ambitionen der Habsburger zu setzen. Auf diese Weise gelangte die österreichische Politik mehr und mehr ins Fahrwasser Frankreichs, und es sollte sich in den folgenden Jahren der österreichisch-russische Gegensatz auf dem Balkan verschärfen. Mehr und mehr zeichnete sich eine Blockbildung ab zwischen Frankreich, Österreich und Großbritannien einerseits sowie Russland und Preußen andererseits. Der österreichisch-russische Gegensatz auf dem Balkan sollte dem sterbenden Staatensystem zum definitorischen Moment werden. Für Bismarck war der Balkan eine Art *Entlastungszone*[23], um mögliche Konflikte von Europas Mitte fernzuhalten, und genau so ist auch seine berühmt gewordene Einlassung im Reichstag am 5. Dezember 1876 zu verstehen: »Ich werde zu einer aktiven Beteiligung an diesen Dingen nicht raten, solange ich in dem Ganzen für Deutschland kein Interesse sehe, welches auch nur die gesunden Knochen eines einzigen pommerschen Musketiers wert wäre.«[24]

Der Albtraum der Koalitionen war seit der Jahrhundertwende zur Realität geworden, freilich ohne dass sich die verantwortlichen Politiker ihrer prekären Lage bewusst geworden wären. An die Stelle des Spiels mit den fünf Kugeln trat die Illusion der freien Hand. Das Gefühl des Umdrohtseins, der Einkreisung von auswärtigen Mächten, ergab sich in Wirklichkeit aus der selbstgewählten Ausgrenzung, der Auskreisung durch eine aus dem Ruder gelaufene Diplomatie. Die Weichen dafür waren freilich bereits unter Bismarck gestellt worden. Sein Bündnissystem war schon in den 1880er-Jahren nur noch ein »System der Aushilfen« (Ulrich Noack). Dass Bismarcks Nachfolger mit dem kaum mehr überschaubaren Vertragssystem nicht mehr zurechtkamen, nimmt nicht wunder. So war die Nichtunterzeichnung des 1890 zur Verlängerung anstehenden geheimen deutsch-russischen Rückversicherungsvertrages durch General Caprivi scheinbar logische Konsequenz einer um Berechenbarkeit bemühten Politik, standen doch die Bestimmungen des Vertrages, der die geschichtlich erworbenen Rechte Russlands auf der Balkaninsel anerkannte, in offenem Widerspruch zu den bereits bestehenden Verträgen mit England und Österreich-Ungarn. Im Urteil Herbert von Bismarcks hätte der Rückversicherungsvertrag ohnehin »uns im Ernstfall die Russen doch nur 6–8 Wochen länger vom Halse gehalten als ohnedem«.[25]

VI.

Bismarck war es, der das Duell zwischen Habsburg und Preußen zunächst entschieden hatte. Doch die Entscheidung war auf eine Art und Weise und zu einem Preis erfolgt, dass beide Seiten, Habsburg und Preußen, noch auf lange Zeit mit den Nachwirkungen zu kämpfen hatten. Ohne Bismarcks Spiel wäre nicht nur das Duell zwischen Habsburg und Preußen im 19. Jahrhundert anders ausgegangen; es bleibt die Fiktion, dass es gar nicht zu einer unmittelbaren Auseinandersetzung hätte kommen müssen. Der spekulative, kontrafaktische Charakter dieser Betrachtung würde dann in die logische Konsequenz münden, dass Habsburg und Preußen sowie deren Nachfolgern im 20. Jahrhundert auch das weitere Ringen und der Sturz in den Abgrund hätten erspart werden können. Wenn wir Deutschen erst im Blick auf die Ereignisse des Jahres 1871 wissen, dass wir Deutsche sind, so muss auch das Urteil über Bismarck bei aller Anerkennung der politischen Genialität auf dem Weg zur Gründung des Deutschen Reiches sich damit auseinandersetzen, dass genau dieses Scheitern bis heute als eine Last auf der Geschichte Habsburgs und Preußens liegt.

Preußen und Habsburg: Beide gehören zu einer Geschichte, die noch immer in die Gegenwart hineinragt. Auch daraus erwächst Spannung, eine Spannung, die über 60 Jahre nach Begründung der Bundesrepublik und der Zweiten Republik viel über das historische Selbstverständnis aussagt. Die Bundesrepublik Deutschland und die Republik Österreich sind beide aus der Asche des Reiches hervorgegangen. Ihre Staatsgründungen sind Antworten auf die Geschichte. Beide führen das Bekenntnis zur Republik als Staatsform im Namen. Das soll uns nie wieder passieren. Und: Wir haben unsere Lehren aus der Geschichte gezogen. Dies waren jeweils die ersten Glaubenssätze der beiden Neugründungen. Zur Einsicht in die Geschichte gehört freilich auch: Die Geschichte kennt keine *Stunde Null.* Habsburg und Preußen, die so lange das Ringen um Vormacht austrugen, sind zwar ganz von der Bühne verschwunden. Doch sind beide Nachkriegsgründungen gar nicht denkbar ohne sie, und es bleibt die Frage offen, was jenseits des Untergangs ihre jeweilige Gegenwart heute bestimmt. Erst im wiedervereinigten Deutschland und im Österreich von heute haben sich die Perspektiven auf diese Geschichte allmählich verschoben. Die für das 19. und frühe 20. Jahrhundert so charakteristische (und eigentlich unhistorische) Gleichsetzung von Nation und Nationalstaat ist einer Weitung des Blicks gewichen, der auch die vornationalstaatliche Zeit stärker in die Betrachtung einbezieht. Die europäische Integration hat dabei auf stille Weise geholfen. Denn durch die Einordnung in ein übernationales Ganzes ist es möglich geworden, stärker als bisher die Spuren der jeweils anderen herauszuarbeiten und die Wechselwirkungen in den Blick zu nehmen. Preußens und Habsburgs jeweilige Geschichte wird damit von einer zu einseitigen Betrachtungsweise befreit und gewissermaßen europäisiert. Die deutsche Geschichte hat nie den Deutschen allein gehört. Und Österreichs Verhältnis zur deutschen und zur österreichischen Geschichte ist bis heute kompliziert geblieben. Mancher Irrweg der deutschen Geschichte indes mag sich daraus erklären, dass Deutsche und Österreicher im Blick auf ihre eigene Geschichte die nationale Brille aufgesetzt hatten. Und gerade die Fixierung auf die unter so mühseligen Umständen erworbene nationale Perspektive war es, die zu falschen Schlüssen, zu einer doppelten Verengung des Blicks geführt hat. Auch Preußen und Habsburg können, die Geschichte hat es gezeigt, bei dieser Betrachtung in gewisser Hinsicht zum Opfer werden.

Preußen und Habsburg: das eine, Preußen, seit Anbeginn auf der Abbruchkante, immer mit der Neigung, bis zum Äußersten zu gehen, wie Hofmannsthal sagte, »ein künstlicher Bau, von Natur armes Land, alles im Menschen und von Menschen«[26]; das andere Österreich, »organisch gewachsen und reich von Natur« – beide sind zugrunde gegangen. Beide sind untrennbar verflochten mit dem besonderen Verlauf der deutschen Geschichte. Beide weisen, ganz unterschiedlich freilich, in der Anlage ihrer Geschichte über den nationalen Rahmen hinaus. In beider Geschichten, in der Anspannung, im Hereinbrechen des Dämonischen, in den Schranken der Geografie, im Transzendierenden der Idee und im unvergleichbaren kulturellen Besitz, besteht ein ungeheurer Erfahrungsschatz fort: ein Erbe an die Gegenwart. Im Blick auf die Leistung Einzelner, aber auch auf deren Versagen und – im Falle Hitlers – Verbrechen wird zugleich ein großer Auftrag offenkundig. In der Geschichte waren Anziehung und Abstoßung auf Preußen und Habsburg die vorherrschenden Annäherungsweisen. Daraus haben sich im Lauf der Zeiten Bilder entwickelt, die bis heute die klischeehaften Züge betonen und mehr als einmal zu Vorurteilen Anlass gegeben haben. Die Beschäftigung mit der von Preußen und Habsburg geprägten Vergangenheit lässt verpasste Gelegenheiten zutage treten. Zu oft wurde das Trennende herausgestellt, viel zu oft hat das Trennende zu Verwerfungen, zu kriegerischen Auseinandersetzungen geführt, in die dann andere hineingezogen wurden. Paul Claudel, der große französische Schriftsteller, hat diese Charakterisierung intuitiv erfasst, als er am Ende des Zweiten Weltkriegs über die Deutschen schrieb: »Deutschland ist nicht dazu da, die Völker zu spalten, sondern um sie zu versammeln.«[27] Wenn man so will, gilt eine der wesentlichen Lehren aus dem Zerfall des Habsburgerreiches auch für das Deutschland von heute.

Eine für immer gültige Bilanz zu ziehen, widerspricht dem Wesen der Geschichte, der Natur ihrer grundsätzlichen Offenheit. Dass mit dieser Offenheit zugleich ein Gestaltungsauftrag verbunden ist, dieser Gedanke wäre nicht der schlechteste, um einen Essay über den preußisch-österreichischen Dualismus zu beschließen. Das Duell ist 1866 entschieden worden. Die Nation wurde geteilt – Golo Mann sprach von der ersten deutschen Teilung – und diese Teilung hat ganz wesentlich den Gang der deutschen Geschichte bestimmt. Sein Ergebnis hat beider Geschichten, Habsburgs wie Preußens, danach in eine andere Richtung gelenkt, als sie den Kriegführenden von Königgrätz vor Augen stand. Sein Ausgang hat die deutsche und die europäische Geschichte, sie hat den ganzen Verlauf des 20. Jahrhunderts in stärkerem Maße geprägt, als dies den Zeitgenossen von damals je vorstellbar war. Preußen und Habsburg wurden, auf ganz unterschiedliche Weise, zu den Opfern ihrer eigenen Geschichte.

Das wiedervereinigte Deutschland und die Republik Österreich von heute sind beide in ihrem staatlichen Selbstverständnis, in ihrer politischen Symbolik von Habsburg und Preußen losgelöst, ja sie haben im Wandel der Zeiten mehr oder weniger heftige Versuche unternommen, diese Bande zu kappen. Beide verfügen mittlerweile über eine eigene Geschichte, die als Traditionsbewusstsein verstanden werden kann. In Deutschland ist seither die geschichtspolitische Debatte bei den Schatten der Vergangenheit angelangt, die man sich als die jüngste zu bezeichnen angewöhnt hat. Auch die Debatte über eine österreichische Nation ist in den letzten Jahrzehnten in Österreich und darüber hinaus immer vernehmbarer geworden. Beide, Österreich wie die Bundesrepublik Deutschland, sind zudem von Habsburg und Preußen durch einen tiefen Graben getrennt: durch die politische und moralische Katastrophe von 1945, die ganz wesentlich den Blick der Nachlebenden auf den kleindeutsch-preußischen Nationalstaat von 1871 geprägt und die großdeutsche Idee auf Dauer zerstört hat. Die Geschichte des Scheiterns des Nationalstaats von 1871 ist nicht losgelöst von den Bedingungen seiner Entstehung zu sehen; und auch das Ende der Monarchie, das Zerbrechen des Habsburgerreiches ist ganz wesentlich mit dem Niedergang des Kaiserreichs im Ersten Weltkrieg verbunden.

Erst in dieser späteren Perspektive erhalten die Ereignisse des Jahres 1866 ihre eigentliche historische Bedeutung. Auch die Geschichte des 20. Jahrhunderts, Hybris und Nemesis des Hitlerstaates, der zunächst die Machtträume großdeutscher Patrioten bediente und 1938 den Anschluss Österreichs ans Reich vollzog, sind nicht verstehbar ohne den Dualismus von Habsburg und Preußen. Nicht umsonst ist das Anschlussjahr 1938 zugleich die eigentliche Peripetie des Dritten Reiches. Bis dahin hatte Hitler seine Ziele mit Zustimmung der europäischen Mächte erreicht, danach konnte Hitler seine weit ausgreifenden Ziele nur noch gegen die Mächte durchsetzen und war dafür bereit, einen zweiten Weltkrieg vom Zaun zu brechen.

1866 indes steht nicht isoliert in dieser Geschichte. Bismarck hatte in klarer Analyse der Grenzen und Möglichkeiten auf die dann kalt vollzogene Scheidung von Preußen und Österreich hingearbeitet. Und auch der glücklose Kaiser Franz Joseph kann von seinem Anteil an der Trennung nicht gänzlich freigesprochen werden. Die Wiener Reaktion auf die Ereignisse des Jahres 1848 hat einen Prozess ermöglicht, mit dem sich in Teilen der Bevölkerung das Österreich-Bewusstsein von der Monarchie trennte. Hatte der großdeutsche Traum je eine Chance? Dreimal war er kurz davor, Wirklichkeit zu werden: 1848 in Gestalt eines multinationalen Habsburgerreiches, sodann, bei einem anderen Verlauf, 1866 in Königgrätz, und, wäre es nach dem Selbstbestimmungsrecht der Völker, nach der Mehrheit der Deutschen und der Mehrheit der Österreicher, die sich damals als Deutsche fühlten und begriffen, gegangen, 1918/19. Als dann eine großdeutsche Lösung kam, 1938, in Gestalt des Anschlusses von Österreich ans Deutsche Reich, war die Zeit über Habsburg und Preußen bereits hinweggegangen. Und doch ist die Geschichte des Jahres 1938 nicht verstehbar ohne Kenntnis der vorangehenden deutschen Geschichte. In Trauer und Leid lehren die Ereignisse des Jahres 1938, dass es eine vorangegangene gemeinsame Geschichte gibt, auch wenn sich danach die Wege von Deutschen und Österreichern getrennt haben und die gemeinsame Nation, die bis dahin bestand, dauerhaft zerbrochen ist.

Die Suche nach Einheit und Freiheit, die großen Leitmotive, die diese Geschichte über Jahrhunderte bestimmt haben, sind seit der Wiedervereinigung Deutschlands verwirklicht. Und mit der Wiedervereinigung Europas sind heute fast alle der ehemaligen Völker der einstigen Habsburgermonarchie im institutionellen Europa angekommen. Der Kreis hat sich geschlossen.

Die Geschichte Habsburgs und Preußens liegt heute als abgeschlossenes Ganzes vor: eine Geschichte, die im Museum besichtigt werden kann, und gleichwohl noch immer unser Handeln in der Gegenwart bestimmt. Eine Geschichte, die zudem eine Vielzahl von Lehren für die Gegenwart bereithält: eine Geschichte in Europa und eine europäische Geschichte zugleich. In dem Maße, in dem wir unsere Zukunft als europäische Gestaltungsaufgabe begreifen, europäisches Gemeinschaftsbewusstsein entwickeln, unsere eigene Geschichte in ihrem wechselvollen Verlauf annehmen und zugleich den Blick auf sie entnationalisieren, wird durch die Pflege das Erbe von Habsburg und Preußen lebendige Vergangenheit, wird der eigene Standort bewusster. Erst dann wird der Dualismus von einst vollkommen aufgelöst sein, erst dann sind Habsburg und Preußen gemeinsamer Besitz. Dann ist aus Verlust Gewinn geworden.

Anmerkungen

1 Zitiert nach Sybel, Heinrich von: *Die Begründung des Deutschen Reiches durch Wilhelm I.*, 5. Bd., Paderborn 2012, S. 203.

2 Bismarck, Otto von: Die gesammelten Werke. Neue Friedrichsruher Ausgabe [NFA], hrsg. von Konrad Canis, Lothar Gall, Klaus Hildebrand und Eberhard Kolb, bish. erschienen: Abt. IV: *Gedanken und Erinnerungen*, bearb. von Michael Epkenhans und Eberhard Kolb, Paderborn 2012, S. 5.

3 Bismarck, Gedanken und Erinnerungen (Anm. 2), S. 29.

4 Bismarck, Gedanken und Erinnerungen (Anm. 2), S. 49.

5 Vgl. Stadelmann, Rudolf: *1848. Soziale und politische Geschichte der Revolution von 1848*, München 1948, S. 111–112.

6 Denkschrift von der Pfordten vom 05. 05. 1849, in: Doeberl, Michael: *Bayern und das preußische Unionsprojekt*, München 1926, S. 90–96.

7 Bismarck, Gedanken und Erinnerungen (Anm. 2), S. 174.

8 Manteuffel, Otto Freiherr von: *Denkwürdigkeiten. Otto Freiherr von Manteuffel unter Friedrich Wilhelm IV.*, 1. Bd., Berlin 1901, S. 213.

9 Bismarcks Olmuetz-Rede vom 03. 12. 1850, in: Bismarck, Otto von: *Gesammelte Werke*, 10. Bd., Berlin 1928, S. 101ff.

10 Vgl. Hildebrand, Klaus: »Die ›Krimkriegssituation‹. Wandel und Dauer einer historischen Konstellation der Staatenwelt«, in: Dülffer, Jost / Martin, Bernd / Wollstein, Günther (Hrsg.): *Deutschland in Europa: Kontinuität und Bruch. Gedenkschrift für Andreas Hillgruber*, Frankfurt am Main / Berlin 1990, S. 37–51.

11 Bismarck, Gedanken und Erinnerungen (Anm. 2), S. 173.

12 Aufzeichnung Ministerrat, Prag, 28. 10. 1866, in: *Protokolle des Österreichischen Ministerrates 1848–1867*, Bd. VI.1. : Das Ministerium Belcredi, 29. Juli 1865 – 26. März 1866, hrsg. von Horst Brettner-Messler und Klaus Koch, Wien 1971, Dok. 106, S. 281.

13 Schieder, Theodor: »Das deutsche Kaiserreich von 1871 als Nationalstaat«, in: Schieder, Theodor: *Nationalismus und Nationalstaat. Studien zum nationalen Problem im modernen Europa*, hrsg. von Otto Dann und Hans Ulrich Wehler, Göttingen 1992, S. 207.

14 Vgl. Haffner, Sebastian: *Die sieben Todsünden des Deutschen Reiches im Ersten Weltkrieg*, Bergisch-Gladbach 2001 (Hamburg 1964).

15 Hillgruber, Andreas: »Grundzüge der Außenpolitik Bismarcks von der Reichsgründung bis zum Abschluss des Dreibundes 1882«, in: Freiherr von Aretin, Karl Otmar (Hrsg.): *Bismarcks Außenpolitik und der Berliner Kongress*, Mainz 1978, S. 45.

16 Diktat Bismarcks »z.Zt. in Kissingen« vom 15. 06. 1877, in: *Große Politik der europäischen Kabinette*, 2. Bd., Berlin 1922–1927, S. 153–154.

17 Denkschrift Beust vom 18. 05. 1871, in: Lutz, Heinrich: »Zur Wende der österreichisch-ungarischen Außenpolitik 1871. Die Denkschrift des Grafen Beust für Kaiser Franz Joseph vom 18. Mai«, in: *Festschrift für H. L. Mikoletzky*, Mitteilungen des Österreichischen Staatsarchivs, 25. Bd., 1972, S. 169ff.

18 Canis, Konrad: *Bismarcks Außenpolitik 1870–1890. Aufstieg und Gefährdung*, Paderborn 2008, S. 257.

19 Bismarck an Wilhelm I., Gastein, 31. 08. 1879, in: Bismarck, Otto von: *Gesammelte Werke.* Neue Friedrichsruher Ausgabe [NFA], hrsg. von Konrad Canis, Lothar Gall, Klaus Hildebrand und Eberhard Kolb, Abt. III, 4. Bd. Schriften, Dok. 96, S. 148.

20 Ebd.

21 Bismarck an Wilhelm I., Gastein, den […] September 1879, undatierter Entwurf, in: Bismarck, Gesammelte Werke (Anm. 19), Dok. 98, S. 158.

22 Bismarck an Bülow, Gastein, den 05. 09. 1879, in: Bismarck, Gesammelte Werke (Anm. 19), Dok. 103, S. 167.

23 Lutz, Heinrich: »Von Königgrätz zum Zweibund. Aspekte europäischer Entscheidungen«, in: *Historische Zeitschrift* [HZ] 217, (1973), S. 347–380, hier S. 357.

24 Otto von Bismarck am 05. 12. 1876 im Reichstag, in: Kohl, Horst: *Die Reden Bismarcks*, Stuttgart 1895–1905, hier 6. Bd., S. 461.

25 Herbert von Bismarck an Wilhelm von Bismarck, 19. 06. 1887, in: *Staatssekretär Herbert von Bismarck. Aus seiner politischen Privatkorrespondenz*, hrsg. und eingeleitet von Walter Bußmann, Göttingen 1964, S. 457–458.

26 Hofmannsthal, Hugo von: »Preußen und Österreich. Ein Schema« (1917), in: Hofmannsthal, Hugo von: *Gesammelte Werke in Einzelausgaben: Prosa, III,* Frankfurt am Main 1977, S. 417.

27 Claudel, Paul: »Einige Erwägungen zum Thema Deutschland«, in: *Dokumente 4*, 1948, S. 262.

Die Anmerkungen sind bewusst knapp gehalten, sie beschränken sich auf Quellen und Literaturhinweise. Für eine ausführliche Darstellung des Verfassers zum Thema mit Angaben zu weiterführender Literatur vgl.: Ulrich Schlie: *Das Duell. Der Kampf zwischen Habsburg und Preußen um Deutschland*, Berlin 2013.

Otto von Bismarck und die soziale Frage – Überlegungen zu einem alten Thema der deutschen Wirtschafts- und Sozialgeschichte

Werner Plumpe

I.

200 Jahre nach der Geburt Otto von Bismarcks hat sich sein Bild weitgehend ins Zwielicht verschoben. Geblieben ist auf der einst prachtvollen Habenseite vor allem die Grundsteinlegung des modernen Sozialstaates in Deutschland. Doch selbst hier wird der Anteil Bismarcks im Kern dadurch relativiert, dass man ihm die eigentliche sozialpolitische Intention abspricht und stattdessen das politische Kalkül in den Vordergrund rückt, das Bismarck in der politischen Krise der frühen 1880er-Jahre mit der Inauguration einer weitgehenden staatlichen Sozialpolitik verfolgte. Ein »verzweifelter« Kanzler, so insbesondere Lothar Gall, habe über die Sozialpolitik die Sozialdemokratie bekämpfen und die Liberalen denunzieren wollen, um sich aus der eigenen politischen Isolation zu befreien, in die er nach 1878 geraten war. Und selbst das sei ihm nicht gelungen, da er mit seiner sozialpolitischen Volte weder die Reichstagswahlen 1881 gewinnen konnte, noch ihm der Reichstag, nicht zuletzt auch das Zentrum, auf seinem bonapartistisch inspirierten Weg in den »Staatssozialismus« habe folgen wollen. Für die soziale Frage selbst, so auch andere Autoren, habe Bismarck, der alle Maßnahmen zum Arbeiterschutz und zur Fortschreibung der staatlichen Gewerbeauf-

sicht entschieden abgelehnt habe, ohnehin nur ein eingeschränktes Interesse besessen. Zwar gab es seit den 1860er-Jahren wiederholt Hinweise auf eine gewisse sozialpolitische Sensibilität, nicht zuletzt wegen des Einflusses von Hermann Wagener[1] auf den preußischen Ministerpräsidenten und den späteren Reichskanzler, aber über einen mehr oder weniger altmodisch-konservativen Gutsbesitzerpatriarchalismus, der zumal genau darauf geachtet habe, dass das alles kein Geld koste, sei das nicht hinausgegangen.[2] Im Grunde, so urteilte bereits zeitgenössisch der Bismarck konzeptionell durchaus nahestehende Nationalökonom Karl Rodbertus, sei für Bismarck die Sozialpolitik nur ein taktisches Mittel gewesen, dessen er sich aus politischen Erwägungen heraus bediente, um es bei Bedarf ebenso kühl für ein anderes Mittel auszutauschen.[3]

Das haben aber nicht alle Zeitgenossen so gesehen, auch nicht alle Biografen Bismarcks. Und schon gar nicht die zahlreichen Sozialhistoriker, die sich zur Genese des Sozialstaates in Deutschland geäußert haben, sind Lothar Galls hartem Urteil gefolgt. Ernst Engelberg[4] und Otto Pflanze[5] heben Bismarcks genuin sozialpolitisches Interesse hervor. Auch der Vorwurf, Bismarck habe die politischen Parteien durch eine Aufwertung materieller Interessenvertretung gleichsam aushebeln und die Bedeutung des Reichstages und der Parteien zugunsten interessengebundener Fachvertretungen zurückdrängen wollen, besagt wenig – zumal diese Vorstellung vom vermeintlichen Primat der Interessenbindung keineswegs eine Bismarck'sche Idee war, sondern sich zeitgenössisch weitverbreitet findet, und zumal Bismarck ja im Kern auf einen marxistischen Gedanken reflektiert, dem zufolge der politische Prozess letztlich durch soziale Interessen bestimmt ist. Nein, so sehr Bismarck die Sozialpolitik als Teil seiner politischen Selbstbehauptung genutzt hat, so wenig lässt sie sich selbst bei ihm auf dieses Eigeninteresse reduzieren. Bei genauerer Betrachtung zeigt sich vielmehr, dass es bei Bismarck ein politisches, aber auch ein genuin ökonomisches und soziales Interesse an einer angemessenen Sozialpolitik gab, die erst gemeinsam sein einschlägiges Handeln plausibel machen.[6] Diese Annahme folgt dabei nicht zuletzt dem deutlich verbesserten Kenntnisstand zur Geschichte der Sozialpolitik im kaiserlichen Deutschland, die sich vor allem den großen Akteneditionen zur Geschichte der Sozialpolitik verdankt.[7]

Nicht zuletzt im Lichte der Quellen zeigt sich, dass Bismarcks Sozialpolitik sich nicht so einfach beurteilen lässt, wie es das geradezu geflügelte Wort von »Zuckerbrot und Peitsche« nahelegt. Das gilt auch für einen zweiten Gesichtspunkt, der sich heute vor die nüchterne Würdigung der Sozialpolitik jener Zeit geschoben hat. Die Krise des deutschen Sozialstaats seit den 1990er-Jahren wurde und wird nicht selten auf ihre Fehlkonstruktion schon zu Bismarcks Zeiten zurückgeführt, namentlich auf die Verdrängung privater Vorsorge durch staatliche Zwangsversicherungsformen. Doch ist auch hier Vorsicht am Platze. Im Kern vertrat Bismarck zwar die Vorstellung einer staatlichen Zwangsversicherung, doch hat dieses Konzept wenig mit dem zu tun, was spätere Generationen aus der Sozialversicherung jener Zeit gemacht haben. Der »Sündenfall« des Sozialstaates, sollte es ihn überhaupt gegeben haben, findet sich wohl eher in der Adenauer-Zeit als in den Jahren der Kanzlerschaft Bismarcks.[8] Dieser vertrat letztlich ein sich auch älteren Motiven verdankendes modernes Konzept des umfassenden Schutzes vor Erwerbsunfähigkeit, während er zugleich das Erwerbsverhältnis weitgehend vom Staatseinfluss freihalten wollte. Diesem Gedanken will ich nun nachgehen.

II.

Zum Verständnis der sozialpolitischen Haltung Bismarcks ist zunächst ein Blick auf den Charakter der »sozialen Frage« im 19. Jahrhundert zu werfen, die in diesem Zeitraum – dies ist ein sicheres Ergebnis der sozialhistorischen Forschung – fundamental ihr Gesicht wandelte. Die ältere soziale Frage, die sich vor allem aus dem Umgang mit der im 18. und 19. Jahrhundert weit verbreiteten Armut[9] ergab, warf stets das Problem einer angemessenen und christlich verantwortbaren Wohlfahrtspflege auf, die zwischen den Polen der Hilfe und der »Förderung der Selbsthilfe« schwankte – zwei Gesichtspunkte, die sich in gewisser Hinsicht ausschlossen und damit das Dilemma dieser Wohlfahrtspolitik markierten. Wurde den Armen zu sehr geholfen, befürchtete man deren Zunahme, da Armut nur begrenzt als Schicksal, zu großem Teil aber auch als strategisches Verhalten interpretiert wurde. Insofern war die Wohlfahrtsunterstützung, die in den deutschen Territorien zumeist von den Herkunftskommunen geleistet wurde, so angelegt, dass sie strategisches Verhalten zwar nicht ausschloss, aber doch extrem unattraktiv machte.[10] All das prägte den Charakter der Hilfe für die Armen, die in der Regel herumgestoßen wurden (Ausweisung in die Herkunftsgemeinde) und gerade nur so weit Unterstützung fanden, um das nackte Leben zu fristen, nicht selten dafür auch noch zu örtlichen Arbeiten herangezogen oder in eine Art örtlicher Armen- oder Arbeitshäuser eingewiesen wurden.[11] Diese Armut war bis über die Mitte des Jahrhunderts hinaus ein Massenphänomen, verlor aber nach und nach seine prägende Bedeutung, die es noch in der Phase des sogenannten Pauperismus im Vormärz besessen hatte.[12]

Hauptkennzeichen der älteren sozialen Frage waren die fehlenden Erwerbsmöglichkeiten für eine große Zahl von Menschen, die eben auf Bettel, Vagabundentum, Devianz oder Kriminalität[13] angewiesen waren, um überleben zu können, wenn ihnen nicht die Möglichkeit der Emigration namentlich in die Vereinigten Staaten von Amerika einen Ausweg bot. Immerhin etwa fünf Millionen Menschen verließen im 19. Jahrhundert Deutschland, die meisten von ihnen in Richtung Nordamerika.[14] Ohne diese Emigration wäre das Problem der Massenarmut sehr viel gravierender gewesen als es ohnehin war. Mit der beginnenden Industrialisierung aber nahm die Zahl der nichtlandwirtschaftlichen Arbeitsplätze in Deutschland rasch zu; seit der Mitte des 19. Jahrhunderts bildeten sich die ersten industriellen Ballungsgebiete heraus, zunächst noch in traditionellen Gewerbezentren wie etwa dem Wuppertals, Teilen Sachsens oder Schlesiens, später auch in den Zentren der »neuen« Industrien etwa in Berlin, am Rhein, an der Ruhr und an der Saar.[15] Die Wanderungsrichtungen änderten sich; die Binnenwanderung bekam eine zunehmend große Bedeutung, weil die Menschen aus den ländlichen Gebieten in die neuen Industriegebiete strömten, die jedoch zumeist über die Arbeitsangelegenheiten hinaus kaum eine ausreichende soziale Infrastruktur boten.[16] Das Schicksal dieser Menschen trat in der öffentlichen Diskussion mehr und mehr in den Vordergrund, einerseits weil es ein neues Phänomen war, das sich zum anderen an bestimmten Orten in einer Weise ballte, dass die herkömmliche soziale Ordnung in Auflösung zu geraten schien. An deren Stelle traten in der Wahrnehmung der Obrigkeiten geradezu anarchische Verhältnisse, die ihrerseits wiederum den Nährboden für sozialen Protest, ja Rebellion und Revolution bieten konnten, die gleichzeitig in Frankreich nicht nur bereits stattfanden, sondern dort auch einen politischen und theoretischen Ausdruck fanden. Diese Verbindung von massenhafter Industriearbeit und sozialem Protest, der seinen Grund nicht mehr in der fehlenden Erwerbsarbeit, sondern gerade in dieser Erwerbsarbeit und ihren Bedingungen selbst hatte, wurde zum Kern der neuen »sozialen Frage«, die insofern auch nichts war, das man mit Wohltätigkeit begrenzen, ja überwinden konnte, denn sie war als Problem der modernen Erwerbsarbeit kapitalistischer Prägung inhärent – und konnte mit jedem ökonomischem Wandlungsphänomen (Technik, Konjunktur etc.) in wenn auch wechselnder Gestalt neu auftreten. Auch wenn die Industriearbeit als Quelle und Basis der neuen sozialen Frage nie zu dem Massenphänomen wurde, als das sie die Gewerkschaften und die SPD schließlich hinstellten – in Deutschland gab es vor 1914 stets mehr Land- als Industriearbeiter,[17] und auch bei den Industriearbeitern bildete das großindustrielle Proletariat durchweg eine Minderheit –, so gewann es doch wegen der Verbindung zu den revolutionären Bewegungen der Zeit sehr rasch eine überaus große Prominenz, die es verständlich macht, warum ihr die politische Aufmerksamkeit sicher war, während das Schicksal der Landarbeitermassen zwar besprochen, aber kaum je zu einem großen Problem wurde, da von hier mit Revolutionen oder Aufständen gerade nicht zu rechnen war.

Für die staatliche, die kommunale und die betriebliche Sozialpolitik bedeutete dieser Wandel eine massive Herausforderung. Da es eine ältere staatliche Tradition in dieser Hinsicht kaum gab, waren es zunächst vor allem die Kommunen und die wirtschaftlichen Akteure selbst, die sich mit den sozialen Problemen unmittelbar konfrontiert sahen. Für die Kommunen bedeutete die Zunahme der Massenarmut vor allem eine steigende Last im Bereich der Armutsunterstützung, während deren Rückgang und die Entstehung von industrieller Arbeit zunächst eine Entlastung im Bereich der Armenpflege mit sich bringen konnten, dann aber insbesondere die rasch wachsenden Industriestädte vor ganz andere, gewaltige Probleme stellten, da die Städte der ersten Hälfte des Jahrhunderts allein infrastrukturell gar nicht in der Lage waren, derartige Menschenmassen aufzunehmen, wie die Industrie sie benötigte. Die Kommunen mussten sich daher mehr und mehr mit großem Aufwand auf das Gebiet stürzen, das man später als kommunale Daseinsfürsorge bezeichnet hat. Das taten sie seit den 1880er-Jahren auch durchaus erfolgreich. Während die Bedeutung der Armenpflege und Sozialunterstützung insbesondere für Menschen, die keiner Erwerbsarbeit nachgehen konnten, blieb, wuchs vor allem der Bereich der kommunalen Daseinsfürsorge stark an.[18]

Diese Daseinsfürsorge betraf freilich das Arbeitsverhältnis selbst bestenfalls indirekt. Sie schuf die Bedingungen für die Möglichkeit massenhafter Industriearbeit und bildete damit einen wesentlichen Baustein für die Etablierung kapitalistischer Produktionsverhältnisse, die eben die Möglichkeit massenhafter Industriearbeit voraussetzen. Doch die mit der Industriearbeit selbst verbundenen Risiken, das Risiko von Unfall, Krankheit und Invalidität, konnten so kaum wirksam eingehegt werden; hier griff bestenfalls die alte Wohlfahrt – und gerade diese Wohlfahrt war schnell überfordert, sollte es zu massenhafter Erwerbsunfähigkeit kommen. Den meisten Unternehmen und Betrieben war die nur unzureichende Absicherung der Arbeiter, auf deren Arbeitsbereitschaft sie angewiesen waren, durchaus bewusst. Seit den 1850er-Jahren bildeten sich, zum Teil auf der Basis älterer Traditionen, daher mehr und mehr betriebliche Formen der Risikoabsicherung heraus, namentlich im Bereich der Krankenversorgung entstandene betriebliche Hilfskassen, die sich freilich zumeist nicht an alle, sondern nur an bestimmte Arbeitergruppen richteten und zudem in der Regel auch dazu benutzt wurden, um die Arbeiterschaft im Sinne der Betriebsleitungen zu disziplinieren.[19] So wirksam diese Formen der betrieblichen Sozialpolitik auch sein mochten, so sehr stießen sie bei einem Teil der Arbeiterschaft auf Ablehnung, ja auf Widerstand. Die Gründung von Hilfskassen durch die seit den 1860er-Jahren langsam entstehenden Gewerkschaften war die logische Konsequenz.[20] Im Bereich des Schutzes vor krankheits- oder altersbedingter Erwerbsunfähigkeit existierten schließlich betriebliche und Selbsthilfeorganisationen nebeneinander, bevor als *ultima ratio* die kommunale Armenunterstützung zumindest eine gewisse Sicherung erwerbsunfähiger Armer anbot. Krankheit und Alter waren freilich nicht die einzigen Risiken moderner Industriearbeit. Ebenso spielten Unfälle mit zum Teil gravierenden Folgen für die körperliche Unversehrtheit eine große Rolle. Hier gab es von der privaten Haftpflicht abgesehen bis in die 1880er-Jahre hinein keinen Schutz, und die private Haftpflichtversicherung knüpfte ihre Zahlungen an den Nachweis der Schuld beziehungsweise Unschuld an den entsprechenden Unfällen, so dass eine nur unzureichende, in der Regel hoch umstrittene Unfallregulierungspraxis eintrat.

Der Staat selbst hielt sich, wie gesagt, weitgehend aus der Frage der sozialen Sicherung heraus. Angesichts der Tatsache, dass das Heer der Industriearbeiter seit den 1850er-Jahren kontinuierlich größer wurde und diese »proletarischen Existenzen« in zahlreichen Städten zum Massenphänomen wurden, war offensichtlich, dass sich eine derartige Abstinenz des Staates nicht mehr länger würde durchhalten lassen, zumal die Politisierung der Arbeiterfrage rasch voranschritt. Aber selbst ohne diese Politisierung hätte sich eine umfassende Reform der Strukturen der Sozialpolitik über kurz oder lang einstellen müssen. Der im Nachhinein so hoch gehaltene Zusammenhang von »Zuckerbrot« und »Peitsche« ist daher keineswegs ursächlich für die staatliche Sozialpolitik in Deutschland, sondern bestenfalls ein weiterer Anlass für ihre Entstehung. Eine Reform der Sozialpolitik hätte es auch ohne diesen Impuls gegeben.[21]

III.

Betrachten wir nun die mit dem Namen Bismarcks verbundene Sozialpolitik genauer, so fällt zunächst in der Tat der Zusammenhang von »Zuckerbrot und Peitsche« auch deshalb ins Auge, weil Bismarck ihn selbst wiederholt hergestellt hat.[22] Eine alleinige Repression der Sozialdemokratie erschien ihm schon zu Beginn der 1870er-Jahre wenig aussichtsreich; es mussten Maßnahmen zur sozialen Integration der Arbeiterschaft in das neue Reich hinzutreten, ja das Reich sollte seinen sozialen Charakter zeigen beziehungsweise entfalten, um die Arbeiter für die bestehende Ordnung zu gewinnen.[23] Nur: Dieser offenkundige Zusammenhang ergab bestenfalls ein sehr allgemeines Motiv für sozialpolitische Initiativen; er begründete keineswegs eine besondere Art der Sozialpolitik, die vielmehr im Einzelnen zu entwickeln war.[24] Ein konkreter Zusammenhang existierte mithin keineswegs; die nach 1880 ergriffene Sozialpolitik war kein unmittelbarer Reflex der antisozialdemokratischen Maßnahmen, sondern folgte ihrer eigenen Logik. Sie war überdies politisch hochgradig umstritten, so dass schließlich mit der Krankenversicherung von 1883, der Unfallversicherung von 1884 und der Alters- und Invalidenversicherung von 1889 drei ganz unterschiedliche Institutionen geschaffen wurden, an denen im übrigen Bismarck, wie die neuere Forschung[25] detailliert gezeigt hat, nur sehr begrenzt Anteil nahm. Wenn überhaupt, entfaltete er ein großes Interesse an der Unfallversicherung, während er bei der Krankenversicherung von einem »untergeschobenen Kind« sprach und auch seine Beteiligung an der Regelung der Altersinvalidität nicht sehr groß war.[26] Später, 1892, distanzierte er sich faktisch von einem Teil der Bestimmungen: »Sie entsprechen meinem Plane nicht ganz; sie verlangen von den Arbeitern zu viel.« Krankheit und Arbeitsüberlastung hätten ihn daran gehindert, stärker in den Gesetzgebungsprozess einzugreifen.[27] Das deutet schon an, dass der Zusammenhang von Sozialistengesetz und Sozialpolitik sehr viel loser war als bisher angenommen. Die neuere Forschung bestreitet daher auch zu Recht jeden unmittelbaren Zusammenhang. Die mit dem Namen Bismarcks verbundenen sozialpolitischen Maßnahmen lassen sich jedenfalls, das ist sicher, durch die antisozialdemokratischen Intentionen mancher Beteiligter nicht begreifen, wenngleich – Bismarck hat dies vor dem Reichstag selbst betont – die »sozialistische Gefahr« den sozialpolitischen Maßnahmen jener Zeit eine Dringlichkeit verliehen hätte, ohne die sie kaum politisch hätten durchgesetzt werden können.[28]

Bevor Bismarcks sozialpolitische Überlegungen genauer ins Visier genommen werden, muss zunächst die sozialpolitische Gesetzgebung zwischen den 1870er und den 1890er-Jahren kurz skizziert werden. Dies ist in der neueren Literatur derart intensiv geschehen, dass hier eine genauere Rekonstruktion nicht notwendig ist. Es sei insbesondere auf die Arbeiten aus dem großen Editionsprojekt zur Sozialpolitik im Kaiserreich verwiesen, namentlich auf die Beiträge von Florian Tennstedt[29] und Wolfgang Ayaß[30]. Unstrittig sind die einzelnen Maßnahmen, namentlich die Krankenversicherung, der Unfallschutz und die Absicherung des Alters, deren Zustandekommen in einem komplizierten politischen Prozess den Kern der eigentlichen Bismarck'schen Sozialgesetzgebung ausmacht.[31] Keines dieser Gesetze betrat dabei vollkommenes Neuland. Der Bereich der Regulierung von Unfallfolgen war seit Beginn der 1870er-Jahre durch das Haftpflichtgesetz normiert, nach dem Arbeiter einen Entschädigungsanspruch für den Fall hatten, dass sie Opfer von nicht selbstverschuldeten Unfällen wurden. Die Regulierungspraxis war entsprechend hoch umstritten. In diesem Bereich war Bismarcks Interesse sehr groß, nicht zuletzt wohl auch deshalb, weil er als ländlicher Gutsherr und Unternehmer aus eigener Erfahrung um die Brisanz der stets drohenden Unfälle wusste. Dass die bis dahin gültige Haftpflichtregelung überaus problematisch war und vor allem eine Vielzahl von Gerichtsprozessen auslöste, war für Bismarck mehr als ein politisches Problem. Denn die Regulierungspraxis der zahlreichen Unfälle war nicht nur faktisch unzureichend, sondern auch konfliktgenerierend. Sie stellte weder Arbeitgeber noch Arbeiter wirklich zufrieden, da sie gegen die Unfallrisiken der modernen Industriearbeit mit ihren Bestimmungen über die schuldbedingten individuellen Verantwortlichkeiten nicht wirklich schützen konnte. Die Masse der Unfälle im gewerblichen Betrieb, zumal in technisch komplexen Anlagen, ließ sich nur sehr bedingt individuell zurechnen und überforderte in ihren Konsequenzen auch rasch die Zahlungsfähigkeit selbst größerer Unternehmen. Angesichts ihrer Bedeutung und der geradezu statistischen Wahrscheinlichkeit sich wiederholender Unfälle war eine Versicherungslösung unausweichlich.[32] Die von Bismarck ins Auge gefasste Lösung einer über Berufsgenossenschaften organisierten, staatlichen Unfallversicherung, die wesentlich durch Staatszuschüsse finanziert werden sollte, folgte dabei sowohl industriellen Anregungen[33] als auch Überlegungen aus der Ministerialbürokratie, namentlich Theodor Lohmanns, der sich freilich mit seiner Vorstellung, die Versicherung selbst nicht als staatliche Zwangsanstalt zu konzipieren, gegen Bismarck nicht durchsetzen konnte.[34] Bismarcks Konzept eines erheblichen Staatszuschusses zu einer Zwangsversicherung traf dabei nicht allein auf die Opposition Theodor Lohmanns. Im Reichstag fiel das Unfallversicherungsgesetz zunächst durch, da sowohl die Liberalen wie das Zentrum dagegen waren, wenn auch aus durchaus nicht deckungsgleichen Motiven. Störte die Liberalen, namentlich die von den Nationalliberalen abgespaltenen linksliberalen »Sezessionisten« die staatliche Zwangsversicherung, war dem Zentrum die dem Reich zugewiesene Rolle, für die Bismarck in Anlehnung an Adolf Wagner selbst den Begriff »Staatssozialismus« genutzt hatte, nicht recht. Erst in einem zweiten Anlauf und nach dem Verzicht auf eine zentrale Versicherungsanstalt und einen entsprechenden Reichszuschuss konnte die Unfallversicherung 1884 verabschiedet werden. Bismarck hatte sich bis zum Schluss um den Reichszuschuss und die Reichsversicherung bemüht, weniger um die Industrie von Lasten zu befreien, wie die Sozialdemokratie vermutete, sondern weil er von der Bedeutung einer zentralen Versicherung ebenso überzeugt war, wie er den Staatszuschuss allein deshalb als gerechtfertigt betrachtete, weil die Unfallversicherung vor allem die kommunale Wohlfahrtspflege entlastete.

So trat im Gesetzgebungsprozess zunächst die Krankenversicherung in den Vordergrund, die Bismarck aus eigenem Antrieb indes nicht sonderlich stark verfolgte, da mit den Bestimmungen über die Hilfskassen seit den 1870er-Jahren eine einigermaßen tragfähige Lösung zu existieren schien. Immerhin, so Gerhard A. Ritter, habe Bismarck die gesetzliche Krankenversicherung schließlich als notwendige Ergänzung seines »Lieblingskindes«, der Unfallversicherung, akzeptiert.[35] Sollte es zu einer umfassenden Krankenversicherungspflicht kommen, plädierte Bismarck erneut für eine Lösung im Sinne einer staatlichen Zwangsversicherung und hielt das maßgeblich von Theodor Lohmann vertretene Konzept, an den privaten beziehungsweise gewerkschaftlichen Hilfskassen festzuhalten und kommunale Krankenkassen allein als Auffangbecken vorzusehen, nicht für tragfähig. Florian Tennstedt hat die Auseinandersetzungen minutiös nachgezeichnet, so dass hier auf eine genauere Betrachtung verzichtet werden kann.[36] Lohmann konnte sich durchsetzen, auch weil er die Kräfteverhältnisse im Reichstag realistisch beurteilte; die gesetzliche Krankenversicherung wurde unter Beibehaltung des bestehenden Hilfskassenwesens eingeführt. Die Folgen waren indes so, dass Anfang der 1890er-Jahre dann doch zumindest in wichtigen Punkten Bismarcks Vorbehalten Rechnung getragen wurde. Denn die Praxis der Krankenversicherung wich erheblich von Lohmanns Erwartungen nicht nur deshalb ab, weil die gewerkschaftlichen Hilfskassen faktisch zu Trägern des sozialdemokratischen Parteiapparates unter dem Sozialistengesetz wurden, sondern auch weil die Ortskrankenkassen, zu denen Arbeitgeber und Arbeitnehmer Beiträge leisten mussten, sehr rasch zu Problemfällen wurden. Hier sammelten sich die schlechten Risiken, die von den Hilfskassen nicht aufgenommen wurden. Vor allem aber ermunterten viele Arbeitgeber ihre Beschäftigten, zu den Hilfskassen zu gehen, weil dort Arbeitgeberbeiträge nicht fällig wurden. Erst die Novellierung der gesetzlichen Krankenversicherung brachte hier eine durchgreifende Besserung.[37]

Vielleicht noch am ehesten trifft auf die Überlegungen zu einer Invaliditäts- und Alterssicherung, die sich bei Bismarck bis in die 1860er-Jahre zurückverfolgen lassen, der Gedanke zu, hier könne man eine Art »Staatsrentner« schaffen, mit dem die Legitimität, ja Popularität des neuen Reiches gesichert werden konnte. Die mit einer entsprechenden Versicherung verbundenen hohen Kosten waren Bismarck freilich stets klar, weshalb er sie auch an eine durchgreifende Verbesserung der Finanzierungslage knüpfen wollte, nämlich insbesondere an die Einführung eines Tabakmonopols, bei dem ihn der Gedanke geleitet habe, »dass das Reich alle durch die Alters- und Invalidenversicherung entstehenden Kosten aus eigenen Mitteln tragen werde«.[38] Auch hier konnte sich Bismarck, wie allgemein bekannt ist, nicht durchsetzen. Eine aus Steuermitteln finanzierte Altersversicherung war wegen des Widerstandes im Reichstag ausgeschlossen. Es entstand vielmehr eine dezentrale, über Landesanstalten organisierte Versicherung, die von Arbeitgebern und Arbeitnehmern zu gleichen Teilen getragen wurde und zu der das Reich lediglich einen Zuschuss zahlte. Es scheiterte am parlamentarischen Widerstand von Liberalen bis hin zur SPD auch der Gedanke einer einheitlichen Rente; stattdessen wurde ein vierstufiges Modell mit unterschiedlichen Rentenhöhen eingeführt, nicht zuletzt weil die SPD darauf verwies, dass gelernte Arbeiter »andere Lebensbedürfnisse« hätten als die Tagelöhner.[39] Mit dieser Lösung war Bismarck erkennbar unzufrieden und bezeichnete sie als »parlamentarische(n) und geheimrätliche(n) Wechselbalg«.[40] Gleichwohl war die

Mehrheit im Reichstag, die das Gesetz über die Altersversicherung schließlich annahm, mit 185 zu 165 Stimmen denkbar knapp.

IV.

Bismarcks wesentliches sozialpolitisches Motiv formulierte er 1892. Nach seiner Auffassung habe »jeder Arbeiter das Recht auf ein Existenzminimum, und ich wünschte, daß ihm dies vom Staate eben in seiner Eigenschaft als Arbeiter gewährt werden sollte«.[41] Die Fähigkeit des Menschen, sich durch Arbeit selbst zu erhalten, war mithin das eigentliche Motiv einer Sozialpolitik, die dann eingreifen sollte, wenn diese Fähigkeit durch Krankheit, Unfall oder Alter nicht mehr gegeben war. Die Sicherung der materiellen Existenz war für Bismarck dabei nicht allein der springende Punkt. Die Existenzsicherung bot vielmehr zugleich die Voraussetzung für ein würdiges Leben, wie er sich vor dem Reichstag ausdrückte: »Nach dem Landrecht wenigstens soll niemand verhungern; ob es nicht dennoch geschieht, weiß ich nicht. Das genügt aber nicht, um den Mann mit Zufriedenheit auf sein Alter und seine Zukunft blicken zu lassen, und es liegt in diesem Gesetze (Unfallversicherung, W.P.) auch die Tendenz, das Gefühl menschlicher Würde, welches auch der ärmste Deutsche meinem Willen nach behalten soll, wachzuerhalten, daß er nicht rechtlos als reiner Almosenempfänger dasteht, sondern daß er ein peculium an sich trägt, über das niemand außer ihm verfügen kann und das ihm auch nicht entfremdet werden kann, über das er als Armer selbständig verfügen kann und das ihm manche Türe leichter öffnet, die ihm sonst verschlossen wird, und ihm in dem Hause, in dem er Aufnahme gefunden hat, eine bessere Behandlung sichert, wenn er den Zuschuss, den er mit hineinbringt, auch wieder entfernen kann.«[42] Erwerbsunfähigkeit konnte mithin zum Verlust der Würde führen. Die staatliche Versicherung gegen die Folgen der Erwerbsunfähigkeit war mithin auch eine Art Schutz der menschlichen Würde, die ansonsten durch die Erwerbsarbeit und die mit ihr gegebenen Einkommen gesichert war.

Das war keineswegs zynisch, sondern traf schon den Kern der Sache, zumal Bismarck im gleichen Atemzuge eine erstaunliche Sensibilität gegenüber der Behandlung von armen Menschen in ihren Familien zeigte, deren Stellung sich bereits durch kleine regelmäßige Einkünfte deutlich bessern könne: »Welche Waffe hat ein schwacher Krüppel dagegen, wenn er in die Ecke gestoßen und hungrig ernährt wird? Er hat gar keine! Hat er aber nur 100 oder 200 Mark für sich, so besinnt sich das Haus schon sehr, bevor es ihn drückt. Wir haben es bei den Kriegsinvaliden sehen können, wenn nur 6 oder 5 Taler monatlich gegeben werden, das ist für einen Armenhaushalt auf dem Land schon etwas Bares, wo die kleinrechnende Frau sich sehr besinnt, dass sie den Kostgänger, der Geld einbringt, nicht verdrießlich macht und loswird.«[43] Man mochte Bismarck vorhalten, er bezwecke mit dieser Sozialpolitik andere Ziele, doch im Grunde bestritt niemand den Kern, nämlich die bessere Sicherung arbeitender Menschen vor der Erwerbsunfähigkeit und damit dem drohenden Verlust der menschlichen Würde. Das war der Kern, und damit traf Bismarck zugleich einen sozialpolitischen wie einen ökonomischen Kernpunkt der sich durchsetzenden kapitalistischen Industriewirtschaft. Wenn die marktvermittelte Erwerbsexistenz der Regelfall wird, wenn von der Arbeitsfähigkeit der Menschen nicht das individuelle Schicksal, sondern die Produktivität der Wirtschaft und damit auch der Nationalreichtum abhängen, dann ist es ökonomisch vernünftig und sozialethisch geboten, das Risiko der marktvermittelten Existenz für den Fall abzusichern, dass eine Erwerbstätigkeit nicht mehr möglich ist.

Bismarck verknüpfte mit diesen sozialpolitischen und im Grunde auch ökonomischen Schritten politische Ziele. Namentlich glaubte er, durch eine im materiellen Interesse der Arbeiterschaft und der Unternehmer liegende Regelung – die Kosten der Sozialversicherung sollten ja nach Bismarcks Vorstellung nicht unwesentlich durch den Staat getragen werden – Unternehmer und Arbeiter unter Umständen sogar entlasten zu können und dadurch, wie gesagt, stärker an den Staat, also an das Reich zu binden. Die starke Rolle des Staates ergab sich für ihn aber nicht allein aus diesem »bonapartistischen« Interesse, sondern hatte, wie Bismarck selbst sagte, auch etwas mit der Tatsache zu tun, dass es nicht sinnvoll war, einen Versicherungszwang zugunsten privater Versicherer einzurichten. Bei der Begründung der ersten Gesetzesvorlage zur Unfallversicherung, die eine Reichsversicherungsanstalt vorsah, erwiderte Bismarck auf liberale Kritik, die für eine Einbeziehung privater Versicherer plädierte: Zu solchen Privatversicherungen »können wir nach meinem Rechtsgefühl niemand zwingen, und da möchte ich meinen Beistand dazu versagen. Das Korrelat für den Zwang bildet meines Ermessens auch die Übernahme der Versicherung durch den Staat in der Form des Reiches oder in der Form des Einzelstaates – ohne das kein Zwang!«[44] Die Stärkung der Rolle des Staates hatte also durchaus verschiedene Gründe; es ging nicht allein um die verbreitete, insbesondere von der SPD und den Linksliberalen gestreute Vermutung, Bismarck wolle ein Heer von Staatsrentnern schaffen. Für Bismarck war vielmehr klar, dass der Staat die Arbeiterschaft nicht zum Kontrahieren privater Versicherungsverträge zwingen dürfe, wobei ihm sogar August Bebel Beifall zollte. Auf die Kritik des linksliberalen Abgeordneten Eugen Bamberger, Bismarcks staatliche Zwangsversicherung ruiniere die Versicherungsgesellschaften, die sich doch um die Dankbarkeit ihrer Mitbürger bewürben, bemerkte Bismarck unter dem Beifall Bebels im Reichstag trocken: »Ich habe immer geglaubt, sie bewürben sich um das Geld ihrer Mitbürger.«[45]

Das ist zumindest ein bedenkenswertes Argument, zumal der Konflikt in ähnlicher Weise auch bei der Krankenversicherungsvorlage wieder auftauchte, wo es ebenfalls um die Frage ging, wer der institutionelle Träger der Versicherungspflicht sein sollte. War die Argumentation für die Neuschaffung staatlicher Strukturen im Bereich der Unfallversicherung insofern einfacher, als es in diesem Gebiet bislang noch keine funktionierenden Einrichtungen gab, so lag die Angelegenheit im Bereich der Krankenversicherung anders, die bereits seit den 1870er-Jahren durch eine Mischung betrieblicher und anderweitig, namentlich gewerkschaftlich organisierter Hilfskassen geprägt war. Die gesetzliche Krankenversicherung von 1883 traf mithin keineswegs eine versicherungslose Welt, sondern erweiterte die Versicherungspflicht und strukturierte das Krankenkassenwesen teilweise um, beließ es aber zu Bismarcks Unwillen bei der starken Stellung der Hilfskassen, die gerade in der Zeit nach 1883 ein wichtiger Eckpfeiler der sozialdemokratischen Welt wurden. Von der Sache her aber führte dieses Hilfskassenwesen zu einer Schwächung der Ortskrankenkassen, in denen sich die schlechten Risiken häuften, während die Hilfskassen auch deshalb beliebt waren, weil sie von den Arbeitgebern keine Beiträge verlangten, die daher nicht selten ihre Arbeiter regelrecht nötigten, zu einer der Hilfskassen zu gehen.

Die Novellierung des Krankenversicherungsgesetzes Anfang der 1890er-Jahre bereinigte denn auch die Struktur der Krankenkassen zugunsten der Allgemeinen Ortskrankenkassen; Bismarck setzte sich also nicht direkt, aber doch über die Folgen, vor denen er gewarnt hatte, durch. Kurz: Die Orientierung an staatlich garantierten Strukturen war keine reine politische Volte eines auf den Staat fixierten Mannes, der zudem nach 1878 und insbesondere nach der Wahl 1881 ohne parlamentarische Basis war und daher nach Wegen suchte, das Parlament zu entmachten. Es entsprach auch klugem Kalkül, in einer Zwangsversicherung dem Staat eine große Rolle zuzuweisen. Überdies teilte Bismarck eine Überzeugung, die in der »realistischen Zeit« jener Jahre auf breite Zustimmung stieß, nämlich die Überzeugung, es seien letztlich materielle Interessen, die das Handeln der Menschen erheblich mehr bestimmten als Ideen oder programmatische Überlegungen. Das war schon vulgärmaterialistisch, konnte sich aber der Zustimmung etwa eines August Bebel sicher sein. Auch die sozialdemokratische Bewegung ging letztlich von einem Primat der materiellen Interessen aus, denen die Menschen in ihrem politischen Verhalten folgen würden. Es war mithin nicht allein der Versuch, die Bedeutung der politischen Parteien dadurch zu schwächen, dass Bismarck auf eine Organisierung materieller Interessen etwa im preußischen Volkswirtschaftsrat beziehungsweise in einem noch zu errichtenden Reichswirtschaftsrat setzte, wie Lothar Gall vermutet. Dahinter steckte auch die tiefere Überzeugung, materielle Interessen und ihre Befriedigung seien für die Stabilität einer Ordnung zentral – worin, wie gesagt, Bebel und Bismarck, wenn auch mit anderer Betonung, übereinstimmten. Diese Zustimmung Bebels war es gerade, die Friedrich Engels ärgerte. Engels sah in Bismarcks Bekenntnis zum »Staatssozialismus«, den er zur Kennzeichnung seiner sozialpolitischen Aktivitäten bemühte, nichts anderes als die Verbrämung von schnödem Egoismus: »Es ist eine rein interessierte Fälschung der Manchesterbourgeois, jede Einmischung des Staats in die freie Konkurrenz als ›Sozialismus‹ zu bezeichnen: Schutzzölle,

Innungen, Tabaksmonopol, Verstaatlichung von Industriezweigen, Seehandlung, kgl. Porzellanmanufaktur. Das sollen wir *kritisieren*, nicht *glauben*. Tun wir das Letzere und basieren eine theoretische Entwicklung darauf, so fällt diese mit ihren Voraussetzungen, also mit dem einfachen Nachweis, daß dieser angebliche Sozialismus nichts anderes ist als einerseits feudale Reaktion, andererseits Vorwand zur Geldpresse, mit der Nebenabsicht, möglichst viele Proletarier in vom Staat abhängige Beamte und Pensionäre zu verwandeln, neben dem disziplinierten Kriegs- und Beamtenheer auch ein dito Arbeiterheer zu organisieren. Wahlzwang durch staatliche Vorgesetzte statt durch Fabrikaufseher – schöner Sozialismus! Dahin aber kommt man, wenn man dem Bourgeois glaubt, was er selbst nicht glaubt, sondern nur vorgibt: Staat sei = Sozialismus.«[46]

Die Vermutung, dass hinter Bismarcks Sozialpolitik auch eine bestimmte Vorstellung der Bedeutung materieller Interessen steckte, war zweifellos richtig. Die materielle Existenzsicherung war die Voraussetzung für soziale Integration und damit für eine stabile gesellschaftliche Ordnung, wogegen die Bedeutung reiner Ideengebäude oder politischer Programmatik verblasste. Die materielle Sicherung und damit die Ermöglichung zumindest einer basalen Teilhabe an der kaiserlichen Welt war in den Augen Bismarcks allerdings vor allem eine Frage der Erwerbsfähigkeit und der damit verbundenen Einkommen. Sollte die Erwerbsfähigkeit nicht gegeben sein, hatte der Staat einzuspringen, der sich ansonsten aber, hier war Bismarck überaus wirtschaftsliberal, aus der Gestaltung der Arbeitswelt lieber heraushalten sollte. Daher war Bismarck auch ein ganz entschiedener Gegner aller Maßnahmen zum Arbeiterschutz, durch den direkt in das Erwerbsverhältnis eingegriffen werden sollte.[47] Mit der Absicherung bei Erwerbsunfähigkeit war nach Bismarcks Einschätzung das Wesentliche getan; alle weiteren Maßnahmen hingegen erschienen ihm nur teuer und kontraproduktiv.

V.

Betrachtet man die mit dem Namen Bismarcks verbundene Sozialpolitik aus einer modernen wirtschaftshistorischen Perspektive, ergeben sich nicht völlig neue Perspektiven, aber doch gewisse bemerkenswerte Akzente. Bismarck war sich offenkundig von Anfang an bewusst, dass die regulatorischen Eingriffe, so sozialpolitisch nützlich sie sein mochten, doch in der Tendenz geeignet waren, die Arbeitskosten zu steigern und damit die Wettbewerbsfähigkeit der deutschen Wirtschaft zu schwächen. Unter den Bedingungen der konjunkturellen Baisse seit 1873 und der nur schleppend wieder anlaufenden wirtschaftlichen Erholung nach 1878, die zudem rasch von erneuten konjunkturellen Rückschlägen unterbrochen wurde, konnte eine Sozialpolitik, die die Arbeitskosten steigerte, letztlich sogar den gegenteiligen Effekt haben, nämlich die Erwerbschancen der Arbeiterschaft mindern und ihre Not vergrößern. Das war ein gewisses Dilemma, nämlich sozialpolitische Maßnahmen zu ergreifen, deren Kosten wiederum die wirtschaftliche Leistungsfähigkeit beeinträchtigen konnten. Das war der eigentliche Grund dafür, dass Bismarck die Kosten der Sozialversicherung zu großen Teilen aus Steuermitteln aufbringen wollte, in gewisser Hinsicht also die Sozialpolitik ökonomisch zu neutralisieren trachtete. Auch seine strikte Weigerung, Maßnahmen zum Arbeitsschutz (Arbeitszeitvorschriften, Sonn- und Feiertagsarbeitsverbote, Frauen- und Mutterschutz) zu ergreifen, findet hier ihre Begründung. Sie wäre, das war seine feste Überzeugung, für Kapital und Arbeit gleichermaßen schädlich, da bei kürzerer Arbeitszeit die individuellen Verdienstchancen sinken, die Arbeitskosten aber ansteigen würden. Da an eine Arbeitszeitverkürzung mit Lohnausgleich unter den Bedingungen der 1880er-Jahre nicht zu denken war, war das nur folgerichtig. Nebenher war Bismarck für manche sozialkonservativen Argumente gerade nicht offen. Dass mit entsprechenden Ge- und Verboten die Frauenarbeit überhaupt eingeschränkt werden könnte, wie es dem Zentrum vorschwebte, leuchtete Bismarck, der gegen erwerbstätige Frauen nichts einzuwenden hatte, nicht ein. Letztlich ging es Bismarck um eine Verbesserung der sozialen Lage der Arbeiterschaft durch Erwerbsarbeit von Männern und Frauen, ohne dass durch die hierfür notwendigen Schritte die Arbeitskosten stiegen. Eine solche Erhöhung hätte, davon war er überzeugt, niemandem genutzt, ja den Arbeitern durch Beschränkung ihrer Erwerbsmöglichkeiten letztlich sogar geschadet. Die Sozialdemokratie hat das als Interessenstandpunkt denunziert; der auch von Karl Marx geschätzte Ökonom Karl Rodbertus hatte aber zumindest bezüglich der Arbeitszeiten ganz ähnlich argumentiert.[48]

Die bisherigen Betrachtungen zu Bismarcks Sozialpolitik haben in der Regel deren (sozial-)politische Gesichtspunkte, insbesondere den Zusammenhang zur Politik der Bekämpfung der Sozialdemokratie hervorgehoben. Die neuere Forschung hat gezeigt, dass diese Zusammenhänge nicht so direkt waren, wie man lange Zeit vermutete. Vor allem aber sind sie nicht wirklich plausibel, denn die Risiken der abhängigen Erwerbsarbeit stellten in der Tat ein zu lösendes Problem dar, ganz unabhängig davon, wie nun die sozialdemokratische Arbeiterbewegung traktiert wurde. Die von Bismarck ins Auge gefasste kostenneutrale Lösung war ökonomisch geboten und, hat man die gegenwärtige Krise der Sozialversicherung im Auge, auch keineswegs kurzsichtig oder einseitig interessegeleitet. Die (zumindest) steuerfinanzierte Sozialversicherung war daher zunächst einfach nur eine im Rahmen des Möglichen durchaus vernünftige Lösung, die, und erst jetzt kommt deren eigentümliche Politisierung, im Grunde erst durch ihre Kritiker zu dem gemacht wurde, wofür sie lange stand, nämlich als Versuch Bismarcks, die Arbeiterschaft sozialpolitisch zu korrumpieren und damit zugleich das Reich zu stärken. Dass Bismarck die Stärke des Reiches am Herzen lag, ist unbestritten. Aber der enge Motivverdacht, der vor allem vom Zentrum, den Linksliberalen und der SPD geäußert wurde, trifft die Sache nicht, sondern war ein Abwehrargument, da man eine staatlich finanzierte Versicherung nicht wollte, sondern an den herkömmlichen Formen der Versicherung, die ja in hohem Maße eigene Vorfeldorganisationen (Hilfskassen) umfassten, festzuhalten gedachte. Die Reichstagsmehrheit lehnte im Kern aus politischen Gründen eine vernünftige Lösung ab, was nur gelingen konnte, weil man diese Lösung selbst unter Motivverdacht stellen konnte, wozu Bismarck auch Anlass gegeben hatte, nicht zuletzt mit dem Versuch, über den Preußischen Volkswirtschaftsrat die Parteien aus der wirtschaftspolitischen Willensbildung ganz zu verdrängen. Das dürfte Bismarcks Intention in der Tat gewesen sein, doch in der Frage der Sozialversicherung ging es Bismarck wohl darum, eine für die damalige Zeit ökonomisch sinnvolle und zugleich funktionsfähige Absicherung gegen die Risiken der modernen Erwerbsarbeit zu finden, eine Lösung, die zusätzlich den Vorteil hatte, das Reich in eine vorteilhafte Stellung zu bringen. Die Gegner Bismarcks hingegen wollten eine andere Lösung, weniger effizient, dafür aber stärker an den eigenen Erwartungen orientiert. Ihnen ging es vor allem darum, Bismarck zu schwächen und eine Änderung der politischen Entscheidungsstrukturen im Reich zu verhindern, sei es bezüglich der Stellung des Reiches, sei es bezüglich der Stellung des Reichstages. Das ist der Opposition gegen Bismarck auch gelungen, doch waren deren kritische Argumente gegen dessen Sozialversicherungskonzept deshalb nicht weniger von politischen Interessen geleitet. Die zeitgenössische Kritik an Bismarck eignet sich daher nur sehr bedingt zur Beurteilung des historischen Platzes der Sozialpolitik, zumal sie selbst ja überaus widersprüchlich ist. Einerseits wird Bismarck vorgeworfen, die Arbeiterschaft durch materielles Entgegenkommen zu korrumpieren, andererseits wird ihm vorgehalten, angesichts seiner Knauserigkeit gerade dies nicht erreicht zu haben. Und in der Tat, betrachtet man das Volumen der materiellen Leistungen der neuen Sozialversicherung, so ist von »Zuckerbrot« wenig die Rede, zumal sich Bismarck einem staatlichen Arbeitsschutz völlig verschloss. Hätte er die Arbeiterschaft materiell korrumpieren wollen, wäre es wohl nötig gewesen, gerade hier sehr viel mehr zu tun. Das aber wollte Bismarck nicht, dem am Schutz vor Erwerbsunfähigkeit lag, nicht aber an staatlichen Engriffen in das Arbeitsverhältnis selbst.

Insofern ist das Argument von »Zuckerbrot und Peitsche« nicht nur deshalb ungenau, weil es die Abläufe nicht ausreichend berücksichtigt und die sozialpolitischen Schritte viel zu eng an die Sozialistengesetzgebung koppelt; es trifft auch materiell nicht zu, da unter Bismarck die sozialpolitischen Leistungen des Reiches gerade nicht stark ausgebaut wurden. Es wurden vielmehr Strukturen geschaffen, die erst später teuer wurden. »Populistisch« wie etwa Adenauers Rentenreform von 1957, die dazu führte, dass kurz vor der Bundestagswahl die Renten deutlich stiegen, war das alles jedenfalls nicht. Die Realität der Gesetzgebung der 1880er-Jahre zeigt Bismarck vielmehr als einen realistischen Politiker, der das sozialpolitisch Gebotene auch zum eigenen Nutzen betrieb, dabei aber stets die ökonomischen Schranken der Sozialpolitik im Blick behielt. Die so entstandene Lösung fand Gegner in fast allen politischen Lagern, vor allem von den Liberalen über das Zentrum bis hin zur Sozialdemokratie. Deren Argumente haben das historische Bild von Bismarcks Sozialpolitik freilich bis zur Unkenntlichkeit verzerrt, wie die neuere Forschung und die entsprechenden Akteneditionen gezeigt haben. Bismarck war modern, insofern die kapitalistische Wirtschaft die mit der Erwerbsarbeit verbundenen Risiken beherrschbar halten muss. Er war liberal, sicher auch aus dem egoistischen Antrieb eines ländlichen Kleinunternehmers heraus, weil er die Kosten einer solchen Politik gering und das Arbeitsverhältnis selbst wenig reguliert wissen wollte. Er neigte schließlich marxistischen Überzeugungen zu, weil er in den materiellen Interessen die eigentliche Triebfeder des politischen Handelns sah und glaubte, über sozialpolitische Reformen politische Zustimmung gewinnen zu können. Er war schließlich pragmatisch, weil er sich auch mit »ungeliebten Kindern« und »parlamentarischen Wechselbälgern« abfand. Ohne Bismarck und die hier angesprochenen Talente, das ist sicher, wäre der Beginn des Sozialstaates in Deutschland anders verlaufen, hätte sich unter Umständen bereits im Kaiserreich eine Position durchgesetzt, wie sie die spätere Sozialpolitik kennzeichnete, nämlich ineffizient und teuer zu werden, ohne deshalb weniger politisch zu sein. Eine solche Lösung hätte das Konzept des Sozialstaates möglicherweise ruiniert bevor es sich durchgesetzt hätte. Das hat Bismarck verhindert, zumindest weitgehend.

Anmerkungen

1 Albrecht, Henning: »Die ›Nebensonne‹ in der Pflicht. Hermann Wagener als Mitarbeiter Bismarcks«, in: Gall, Lothar / Lappenküper, Ulrich (Hrsg.): *Bismarcks Mitarbeiter*, Paderborn (u.a.) 2009, S. 17–41.

2 Gall, Lothar: *Bismarck. Der weiße Revolutionär,* Frankfurt am Main / Berlin / Wien 1983, S. 604–605.

3 Vogel, Walter: *Bismarcks Arbeiterversicherung. Ihre Entstehung im Kräftespiel der Zeit,* Braunschweig 1951, S. 89–90.

4 Engelberg, Ernst: *Bismarck. Das Reich in der Mitte Europas,* Berlin 1990, S. 297–319.

[5] Pflanze, Otto: *Bismarck.* 2. Bd. *Der Reichskanzler*, München 1998.

[6] Prominent war das, zieht man die anderen Felder seines Handelns hinzu, allerdings nicht. In seinen Erinnerungen spielt die Sozialpolitik auch nur eine marginale Rolle.

[7] Vgl. die umfangreiche Quellensammlung zur Geschichte der deutschen Sozialpolitik 1867–1914, die seit 1949 in vier Abteilungen erscheint und mittlerweile fast abgeschlossen ist. Hier wesentlich sind die zwischen 1997 und 2002 erschienen Bände 4, 5, 6 und 7 der ersten Abteilung sowie der von Wolfgang Ayaß herausgegebene dritte Band der zweiten Abteilung zum Arbeiterschutz, der 1998 vorgelegt wurde. Siehe auch die Sammelbesprechung von Ritter, Gerhard A.: »Sozialpolitik im Zeitalter Bismarcks. Ein Bericht über neue Quelleneditionen und neue Literatur«, in: *Historische Zeitschrift* 265 (1997), S. 683–720. Auf zahlreiche der in der Aktenedition herausgestellten Punkte wies freilich bereits 1951 Walter Vogel hin; siehe Vogel, Walter: *Bismarcks Arbeiterversicherung. Ihre Entstehung im Kräftespiel der Zeit*, Braunschweig 1951. Die Aktenstudie entstand während des Zweiten Weltkrieges, konnte aber erst 1951 veröffentlicht werden.

[8] Miquel, Marc von: »Von Bismarcks ›Wechselbalg‹ zu Adenauers Rentenreform. Einführung in die Institutionen- und Politikgeschichte der Sozialversicherung (1880er- bis 1960er-Jahre), in: Miquel, Marc von / Stumpf, Marcus (Hrsg.): *Historische Überlieferung der Sozialversicherungsträger. Desiderate der Forschung und archivische Überlieferungsbildung*. Beiträge zu einem Workshop im LWL-Landeshaus in Münster vom 7.–8. Mai 2012, Münster 2012, S. 11–31. Siehe auch Metzler, Gabriele: *Der deutsche Sozialstaat. Vom bismarckschen Erfolgsmodell zum Pflegefall*, Stuttgart (u. a.) 2003, sowie Eichenhofer, Eberhard (Hrsg.): *Bismarck, die Sozialversicherung und deren Zukunft*, Berlin 2000.

[9] Kocka, Jürgen: *Weder Stand noch Klasse. Unterschichten um 1800*, Bonn 1990.

[10] Etwa Münch, Paul: *Lebensformen in der Frühen Neuzeit. 1500 bis 1800*, Berlin 1998, S. 304–353.

[11] Eine literarische Verarbeitung dieser Lage bei Raabe, Wilhelm: *Der Schüdderump*, Berlin 1972 [zuerst Braunschweig 1869].

[12] Ein früher Text hierzu Conze, Werner: »Vom ›Pöbel‹ zum ›Proletariat‹. Sozialgeschichtliche Voraussetzungen für den Sozialismus in Deutschland«, in: Wehler, Hans-Ulrich (Hrsg.): *Moderne deutsche Sozialgeschichte*, Köln 1976, S. 111–136, zuerst erschienen in der *Vierteljahrschrift für Sozial- und Wirtschaftsgeschichte* 41 (1954), S. 333–364.

[13] Hippel, Wolfgang von: *Armut, Unterschichten, Randgruppen in der Frühen Neuzeit*, München 1995.

[14] Ehmer, Josef: *Bevölkerungsgeschichte und Historische Demographie 1800–2000*, München 2004.

15 Pierenkemper, Toni: *Umstrittene Revolutionen. Industrialisierung im 19. Jahrhundert*, Frankfurt am Main 1996.

16 Reulecke, Jürgen: *Geschichte der Urbanisierung in Deutschland*, Frankfurt am Main 1985.

17 Hierzu Ritter, Gerhard A. / Tenfelde, Klaus: *Arbeiter im Deutschen Kaiserreich 1871–1914*, Bonn 1992.

18 Beispielhaft Gräser, Marcus: *Wohlfahrtsgesellschaft und Wohlfahrtsstaat. Bürgerliche Sozialreform und Welfare State Building in den USA und in Deutschland 1880–1940*, Göttingen 2009.

19 Vgl. hierzu Pohl, Hans (Hrsg.): *Staatliche, städtische, betriebliche und kirchliche Sozialpolitik vom Mittelalter bis zur Gegenwart*, Stuttgart 1991.

20 Vgl. hierzu Hänlein, Andreas (Bearb.): *Von der kaiserlichen Sozialbotschaft bis zu den Februarerlassen Wilhelms II. (1881–1890)*, 5. Bd. *Die gesetzliche Krankenversicherung und die eingeschriebenen Hilfskassen*, Darmstadt 2009.

21 Ganz ähnlich Stolleis, Michael: »Die Sozialversicherung Bismarcks. Politisch-institutionelle Bedingungen ihrer Entstehung«, in: Stolleis, Michael: *Ausgewählte Aufsätze und Beiträge*, 2. Bd., hrsg. von Stefan Ruppert und Miloš Vec, Frankfurt am Main 2011, S. 777–802.

22 Rudloff, Wilfried: »Bismarck und die sozialistische Arbeiterbewegung«, in: Heidenreich, Bernd / Kraus, Hans-Christof / Kroll, Frank-Lothar (Hrsg.): *Bismarck und die Deutschen*, Berlin 2005, S. 75–87, hier S. 78.

23 Ullrich, Volker: *Die nervöse Großmacht. Aufstieg und Untergang des deutschen Kaiserreichs*, Frankfurt am Main 1997, S. 65–66.

24 Hentschel, Volker: *Geschichte der deutschen Sozialpolitik 1880–1980*, Frankfurt am Main 1983, S. 9–10.

25 Als Überblick Hennock, E. P.: »Social Policy in the Bismarck Era: A Progress Report«, in: *German History* 21 (2003), Heft 2, S. 229–238.

26 Tennstedt, Florian: »›Bismarcks Arbeiterversicherung‹ zwischen Absicherung der Arbeiterexistenz und Abwehr der Arbeiterbewegung«, in: Matthöfer, Hans / Mühlhausen, Walter / Tennstedt, Florian: *Bismarck und die soziale Frage im 19. Jahrhundert*, Friedrichsruh 2001, S. 51–87.

27 Zitiert nach Rudloff, Bismarck und die sozialistische Arbeiterbewegung (Anm. 22), S. 84.

28 Bismarck vor dem Reichstag am 26. 11. 1884; hier zitiert nach Haerendel, Ulrike: »Ideas of Justice in the Foundation of the German Old Age Pension System«, in: *Bulletin of the German Historical Institute London* 31 (2009), Heft 2, S. 3–28, hier S. 14.

29 Tennstedt, »Bismarcks Arbeiterversicherung« (Anm.26).

30 Ayaß, Wolfgang: »Bismarck und der Arbeiterschutz. Otto von Bismarcks Ablehnung des gesetzlichen Arbeiterschutzes. Eine Analyse der Dimensio-

nen und Hintergründe«, in: *Vierteljahrschrift für Sozial- und Wirtschaftsgeschichte* 89 (2002), S. 400–426.

31 Grundlegend und Basis der folgenden Argumentation Ritter, Gerhard A.: »Bismarck und die Grundlegung des deutschen Sozialstaates«, in: Ruland, Franz (Hrsg.): *Verfassung, Theorie und Praxis des Sozialstaats. Festschrift für Hans F. Zacher zum 70. Geburtstag*, Heidelberg 1998, S. 789–820.

32 Evers, Adalbert / Nowotny, Helga: *Über den Umgang mit Unsicherheit. Die Entdeckung der Gestaltbarkeit von Gesellschaft*, Frankfurt am Main 1987.

33 Zur Rolle des Generaldirektors des Bochumer Vereins, Louis Baare, der eine eigene Denkschrift zur Unfallversicherung vorlegte, vgl. Tennstedt, Florian / Lohmann, Theodor: »Gesetzgebungskunst im politischen Prozess«, in: Gall, Lothar / Lappenküper, Ulrich (Hrsg.): *Bismarcks Mitarbeiter*, Paderborn 2009, S. 91–122, hier S. 98–99. Gerhard A. Ritter warnt freilich davor, den Einfluss der Industrie zu überschätzen; Ritter, Bismarck und die Grundlegung (Anm. 31), S. 803–806.

34 Siehe Tennstedt, Gesetzgebungskunst (Anm. 33).

35 Ritter, Bismarck und die Grundlegung (Anm. 31), S. 813.

36 Tennstedt, Florian: »Risikoabsicherung und Solidarität. Bismarck, Lohmann und die Konflikte um die gesetzliche Krankenversicherung in ihrer Entstehungsphase«, in: Obinger, Herbert / Rieger, Elmar (Hrsg.): *Wohlfahrtsstaatlichkeit in entwickelten Demokratien. Herausforderungen, Reformen und Perspektiven*, Frankfurt am Main 2009, S. 65–94.

37 Tennstedt, Risikoabsicherung (Anm. 36), S. 89–90.

38 Bismarck in einem Votum zur Alters- und Invalidenversicherung, 11. 09. 1887, zitiert nach Ritter, Bismarck und die Grundlegung (Anm. 31), S. 816–817.

39 Ritter, Bismarck und die Grundlegung (Anm. 31), S. 817.

40 Ritter, Bismarck und die Grundlegung (Anm. 31), S. 817.

41 Zitiert nach Rudloff, Bismarck und die sozialistische Arbeiterbewegung (Anm. 22), S. 84.

42 Bismarck, Rede vor dem Reichstag, 20. 4. 1881, abgedruckt in: Gall, Lothar (Hrsg.): *Bismarck. Die großen Reden*, Berlin 1981, S. 217–218.

43 Bismarck, Rede vor dem Reichstag, 20. 04. 1881, abgedruckt in: Gall, Bismarck (Anm. 42), S. 218.

44 Bismarck, Rede vor dem Reichstag, 20. 4. 1881, abgedruckt in: Gall, Bismarck (Anm. 42), S. 224.

45 Bismarck, Rede vor dem Reichstag, 20. 4. 1881, abgedruckt in: Gall, Bismarck (Anm. 42), S. 224.

46 Friedrich Engels an Eduard Bernstein, 12. 03. 1891, MEW, 35. Bd., S. 169–171, in: Marx, Karl / Engels, Friedrich: *Werke* (MEW) Berlin 1956–1990.

47 Hierzu ausführlich Ayaß, Bismarck und der Arbeiterschutz (Anm. 30).

[48] Vogel, Bismarcks Arbeiterversicherung (Anm. 3), S. 92. Vgl. auch Herrmann, Ursula: »Die Sozialdemokratie und die Bismarckschen Sozialgesetze«, in: Beutin, Heidi u.a. (Hrsg.): *125 Jahre Sozialistengesetz*, Frankfurt am Main 2004, S. 147–156.

Arbeit am Feindbild:
Bismarck und der altpreußische Adel in der linksliberalen und sozialdemokratischen Polemik

Heinz Reif

> *»Keine soziale Klasse hat in der deutschen Geschichte so versagt wie die preußischen Junker.«*
>
> Hans Ulrich Wehler (*Die Zeit*, 3. 11. 1995)
>
> *»Es gibt wohl keine andere gesellschaftliche Klasse, die die Theorie des »deutschen Sonderweges«, das Abweichen Deutschlands vom westlichen Demokratiemodell, besser verdeutlicht als die der ostelbischen Junker.«*
>
> Heinrich August Winkler (*Merkur* 8, 1981)

I.

Das Wort »Junkerthum«, so die *Encyklopädie der Wissenschaften und Künste* von 1852, werde »vorzüglich von jenen gebraucht, welche mit missgünstigen Augen auf den Adel sehen«; und entsprechend enthalte eine Charakterisierung als »Junker« auch stets »einen üblen Nebenbegriff«[1]. Der Blick in die wichtigsten anderen Lexika des 19. Jahrhunderts macht zwei Entwicklungen sichtbar: Zum einen die fortschreitende Verengung des Junkerbegriffs auf die alten, ostelbischen Provinzen Preußens und dessen Ritterguts- und Militäradel. Zum anderen eine kumulative, von Jahrzehnt zu Jahrzehnt immer aggressiver werdende Zuschreibung von Negativmerkmalen, die erstaunlich früh und nachhaltig in grundsätzlich verurteilende Deutungen zur Rolle der Junkerklasse in der deutschen Geschichte überging. Kurz: Sichtbar wird die mehr als ein Jahrhundert währende Konstruktion eines politischen Feindstereotyps.

Was man den Junkern letztlich vorwarf, hat Hans Ulrich Wehler in gewohnter Präzision und Schärfe auf den Punkt gebracht: Der altpreußische Adel habe sich »bis 1918 als unbelehrbar erwiesen, die längst überfälligen politischen Reformen hinzunehmen«[2]. Aus der hiermit konstatierten anhaltenden Dissonanz zwischen abstrakter Moderne-Erwartung und konkreten, enttäuschenden Politikerfahrungen gewann in der Tat die anderthalb Jahrhunderte währende Arbeit von kritischen Publizisten, Politikern und politisch engagierten Wissenschaftlern an der Konstruktion des »Junkers« als politischem Kampfbegriff und Feindstereotyp ihre nachhaltige, wirksame Dynamik. Die diskursive Produktion dieses Feindbilds, diese *Arbeit am Junker* – daneben gab es bekanntlich eine ganze Reihe anderer, weitaus weniger politisierter Junkerbilder – soll hier in ersten Umrissen dargestellt werden. Wer hat wann, aufgrund welcher konkreten politischen Erfahrungen und Interessenlagen daran mitgearbeitet? Welche Junker-Personen wurden von ihnen als Bedeutungsmagneten und Verkörperungsfiguren genutzt, die ihre politischen Zuschreibungen sichtbar, unmittelbar erlebbar und plausibel machten (beziehungsweise machen sollten)? Inwieweit stand auch Bismarck am Pranger dieser langjährigen Junkerschelte? Und inwieweit war er überhaupt ein Junker?

Für Gustav Roethe, den konservativen Rektor der Friedrich Wilhelms Universität Berlin, Professor für Deutsche Philologie und Präsident der Goethe Gesellschaft Weimar, gab es hier 1922, allerdings, wie zu erwarten, in durchweg positivem Sinne, keinen Zweifel: Bismarck sei die »höchste Verkörperung des ostelbischen Junkerthums« gewesen.[3] Für den Bismarck des kritischen Junker-Diskurses ist die Antwort nicht ganz so einfach: Er entstammte einer alten märkischen Gutsadelsfamilie und führte vor seiner politischen Karriere, wie seine adligen Gutsnachbarn und politischen Freunde, mit Kniephof und Külz in Pommern sowie dem väterlichen Gut Schönhausen in der Mark drei arbeitsaufwendige Gutswirtschaften. Er wurde von seinen Gegnern, den Liberalen, Demokraten und später auch Sozialdemokraten, vielfach als »Junker« angegriffen. Er hat selbst (und seine Standesgenossen folgten ihm schon bald darin) mit einer für ihn charakteristischen ironischen Umdeutung des negativen Junker-Stereotyps dieses Schmähwort zum Ehrentitel erhoben und von sich wie seinen Freunden als Junkern gesprochen. Und er war in Erscheinung wie Habitus gleichsam dazu prädestiniert, von einer kritischen politischen Öffentlichkeit zur Verkörperung des ostelbischen Ritterguts- und Militäradels, zum Junker, aufgebaut zu werden, das heißt: die seiner Herkunftsgruppe zugeschriebenen kritischen politischen Bedeutungen wie ein Magnet auf sich zu ziehen und anschaulich-eindringlich zu repräsentieren:[4] Sein hünenhafter, wuchtiger Körper, der zunehmend an Umfang gewann; sein massiver Schädel mit stark ausgeprägter Kinnpartie, darüber ein buschiger Schnurrbart (in jüngeren Jahren Vollbart); die stark vorgewölbten Augen, sein stets offensiver, herausfordernder Blick und früh eine hohe Stirn. Zu feierlichen Anlässen erschien Bismarck stets in Militäruniform mit Säbel, Pickelhaube oder Offiziersmütze und kniehohen Stiefeln, auf dem Gutshof trug er dagegen, zumal nach seiner Entlassung, lange dunkle Mäntel, Schlapphut und Spazierstock, und war stets in Begleitung mehr oder weniger riesiger Kampfhunde. Im politischen Raum, insbesondere in kritischen Konfliktlagen, trat er schneidig, selbstbewusst, arrogant, streitfreudig und häufig bewusst provokativ auf. Seine enorme Trink- und Esslust regte ebenso zu junkertypisierenden Zuschreibungen an wie später seine Launen und cholerischen Ausbrüche. Kurz: Bismarck war zur Veranschaulichung und plausiblen politischen Typisierung der Klasse des altpreußischen Guts- und Militäradels, der Junker, vorzüglich geeignet, ein Glücksfall auch für die Karikaturisten.

Andererseits war Bismarck aber weder die alleinige, noch die ständige Projektionsfigur für die junkerkritischen Zuschreibungen. Zum einen gab es mit Friedrich August Ludwig von der Marwitz, dem adeligen Frondeur und Gegner Hardenbergs, der vom Frühliberalismus zum Reaktionär, von seinen späteren Anhängern zum Begründer des preußischen Konservatismus modelliert wurde, schon in der preußischen Reformzeit einen »Prototyp des preußischen Junkers«.[5] Zum anderen war Bismarck aber auch in dem Maße, in dem er sich von seinen hochkonservativen Freunden löste und zum »weißen Revolutionär« (Henry Kissinger, 1968, s. in diesem Band – Der Hrsg.) wurde, spätestens also seit 1864, für eine liberale Kritik des feudalen Junkers nicht mehr der geeignete Adressat. Doch genoss er hier letztlich nur eine begrenzte Schonzeit, galt doch die 1876 zur Partei der Agrarier umorientierte Deutschkonservative Partei nicht zu Unrecht als Partei Bismarcks und die protektionistische Agrargesetzgebung von 1878, die Liberale wie Sozialdemokraten empörte, als seine Morgengabe. Spätestens seit diesem Wendejahr wurde er für die linksliberale wie sozialdemokratische Junkerkritik wieder zunehmend zur junkerlichen »Verkörperung des Antiliberalismus« (Christian Jansen, 2004) und Antisozialismus sowie zum Protektor des altpreußischen Adels als der wichtigsten Stütze der Monarchie. Nach Bismarcks Entlassung folgte ihm in der Funktion der Verkörperung des konservativ-aggressiven Junkers und des Magnetbergs kritischer politischer Junkerzuschreibungen, schließlich als Dritter im Bunde der westpreußische Rittergutsbesitzer und Politiker der Deutschkonservativen, später dann der Deutschnationalen, Elard von Oldenburg-Januschau, die in Erscheinung, Auftreten und wohl auch Intelligenz weitaus gröbste Variante dieser die Junkerkritik auf sich ziehenden Figuren des altpreußisch-ostelbischen Guts- und Militäradels.

II.

Am Anfang des schnell wachsenden Arsenals »übler Nebenbegriffe« des kritischen Junkerbilds stand die spektakuläre Widerstandsaktion des Guts- und Militäradligen Friedrich Ludwig August von der Marwitz gegen den Reformkurs Hardenbergs 1811, die ihm und seinem Standesgenossen von Finckenstein Festungshaft einbrachte.[6] Zusammen mit der führenden Rolle altpreußischer Adeliger in dem geheim tagenden gegenreformerischen *Kronprinzenkreis* wurde dieser Konflikt den Liberalen und Demokraten in den Jahren der politischen Restauration Preußens zum Symbol für einen Junkeradel, der teils in der altständischen Tradition des Frondeurs, teils im Brückenschlag zu Hofkreisen die Reformen, insbesondere die Verfassungs-, Verwaltungs-, Agrar- und Militärreform, zu seinem Vorteil umgebogen, verwässert und zum Teil sogar blockiert hatte. Gegen diese empörende Entwicklung brachten sie Tinte und Feder in Stellung. Das kritische Junkerbild entstand und das Feld seiner kritischen Begriffe und politischen Deutungen differenzierte sich fortan Schritt für Schritt weiter aus.

Der nassauische Reichsfreiherr und altständisch-liberale preußische Reformbeamte vom Stein ordnete seine Kritik am altpreußischen Adel im Konfliktjahr 1811 in einen Ost-West-Gegensatz ein: Dieser Adel sei zu zahlreich, ungebildet und insgesamt »der Nation lästig«, weil er auf seinen Vorrechten beharre. Es seien die »sandigen Steppen« und »dürren Ebenen der Kurmark«, und damit »ein karger Nährboden, der diese pfiffigen, herzlos hölzernen, halbgebildeten Menschen« hervorbringe. »Welchen Eindruck können ihre dürren Ebenen auf das Gemüth der Bewohner machen? wie vermögen sie es aufzuregen, zu erheben, zu erheitern? was kündigen sie an? Kümmerliches Auskommen, freudenloses Hinstarren auf den kraftlosen Boden, Beschränktheit in den Mitteln, Kleinheit in den Zwecken.«[7] Das waren Grundzüge des Junkerbildes, die bis in das 20. Jahrhundert hinein als Fremdzuschreibungen wirksam blieben: ein wenig bevölkertes Land; riesige, stagnierende Gutswirtschaften auf kargen Sandböden; ein kulturloses Kolonialland mit harten Lebens- und Überlebensbedingungen für alle: Gutsherrn, Bauern und Landarbeiter.

Der frühliberale politische Publizist Joseph Görres fügte 1819 diesem Bild weitere Facetten hinzu: Erbost über den Widerstand des Adels gegen die von Hardenberg versprochene Verfassungsreform attestierte er den Junkern eine »Thorheit des leeren Hochmuts« sowie »Aufgeblasenheit hohler Eitelkeit« und resümierte, die Niederlage dieses Adels erwartend: »das ganze dünkelhafte, anmaßliche Junkerthum ist die Fabel, auch der Spott der Zeit geworden.«[8]

Als 1839 und 1844 zwei demokratische Publizisten und Junghegelianer, Jacob Venedey und Ludwig Buhl, sich in ihren Preußen-Büchern auch mit Preußens Junkern auseinandersetzten, resümierten sie vor allem enttäuschte Erwartungen, wurde zugleich aber auch ihre Junkerkritik schärfer: Venedey geißelte wie Buhl das Scheitern der beiden Hardenbergschen Versprechen einer konstitutionellen Verfassung, die lediglich Vortäuschung demokratischer

Partizipation durch ein schon auf der Provinzebene abgebrochenes, kaum reformiertes System neoständischer Vertretung, das allein dem Rittergüter besitzenden Geburtsadel Einfluss einräumte, dem ebenfalls privilegierten bürgerlichen *Bodeneigentumsadel* dagegen nur eine nachrangige Stellvertreterposition belassen, vor allem aber »die Königsmacht unangetastet« gelassen hatte. Besonders empörend erschien ihm die Protektion, die die Junker bei Kronprinz und König im Militärbereich gewonnen hatten: »Eine Neuerung jener scheinliberalen Zeit war die Aufhebung der Vorrechte des Adels« im Reformgesetz von 1809. Davor habe gegolten, »dass nur adelige Junkerchen würdig seien, als Offiziere die bürgerlichen Gemeinen zu commandieren.« Heute sei aber »auf Schleichwegen« wieder »dasselbe Resultat« erreicht, dass nämlich erneut »die unendliche Mehrzahl aller Offiziere Junker sind«, und zwar vor allem Söhne der nicht-wohlhabenden Junkerfamilien. Der Junkergeist, und damit der »Geist der Subordination«, so sein Resümee, sei »gegenwärtig wieder der in diesem Institut herrschende«.[9]

Noch stärker als Jacob Venedey mit seinem Befund junkerlicher Schleichwege-Strategien hat Ludwig Buhl, bei aller Enttäuschung, die strategische Anpassungsfähigkeit der Junker erkannt, wenn auch nicht anerkannt. Aus einer »ständischen Niederlage« heraus hätten sie sich zur »Stütze des Throns« umgestaltet.[10] Mit der Behauptung, »im Alleinbesitz der kriegerischen Talente zu sein«, sei es trotz des Wegfalls aller »Standesvorzüge« schnell wieder zu »junkerlicher Militärdominanz« gekommen. Auch auf die Gefahr künftiger Attacken des Reformbeamtentums hätten sie eine wirksame Antwort gefunden: »Der Adel invadiert das Beamtentum und wird selbst Beamtentum«. Mit der Torso gebliebenen, echte Partizipation ausschließenden neuen Verfassung sei der »Ritteradel […] als herrschende Klasse anerkannt«. Selbst das noch nicht eingelöste Versprechen einer reichsständischen Verfassung würde, auf dieser Linie fortgesetzt, nur den »Abschluss der Adelsherrschaft« bedeuten. Kurz: Die Reformen seien durchweg gescheitert: »der Adel ist die privilegierte und herrschende Macht in unserem Staaten-Verbande«, eine Kaste, die alle ihre »gesetzlichen Vorrechte und einen bedeutenden Einfluss aus den Stürmen ungünstiger Zeiten gerettet hat.« Buhl stellte diesen Erfolgen der »privilegierten Kaste« der Junker aber zugleich zukunftsgewiss deren Verluste gegenüber (»Aber ebenso wahr ist es auch, daß er Verluste erlitten hat.«) und schloss diesen Vergleich mit einer ebenso optimistischen wie aggressiven Prognose zur Zukunft des altpreußischen Ritterguts- und Militäradels: »Aber ihre Herrschaft ist eine künstlich erhaltene, künstlich wiederhergestellte, auf künstlichem Stützen beruhende.« Die öffentliche Meinung sei schon »von ihm abgefallen«. Die jüngsten Bauernunruhen in Schlesien deutete er als Fanal: »Ohne Prophet zu sein, glauben wir indes an das Eintreten des ersteren Falls«, nämlich dass in Kürze »der Adel [...] vernichtet« werde. Die enttäuschten Erwartungen an die inzwischen gescheiterten Reformen schlugen bei den die »Junker« bekämpfenden Demokraten und Liberalen in den 1830er- / 40er-Jahren erstmals in Vernichtungsvisionen um.

III.

Gegen diese Erwartung einer nahenden Götterdämmerung der Junker setzte Bismarck dann mit seinen provokativen, die Verfassungsdiskussion blockierenden Auftritten auf dem Vereinigten Landtag im Juni 1847 einen ersten spektakulären Kontrapunkt. Diesem folgte im Juli 1848 die Initiierung des von seinen Gegnern als »Junkerparlament« verspotteten »Vereins zur Wahrung der Interessen des Grundbesitzes«, ein erster, damals noch erfolgloser Versuch, den ländlichen Grundbesitz insgesamt auf der Basis seiner »agrarischen«, rein materiellen Interessen, letztlich aber die ländliche Welt insgesamt unter der Fahne des Konservatismus zu sammeln. Und schließlich blieb der Öffentlichkeit auch Bismarcks Rolle in der Gegenrevolution nicht verborgen, mit der die Junker, insbesondere die altpreußisch-adelige Militärführung, den zeitweilig schwankenden König wieder in das Defensivbündnis von Krone und Adel zurückgeholt hatten, wodurch – auch in der Sicht des damaligen *Gerlachianers* Bismarck – die Säulen einer aristokratischen staatlichen und gesellschaftlichen Ordnung »von Gottes Gnaden« erneut bestätigt und befestigt wurden.[11]

Die Junker waren in den Krisenjahren 1847 / 48 nicht vernichtet worden, sondern entgegen allen liberalen und demokratischen Erwartungen aus diesen Wirren politisch und organisatorisch gestärkt hervorgegangen. Den Ende Juni 1847 aufgelösten Vereinigten Landtag verließ »Bismarck mit dem Ruf eines erzreaktionären Junkers«.[12] Im Verlauf der Revolution rückten neben ihm dann aber zunehmend die Junker insgesamt ins Zentrum liberaler und demokratischer Kritik. In den Debatten der Paulskirche um die Abschaffung des Adels war es allein dieses »Junkerthum«, das als Schattenseite des deutschen Adels herhalten musste. Mit der demonstrativen erneuten Privilegierung der Junker als »alter und befestigter Grundbesitz« in der Konstruktion des Herrenhauses 1854 und deren bis zum Staatsstreich Bismarcks im Heeres- und Verfassungskonflikt um 1860 reichenden Blockade aller Versuche liberaler Verfassungsreform und Stärkung des Parlaments wurde Junkerkritik, in deren Hintergrund stets auch Bismarck präsent blieb, in Preußen zu einer Art *ceterum censeo* jeder politischen Argumentation von Liberalen wie Demokraten. Selbst in Theodor Mommsens Römischer Geschichte, die 1854/56 erschien, tauchten die lateinisch *nobiles* genannten politischen Amtsträger Roms als »Junker« auf.

IV.

In den 1880er-/90er-Jahren gewann die liberale Arbeit am Junkerbild in der Auseinandersetzung mit Bismarcks Agrarprotektionismus, dem Sozialistengesetz und seinen Sozialreformen eine neue Qualität; und parallel dazu fügte eine schnell an Dynamik gewinnende sozialdemokratische Junkerkritik diesem Feindstereotyp weitere wichtige Facetten hinzu. Liberale Juristen und Politiker wie Hugo Preuß, Vertreter der neu aufkommenden Nationalökonomie von Lujo Brentano, über Ferdinand Tönnies bis Werner Sombart, und der Soziologie, hier vor allem Max Weber, bemächtigten sich nun des Junkerthemas. Ein Grundmotiv dieser Kritik war ihnen allen gemein: Der fortschrittliche, freisinnige, demokratische Liberalismus verlor große Teile seiner bürgerlichen Wähler und damit politisch schnell an Boden; der konservative Adel aber, der Junker, dem man so lange und großmütig Zeit zum Lernen und zum schrittweisen sanften Verschwinden eingeräumt hatte, hielt sich gegen alle diese Erwartungen an der Macht. Sein Ansehen konnte sogar, wie Werner Sombart 1913 missmutig feststellte, »nicht größer sein«.[13] Das verlangte nach Erklärung und nach einem Aufweis der hohen Kosten dieses nichtliberalen Entwicklungspfads Preußen-Deutschlands in die letztlich doch unvermeidbare bürgerlich-industriekapitalistische Gesellschaft.

Hugo Preuß, der die erste Geschichte der Selbstbehauptung der Junker seit den Stein-Hardenbergschen Reformen schrieb, lieferte 1897 dazu ein erstes erklärendes Geschichtskonstrukt:[14] Die Junker hätten die Umwandlung in einen modernen politischen Adel nach englischem Vorbild bewusst verweigert, ihre hartnäckig verteidigten politischen Privilegien gezielt zur Steigerung ihrer wirtschaftlichen Macht genutzt und zudem die Bourgeoisie, ein »Zeugnis beispielloser Untätigkeit«, durch eine »entente cordiale« zu dominieren gewusst. Sie hätten das Bürgertum vom Weg fortschreitender Demokratisierung abgelenkt, die liberale Bewegung gespalten und den größeren Teil des Bürgertums in Orientierung wie Verhalten feudalisiert. Zu lösen sei diese »Junkerfrage«, die »entscheidende Frage unserer inneren Politik«, deshalb heute nur noch »in einem Sinne, der Vernichtung des Junkerthums«, dieses »verwesenden Glieds am sozialen Körper«. Die Junker hätten im 19. Jahrhundert im Grunde nur Niederlagen erlitten, aber »von jedem Erfolg, der gegen sie errungen ward, haben sie Vortheil zu ziehen gewusst«.

Werner Sombart sah die Ursachen »dieses eigentümlichen Phänomens« eines auf lange Sicht und entgegen allen Erwartungen noch einmal gestiegenen Ansehens der Junker ebenfalls in der Feudalisierung großer Teile des Bürgertums (»Unserer Bourgeoisie höchstes Ziel ist es geblieben, – Junker zu werden. Dadurch aber ist die feudale Klasse einem unausgesetzten Verjüngungsprozess unterworfen.«) und dessen »gänzlichem Mangel an Willen zur Macht«.[15] Er fügte diesem Erklärungsansatz aber zwei weitere Facetten hinzu: Zum einen sei die »Verschmelzung zwischen dem jungen Geldadel und dem alten Grundadel« allein den Junkern zugute gekommen, habe »Macht und Ansehen« sich »das Geld [...] untertan« gemacht. Zum anderen hätten sich die Junker als »geborene Führer« an die Spitze der »organisierten Defensivbewegung aller antikapitalistischen Elemente« gesetzt. Ökonomisch sah Sombart die Junker allerdings auch

1913 weiterhin fest in der Tradition einer bäuerlich-vorkapitalistischen *moral economy* des Anspruchs auf »standesgemäßen Unterhalt«. Da dieser Haltung »alles Rechenhafte, alles Rationalistische, alles Geldmäßige« fremd sei, könne dies, so die Erwartung des Wirtschaftswissenschaftlers, letztlich nicht gut gehen. Das Obenbleiben der Junker sah er deshalb auf wackligen Füßen. Im Unterschied zu Preuß empfahl er, nicht die Junker zu »vernichten«, sondern deren schleichende Selbstauflösung weiter abzuwarten.

Es war Max Weber, der in einer Folge von Studien und tagespolitischen Aufsätzen dieses junkerzentrierte Geschichtsbild analytisch weiter vertiefte. Weber, der von den Junkern als politischer Klasse durchaus beeindruckt war, schrieb dieser, über Preuß und Sombart deutlich hinausgehend, eine Reihe weiterer Fehlentwicklungen des Deutschen Reiches zu:[16] Politisch entbehrlich und ökonomisch dem bürgerlichen Industrie- und Finanzkapital hoffnungslos unterlegen, als landwirtschaftliche Unternehmerklasse inzwischen sogar »im ökonomischen Todeskampf«, blockiere diese sinkende Klasse durch ihre reaktionäre Politik die notwendige Synchronisierung von wirtschaftlicher und politischer Macht, das Einrücken des Bürgertums in die führenden funktionalen Positionen der Gesellschaft, die integrationsfördernde Durchsetzung der Demokratie, insbesondere des freien und gleichen Wahlrechts, und die Fortentwicklung des Reiches vom Agrar- zum Industriestaat. Kurz: Sie verhindere diejenige Dynamisierung der Gesellschaft, die zum Überleben der deutschen Nation und der Bewährung des preußisch-deutschen Machtstaates im Kampf der imperialen Staaten unverzichtbar sei. Durch ihre Bildung von riesigen, fideikommissarisch gebundenen, der Marktkonkurrenz entzogenen Latifundien förderten sie die Landflucht, die Entvölkerung und Polonisierung des Deutschen Ostens, die Auflösung der deutschen Wehrkraft gerade an der kritischen Ostgrenze, vor allem aber den Rückzug der dynamischen, wagemutigen bürgerlichen Unternehmer, die man für den nationalen Kampf um einen Platz an der Sonne so dringend brauchte, in satte feudalisierte ländliche Rentnerexistenzen. Dieses junkerlich-bürgerliche Machtkartell, so Webers Prognose, werde die staatliche Führung, die höhere Beamtenschaft und das Offizierskorps, in eine Eiszeit bürokratischer Routine, ökonomischer Stagnation und Herrenreiter-Arroganz führen.

Ferdinand Tönnies, der 1912 in der viel gelesenen *Neuen Rundschau* eine ähnlich scharfe, aber weniger elaborierte Junkerkritik veröffentlichte, machte auf einige Entwicklungen aufmerksam, die Weber so nicht gesehen hat und deshalb in den weiteren, stark von Webers Analyse bestimmten liberalen Junkerdiskurs auch nicht eingegangen sind:[17] insbesondere auf den junkerlichen Militär- und Beamtenadel und dessen Verbürgerung als Folge seiner »städtischen Lebensweise«, darauf, dass inzwischen »die Erwerbstätigkeit, oder noch praktischer ausgedrückt, das Geschäft, auch für den Adel in den Vordergrund seiner Interessen gerückt« sei, und dieser, durchaus ökonomisch-professionell, ebenfalls »eine möglichst hohe Rente« anstrebe; schließlich auch darauf, dass in diesem »deutschen Adel, alt und jung, vorzügliche Begabungen gerade für politisches Wirken anzutreffen« seien.

Die von Franz Mehring und Franz Maurenbrecher angeführte sozialistische Publizistik der Jahrhundertwende suchte zunächst einmal die »Hohenzollernlegende« vom Kopf auf die Füße zu stellen.[18] Nicht die glänzenden Monarchen der Hohenzollerndynastie allein hätten mit den – von ihnen gezähmten – Junkern den Prozess der absolutistischen Staatsbildung vorangetrieben. Vielmehr habe, so die These, ein permanent neu ausgehandelter Herrschaftskompromiss zwischen beiden den Adel in Gutsherrschaft, Militär und Regierung langfristig so stark gemacht, dass Preußen mit der Zeit zu einer monarchisch verschleierten »Junkerrepublik« geworden sei, mit enorm belastenden Folgen für die von den Liberalen wie Sozialdemokraten damals, allerdings wenig erfolgreich, politisch umworbene Landbevölkerung Ostelbiens. Bauern und Landarbeiter seien, da die Patrimonialgerichte und gutspolizeilichen Bezirke dort weiter fortbestanden, auch im 19. Jahrhundert der krassesten Ausbeutung ausgeliefert. Die von Franz Mehring resümierte junkerzentrierte Geschichtsdeutung der Sozialdemokraten kam, wenn auch klassenkämpferisch gröber gestrickt, der der Linksliberalen recht nahe: »die ostelbische Junkerherrschaft« laste »als erstickender Alp auf dem deutschen Kulturleben. […] In wechselnden Formen haben sich die ostelbischen Junker immer wieder oben gehalten, in erster Linie dank der mangelnden Kraft oder dem mangelnden Willen des deutschen Bürgertums, dann auch dank der Gunst oder der Ohnmacht der preußischen Krone und nicht zuletzt dank der stierköpfigen Hartnäckigkeit, womit sie jedes Interesse der Nation zertreten, sobald es ihre Klasseninteressen gefährdet.«

Konkret geißelte Mehring neben der protektionistischen Agrarpolitik, die in den Städten die Nahrungsmittelpreise in die Höhe trieb, vor allem die ungebrochene »Gutsherrlichkeit« der Rittergutsbesitzer, in der Sozialdemokraten wie Liberale den Hauptgrund für ihre bescheidenen Wahlerfolge bei der ostelbischen Landbevölkerung sahen. Ebenso nachhaltig wirkte allerdings auch die von ihm und anderen sozialdemokratischen Publizisten vorangetriebene Charakterologie des Junkers: die Stereotype des Bauernlegers, des Lohndrückers, des Leute-Schinders, des rücksichtslos die Felder der Bauern verwüstenden, arroganten Jagdherrn, des mit Peitsche und Stock die Bauern prügelnden Gutsherrn, des ungebildeten, dickfelligen, clownesken Sonderlings etc.

Der ordoliberale Wirtschaftswissenschaftler Wilhelm Röpke setzte diese Arbeit am Charakter des Junkers im Exil später nahtlos fort, als er den Typus des »Kolonialdeutschen« entwarf, der sich allgemein »durch Härte, Entschlossenheit, Wendigkeit, Wachheit und bis zur Skrupellosigkeit gehende Lebenstüchtigkeit« auszeichne. In den oberen Schichten sei »die Gewohnheit des Befehlens« charakterprägend geworden, wodurch sich der Junker grundlegend vom »Typus des weitherzigen und kultivierten Grandseigneurs im Westen« unterscheide. Im Grunde sei der Junker ein »Bauer mit Monokel«, »in dem sich kleinliche Gewinnsucht und Schlauheit des schlechten Bauerntyps mit der Arroganz und dem herrschaftsbewährten Geist der Feudalherren« verbinde: »Tatsächlich ist die Art des preußischen Junkers, sein herrisches Auftreten, sein Dünkel, sein Mangel an Takt und Einfühlungsgabe, sein Herausschinden jedes kleinen Vorteils, das sich sogar im Privatleben Bismarcks und Hindenburg so peinlich bemerkbar macht, seine Verschlagenheit u. a. für vieles verantwortlich zu machen, was den Preußen und den verpreußten Deutschen so verhasst gemacht hat.«[19]

V.

In der emotional aufgeladenen Propaganda der Alliierten wurde die linksliberal-sozialdemokratische Sicht der militaristischen, politisch-reaktionären »ostelbischen Junker« im Verlauf zweier Weltkriege noch einmal krass überzeichnet und schließlich zum Kerntopos des Narrativs über das vom rechten Wege abgewichene Deutschland. Spätestens seit 1944 stieg auf dieser Grundlage die politische Entmachtung der Junkerklasse und ihre Vernichtung durch Auflösung ihrer Rittergüter für die Sowjetunion wie die Westalliierten zu einem der zentralen Kriegsziele auf.[20] Die USA hatten die linksliberal-sozialdemokratische Kritik schon 1914/18 als *Junkerism* in das Arsenal ihrer propagandistischen Kampfbegriffe aufgenommen und die Junker zur Verkörperung des deutschen Militarismus, wie des Militarismus allgemein, erhoben. Im Zweiten Weltkrieg wurden die Bilder vom Junker noch einmal dunkler. Da dieser amerikanische und britische Junker-Diskurs nicht unerhebliche Auswirkungen auf die Forschungsmodelle der bundesrepublikanischen Geschichtswissenschaft gehabt hat, sei er hier als letzte Stufe einer anderthalb Jahrhunderte währenden politikkritischen Arbeit am politischen Kampfstereotyp des Junkers am Beispiel ausgewählter Autoren kurz vorgestellt:

Der amerikanische Nationalökonom und Soziologe Thorstein Veblen beschrieb in einem 1915 erschienenen Buch Deutschland – in der konzisen Zusammenfassung des amerikanischen Historikers Henry Cord Meyer – »as a dynastic, authoritarian state impelled by age-old predatory military instincts« und durch »the persistent semifeudal social values and political aims of a slowly declining agrarian aristocracy; the pride and social power of a highly competent warrior caste armed by the new technology, but not derived from it«.[21]

Gegen Ende des Zweiten Weltkriegs und kurz danach wurden die junkerkritischen Stimmen dann schrill. Der sozialistische, 1938 aus Österreich in die USA emigrierte Wirtschaftshistoriker Alexander Gerschenkron publizierte 1943 seine von der Rockefeller Foundation geförderten Forschungen über die Junker von der Reichsgründung bis zur Machtübernahme Hitlers, mit dem Untertitel *Latifun-*

dia perdidere Germaniam und machte darin eine demokratische Erneuerung Deutschlands wie auch den künftigen Weltfrieden insgesamt von der »radical elimination of the Junkers as social and economic group« abhängig. Man dürfe nicht vergessen, dass »primarily the Junkers [...] lifted Hitler into the saddle«.[22] Und im United Kingdom knüpfte der Historiker A. J. P Taylor, der 1955 seine Bismarck-Biografie abschloss, mit einer 1945 publizierten Studie *The Course of German History since 1815* nahtlos an diese amerikanische Junkerdeutung an, wenn er erklärte, die preußischen Junker seien »politically in the stone age«, aber wirtschaftlich und organisatorisch im Zeitalter von Stahl und Elektrizität. Im Grunde seien sie »barbarians, who had learned to handle a rifle and still more bookkeeping by double entry«, aber »untouched by European civilization«.[23]

Aus einer Reihe einander recht ähnlicher radikaler, propagandistischer Junker-Konstrukte ragt das 1945 in New York erschienene Buch *The Junker Menace*, das den Junkern eine besonders große Fülle von (zum Teil widersprüchlichen) Extremhaltungen zuschreibt, noch einmal ein Stück weit heraus:[24] Sein Autor, Frederick Martin Stern, war ein 1933 in die USA emigrierter linksliberaler Schriftsteller, sein Vater Isidor Stern ein erfolgreicher Posener Unternehmer, renommierter liberaler Sozialpolitiker und enger Freund Friedrich Naumanns, Theodor Heuss und Franz Oppenheimers. Die hier den Junkern zugeschriebenen Charakterzüge reichen von »(looking) with disdain upon the liberal arts and sciences« und »spending their days riding, hunting and drinking« (den selbstgebrannten Kartoffelschnaps) bis hin zu den Vorwürfen, nicht nur den Geist der gesamten preußischen Armee, sondern mit ihrer »Herrenmoral« auch die Untertanenmentalität des ganzen deutschen Volkes geprägt und letztlich das »monster« Hitler an die Macht gebracht zu haben: »Through Hitler they expected to recover their power.« Nur durch »Rooting out the Junkers [...], the wholesale physical removal of the Junkers from their estates«, die Vertreibung aller Junker aus den Offiziersstellen und die Zerstörung aller »memorials to dynastic and Junker power« sei ein wirklicher Neuanfang möglich. Der Anschlag des 20. Juli 1944 ändere an der weiter fortbestehenden Junkergefahr nichts. Bismarck, dem »shrewdest of all Junkers«, gestand der Autor das zweifelhafte Verdienst zu, die Junker aus dem vormärzlichen

Klima des Adelshasses wieder in eine von den »middle classes« anerkannte politische und gesellschaftliche Vorzugsstellung zurückgeführt zu haben.[25]

VI.

Hans Rosenberg, der wohl wichtigste Vordenker der westdeutschen Sonderwegs-Geschichtsschreibung, damals Professor in New York, hat 1946 im *American Historical Review* Frederick Martin (Sterns) Studie als »flimsy and violently prejudiced concoction« scharf kritisiert und den Autor als »exile finder, playing in the tasteless and unconvincing role of what purports to be an American Superpatriot« dargestellt.[26] Aber auch er arbeitete damals schon daran, in »einer umfassenden Sozialgeschichte« die »autoritäre Herrschaftstrias des ostdeutschen Großgrundbesitzertums, der preußischen Staatsbürokratie und des von adeligem Standesgeist erfüllten Offizierscorps« als »Inkarnation historischer Vorbelastungen« darzustellen, die »entscheidend« zum »Ende der Weimarer Republik« und zum »Übergang zum nationalsozialistischen Gewaltsystem« beigetragen hat.[27] Dieses Buch hat er nicht geschrieben. Doch erschien 1958 der wegen seiner starken Formeln und Thesen, vor allem aber wegen seiner Deutung des Verlaufs der deutschen Geschichte im Vergleich zur westlichen Entwicklung außerordentlich folgenreiche Aufsatz zur »Pseudodemokratisierung der Rittergutsbesitzerklasse«, mit dem er sich entschieden in die politische Kampftradition der Linksliberalen und Sozialdemokraten gegen das Junkertum einordnete, die hier in unserem Überblick dargestellt wurde. Alle auf diesem langen Weg entwickelten Thesen zum Junker tauchten in diesem Aufsatz wieder auf: die ständig neuen Herrschaftskompromisse zwischen frondierenden Junkern und den Hohenzollernmonarchen, die die Junker immer wieder verjüngende Verschmelzung der starken adligen mit den schwächeren bürgerlichen Rittergutsbesitzern, das Bündnis von agrarischen und industriellen Eliten, der Bismarck'sche Agrarprotektionismus zur Rettung seiner zu moderner Landwirtschaft nicht fähigen Standesgenossen, deren »ökonomischer Todeskampf« um 1900, die »Feudalisierung« des zur Machtübernahme unwilligen

Bürgertums und die politische Manipulation der Landbevölkerung durch das junkerliche Tragen einer »demokratischen Maske« (Pseudodemokratisierung). Als Endergebnis dieser Entwicklungen dann: »die politische Umorientierung der machtgewohnten, machthungrigen und schließlich kopflos werdenden Junker in Radikalisierung, konspirative Taktik und hemmungslose Demagogie«, in »das Abschwenken zum politischen Abenteurertum, das Hineinrutschen in das Dritte Reich« und damit in »ein grässliches Fiasko«.[28]

Durch eine anderthalb Jahrhunderte währende, von Enttäuschungen über das Nicht-verschwinden der altpreußischen adligen Machtelite vorangetriebene Arbeit von Linksliberalen und Sozialdemokraten am politischen Kampfbegriff des Junkers und durch dessen langfristige, zunehmend stärker verzerrende emotionale Aufladung mit »üblen Nebenbegriffen« hatte dieser Begriff Schritt für Schritt seinen Realitätsgehalt verloren. Im Rückblick ist es deshalb nicht leicht nachvollziehbar, dass eine ganze Generation von Historikern in den 1960er- / 70er-Jahren diesen überalterten Kampfbegriff, fast ohne Bemühen um eine vorherige historische Überprüfung und inhaltliche Neubestimmung zur Kernkategorie ihres sozialhistorischen Leitnarrativs, des Konzepts eines *deutschen Sonderwegs*, erhoben hat. Und dass es zudem so lange dauerte, bis die auf die Junker bezogenen starken Thesen dieses Geschichtskonstrukts, die heute weitgehend widerlegt sind,[29] empirisch überprüft wurden. Das Bild des altpreußischen, ostelbischen Adels ist inzwischen durch zahlreiche neuere Studien aus dem ihm Scheinhomogenität aufzwingenden Korsett des politikkritischen wissenschaftlichen Junkerbegriffs befreit worden und hat an innerer Vielfalt gewonnen. Der Forschungsbefund, dass diese soziale Gruppe den Demokratisierungsprozess in Deutschland belastet, eventuell zeitweise sogar blockiert hat, ist damit nicht infrage gestellt, aber erst jetzt weiterer differenzierender Überprüfung zugänglich. Als hinreichend gesichert kann aber heute schon gelten, dass eine auf Lernunfähigkeit gegründete Erklärung des politischen Verhaltens dieser Adelsgruppe und ein darauf gegründetes Urteil, sie habe wie keine andere soziale Klasse vor der Geschichte versagt, ebenso wie die Sonderwegserzählung »von Marwitz über Bismarck und Oldenburg-Januschau zu Hitler« inzwischen selbst Geschichte ist.

Anmerkungen

1 Ersch, Johann Samuel/Gruber, Johann Gottfried (Hrsg.): *Eine Encyklopädie der Wissenschaften und Künste in alphabetischer Folge*, Leipzig 1852, Art. »Junker«, S. 131.

2 Wehler, Hans Ulrich: »Der Niedergang einer Herrschaftselite«, in: *Die Zeit*, 03. 11. 1995.

3 Roethe, Gustav: »Vom ostelbischen Junker«, in: *Konservative Monatsschrift* 79 (1922), S. 263.

4 Ich folge hier Christian Jansen und der von ihm herangezogenen Bismarck-Literatur; vgl. Jansen, Christian: »Otto von Bismarck, Modernität und Repression. Ein absolutistischer Staatsdiener im Zeitalter der Massenpolitik«, in: Möller, Frank (Hrsg.): *Charismatische Führer der deutschen Nation*, München 2004, S. 63–83, hier S. 67–68.

5 Vgl. Frie, Ewald: *Friedrich August Ludwig von der Marwitz 1777–1837. Biographien eines Preußen*, Paderborn 2001, S. 333.

6 Zu der von v. d. Marwitz und Genossen eingereichten »Letzten Vorstellung der Stände des Lebusischen und Beeskow-Storkowschen Kreises« von 1811 vgl. Frie, Marwitz (Anm. 5), S. 258–284.

7 Brief 17. 08. 1811, in: Freiherr vom Stein, *Briefe und amtliche Schriften*, bearb. von E. Botzenhart, 3. Bd., Stuttgart 1961, S. 567–568.

8 Görres, Joseph: *Teutschland und die Revolution*, o. O. 1819, S. 208.

9 Venedey, Jacob: *Preussen und Preussenthum*, Mannheim 1839, S. 61–69 u. 219–220.

10 Die folgenden Zitate aus: Buhl, Ludiwg: *Die Herrschaft des Geburts- und Bodenprivilegiums in Preußen*, Mannheim 1844, S. 311, 247 u. 250; zum Beleg seiner These einer neuen Adelsdominanz zitiert Buhl, S. 75 den reformkonservativen pommerschen Rittergutsbesitzer Ernst von Bülow-Cummerow: »der zahlreiche Adel in Preußen [habe, H.R.] immer noch einen indirekten Einfluss auf das Ganze«.

11 Vgl. hierzu Gall, Lothar: Bismarck. *Der weiße Revolutionär*, Frankfurt am Main 1980, S. 59.

12 Gall, Bismarck (Anm. 11), S. 69.

13 Sombart, Werner: *Die deutsche Volkswirtschaft im 19. Jahrhundert*, Berlin 1913, S. 468.

14 Preuß, Hugo: *Die Junkerfrage*, Berlin 1897; zum Folgenden: S. 3–7, 42, 69, 95 und 105–107.

15 Sombart, Volkswirtschaft (Anm. 13), S. 50, 80 u. 465–471.

16 Vgl. hierzu Webers Kritik in der Zusammenfassung von: Torp, Cornelius: *Max Weber und die preußischen Junker*, Tübingen 1998, v.a. S. 24–27, 52–57 und 100–103.

17 Tönnies, Ferdiand: »Deutscher Adel im 19. Jahrhundert«, in: *Die neue*

Rundschau 2, Berlin 1912, S. 1048, 1051 und 1058.

18 Vgl. hierzu und zum Folgenden: Mehring, Franz: *Gesammelte Schriften*, hrsg. von Thomas Höhle u.a., 6. Bd., Berlin (Ost) 1974; darin: »Jena und Tilsit. Ein Kapitel ostelbischer Junkergeschichte« (1906), S. 7 und: »Ein Rückschritt im Fortschritt« (1909), S. 296–299; sowie Maurenbrecher, Max: *Die Hohenzollernlegende*, 1. Bd., Berlin 1905, S. 680–688.

19 Röpke, Wilhelm: *Die deutsche Frage*, Zürich 1948, S. 195–196.

20 Vgl. Bauerkämper, Arnd: »Die Bodenreform in der Sowjetischen Besatzungszone in vergleichender und beziehungsgeschichtlicher Perspektive. Einleitung«, in: Baerkämper, Arnd (Hrsg.): *»Junkerland in Bauernhand?«*, Stuttgart 1996, S. 51–68, hier S. 11.

21 Vgl. hierzu Veblen, Thorstein: *Imperial Germany and the Industrial Revolution*, New York 1915, v.a. S. 28–37; sowie Meyer, Henry Cord: *Five Images of Germany. Half a Century of American Views on German History*, Washington 1960, S. 9.

22 Gerschenkron, Alexander: *Bread an Democracy in Germany*, Berkeley 1943; New Edition Cornell University Press 1966, hier S. 173–184 (Kapitel: »The Destruction of Junkerdom«).

23 Taylor, A. J. P.: *The Course of German History since 1815*, zitiert nach der Ausgabe New York 1962, S. 30.

24 Martin (Stern), Frederick: *The Junker Menace*, New York 1945; etwa zeitgleich erschien von Meyer, Images (Anm. 21) S. 33 als »potboilers« qualifizierte Bücher von zumeist deutschen jüdischen Emigranten mit ähnlichen junkerkritischen Passagen zum Beispiel: Joesten, Joachim: *Germany what now?,* Chicago 1947; Kaufmann, Theodore M.: *Germany Must Perish*, New York 1941; Brickner, Richard M.: *Is Germany incurable?,* Philadelphia 1943.

25 Martin (Stern), Junker (Anm. 24), S. 23, 31, 34 u. 125–128.

26 Rosenberg, Hans: Rez. Frederick Martin (Stern), The Junker Menace, in: *American Historical Review*, Jan. 1946, S. 373–374.

27 Rosenberg, Hans: »Rückblick auf ein Historikerleben in zwei Kulturen«, in: Rosenberg, Hans: *Machteliten und Wirtschaftskonjunkturen. Studien zur neueren deutschen Sozial- und Wirtschaftsgeschichte*, Göttingen 1978, S. 11–23, hier S. 19.

28 Rosenberg, Hans: »Die Pseudodemokratisierung der Rittergutsbesitzerklasse«, in: Rosenberg Machteliten (Anm. 27), S. 83–101 (zuerst in: *Festgabe für Hans Herzfeld*, hrsg. von Berges, Wilhelm Berges und Carl Hinrichs, Berlin 1958).

29 Vgl. hierzu: Malinowski, Stephan: »Ihr liebster Feind. Die deutsche Sozialgeschichte und der preußische Adel«, in: Oliver, Sven / Müller / Torp, Cornelius (Hrsg.): *Das deutsche Kaiserreich in der Kontroverse*, Göttingen 2009, S. 204–218, hier S. 206–216.

Bismarck und Bebel.
Ein Spiegelbild

Brigitte Seebacher

Gegen Ende des Jahres 1927 brach im Preußischen Staatsministerium ein Aktenschrank zusammen. Vergilbte Papiere kamen zum Vorschein, darunter Briefe, die Bismarck und Lassalle in der Zeit der Gründung des Allgemeinen Deutschen Arbeitervereins 1863 und Anfang 1864 gewechselt hatten.[1] Die ungleichen Partner mit ausgeprägtem Selbstgefühl schätzten einander. Als die Sozialdemokratie 1878 verboten und vernichtet werden sollte, unterrichtete Bebel den Reichstag über die seinerzeitigen Kontakte – nicht ahnend, dass er eine Steilvorlage lieferte.

Lassalle war von der Vorstellung durchdrungen, dass der Arbeiterverein bereits eine Macht sei und sich der preußische Ministerpräsident das Allgemeine Wahlrecht abhandeln lassen werde. Bismarck spottete jetzt zwar darüber, dass sein Brief- und Gesprächspartner nichts habe »bieten und geben können. Er hatte nichts hinter sich.« Doch wollte der Kanzler den einstigen Arbeiterführer nicht herabsetzen, sondern dessen Loblied zu Gehör bringen. Lassalle war, so der Kanzler, »einer der geistreichsten und liebenswürdigsten Menschen, mit denen ich je verkehrt habe«. Er betonte »die verständigen Bestrebungen«, die der Sozialdemokratie damals noch eigen gewesen seien. Der Gründer wurde in ein helles Licht gerückt, um »vor dem nihilistischen Messer« der Nachfolger warnen zu können; sie wollten die »Tyrannei einer Gesellschaft von Banditen« errichten.[2]

Lassalle gegen Bebel in Stellung zu bringen, war ein durchschaubares und plumpes Manöver. Der schmächtige Drechslermeister aus Leipzig, der mit 27 Jahren in den Norddeutschen Reichstag eingezogen war und die Weber des Unteren Erzgebirges vertrat, führte eine immer noch kleine Partei. Doch zeigten Auftreten und Wahlergebnisse, dass sie den Wind im Rücken hatte. Industrialisierung und Proletarisierung schritten mächtig voran. Lag es daran und an der wachsenden Drangsalierung der Sozialdemokratie durch den Staat, dass Bebel nicht einmal die Idee hatte, auf Bismarck zuzugehen und einen Handel anzubieten? Er glaubte und machte seine Anhänger glauben, dass das System ohnehin zusammenbrechen und eine neue Welt heraufziehen werde; mit den Repräsentanten des Staates durfte man sich nicht einlassen! Oder hatte sich die Frage durch Zeitablauf erledigt? Wäre ein Lassalle mit eigenen Truppen im Rücken je von Bismarck empfangen worden?

Drei Jahre vor dem Sozialistengesetz, im Jahr 1875, hatten sich Bebelianer und Lassalleaner vereinigt und auf jenes Gothaer Programm verständigt, das Marx mit beißenden *Randglossen* versah; die Gesetze der kapitalistischen Gesellschaft fand er nicht berücksichtigt – zugunsten »der Heiligsprechung der Lassalleschen Glaubensartikel«.[3] Diese Lesart ist vordergründig, auch wenn sie sich bis heute durch die Literatur zieht. Tatsächlich hat sich erst in der Folge des Sozialistengesetzes, nach zwölf Jahren Unterdrückung und Verfolgung, als Bismarck ging und Bebel triumphierte, die Kluft zwischen Staat und Partei unüberbrückbar erweitert. Damit überlebte sich die *Tradition Lassalles*. Was aber war und worin gründete diese Tradition?

Ferdinand Lassalle hatte in dem »Offenen Antwortschreiben« – erbeten von Leipziger Arbeitern – ein »Ehernes Lohngesetz« aufgestellt; kein Lohn werde je das Existenzminimum des Arbeiters übersteigen. Wie aus dieser Sackgasse herauskommen? Lassalle verknüpfte zwei Forderungen miteinander – das allgemeine, gleiche, direkte Wahlrecht und staatlich geförderte Arbeiter- oder Produktivassoziationen.[4] Die Staatshilfe gilt seither als Inbegriff des Lassalleanismus; dabei blieb offen, ob der gegenwärtige oder der Zukunftsstaat gemeint war. Tatsächlich handelte es sich um eine Notlösung, geboren aus der Einsicht, dass die Arbeiter eine Antwort auf die soziale Frage erwarteten und ein anderer Vorschlag nicht zur Hand war. Geliefert werden musste die Vision einer Gesellschaft, in der es kein Eigentum an den Produktionsmitteln und damit auch keine Konkurrenz geben würde. Assoziationen, in welcher Form auch immer, würden wie ein Senfkorn wirken. Darauf kam es aber nicht zuerst an. Lassalle huldigte der Wirklichkeit und dem Willen, auf sie einzuwirken. Er sah sich selbst als Willensmenschen. Wie hätte er es sonst gewagt, Bismarck das Wahlrecht aufzureden! Sobald es um die Politik ging, dachte Lassalle nicht in Abstraktionen und nicht von der Ökonomie her; was politisch richtig war, konnte ökonomisch nicht falsch sein. In der Geschichte sah er keine Gesetzmäßigkeiten oder Zwangsläufigkeiten am Werk.

Sein Nachfolger an der Spitze des Allgemeinen Deutschen Arbeitervereins, Johann Baptist von Schweitzer, besaß nicht die Kraft und das Charisma seines Vorgängers, der sich 1864, 39-jährig, zu Tode duelliert hatte. Schweitzer war ein begnadeter Journalist und Parlamentarier, dem Hier und Heute verhaftet. Sein Biograf bescheinigte ihm »den Mut zum Zugreifen«.[5] Die kleindeutsch-preußische Linie, die Lassalle vorgegeben hatte, verfolgte er, Mitte der 1860er-Jahre, in flammenden Reden und Artikeln. Seine Gegner, Bebel vorneweg, beschuldigten ihn der Bestechlichkeit durch Bismarck; dabei hat Schweitzer immer wieder scharfe Attacken gegen den preußischen Staat geritten und dafür mit langen Haftstrafen bezahlt. Bebel und seine Gefolgsleute konnten oder wollten nicht verstehen, dass man sich namens der Arbeiter auf die Verhältnisse einließ. Schweitzer mochte kein geradliniger Charakter sein. Doch hier lag nur der Vorwand für die Angriffe.

Als Bebel in den Norddeutschen Reichstag einzog, so jung er war und so fremd die Umgebung, es drängte ihn sofort zum Auftritt. Er verlängerte die Linie aus den Kriegstagen 1866 und warf Bismarck vor, zehn Millionen Deutsche aus der Nation ausgeschlossen zu haben und Deutschland zu einer preußischen Kaserne zu machen.[6] Doch wurde nie auch nur angedeutet, wie die großdeutsche Lösung hätte aussehen sollen und ob der Schwur auf die Freiheit, die der Einheit vorangehen müsse, mehr war und anderes als jener Glaubensartikel, der in der Wiege der Arbeiterbewegung lag, der immer eine Flucht aus der Wirklichkeit war, ihr aber auch die missionarische Kraft verlieh: Es wird einmal eine neue Welt kommen.

In der Debatte um die Militärdienstpflicht, im Oktober 1867, erwies sich Bebel als sachkundig, wie fortan immer, gleich auf welchem Gebiet. Stets wahrte er die äußere Form in Kleidung, Redeweise, Respekt gegenüber dem Hause. Als sei ihm die Befassung mit Angelegenheiten des Systems und der Auftritt innerhalb desselben unheimlich, erklärte er am Ende dieser ersten und vieler künftiger Reichstagsreden die Mühe für unnütz. Die freiheitlichen Forderungen des Volkes würden »nicht eher Befriedigung finden, als bis dieses Militärsystem beseitigt und gestürzt ist«. Es werde nicht im parlamentarischen Kampf gestürzt, vielmehr »Gewalt mit Gewalt zu vertreiben sein«.[7] Gleichzeitig schrieb er einem Freund in Genf, das alte Staatsgebäude Europa werde »über kurz oder lang mit einem gewaltigen Ruck zusammenbrechen« und man wolle aufpassen, »dass aus dem Chaos, was dann folgt, was Tüchtiges sich herausbildet«.[8] Anderthalb Jahre später, im Frühjahr 1869, in der Reichstagsdebatte zur Gewerbeordnung, forderte Schweitzer den Normalarbeitstag und wies die Mehrheit, die er als Vertretung des Kapitals ansprach, darauf hin, dass nur auf diesem Wege die gewaltsame Lösung der sozialen Frage, die Revolution, verhindert werden könne. Nicht nur Bebel und Liebknecht schimpften: Das sei »Paktieren«.[9] Auch innerhalb des Lassalleschen Arbeitervereins rebellierten führende Mitglieder gegen Schweitzer. Sie schlossen sich mit Bebels Vereinen 1869 zur Eisenacher Partei zusammen, doch ohne die »Tradition Lassalles« vollends abgeschüttelt zu haben. 1870 bejahten sie gemeinsam mit den im ADAV verbliebenen Lassalleanern den »Verteidigungskrieg als unvermeidliches Übel«, während Bebel und Liebknecht in der Frage der Kriegskredite Enthaltung übten; Preußen-Deutschland werde angegriffen, führe aber selbst einen »dynastischen Krieg«.[10] Der Kriegsverlauf sollte ihnen rasch Recht geben.

Sechs Wochen nach Beginn ging der Verteidigungs- in einen Angriffskrieg über. Der lassalleanisch geprägte Parteiausschuss der Eisenacher, der auch der Hochstimmung im Volk hatte Ausdruck geben wollen, wandte sich entschieden gegen die Annexion Elsass-Lothringens und forderte einen ehrenvollen Frieden. Prompt wurden die fünf Mitglieder, die in Braunschweig wohnten, in Ketten gelegt und nach Lötzen an der russischen Grenze verbracht. In Leipzig mahnte Bebel, Geld und Post bis auf weiteres an einen Hamburger Kassierer zu senden; auch der wurde auf der Stelle verhaftet. In der Frage des Eroberungskrieges und der Annexionen zeigte sich die Sozialdemokratische Partei, gleich welcher Richtung, einig. Die Festnahmen waren der Auftakt zu einer Verfolgungswelle, die erst mit dem Auslaufen des Sozialistengesetzes enden sollte. Die Rhetorik von Landesverrätern und vaterlandslosen Gesellen lebte allerdings fort – bis zu jenem Augenblick 1914, da der Kaiser keine Parteien mehr kennen wollte.

Das Urteil Golo Manns hat Bestand: Das Nein zur Annexion hätte Bebel und Liebknecht unsterbliche Ehre gemacht, auch wenn es die einzige Leistung ihres Lebens gewesen wäre.[11] Bebel beschwor das »Selbstbestimmungsrecht«, das ihrem Standpunkt zugrunde liege, und das »Gefühl der Wiedervergeltung«, das die Franzosen erfüllen werde; den Bund mit Russland sah er schon jetzt eingeleitet.[12] Bebels Flucht aus der Wirklichkeit und hinein in den unvermeidlichen *Kladderadatsch* ist immer nur die halbe Wahrheit. Er hat gegen die Annexion so realitätsnah argumentiert wie in der Frage der Verfassung, als er durchbuchstabierte, warum diese Einheit keine Freiheit bedeute. Es fehlten die Grundrechte, die Verantwortlichkeit von Kanzler und Regierung gegenüber dem Parlament, Pressefreiheit, Diäten im Reichstag, und in den Bundesstaaten – zumal in Preußen – gelte das Klassenwahlrecht fort.[13] Auch wenn es um die Lebensumstände des Volkes wie die Folgen der Salzsteuer und anderer indirekter Abgaben ging, wusste er doch genau Bescheid. Warum der Redner es mit praktisch-parlamentarischen Forderungen nicht genug sein ließ und immer wieder den Schwur auf den künftigen Zusammenbruch erhob, ist nicht leicht auszumachen. Jedenfalls wirkten diese Provokationen sofort. Was hätten Bismarck und sein Erfüllungsgehilfe, Staatsanwalt Tessendorf, gemacht, wären sie unterblieben?

Mit seinem Hoch auf die gerade niedergemetzelte Kommune erzielte Bebel eine Wirkung, die über den Protest gegen die Annexion weit hinausreichte. Dabei hatte er, weil im Gefängnis sitzend, die Vorgänge in Paris nur bedingt wahrgenommen. Der Schlachtruf, den das ganze europäische Proletariat erheben würde, war denn auch nur eine neue Variante der Zusammenbruchsvision und noch nicht einmal neu: »Krieg den Palästen, Friede den Hütten, Tod der

Not und dem Müßiggange!«[14] Bismarck sollte sich sieben Jahre später auf diesen Schwur berufen, als er dem Reichstag das *Gesetz gegen die gemeingefährlichen Bestrebungen der Sozialdemokratie* vorlegte. Ernst kann es ihm nach so langer Zeit nicht gewesen sein. Vielmehr wurde die Karte des Verbots 1878 gezogen, weil die junge Partei aller bisherigen Maßnahmen zum Trotz stärker statt schwächer geworden war.

Zum Zeitpunkt der Reichsgründung saßen die Mitglieder des Parteiausschusses immer noch in Haft, auch Bebel und Liebknecht nahmen das Ereignis hinter Gefängnismauern zur Kenntis. Kaum dass sie ihr erstes Nein zur Annexion Elsass-Lothringens gesprochen hatten, waren sie am 17. Dezember 1870 in Leipzig eingesperrt worden – wegen »Vorbereitung zum Hochverrat«. Am 28. März 1871 kamen sie zunächst wieder frei; die Untersuchungsrichter konnten keine Begründung finden. Ein Jahr später stieg vor dem Schwurgericht der Prozess; er drehte sich um Gesetzlichkeit und Gewalt. Das Urteil lautete auf Hochverrat und zwei Jahre Festungshaft, für Bebel wurden neun Monate Gefängnis angehängt, weil er unmittelbar vor Haftantritt in Hubertusburg noch wegen Majestätsbeleidigung verurteilt worden war. Als er 1875 entlassen wird, bis auf Weiteres, ist er ausgeruht, auch belesen. Das Geschäft haben ein Kompagnon und seine Frau weitergeführt. Unter den Arbeitern im Reich strahlt sein Stern heller denn je. Die Weber des Erzgebirges haben ihn mit immer neuen Mandaten ausgestattet.

Auf den Gothaer Vereinigungsparteitag 1875 konnte Bebel keinen Einfluss mehr nehmen. Die Schaffung der neuen vereinigten Arbeiterpartei hatte ohnehin Vorrang vor jeder Programmatik. Er fand, den Lassalleanern seien zu viele Zugeständnisse gemacht worden, doch darüber werde die Zeit hinweggehen. Was das »Eherne Lohngesetz« und den Begriff der Arbeit anging, hatte er Recht. Die lassalleanische Tradition allerdings war schon zuvor versunken. Sie ging nicht in einzelnen ökonomischen Maßnahmen auf, sondern in dem Willen, die demokratischen und sozialen Interessen der Arbeiter im Hier und Heute zu vertreten. Schweitzer hatte 1871 das Feld geräumt, sein Führungsstil war nicht mehr tragbar und seine Linie nicht mehr fortführbar; der national-reformerische Vorstoß hatte kein Echo gefunden. Es fehlte an jeder Bereitschaft zu demokratischer Öffnung und dem Verständnis für jene soziale Bewegung, die Ausdruck der Industrialisierung war. Otto von Bismarck, der Junker vom Jahrgang 1815, meinte allen Ernstes, sie noch aus der Welt schaffen zu können. Durch Zerstörung der Organisation der Partei und Verfolgung ihrer Aktivisten. Gleichzeitig wollte er die Arbeiter umwerben und an den Staat binden. Durch Besserung der Lage und Fürsorge. Während das Ausnahmegesetz schon in Vorbereitung war, erging, im Zuge einer Gewerbeordnungsnovelle, das Verbot der Frauenarbeit unter Tage und der Sonntagsarbeit für Jugendliche, Fabrikinspektionen wurden obligatorisch und auf alle mit Dampfkraft betriebenen Fabriken sowie Hüttenwerke, Bauhöfe und Werften ausgedehnt. Das generelle Verbot der Sonntagsarbeit scheiterte vorläufig an einer einzigen Stimme. Eine Sozialversicherung gegen Unfall, Krankheit und Alter zeichnete sich an einem fernen Horizont ab.

Nach dem ersten Attentat auf den Kaiser verweigerte sich der Reichstag noch einem Ausnahmegesetz. So erschien Bismarck ein zweites Attentat wie eine Gottesfügung. Das Wolffsche Telegrafenbüro fabrizierte eine Falschmeldung: Der Attentäter sei Sozialdemokrat. Eine Welle der Hysterie schwappte übers Land. Die Stadt Gotha, die aufgrund ihres liberalen Versammlungsrechts den Sozialdemokraten immer wieder eine Heimstatt geboten hatte, verbot den bevorstehenden Parteitag. Bebel blieb keine andere Wahl, als unter falschen Namen auf Geschäftsreise zu gehen; weil er die Firma dann doch einmal nennen musste, kam er zu keinem Abschluss und verdiente nichts. Der Reichstag wurde aufgelöst und neu gewählt. Bebel prophezeit, dass dieses Gesetz, »ein Klassengesetz«, mehr als alles, was bisher dagewesen, »Propaganda für uns machen wird«.[15] Es passiert den Reichstag im September 1878 dank der konservativ-nationalliberalen Mehrheit, die nun auch die Schutzzollgesetzgebung auf den Weg bringt. Das Zentrum steht noch an der Seite der Verfolgten, allerdings verlangt es die unbefristete Verschärfung der Strafgesetze, was für die Sozialdemokraten noch schlimmer gewesen wäre. Das Sozialistengesetz wurde vier Mal verlängert. Mit einem geschlossenen Votum des Zentrums – 1887 stimmte die Hälfte seiner Abgeordneten für die Verlängerung – wäre es früher ausgelaufen. Im Kulturkampf hatte Bebel, der sah, wohin Verfolgung gegen wen auch immer führt, laut und vernehmlich für die Katholiken Partei ergriffen.

Ab sofort, September 1878, waren alle Organisationen, kleine und große, politische und weniger politische, sowie Druckschriften und Geldsammlungen verboten, die »durch sozialdemokratische, sozialistische oder kommunistische Bestrebungen den Umsturz der bestehenden Staats- und Gesellschaftsordnung bezwecken«. Wer der Sozialdemokratie angehörte, ihr nahestand oder in Verdacht stand, es zu tun, setzte sich dem Zugriff der Polizei aus. Geld- und Haftstrafen, Berufsverbote, Belagerungszustände, Ausweisungen waren an der Tagesordnung, auch Bebel musste Leipzig verlassen.

Das Elend war unbeschreiblich. Die Gegenwehr war es auch. Die Ausgewiesenen trugen an ihren neuen Wohnorten, wo man noch nie von einer Sozialdemokratie gehörte hatte, die Ideen weiter. Die Kunst der Tarnung blühte auf. Bebel übernahm die Kasse und binnen kurzer Zeit hatte er mehr Mittel zur Verfügung als je zuvor. Den Verfolgten wurde geholfen und die in Zürich aufgebaute Organisation erhielt die nötigen Mittel; der *Sozialdemokrat* fand geheime Verbreitung im Reich. Die wichtigste Geldquelle sprudelte in Amerika, wo die ausgewanderten Mitglieder Sammelaktionen durchführten. Die Besonderheit des Gesetzes lag darin, dass Wahlrecht und Wählbarkeit unangetastet blieben. Sozialdemokraten kandidierten zu Reichs- und Landtagswahlen und wurden, ohne offenen Wahlkampf, in steigender Zahl mit Mandaten ausgestattet. Im Reichstag war nur 1881 der Prozentsatz leicht gesunken, von 7,6 auf 6,1 Prozent, seither stieg er wieder, 1884 auf 9,7 und 1887 auf 10,1 Prozent.

Unterdessen waren die frühen Pläne einer Sozialgesetzgebung mit Leben gefüllt worden. Bismarck glaubte fest daran, dass in der Masse der Besitzlosen eine konservative Gesinnung wachsen werde; es galt nur, die Peitsche der Verfolgung mit dem Zuckerbrot der Versicherung zu verabreichen. Er kannte die Landarbeiter und schloss von ihrem Verhalten auf das der Fabrikarbeiter. Es sprengte seine Fantasie, dass 20 Jahre nach Lassalles Agitation für das Wahlrecht – die immer auch ein Kampf um die Menschenwürde war – und nach der Gründung einer ersten eigenen Organisation, die Arbeiter nicht käuflich waren. Nach langen Beratungen passierte 1883 die Krankenversicherung den Reichstag; die Beiträge wurden zu einem

Drittel von den Arbeitgebern und zwei Dritteln von den Arbeitern getragen. Ein Jahr später wurde die von den Arbeitgebern allein aufzubringende Unfallversicherung gebilligt. 1889 folgte die Alters- und Invaliditätsversicherung; zum ersten Mal sollte es bei Erwerbsunfähigkeit oder vollendetem 70. Lebensjahr, also weit jenseits des Durchschnittsalters, eine winzige Rente geben, 30 Beitragsjahre vorausgesetzt. Wünsche der Sozialdemokraten wurden – in kleinen Teilen – erfüllt. Doch lehnten sie unter Bebels Knute die Gesetze im Ganzen ab, abwechselnd unter Hinweis auf die Unzulänglichkeit – nicht gut genug – oder aus Prinzip – um mit dem System keine gemeinsame Sache zu machen. Die gleichzeitige Verfolgung machte eine ruhige Abwägung und eine klare Haltung unmöglich. Und der Urheber der Gesetze, der es angeblich gut meinte mit dem Arbeiter, war auch nicht aufrichtig. Bismarcks engster sozialpolitischer Mitarbeiter, Unterstaatssekretär Lohmann, berichtete nach einem Gespräch mit dem Kanzler 1883: »Die Hauptsache sei ihm, bei dieser Gelegenheit zu korporativen Genossenschaften zu gelangen, welche nach und nach für alle produktiven Volksklassen durchgeführt werden müssten, damit man eine Grundlage für eine künftige Volksvertretung gewinne, welche anstatt oder neben dem Reichstag ein wesentlich mitbestimmender Faktor der Gesetzgebung werde, wenn auch äußerstenfalls durch das Mittel des Staatsstreichs.«[16]

In den späten 1880er-Jahren machte sich einerseits eine nachsichtige Handhabung des Gesetzes bemerkbar. Andererseits wurden die Zügel neu angezogen und die Schweiz gezwungen, die »Festung Zürich« zu räumen; die Redakteure, darunter Eduard Bernstein, siedelten nach London über. Neue Mammutprozesse wurden angestrengt; 1888 verbrachte Bebel nach 23 Ehejahren das Weihnachtsfest zum achten Mal nicht zu Hause. In Elberfeld-Barmen standen noch 1889, nach zweijähriger Vorbereitung, 128 Sozialdemokraten vor Gericht, mehr als 400 Zeugen waren geladen. Nun erging sich auch die bürgerliche Presse in Hohn und Spott über die grotesken Formen des Vorgehens. Zugleich rollte eine bisher nicht gekannte Streikwelle über das Land, 1889 traten allein an der Ruhr 90 000 Bergarbeiter in den Ausstand.

Die Stimmung ist verbreitet: Das Ausnahmegesetz hat seinen Zweck nicht erfüllt. Sein Erfinder, der Reichskanzler, der Logik seines Ansatzes folgend, will eine Verschärfung und die Befristung aufgehoben wissen. Die zuständige Kommission ist nicht einverstanden und streicht den Passus. Die Konservativen sind empört und stimmen deshalb ebenso mit Nein wie Freisinn und Zentrum und die Sozialdemokraten sowieso. Am 25. Januar 1890 besiegelt diese negative Mehrheit mit 169 gegen 98 nationalliberale Stimmen das Schicksal des Gesetzes, das der Sozialdemokratie den Garaus machen sollte. In den Reichstagswahlen am 20. Februar erreicht sie 19,7 Prozent. Am 20. März wird Otto von Bismarck entlassen.

In den zwölf Jahren des Ausnahmegesetzes hatten die Chemische Industrie, die Elektrotechnik und der Maschinenbau das Land erobert und umgewälzt. Die Klasse, die sich darüber formte, fand ihre politischen Vertreter in der Sozialdemokratie. Ihr war vom Reich und dessen Schöpfer bedeutet worden, dass sie nicht dazugehöre – durch Verbot von 155 periodischen und 1200 nichtperiodischen Druckerzeugnissen und Schriften, 900 Ausweisungen, darunter 500 Familienväter, 1000 Jahre Gefängnis, die 1500 Verurteilte abgesessen haben. Ungezählt sind die Auswanderer; der Schuhmacher Vahlteich aus Leipzig, der Lassalle 1863 entdeckt hatte, sah seine Existenz zum dritten Mal vernichtet und zog nach Amerika.

Nach diesen zwölf Jahren stand die Sozialdemokratie stärker da denn zuvor. Sie war ungebrochen, in ihrem inneren Zusammenhalt unerschütterbar und nun erst recht erfüllt von einem erlösenden Sendungsbewusstsein. Die Verhaltensmuster, die sich ausgeprägt hatten, der immer neue Rückzug auf sich selbst, setzten sich fest und überdauerten die Verfolgung umso leichter, als weiterhin eine hasserfüllte Rhetorik gepflegt wurde und die Parlamentarisierung des Reiches ein Fremdwort blieb. Die Selbstgewissheit und das Sich-selbst-genug-Sein waren in der Bewegung angelegt, aber dass sie sich verfestigten und verselbständigten, lag in Bismarcks systematischer Unterdrückung begründet. Jetzt wurde den Mitgliedern jener sprichwörtliche Lebensweg geebnet, der von der Wiege bis zur Bahre führen sollte. Und es trat, 1883, jenes theoretische Organ ins Leben, in dem Karl Kautsky das Warten auf Zusammenbruch und Sozialismus zum Dogma erhob: *Die Neue Zeit.*

Dieser Charakter konnte sich ausbilden, weil die Sozialdemokratie in ihrem Kern nicht bedroht war. Bismarck wollte sie vernichten, ging aber nicht mit Konsequenz vor. Hätte er es versucht, er wäre gescheitert. So viele Strafen auch verhängt wurden, gelegentlich überraschten die Richter mit Freisprüchen, und auch Bismarck konnte nicht schalten, wie er wollte. Ohne eine Mehrheit im Reichstag ging nichts. Vor allem konnten sich die Abgeordneten der Sozialdemokratie, des Verbots zum Trotz, entfalten. Bebel hat mehrfach Tipps aus der sächsischen Regierung bekommen, wenn Verhaftung oder Ausweisung drohten. Als er 1888 zum zweiten Mal ins Gefängnis von Zwickau einrückte, verlangte und erhielt er die gleichen Vergünstigungen wie 1874 – eigene Kleidung, Wäsche, Essen, Lektüre aller Art.

Schon in den achtziger Jahren war Bebel, der sich eines gewissen Wohlstands erfreute und sein Geld im System anlegte, auch stolz auf sein Land. Dass er ein mindestens so guter Deutscher sei wie die Annexionisten und Hurra-Patrioten, betonte er. Der Zusammenbruch wurde angekündigt, aber er war nicht der Typ, der wollte, dass es erst mal schlechter werde. Putschgelüste unterband er mit Macht. Als die ersten Ausweisungsbefehle aus Berlin ergingen, billigte er die Botschaft an die städtische Mitgliedschaft: »An unserer Gesetzlichkeit müssen unsere Feinde zugrund gehen!«[17] Gleichzeitig besserte sich, wenn auch langsam und nicht flächendeckend, die Lage der Arbeiter, und unter der Oberfläche knüpfte sich ein feines Band in die Gesellschaft hinein. Über die Berufsgenossenschaften wurden auch die Arbeiter zu Trägern der Sozialversicherung, ob ihre Partei die Gesetze nun ablehnte oder nicht. Bismarck trieb es mit der Reaktion, der Vernichtung der Sozialdemokratie, nicht auf die Spitze. Und Bebel redete von der Revolution, tat aber alles, sie zu verhindern. Einem halb-parlamentarischen Reich entsprach eine ebensolche Sozialdemokratie. Spiegelbildlich. Einen Kampf um die Macht führte diese Partei nicht. Die Folgen zeigten sich spätestens 1918.

Hätte ein Lassalle, der selbst auch viele Male eingesperrt war, ein Mann mit dem Mut zum Zugreifen und Paktieren, Wandel schaffen und die Partei im Hier und Heute verankern können? Zweifel sind erlaubt. Es fehlte das Angebot des Staates und seiner gesellschaftlichen Spitzen. Mit Ausnahme zweier Jahre, 1881 und 1882 in Folge des Ausnahmegesetzes, gehörte August Bebel dem Reichstag an – von 1867 bis zu seinem Tod am 13. August 1913. Aber erst 1912, nach 45 Jahren der Zugehörigkeit, ließ sich ein Reichskanzler zu einem persönlichen Wort herab. Im Kasino ging Theobald von Bethmann Hollweg auf Bebel zu und erkundigte sich nach dessen Befinden. Der errötete.

Es sollte fast ein halbes Jahrhundert dauern, bis ein später Nachfolger fand, mit dieser Art von Rotwerden müsse es ein Ende haben, und den Namen des Reichsgründers selbst in den Mund nahm. 1960 machte sich die SPD zum ersten Mal in ihrer Geschichte mit der Macht vertraut. Sie wollte regieren und stellte einen Kanzlerkandidaten auf. Im Vorfeld des Nominierungsparteitags 1960 löste Willy Brandt, der noch kein Parteivorsitzender war, heftige Debatten unter seinen Beratern aus, als er ankündigte, sich auch auf Bismarck berufen zu wollen. Der Reichsgründer fand Platz in einer breiten Reihe: »Wir sind stolz auf die fast hundertjährige Geschichte dieser Partei. Sie hat Glanz und Elend unseres Vaterlandes miterlebt, aber auch wir sind nur ein Teil der deutschen Geschichte. Das, was heute Deutschland ausmacht, stammt aus vielen Quellen. Otto von Bismarck und August Bebel, Friedrich Ebert und Gustav Stresemann, Julius Leber und Graf Stauffenberg, Ernst Reuter und Theodor Heuss, sie alle gehören zu diesem Volk. Kein Schweigen aber kann das Schreckliche vergessen machen, das sich an den Namen Hitlers knüpft. Das alles gehört zu unserer Geschichte. Wir müssen sie als Einheit sehen.«[18] Bismarck einen herausgehobenen Platz zuzuweisen fiel Willy Brandt so wenig ein wie Helmut Schmidt. Die Trennung in gute Außen- und schlechte Innenpolitik war beiden fremd; das Prinzip der Selbstbestimmung hielten sie für nicht teilbar. Wer im Innern mit Ausnahmegesetzen regiert, ist immer auch in Versuchung, Land gegen den Willen des Volkes zu annektieren. Weder Brandt noch Schmidt haben Bismarck je in Anspruch genommen für spätere Kriege, beide dachten ohnehin nicht in der Kategorie von Zwangsläufigkeiten oder Sonderwegen. Doch wären beide nie auf die Idee verfallen, einen Jahrestag, ein Jubiläum zum Anlass einer Würdigung zu nehmen oder gar zur Entfaltung der eigenen Politik. Es gab keine Linie, die in die Gegenwart geführt hätte. 1967 nutzte Willy Brandt den 100. Geburtstag von Walther Rathenau, um Studenten und Professoren der Freien Universität seine künftige Außenpolitik vorzustellen: »Es geht erst noch darum, den Weg zu finden, auf dem auch dem deutschen Volk Gerechtigkeit zuteil wird.« Dazu bedürfe es einer klaren und starken Außenpolitik. »Sie kann nur so stark sein, wie unsere innere Stärke es gestattet.« Schon Rathenau habe gesagt, die Bismarck'sche Zeit ist »für alle Zeiten vorüber«.[19]

Anmerkungen

1 Mayer, Gustav: *Bismarck und Lassalle. Ihr Briefwechsel und ihre Gespräche*, Berlin 1928.

2 Bismarck, Otto Fürst von: *Die gesammelten Werke* (Friedrichsruher Ausgabe), Berlin 1924–1935. 11. Bd., S. 606–607,611–612. Vgl. Engelberg, Ernst: *Bismarck. Das Reich in der Mitte Europas*, Berlin 1990, S. 301–303.

3 Marx, Karl: »Kritik des Gothaer Programms«, in: Marx, Karl / Engels, Friedrich: *Werke* (MEW) Berlin 1956–1968, Bd. 19, S. 11–32, hier S. 14.

4 Lassalle, Ferdinand: »Offenes Antwortschreiben an das Zentralkomitee zur Berufung eines Allgemeinen Deutschen Arbeiterkongresses zu Leipzig«, in: Lassalle, Ferdinand: *Gesammelte Reden und Schriften*, Berlin 1919–1920, III. Bd., S. 39–106.

5 Mayer, Gustav: *Johann Baptist von Schweitzer und die Sozialdemokratie. Ein Beitrag zur Geschichte der deutschen Arbeiterbewegung*, Glashütten im Taunus 1970, S. 127.

6 Bebel, August: Rede im Norddeutschen Reichstag vom 10. April 1867, in: Bebel, August: *Ausgewählte Reden und Schriften* (ARS). München 1995–1996, 1. Bd., S. 14–17.

7 Bebel, August: Rede im Norddeutschen Reichstag vom 17. Oktober 1867, in: Bebel, ARS, 1. Bd. (Anm. 6), S. 22–27.

8 August Bebel an Johann Philipp Becker, Brief vom 9. Oktober 1867, in: Bebel, ARS, 1. Bd. (Anm. 6), S. 551–552.

9 Mayer, Schweitzer (Anm. 5), S. 277–278; Conze, Werner / Groh, Dieter: *Die Arbeiterbewegung in der nationalen Bewegung*, Stuttgart 1966, S. 83.

10 Zitiert nach Mayer, Schweitzer (Anm. 5), S. 87–88; Votum der Reichstagsabgeordneten Liebknecht und Bebel vom 21. Juli 1870, in: Bebel, ARS, 1. Bd. (Anm. 6), S. 117.

11 Mann, Golo: Deutsche *Geschichte des neunzehnten und zwanzigsten Jahrhunderts*. Frankfurt am Main 1958, S. 375.

12 Bebel, August: Rede und Antrag im Norddeutschen Reichstag vom 26. November 1870, in: Bebel, ARS, 1. Bd. (Anm. 6), S. 118–129.

13 Bebel, August: Rede im NRT vom 6. Dezember 1870 und 3. April 1871, in: Bebel, ARS, 1. Bd. (Anm. 6), S. 130–140.

[14] Bebel, August: Rede im Deutschen Reichstag vom 25. Mai 1871, in: Bebel, ARS, 1. Bd. (Anm. 6), S. 147–151.

[15] Bebel, August: Rede im Deutschen Reichstag vom 16. September 1878, in: Bebel, ARS, 2/1. Bd. (Anm. 6), S. 12–37, hier S. 34.

[16] Gall, Lothar: *Bismarck. Der weiße Revolutionär*, Berlin 1980, S. 649.

[17] Abschiedsflugblatt der Berliner Ausgewiesenen vom November 1878, in: Bernstein, Eduard: *Die Berliner Arbeiter-Bewegung*. Zweiter Teil, Glashütten im Taunus 1972, S. 27.

[18] Brandt, Willy: »Politik für Deutschland«. Rede vom 25. November 1960, in: Brandt, Willy: *... auf der Zinne der Partei ... Parteitagsreden 1960 bis 1983*, Bonn 1984, S. 21–40, hier S. 38.

[19] Brandt, Willy:»Deutsche Außenpolitik nach zwei Weltkriegen«. Sonderdruck aus dem Bulletin des Presse- und Informationsamtes der Bundesregierung Nr.109/1967, S. 20.

Bismarcks Erbe.
Friedrichsruh als Medium der Erinnerung

Ulrich Lappenküper

Jede Kultur beruht auf Erinnerungen, weniger auf den persönlichen des einzelnen Individuums denn auf dem *kollektiven Gedächtnis* sozialer Gruppen.[1] In der Bundesrepublik Deutschland wird die Memorialkultur maßgeblich von der Geschichte der beiden deutschen Diktaturen, den Untaten des sogenannten Dritten Reiches und den Unterdrückungen in der DDR, geprägt. Gegenüber diesem »negativen Gedächtnis«[2] spielt die Erinnerung an die demokratischen Traditionen eine vergleichsweise geringe Rolle, obwohl schon vor über 40 Jahren ein Bundespräsident gefordert hat, »nach jenen Kräften zu spüren und ihnen Gerechtigkeit widerfahren zu lassen, die dafür gelebt und gekämpft haben, damit das deutsche Volk politisch mündig und moralisch verantwortlich sein Leben und seine Ordnung selbst gestalten kann«.[3]

Blickt man auf die vom Bund institutionell geförderten Einrichtungen, so wird die Erinnerung an demokratische Perioden oder Persönlichkeiten im Wesentlichen vom Haus der Geschichte der Bundesrepublik in Bonn und seiner Zweigstelle in Leipzig, von der Erinnerungsstätte für die Freiheitsbewegungen in der deutschen Geschichte in Rastatt, vom Deutschen Historischen Museum in Berlin sowie von den fünf Politikergedenkstiftungen des Bundes betrieben. Zu Letzeren gehört auch die Otto-von-Bismarck-Stiftung in Friedrichsruh, deren Namensgeber zwar kaum als Demokrat gelten kann, aufgrund seiner Leistungen bei der Gründung des Deutschen Reiches, dessen konstitutioneller Ausgestaltung und bei der Schaffung eines modernen Sozialversicherungswesens vom Deutschen Bundestag dennoch mit der Bildung einer Stiftung geehrt worden ist.

1. Massenhuldigungen im *Zentrum der nationalen Opposition*

Die Erinnerung an Bismarck und sein Erbe setzte in der kleinen Gemeinde mitten im Sachsenwald freilich lange vor der Gründung der nach ihm benannten Bundesstiftung ein. Geboren in Schönhausen in der Altmark, hatte der preußische Staatsmann seine ersten Lebensjahrzehnte bekanntlich ganz überwiegend in Pommern, Frankfurt und Berlin verbracht. Erst 1871 verschlug es ihn in den beschaulichen Flecken vor den Toren Hamburgs, weil Kaiser Wilhelm I. ihm für seine Verdienste um die Reichsgründung den »Grundbesitz im Amte Schwarzenbek« als Fideikommiss geschenkt hatte.[4] Die Dotation anzunehmen dürfte Bismarck nicht schwer gefallen sein. Zum einen verband die reizvolle Umgebung, wie ein zeitgenössischer Touristenführer rühmte, die »geselligen Annehmlichkeiten eines Badeortes« mit »eine[r] wohlthuende[n] Waldeinsamkeit«[5]; zum anderen stellte der fast 4000 Hektar umfassende Hochwald einen beträchtlichen Wert dar, und schließlich bot die Eisenbahnlinie Berlin-Hamburg mit dem 1846 gebauten Bahnhof von Friedrichsruh dem neuen Reichskanzler die verlockende Möglichkeit, »auf dem Lande zu bleiben und zugleich die Leitung der Geschäfte in der Hand zu behalten«.[6]

Da ein angemessener Herrensitz fehlte, erwarb Bismarck noch 1871 zwei Erbzinsgüter, ohne sich aber bereits dauerhaft niederzulassen. Erst 1878 zog er in ein umgebautes Hotel, das »Frascati«, das in der Bevölkerung bald als Schloss, von ihm selbst aber als Herrenhaus bezeichnet wurde.[7] Um das Anwesen vor den neugierigen Blicken der schon jetzt in Scharen nach Friedrichsruh reisenden Pilger zu schützen, ließ er das Gelände mit einem hohen Sichtschutz versehen. »Gesammteindruck befriedigend, und besonders der beruhigende Blick auf die um uns gebaute Mauer!«, schrieb er seiner Gattin im Oktober 1878.[8] Gänzlich unangenehm war ihm die wachsende Popularität freilich nicht, saß er doch schon bald und gern Malern wie Franz von Lenbach und Christian Wilhelm Allers Porträt, die mit ihren heroisierenden beziehungsweise volkstümlichen Bildern zur Fundierung eines sich allmählich entfaltenden Bismarckkultes beitrugen.[9]

Nach der unfreiwilligen Demission des Reichskanzlers 1890 zog Friedrichsruh die Menschen noch magischer an. Je weniger Kaiser Wilhelm II. die in ihn gesetzten Erwartungen zu erfüllen vermochte, desto strahlender erschien das Werk des grollenden Alten im Sachsenwald. Losgelöst von seiner konkreten historisch-politischen Persönlichkeit geriet Bismarck zu einem »Identifikations-Symbol«, in das sich Hoffnungen und Wünsche projizieren ließen.[10] Mit »geröteten Wangen« und »feuchtschimmernden Augen«[11] lauschten seine Verehrer den Kundgebungen des »Reichsschmieds«. Bismarck genoss die sich zu einem regelrechten Mythos verdichtenden Massenhuldigungen[12] nicht nur, er befeuerte sie noch von Friedrichsruh aus auf verschiedene Weise: zum einen mit einem Arsenal von Presseartikeln der *Hamburger Nachrichten*,[13] zum anderen mit diversen von ihm initiierten oder zumindest gebilligten Publikationen mehrerer »Bismarckskribenten«[14] und schließlich mit seinen 1890 in Angriff genommenen Memoiren.[15] Ein aussagekräftiger Index für die zunehmende Popularität mag die Flut der postalischen Sendungen zu seinen runden oder halbrunden Geburtstagen sein. Waren es 1875 »nur« 650 Briefe und Telegramme, betrug die Zahl 1890 bereits rund das Zehnfache, um dann bis 1894 auf 11 000 anzuwachsen.[16]

Dem Kaiser und seinem neuen Reichskanzler Leo von Caprivi war diese Bismarcksch'wärmerei ein Dorn im Auge. Da die nationale Begeisterung mit den Jahren noch anstieg, reiste Caprivis Nachfolger Chlodwig zu Hohenlohe-Schillingsfürst auf Anraten von Staatssekretär Alfred von Kiderlen-Wächter mehrfach nach Friedrichsruh und hoffte so, »die große Masse des ›patriotischen‹ Spießbürgers« für sich zu gewinnen.[17] Selbst Wilhelm II. meinte sich in Bismarcks Sonne wärmen zu können und zog kurz vor dessen 80. Geburtstag 1895 an der Spitze einer ansehnlichen Streitmacht in Friedrichsruh ein.[18] Er sollte nicht der Einzige sei, der dem Altreichskanzler jetzt seine Reverenz erwies. Nachdem schon in den Vortagen Tausende nach Friedrichsruh geströmt waren, marschierten am eigentlichen Ehrentag, dem 1. April, über 10000 korporativ oder auch frei organisierte Studenten sowie die Rektoren sämtlicher deutscher Universitäten und Technischer Hochschulen am Schloss vorbei.[19] Etwa 450000 (!) Glückwunschzuschriften überschütteten den Jubilar mit einer »undefinierbaren Mischung aus Devotion, Bewunderung, Stolz und Engagement«[20].

Wilhelm II. sah nunmehr den Moment gekommen, die kultische Züge annehmende Bismarck-Verehrung durch den Mythos vom »großen Kaiser Wilhelm I.« zu brechen,[21] und sollte damit kläglich scheitern. Auch in den folgenden Jahren ließen die Huldigungsfahrten und -schreiben nicht nach.[22] Ein Blick in die im Bismarck-Archiv der Otto-von-Bismarck-Stiftung liegenden Gästebücher des Fürsten macht deutlich, dass Friedrichsruh nicht nur zum Fokus seines Kultes, sondern auch zu einem »Zentrum der nationalen Opposition«[23] geworden war. Selbst ausländische Staatsmänner ließen es sich zum Leidwesen der Berliner Führung nicht nehmen, auf ihren Deutschlandtouren einen Abstecher in den Sachsenwald zu machen.[24]

2. *Wallfahrttourismus*

Mit der bereits 1891 getroffenen Entscheidung, seine letzte Ruhestätte »hoch in der freien Luft« des Sachsenwaldes finden zu wollen,[25] war vorgezeichnet, dass der *Wallfahrttourismus*[26] nach Friedrichsruh auch posthum nicht abreißen würde. Der Tod seiner Gattin Johanna 1894 ließ bei Bismarck den Gedanken reifen, dereinst auf einer Anhöhe gegenüber dem Schloss in einem Familienmausoleum bestattet zu werden. Nach dem Ableben Otto von Bismarcks am 30. Juli 1898 setzte sein ältester Sohn Herbert diesen Plan umgehend um.[27] Hatte schon die Nachricht vom irdischen Ende des Eisernen Kanzlers weltweite Anteilnahme ausgelöst, nahm der Kult nach der Beisetzung am 16. März 1899 ungeahnte Ausmaße an. Mit den kurz zuvor erschienenen Memoiren trug der Verstorbene gewissermaßen aus dem Sarkophag heraus kräftig dazu bei. Innerhalb weniger Wochen waren die ersten Auflagen mit 200000 Exemplaren vergriffen.[28] Ursprünglich von Bismarck als eine »Waffe« gedacht, »um den

Kampf um die Macht fortzusetzen, aus der man ihn stieß«[29], dienten die *Gedanken und Erinnerungen* jetzt dazu, seinen Nachruhm zu sichern.

Diese Aufgabe übernahm nun wie selbstverständlich bis zu seinem frühen Tod 1904 der neue Fürst, Herbert von Bismarck. Im Jahre 1900 gab er eine Edition des Briefwechsels seiner Eltern heraus und ließ sich dabei von der Überzeugung leiten, »daß der Schöpfer unseres Reiches durch die Bekanntgabe dieser Briefe, die von Neuem den Beweis liefern, daß sein Gemüth eben so groß und tief war wie sein Geist, den Herzen vieler seiner Landsleute menschlich näher gerückt wird«.[30] Ein Jahr darauf ließ er im nahen Aumühle ein kleines Bismarck-Museum einrichten.[31]

Doch war es nicht nur die Familie, die sich des Erbes verpflichtet fühlte. 1904 vollendete der »›bienenfleißige‹ Hagiograph Bismarcks«, Horst Kohl, eine monumentale Sammlung der Reden des preußisch-deutschen Staatsmannes.[32] Ihren öffentlich sichtbarsten Ausdruck fand die Bismarck-Verehrung dann im Bau von mehr als 360 Denkmälern, Bismarcktürmen und -säulen. Träger dieser Denkmal-Bewegung waren in der Regel örtliche Vereine, von denen innerhalb und außerhalb der Grenzen Deutschlands rund 300 agierten.[33] Kaum überraschend, machte sich die Familie die neue Bewegung sofort zu eigen und stellte ihr 1903 im knapp zwei Kilometer entfernten Silk den Boden für eine von der Deutschen Studentenschaft finanzierte Bismarck-Säule zur Verfügung.[34] Doch nicht nur im politischen Raum, auch in der ökonomischen Sphäre glaubte man mittlerweile mit dem Reichsgründer werben zu können. 1906 wurde unweit des Familiensitzes ein Mineralwasserunternehmen unter dem Namen »Bismarck-Quelle« gegründet.[35] Als im selben Jahr das preußische Ministerium für öffentliche Arbeiten beabsichtigte, Friedrichsruh als Endbahnhof für den Hamburger Vorortverkehr auszubauen, erhob sich in der Öffentlichkeit ein von der Familie unterstützter Protest, weil man eine Beeinträchtigung der »Weihe der letzten Ruhestätte des Altreichskanzlers« fürchtete. Tatsächlich gab die Bahnhofsverwaltung nach und beschloss, die Anschlussanlagen nicht in Friedrichsruh, sondern in Aumühle zu errichten.[36] So konnte neun Jahre später die Zentenarfeier zu Bismarcks 100. Geburtstags in Friedrichsruh ganz ohne störenden

Eisenbahnlärm erfolgen. Vertreter von 90 nationalen Vereinen legten an seinem Sarkophag Kränze nieder.[37] Von niemandem übertreffen lassen wollte sich in ihrer Ehrerbietung offenbar die im Mausoleum vollständig versammelte Rektorenschaft der deutschen Universitäten, beendete ihr Sprecher seine Rede doch in religiöser Anwandlung mit den Worten: »Von Dir, Bismarck, erflehen wir: sei auch ferner im Geiste mit uns.«[38]

3. *Nationalheiligtum*

War die mythisch überhöhte Figur Bismarcks bis 1918 vor allem von der politischen Rechten und national gesinnten Studenten vereinnahmt worden, diente der Bismarck-Mythos nach dem Ersten Weltkrieg gegensätzlichen Ideologien als ein Mittel, ihren widerstreitenden Zielen »Glaubwürdigkeit und Legitimität« zu verleihen.[39] Für Linksliberale und Sozialdemokraten musste die Weimarer Republik sich aus dem Schatten des Reichsgründers zu befreien suchen, weil eine Konsolidierung der Demokratie ihres Erachtens nur auf den »Trümmer[n] des Bismarckkultes« gelingen konnte.[40] Konservative und nationalistische Kreise hingegen beriefen sich auf den Eisernen Kanzler, um das Gedächtnis an Deutschlands einstige Größe wach zu halten. Einen bizarren Höhepunkt des Kults markierte 1921 die Einweihung eines von Georg von Schönerer gestifteten Gedenksteines in Aumühle. Das vom fanatischen österreichischen Antisemiten und ehemaligen Reichsratsabgeordneten in Auftrag gegebene Denkmal des Salzburger Bildhauers Leo von Moos sollte eigentlich anlässlich der Zentenarfeier 1915 aufgestellt werden, was sich aber wegen der Kriegslage nicht hatte realisieren lassen.[41] Moos schuf einen wuchtigen, von zwei Adlern über einem Bismarck-Kopf gekrönten Gedenkstein mit der Inschrift:

> *»In gewaltiger Zeit nahen wir Dir*
> *Bismarck!*
> *Dein Werk, dein Wollen ist unser Weg,*
> *Alldeutschland das Ziel.«*

Im selben Jahr 1921 begannen dank des von Herbert von Bismarcks Sohn Otto (II.) geöffneten Archivs in Friedrichsruh die Arbeiten an einer Edition der Gesammelten Werke des Reichskanzlers. Dem Herausgebergremium war ein *Ehrenausschuss* zur Seite gestellt, zu dem neben dem amtierenden Chef des Hauses Bismarck die Historiker Erich Brandenburg, Max Lenz, Friedrich Meinecke, Paul Kehr, Erich Marcks und Hermann Oncken gehörten, die in ihren politischen Anschauungen insbesondere in Bezug auf Flotten- und Weltpolitik doch eher Anhänger des Wilhelminismus denn des Bismarck'schen Saturiertheitspostulats gewesen waren. Nach ihrem Wunsch dienten die zwischen 1924 und 1935 vorgelegten 19 Bände als »Denkmal, das Deutschland in seiner tiefsten Erniedrigung dem Reichsgründer errichtet«. Auch das Format der Edition kündete von der Größe des preußisch-deutschen Staatsmannes, auf dessen Persönlichkeit und Leistung nun die Blicke aller Deutschen gerichtet werden sollten.[42]

1927 eröffnete die Familie in einer Aumühler Villa eine neue Ausstellung mit Erinnerungsstücken, Bildern und Gemälden, die den bedeutenderen Teil der Bestände des ältesten Bismarck-Museums umfassten, das noch zu Lebzeiten des Ahnen an seinem Geburtsort eingerichtet und nun hierher geschafft worden war.[43] So wie das Schönhauser Museum in den 1890er-Jahren als »Denkmal deutscher Liebe und Dankbarkeit« zum »Wallfahrtsort treuer Patrioten« geworden war,[44] entwickelte sich das 1933 nach Friedrichsruh transferierte Aumühler Pendant zu einem »neuen Nationalheiligtum«[45], nicht nur für Deutsch-Nationale. Selbst der junge Willy Brandt machte sich mehr als einmal von seinem Geburtsort Lübeck aus auf den Weg in die kleine Sachsenwaldgemeinde.[46]

1928 erlebte die Bismarck-Verehrung im Sachsenwald eine weitere Steigerung, diesmal ins Sakrale. Am 30. Todestag des Reichsgründers legte die protestantische Kirchengemeinde von Aumühle zum Andenken »an das weltbewegende Schaffen dieses einen Mannes« den Grundstein für eine »Bismarck-Gedächtnis-Kirche«.[47] Nach der Einweihung erinnerte sein oberhalb des Altars angebrachter berühmter Ausspruch »Wir Deutsche fürchten Gott, aber sonst nichts in der Welt« die Besucher an den Namenspatron.[48]

Dass Hitler sich des Bismarck-Mythos nach seiner Machtergreifung für eigene Zwecke zu bedienen verstand, ist ebenso bekannt wie die Tatsache, dass er ihn im Laufe der Jahre mehr und mehr durch den Hitler-Mythos absorbieren ließ. Dass der »Führer« aber den Bismarck-Mythos auch dann noch nicht vollständig unterbinden wollte, als er keine Rücksichtnahme auf nationalkonservative Gefühle nehmen musste, verdeutlichen seine Huldigung vor dem Sarkophag im Friedrichsruher Mausoleum und die Weiherede beim Stapellauf des Schlachtschiffs *Bismarck* in Hamburg am 13./14. Februar 1939.[49]

4. »Kampf um das Bismarckbild der Gegenwart«

Nach dem Ende des von den Nationalsozialisten entfesselten Zweiten Weltkriegs oszillierten die Urteile über Bismarck und sein Lebenswerk in Deutschland zunächst zwischen »Denkmal« und »Dämon«. War er für die einen weiterhin ein nationaler Heros, betrachteten ihn die anderen eingedenk der »Deutschen Katastrophe« (Friedrich Meinecke) als Verhängnis. Konrad Adenauer, der erste Bundeskanzler der jungen Republik, sah in Bismarck einen großen Außen-, aber weithin gescheiterten Innenpolitiker,[50] was ihn allerdings nicht davon abhielt, auf seiner Wahlkampftour 1953 in Begleitung des für die CDU kandidierenden Bismarck-Enkels Otto am Grab des Reichskanzlers einen Kranz niederzulegen.[51] Nicht entgehen ließ er sich auch einen Besuch im Bismarck-Museum, das bei Kriegsende geschlossen, Anfang Dezember 1950 aber von Ann-Mari Fürstin von Bismarck wiedereröffnet worden war, und zwar im Landhaus Friedrichsruh, einem Gebäude, das der Eiserne Kanzler bereits 1871 gekauft hatte.[52] Der am Aufbau beteiligte Hamburger Kunsthistoriker Carl Schellenberg rühmte die Ausstellung als »Spiegelbild einer Epoche«, dessen besonderer Reiz in der Vielzahl von Dingen liege, die ein bedeutender Mensch um sich gehabt habe.[53]

Otto von Bismarck bekannte sich anlässlich der Eröffnung »zum Dienst an der Tradition« und freute sich über die »einzige westdeutsche Traditionsstätte« aus der Zeit der Reichsgründung.[54] Für den anschließenden Empfang im neuen Schloss, das unmittelbar neben der Ruine des 1945 zerstörten Herrenhauses errichtet worden war, hatte er den Privatdozenten Walter Bußmann von der Universität

Göttingen zu einem Vortrag eingeladen. Bußmanns Gedanken über »Bismarck im Lichte der heutigen Zeit« lösten in der zahlreich anwesenden Journalistenschar ein geteiltes Echo aus. Rühmten die einen, dass er einer »entheroisierende[n] Geschichtsschreibung« das Wort geredet habe,[55] kritisierten andere hingegen, wie Bußmann »mit vereinfachender Schwarzweißdialektik den idealen Staatsmann darzustellen versuchte«.[56] In der »Erinnerungspolitik« der Familie sollte Bußmann bald eine zentrale Rolle spielen.

Nachdem nämlich Ende 1953 zwischen der Historischen Kommission bei der Bayerischen Akademie der Wissenschaften und Otto von Bismarck der Plan entwickelt worden war, eine Auswahl der Schriften Herbert von Bismarcks in den »Quellen zur deutschen Geschichte des 19. und 20. Jahrhunderts« zu veröffentlichen,[57] erhielt Bußmann, inzwischen Abteilungsleiter an der Deutschen Hochschule für Politik und Außerplanmäßiger Professor an der Freien Universität (FU) Berlin, im Mai 1955 den Auftrag der Bearbeitung. Dass Otto von Bismarck mit der Edition hoffte, »das Bild Bismarcks wieder in die richtige Form« bringen zu lassen,[58] störte ihn nicht – im Gegenteil. Bußmann zielte vielmehr darauf ab, mit dem Projekt jene »geistige Offensive gegen das Bismarck-Bild« aufhalten zu können, »die sich so fragwürdiger Mittel wie des Holstein-Nachlasses« oder der Biografie Erich Eycks bediente und »nur die Argumente der 80er-Jahre aus dem gegnerischen Lager« wiederholte.[59]

Seine Tätigkeit am Friedrich-Meinecke-Institut der FU Berlin und krankheitsbedingte Ausfälle führten dazu, dass Bußmanns Kärrnerarbeit weitaus länger dauerte als geplant. Als Otto von Bismarck im August 1962 drängte, alle ausgeliehenen Archivalien zurückzuschicken, reagierte Bußmann geradezu pikiert, glaubte er sich doch »zu den Historikern zählen zu dürfen, die im sogenannten ›Kampf um das Bismarckbild der Gegenwart‹ leidenschaftlich die begründeten Traditionen unserer modernen nationalen Geschichte vertreten und bewahren«.[60] Als der Fürst ihm Mitte 1963 für die Einleitung der Edition einen Brief seines Großvaters zugänglich machte, gab sich Bußmann ehrerbietig und versprach, das Dokument »selbstverständlich taktvoll und zurückhaltend [zu] interpretieren«.[61] Nachdem Otto von Bismarck aber dem amerikanischen Historiker Louis S. Snyder die mikrofotografische Vervielfältigung von Archivalien für eine Herbert-Biografie in Aussicht gestellt hatte,[62] reagierte Bußmann wiederum verschnupft und riet dringend, »der traditionellen Liberalität von Friedrichsruh gegenüber den Historikern [...] Grenzen« zu ziehen. Snyder gehöre zu den US-Kollegen, »deren Ressentiment gegen Deutschland bzw. Neuere deutsche Geschichte geradezu ungewöhnlich« sei.[63]

Als das Quellenwerk dann Ende 1964 erschien, waren die Zwistigkeiten offenbar vergessen. Otto von Bismarck fand das Ergebnis »ausserordentlich gelungen«[64] und spielte bald darauf mit dem Gedanken, den Herausgeber für die stilistische Bearbeitung seiner geplanten Memoiren zu gewinnen. Bußmann sagte nicht nur sofort zu,[65] er stellte sich nun auch für eine potenzielle Feier zum 150. Geburtstag des Reichsgründers 1965 zur Verfügung.[66] Die Familie hatte jedoch anderes im Sinn und versuchte über einen amerikanischen Werbefachmann Altbundeskanzler Konrad Adenauer als Festredner zu gewinnen. Der aber erteilte ihr aus Abneigung gegenüber Bismarcks Innenpolitik eine Absage,[67] nahm indes sehr wohl an einer Feierstunde des Deutschen Bundestags teil, in der der remigrierte Historiker Hans Rothfels[68] und Bundeskanzler Ludwig Erhard den Reichsgründer würdigten. Dies als Versuch der Bundesregierung zu deuten, »mit Bismarck noch einmal Politik zu machen«,[69] erscheint wenig überzeugend. Erhard ging es vielmehr darum, den »großen geschichtlichen Horizont unseres Volkes« sichtbar zu machen.[70]

Bußmann brachte sich wenige Monate später in Friedrichsruh mit einer Reihe von Rezensionen zu seiner Herbert-Edition in Erinnerung und empfahl nun außerdem seinen Schüler Werner Pöls für die Aufgabe, das Friedrichsruher Archiv neu zu ordnen.[71] Als er seine Recherchen 1956 begonnen hatte, war ihm wie auch Otto von Bismarck schnell deutlich geworden, dass die in der Schloss-Bibliothek beziehungsweise auf einem Dachboden des Marstalls aufgehobenen Bestände sich nicht nur in einem konservatorisch höchst prekären Zustand, sondern auch in einem »heillosen Durcheinander« befanden.[72] Da Bußmann zum Wintersemester 1966/67 einen Ruf an die Universität München erhielt und Pöls dort eine Stelle als Oberkonservator annahm, verzögerte sich dessen Arbeitsbeginn bis zum Herbst 1967.[73] Pöls ordnete die vorhandenen Bestände indes nicht nur, er fand auch zahlreiche »neue« Dokumente, wodurch sich das

Gesamtvolumen des Archivs etwa verdreifachen sollte. Die Begeisterung über die von ihm für die Geschichtswissenschaft offengelegte Fundgrube nährte in ihm die Hoffnung, dass »Friedrichsruh zu einem Zentrum der Bismarck-Forschungen werden sollte«.[74] Doch trotz allen Finderglücks war Pöls froh, das »Dasein eines Einsiedlers von Friedrichsruh« im Frühjahr 1968 wieder aufgeben zu können. »Wissen Sie, lieber Herr Professor,« schrieb er Bußmann im April, »Friedrichsruh ist nicht der Ort, wo sich Fuchs und Hase Gute Nacht sagen, sondern wo sie sich bereits Gute Nacht gesagt haben.«[75]

Otto von Bismarck war mit der Arbeit von Pöls sehr zufrieden und lobte Bußmann gegenüber vor allem dessen »sehr interessante Entdeckungen«.[76] Legt man die Korrespondenzen im Bismarck-Archiv Friedrichsruh und im Bußmann-Nachlass in Karlsruhe zugrunde, flaute ihr Kontakt seither offenbar stark ab, ohne aber abzureißen. 1974 lud Otto von Bismarck zu einem Gespräch nach Friedrichsruh ein, um »neue Gedankengänge anknüpfend an die Bismarck-Tradition zu entwickeln«. Bußmann konnte den Termin aus gesundheitlichen Gründen nicht wahrnehmen, hoffte aber auf ein Wiedersehen im Herbst.[77]

Ob seine Visite tatsächlich stattfand, ist nicht bekannt. Wir wissen aber, dass die Besucherzahlen in Friedrichsruh damals eine erstaunliche Entwicklung nahmen. Lagen sie in den 1960er-Jahren bei etwa 27000 bis 28000 pro Jahr, erreichten sie zur 100. Wiederkehr der Reichsgründung 1971 37000.[78] Der Tag der Kaiserproklamation in Versailles schien übrigens auch dem politischen Bonn einer Erinnerung Wert. Am Morgen des 18. Januar kam der ehemalige Bundeskanzler und CDU-Vorsitzende Kurt-Georg Kiesinger nach Friedrichsruh, um gemeinsam mit der CDU-Prominenz aus Hamburg und Schleswig-Holstein einen Kranz niederzulegen. Wenige Stunden später traf Bundesminister Egon Franke in Friedrichsruh ein und tat es ihnen im Namen der sozialliberalen Bundesregierung gleich.[79]

Der darin sichtbare parteiübergreifende Konsens zwischen CDU, SPD und FDP wurde übrigens nicht von allen politischen Gruppen mitgetragen. Nachdem eine rechtsextreme »Aktion 2000« für den Tag der Kaiserproklamation Fackelzug, Kranzniederlegung und Mahnfeier in Friedrichsruh angekündigt hatte, meldete die Bergedorfer Gruppe der Deutschen kommunistischen Partei (DKP) eine Gegendemonstration an. Mit Wasserwerfern und mehreren Hundertschaften mussten die Aktivisten auseinandergehalten werden.[80] Wenn dies nicht der letzte Polizeieinsatz im Sachsenwald bleiben sollte, lag das nicht zuletzt an der Vereinnahmung des Eisernen Kanzlers durch den Bismarckbund, der seit 1982 unter der Schirmherrschaft von Ferdinand Fürst von Bismarck stand, dem ältesten Sohn von Otto von Bismarck.[81] Wes Geistes Kind dieser Verein war, bewies sein Vorsitzender Hugo Willems am Tag der Deutschen Einheit 1982, als er in einer Rede im Mausoleum dem zaristischen Russland den Willen zur »Eroberung Deutschlands« unterstellte und die »Zerstörung der Einheit Europas« als russisches »Lebensgesetz« bezeichnete.[82] Von Bismarcks engem Verhältnis zu den Romanows, von den Drei-Kaiser-Verträgen und dem Rückversicherungsabkommen war keine Rede. Zu einer deutlichen Sprache neigte auch der Bundesvorsitzende der »Konservativen Aktion«, Ludek Pachmann, der wenige Monate später an gleicher Stelle in Anwesenheit von etwa 500 Personen wetterte, wie »feige und opportunistisch« die deutschen Politiker in Sachen Wiedervereinigung agierten.[83]

5. »Die Pflege des Bismarck'schen Erbes nicht allein der Familie überlassen«

Mit der Errichtung der nach Bismarck benannten Politikergedenkstiftung wurde in der Erinnerungsgeschichte in Friedrichsruh 1997 ein vollständig neues Kapitel aufgeschlagen. Erste Überlegungen, den Reichsgründer mit einer Stiftung zu würdigen, reichen bis ins Jahr 1986 zurück und stehen in engstem Kontext mit dem Bestreben der Gemeinde Aumühle, das Friedrichsruher Bahnhofsgebäude vor dem Verfall zu retten. Da die Bahnlinie Hamburg-Berlin ob der Teilung Deutschlands weitgehend bedeutungslos geworden war, dachte die Deutsche Bahn seit Mitte der 1970er-Jahre über den Abriss des Bahnhofs nach. Aus Tradition und Geschichtsbewusstsein stellte sich die Kommune mit ihrem Bürgermeister Otto Prueß diesem Ansinnen entschieden in den Weg, pachtete die Station 1976 für zehn Jahre kostenlos und ließ sie umfänglich renovieren.[84] Als Ende 1984 absehbar wurde, dass die Gemeinde die Immobilie wegen fehlender Einnahmen nicht über das Pachtende hinaus weiter betreiben könne, sann Prueß darüber nach, wie sie »auf Dauer einer sinnvollen Nutzung zuzuführen« sei.[85] Gehör fand er zunächst beim Direktor des Hamburger Museums für Kunst und Gewerbe, Axel von Saldern, der den Bahnhof für »unbedingt erhaltenswert« hielt und die Einrichtung eines »ökologischen Museums mit einer ›permanenten‹ Sonderausstellung ›Sachsenwald‹« empfahl.[86]

Das Ende des Nutzungsvertrags mit der Bahn im Oktober 1986 drängte zur Tat. Mitte April verständigte sich Prueß mit der von ihm kontaktierten Staatskanzlei in Kiel darauf, alle in und um Friedrichsruh mit dem Erbe Bismarcks in Verbindung stehenden Gebäude und Einrichtungen institutionell zusammenzuführen. Konkret ging es nicht mehr »nur« um den historischen Bahnhof, sondern auch um das Bismarck-Museum, das Bismarck-Mausoleum, den Bismarck-Turm in Aumühle, die Bismarck-Säule in Silk, den schriftlichen Bismarck-Nachlass, ein Eisenbahnmuseum in Aumühle und ein altes Dampfsägewerk in Friedrichsruh. Den Gesprächspartnern schwebte die Gründung einer Stiftung »Fürst von Bismarck und Preußen« vor, deren »örtliche Organisation« die Gemeinde zu übernehmen gedachte, wohingegen das Land Schleswig-Holstein und der Kreis Herzogtum Lauenburg unterstützend tätig werden sollten. Möglich schien ihnen die Realisierung ihres visionären Großprojekts jedoch nur bei einer »nachhaltige[n] Förderung« durch den Bund und die Stiftung Preußischer Kulturbesitz.[87]

Deutlich moderatere Töne schlug dann der von der Staatskanzlei um »ein Konzept für die Zusammenfassung der verschiedenen historischen Einrichtungen in Aumühle« gebetene Direktor des Landesmuseums, Heinz Spielmann, an.[88] Nach einer Ortsbesichtigung Anfang September kam er zu der Überzeugung, dass die Realisierung des Projekts auf den Kernbestand in Friedrichsruh, das heißt das Bahnhofsgebäude, das Museum und das Mausoleum, konzentriert werden sollte. Die »Neu-Eröffnung des gesamten Museumskomplexes« erwartete er nicht vor 1992 und er rechnete mit 150000 Besuchern pro Jahr.[89]

Anfang 1987 fasste die Gemeindevertretung von Aumühle den Grundsatzbeschluss, das Bahnhofsgebäude nebst Gelände unter der Maßgabe zu erwerben, dass das Land oder ein anderer Träger einen Zuschuss in der Höhe des Kaufpreises gewähren und die in Aussicht genommene Stiftung die Immobilie spätestens Ende 1989 übernehmen würde.[90] Von Seiten der Stiftung Preußischer Kulturbesitz wurde wenig später der höchst innovative Gedanke ventiliert, die Friedrichsruher Stiftung mit einem von der Bundesregierung angedachten neuen Historischen Museum in Berlin »als Modellfall für einen bundesweiten Verbund […] organisatorisch und inhaltlich zu verknüpfen«.[91] Nachdem Ferdinand von Bismarck die Zusicherung gegeben hatte, große Teile des weiterhin provisorisch im Marstall untergebrachten Bismarck-Archivs leihweise zur Verfügung zu stellen,[92] fand Ende April ein erstes Sondierungsgespräch mit Vertretern des Bundes, des Landes, der Gemeinde und der Familie statt, an dem auch der Bismarckbund teilnahm. Die illustre Runde verständigte sich darauf, »zur Erhaltung des Bismarck-Erbes in Friedrichsruh und zu einer angemessenen Präsentation der Bedeutung« des Reichsgründers »für die europäische Geschichte« gemeinsame »Modellüberlegungen« anzustellen.[93] Wenige Wochen später mahnte der schleswig-holsteinische Kultusminister Peter Bendixen in einem Schreiben an Bundesinnenminister Friedrich Zimmermann dazu, »die Pflege des Bismarck'schen Erbes nicht weiterhin allein der Familie [zu] überlassen.« Vor dem Hintergrund der von Seiten der DDR in Angriff genommenen »Würdigung des großen deutschen Staatsmannes« – Bendixen dachte offenbar an den ersten Band der Bismarck-Biografie Ernst Engelbergs[94] – erschien ihm »eine geschlossene Darstellung seiner Persönlichkeit und seiner Bedeutung für die europäische Geschichte auch auf dem Boden der Bundesrepublik Deutschland geboten«.[95] Zimmermann ließ sich von diesem Gedanken rasch einnehmen. In der Überzeugung der »überragenden Bedeutung des ehemaligen deutschen Reichskanzlers für die deutsche und europäische Geschichte« erklärte er »eine angemessene Darstellung« bei einem Besuch Friedrichsruhs gemeinsam mit Bendixen im Juli 1987 zu einer »wichtige[n] kulturpolitische[n] Aufgabe«[96]. Beide Minister kamen überein, eine Arbeitsgruppe aus namhaften Historikern sowie Vertretern des Bundes, des Landes Schleswig-Holstein,

1985

des Kreises Herzogtum Lauenburg, der Gemeinde Aumühle und der Familie von Bismarck, aber ohne den Bismarckbund einzusetzen, um Möglichkeiten zur Gründung einer vom Bund mitgetragenen »Otto-von-Bismarck-Stiftung« auszuloten.[97] In enger Zusammenarbeit mit dem geplanten historischen Museum in Berlin sollte sie »zur Erhaltung des Bismarck-Erbes in Friedrichsruh und zu dessen würdiger und zugleich zeitgerechter Präsentation und erheblich verbesserter Nutzungsmöglichkeit für Forschung und Wissenschaft« beitragen und dabei das Archiv mit Bibliothek, das Museum, das Mausoleum und den Bahnhof betreuen.[98] Um die Unterstützung durch den Bund sicherzustellen, wandten sich der »glühende Bismarck-Verehrer«[99] Zimmermann wie auch sein Fraktionskollege Michael von Schmude an Bundeskanzler Helmut Kohl, der sofort mit »großem Interesse« auf die »Überlegungen zur eventuellen Gründung einer Otto-von-Bismarck-Stiftung« reagierte[100] und im Oktober eine Konzeption nach dem Modell der Stiftung Bundeskanzler-Konrad-Adenauer-Haus in Rhöndorf anregte.[101]

»Glühende Bismarck-Verehrer« gab es auch in der Region. Einige verfolgten die Presseberichte über die Konsultationen zwischen Aumühle, Kiel und Bonn mit so viel Sympathie, dass sie in Leserbriefzuschriften die Umbenennung von Friedrichsruh in »Bismarckruh« anregten.[102] Doch es meldeten sich auch kritische Stimmen zu Wort. In der Wochenzeitung *Die Zeit* erhob Karl-Heinz Janßen den Vorwurf, das Stiftungsprojekt diene der Begründung von neokonservativem Gedankengut und der Rekonstruktion nationaler Identität.[103] Seine Kritik deckte sich mit den im Vorfeld der Gründung des Hauses der Geschichte der Bundesrepublik und des Deutschen Historischen Museums vielfach vorgetragenen Befürchtungen, die Erinnerung an die Demokratie könne zu einer womöglich national verengten Erfolgsgeschichte geraten und darüber die Diktaturvergangenheit verblassen lassen.[104]

Der Same des Verdachts trieb nun auch in der SPD erste Keime. Vor dem Hintergrund der kulminierenden »Barschel-Affäre« sprach sich der Kreisverband Lauenburg Mitte November 1987 gegen eine finanzielle Beteiligung an der Bismarck-Stiftung aus und äußerte die Vermutung, der Familie von Bismarck solle etwas geschenkt werden.[105] Im fernen Bonn ließ man sich von solch kruden Gedanken nicht beirren und traf wenige Wochen eine Grundsatzentscheidung für den Aufbau der Friedrichsruher Gedenkstätte.[106] Die deutlich abgespeckten Planungen des Bundesinnenministeriums (BMI) sahen eine Ausstellung zum Thema »Bismarck und seine Zeit« in einem gründlich sanierten Bahnhofsgebäude vor sowie die Installation von Bibliothek, Archiv, Wohn- und Konferenzräumen in einem hinter dem Bahnhof gelegen bahneigenen Wohn- und Wirtschaftsgebäude. Die Investitions- und Unterhaltungskosten sollten zwischen Bund und Land im Verhältnis 65:35 aufgeteilt werden.[107] Mitte April 1988 erklärte Kohl bei einem Besuch in Friedrichsruh gegenüber Ferdinand von Bismarck das Projekt zu einer »Aufgabe von nationalem Interesse« und sagte zu, seinen ganzen Einfluss geltend machen zu wollen, damit die Stiftung zum 1. Januar 1989 gegründet werden könne.[108]

Wenige Monate später war der Zeitplan wieder Makulatur. Die bei den vorgezogenen Landtagswahlen im Mai 1988 gewählte Kieler Landesregierung unter Björn Engholm pochte nun auf eine intensive Prüfung des Sanierungsaufwands im Bahnhofsgebäude.[109] Ende Januar 1990 reduzierte sie ihren Kostenanteil von 35 Prozent auf 20 Prozent und schraubte ihn dann Mitte des Jahres auf null herunter.[110] Anfang 1991 meldete Kiel zwar erneut Interesse an, sofern das Bismarck-Archiv verselbstständigt würde. Einen Eigentumsübertrag hatte Ferdinand von Bismarck jedoch bereits im Februar 1988 verworfen. Auch die übrigen vier Politikergedenkstiftungen des Bundes waren nicht allesamt Eigentümer der schriftlichen Nachlässe ihrer Namensgeber. Als dann auch das Bonner Finanzministerium nur 50 Prozent der Kosten für den Bahnhof tragen wollte, machte Kohl die Angelegenheit zur Chefsache und bestätigte Mitte März 1992 die Bereitschaft zur Vollfinanzierung. Ein Jahr später kaufte der Bund das Bahnhofsgebäude nebst Grund und Boden. Nachdem die letzten Gespräche zwischen dem BMI und Ferdinand von Bismarck über verschiedene Varianten einer Eigentumsübergabe abgeschlossen worden waren, hob Innenminister Manfred Kanther die Otto-von-Bismarck-Stiftung am 14. November 1994 per Ministererlass als unselbstständige Institution im Geschäftsbereich seines Hauses aus der Taufe. Die im Erlass festgelegte Aufgabe machte deutlich, dass es dem Ministerium vor allem auf die politische Bildungsarbeit,

1994

weniger auf den kulturellen Aspekt ankam.[111] Dem zollte Kanther auch dadurch Rechnung, dass er die fachliche Zuständigkeit für die neue Stiftung wie auch für die nun errichtete Willy-Brandt-Stiftung und die Stiftung Reichspräsident Friedrich-Ebert-Gedenkstätte im April 1995 auf jene Arbeitsgruppe seinen Hauses verlagerte, die sich mit Fragen der politischen Bildung befasste.[112] Einen Monat später beschloss der dreiköpfige Vorstand mit Ministerialrat Dr. Linden aus dem BMI, Ferdinand von Bismarck und dem Bürgermeister von Aumühle, Schimanel, den Bonner Neuzeithistoriker Klaus Hildebrand um ein Konzept für die Arbeit der Stiftung zu bitten, und zugleich alle Schritte einzuleiten, »um die Otto-von-Bismarck-Stiftung auf eine bundesgesetzliche Grundlage zu stellen«.[113] Denn die Konstruktion der unselbstständigen Stiftung stand auf wackligen Beinen, da sie keine Gesetzesgrundlage besaß und ihre finanzielle Ausstattung vom Willen der Bonner Haushaltspolitiker abhängig war.

6. »Nationale Sinnstiftung«?

In Anlehnung an den Ministererlass von Kanther und das Gutachten von Hildebrand[114] würdigte der Gesetzentwurf zur Errichtung der rechtsfähigen Otto-von-Bismarck-Stiftung vom 31. Januar 1996 Bismarck als »Architekt[en] des Deutschen Reiches von 1871, als Vertreter einer europäisch ausgerichteten Sicherheits- und Friedenspolitik und als Begründer der deutschen Sozialpolitik«.[115] Die parlamentarischen Beratungen verliefen zunächst völlig unproblematisch. Der Haushaltsausschuss billigte die Vorlage am 28. Februar 1996 mit den Stimmen der Koalitionsparteien und der SPD, wobei Bündnis 90/Die Grünen und die PDS sich der Stimme enthielten. Im federführenden Innenausschuss stimmten, abgesehen von einem PDS-Mitglied, alle Volksvertreter in der abschließenden Beratung am 13. März mit Ja.[116] Dann aber kam Gegenwind auf, zunächst von der journalistischen, anschließend auch von der politischen Front. Ende April erklärte der Journalist Johannes Willms die Gründung der Stiftung für »fragwürdig«, da die politische Bildung der übrigen Politikergedenkstiftungen »immer mit demokratischen Inhalten zu tun« habe, Bismarck aber Monarchist und »Anti-Demokrat« gewesen sei.[117] Das Magazin *Konkret* wetterte gegen die von »alte[n] Junker[n], neue[n] Rechte[n] und Geschichtsrevisionisten« betriebene »Nationale Sinnstiftung«.[118] In einer Kleinen Anfrage an die Bundesregierung erhoben einige Abgeordnete der SPD-Fraktion im Mai den Vorwurf, das Kabinett versuche Geschichtsbilder zu fördern und einem Persönlichkeitskult zu huldigen.[119] Unzufrieden über die ihr erteilte Antwort und zusätzlich befeuert von »große[n] Bedenken« der Historischen Kommission beim sozialdemokratischen Parteivorstand[120], vollzog die SPD-Fraktion schließlich eine »komplette Kehrtwendung inhaltlicher Art«[121] und lehnte das Gesetz in Übereinstimmung mit Grünen und PDS in der dritten und letzten Lesung am 5. Juni 1997 ab. Die von der SPD-Abgeordneten Uta Titze-Stecher angeführte Opposition beschwor in einer von zahlreichen Zwischenfragen unterbrochenen turbulenten Debatte die Gefahr der Wiederbelebung eines Personenkultes, der Heroisierung einer problematischen Figur zu politischen Zwecken und der Schaffung eines Wallfahrtsortes der Rechten. Ihre neuen »Erkenntnisse« führte Titze-Stecher ausdrücklich auf einen kurz zuvor erschienenen Artikel des Magazins *Der Spiegel* zurück, in dem die Kontakte der Familie zum Bismarckbund behandelt worden waren.[122] Die Vorwürfe des Hamburger Organs entzündeten sich nicht zuletzt an der Verbindung des Familienoberhaupts Ferdinand Fürst von Bismarck zu dem national-konservativen Traditionsverein mit einschlägig bekannten Aktivisten aus der rechten Szene, der sich seit Jahrzehnten um ein deutsch-preußisches Geschichts- und Kulturbewusstsein bemühte und in den Vorjahren mehrfach am Tag der Deutschen Einheit Feiern an der Gruft Bismarcks abgehalten hatte.[123] »Doch inwiefern stellten diese Umtriebe die Glaubwürdigkeit einer Stiftung in Frage, die demokratischen Kontrollmechanismen unterliegt?«, fragte *Die Welt* nicht ohne Berechtigung.[124] Vergeblich beteuerte Michael von Schmude in der Bundestagsaussprache für die Unionsfraktion, es gehe keineswegs darum, »aus Friedrichsruh einen Wallfahrtsort der Rechten zu machen, sondern es geht um die vorurteilslose Auseinandersetzung mit einer wichtigen Epoche unserer Geschichte«. Bismarcks Antworten auf die außenpolitischen Herausforderungen und die großen sozialen Probleme hätten »Weichen gestellt«. Dies gelte auch »für die Entwicklung vom Obrigkeitsstaat hin zu einer demokratischen Öffnung«. Mit der Gründung der Stiftung bekenne sich der Staat zu einem »gesamtstaatlich bedeutsamen Kulturerbe«. Weder seine Argumente noch der Hinweis, dass die SPD den Gesetzentwurf in allen beteiligten Ausschüssen mitgetragen habe[125], konnten verhindern, dass die Opposition die Annahme jetzt verweigerte.

7. »Positiver Erinnerungsort demokratischer Traditionsbildung«

Es war gewiss ein kluger Schachzug, dass die Stiftungsgremien als ersten Geschäftsführer den Historiker und bekennenden Sozialdemokraten Michael Epkenhans beriefen, der seine Arbeit bereits am 1. Juli 1996 mit einer Sekretärin, einem wissenschaftlichen Mitarbeiter und einem Verwaltungsleiter in provisorischen Diensträumen aufgenommen hatte. Auch wenn er sich ganz dem Errichtungsgesetz verpflichtet fühlte, das als »Zweck« der Stiftung die Wahrung des Andenkens an das Wirken des Staatsmannes Otto von Bismarck sowie die Sammlung, Verwaltung und Auswertung seines Nachlasses »für die Interessen der Allgemeinheit in Kultur und Wissenschaft, Bildung und Politik« definiert hatte[126], wollte die Kritik gleichwohl nicht verstummen. Als die Stiftung 1998 aus Anlass des 100. Todestages ihres Namensgebers im nahen Reinbek einen Festakt veranstaltete,[127] kam es abermals zu Protestkundgebungen von rechten und linken Aktivisten.[128] Dass das neue Vorstandsmitglied Carl-Eduard Graf von Bismarck sich öffentlich darüber beschwerte, dass die Stiftung wie auch die Gemeinde Aumühle nicht bei der vom Bismarckbund veranstalteten Gedenkfeier im Mausoleum zugegen gewesen wäre, goss zusätzliches Öl ins Feuer. Nicht nur die Gemeinde hielt es für geboten, sich vom Bismarckbund zu distanzieren; auch Epkenhans stellte noch einmal in dezidierter Übereinstimmung mit dem Vorstandsvorsitzenden Heinrich-E. Seraphim klar: »Es gibt einen undurchsichtigen rechten Rand im Umfeld des Bismarckbundes, und mit Ideologen neurechten Gedankengutes haben wir keinerlei Berührungspunkte.«[129] Der Ausgangspunkt der Arbeit »mit einem problematischen Ahnen« könne nur »der gegenwärtige Forschungsstand« sein.[130] An dieser Linie hielten die Geschäftsführung und die Gremien seither entschieden fest.

Im Mai 2000 bezog die Stiftung nach gut zweijähriger Renovierungszeit ihren Dienstsitz im historischen Bahnhofsgebäude, das mit seinen Arbeits- und Vortragräumen, einer Bibliothek und einer modern gestalteten Dauerausstellung über »Otto von Bismarck und seine Zeit« geradezu »zu einem erlesenen Juwel in Friedrichsruh« geworden war.[131] Namens der Bundesregierung gab Staatsminister Michael Naumann bei der Einweihung offen zu, dass das Grußwort eines sozialdemokratischen Staatsministers »nicht einer gewissen Pikanterie« entbehre. Ohne Wenn und Aber bekannte er sich jedoch zu der Aufgabe der Auseinandersetzung mit einer »zu Lebzeiten bereits idealisierten Symbolfigur«, die wie kein anderer Staatsmann des 19. Jahrhunderts noch heute polarisiere.[132] Für das Kuratorium unterstrich der Vorsitzende Gerhard Stoltenberg die Aktualität der Beschäftigung mit »Bismarcks faszinierender, komplizierter, von Widersprüchen nicht freien Persönlichkeit und mit seiner Zeit«.[133] Dank seiner doppelten Profession als gelernter Historiker[134] und Politiker war kaum jemand besser zu einem solchen Urteil berufen als der ehemalige Ministerpräsident von Schleswig-Holstein und mehrfache Bundesminister.

Mag das materielle »Kernstück des Bismarck'schen Erbes« in Friedrichsruh auch der Sachsenwald sein,[135] zu dessen Erhalt eine erfolgreiche Bewirtschaftung durch die Familie wie auch ihr 1985 eröffneter »Garten der Schmetterlinge«[136] und die Einnahmen aus der »Bismarck-Quelle« beitragen, liegt der Umgang mit dem Erbe in wissenschaftlicher und bildungspolitischer Perspektive doch seither in den Händen der Otto-von-Bismarck-Stiftung. Aus der kleinen Geschäftsstelle im Marstall des Bismarck'schen Schlosses ist eine moderne Forschungs- und Bildungseinrichtung geworden, die ihre Tätigkeitsfelder kontinuierlich ausgebaut hat und mittlerweile um zwei Standorte erweitert worden ist. 2007 schloss die Stiftung mit dem Land Sachsen-Anhalt, dem Landkreis Stendal und der Gemeinde Schönhausen an der Elbe, Bismarcks Geburtsort, einen Kooperationsvertrag über die gemeinsame Förderung des Schönhauser Bismarck-Museums.[137] Seit 2009 betreut sie außerdem das ihr als Dauerleihgabe anvertraute Friedrichsruher Bismarck-Museum mit seinen nationalen Kulturgütern ersten Ranges.

Im Mittelpunkt ihres wissenschaftlichen Tagesgeschäfts steht die »Neue Friedrichsruher Ausgabe« der *Gesammelten Werke* Otto von Bismarcks, die die »nur sehr fragmentarisch[e], ja streckenweise willkürlich[e]« Edition aus den 1920er- und 1930er-Jahren ersetzen soll.[138] Darüber hinaus organisiert die Stiftung Symposien und Workshops, mit denen sie erfolgreich dazu beiträgt, bestehende Lücken in der Bismarck-Forschung zu schließen. Zu ihren wissenschaftlichen Aufgaben gehören ferner die Publikation geschichtswissenschaftlicher Studien, der Ausbau der Archivbestände und die sukzessive Vervollständigung ihrer Bibliothek. Wie die übrigen vier Politikergedenkstiftungen des Bundes ist die Otto-von-Bismarck-Stiftung aber kein reines Forschungsinstitut; dem Gründungsgesetz entsprechend dient sie vielmehr zugleich als Stätte moderner historisch-politischer Bildungsarbeit. Unverzichtbar für die Umsetzung dieses Anliegens ist die Präsentation der ständigen Ausstellung, die das Leben und die Zeit des preußisch-deutschen Staatsmannes »begehbar« und anschaulich macht. Wechselausstellungen unterstützen das Bestreben der kontinuierlichen Auseinandersetzung mit dem »langen« 19. Jahrhundert und einer seiner zentralen Persönlichkeiten. Neben Vortragsveranstaltungen, Kinovorführungen historischer Filme sowie Führungen durch den Erinnerungsort Friedrichsruh bietet sie überdies ein umfangreiches museumspädagogisches Programm insbesondere für Schulklassen und Studierende an.

Die Leistungen der Jahrhundertgestalt Bismarck zu würdigen, ohne die Grenzen und Defizite seines Handelns zu ignorieren, die vielschichtigen Probleme der von ihm nachhaltig mitgestalteten Ära auch in ihrer europäischen, ja globalen Dimension aufzuzeigen, Individuelles und Allgemeines in einer Epoche des Umbruchs in ihrer historischen Verschränkung zu betrachten und dabei stets den Zusammenhang von Vergangenheit und Gegenwart zu verdeutlichen, darin sieht die Otto-von-Bismarck-Stiftung ihre zentralen Aufgaben. Als Teil des »geschichtspolitischen Pantheon[s] der Bundesrepublik Deutschland«[139] liefert sie mit ihrer facettenreichen Arbeit, wie der frühere Bundespräsident Köhler einmal in einem allgemeinen Kontext treffend formuliert hat, wichtige »Baustein[e] für die Humanität der Gesellschaft«[140].

»Jede Kultur beruht auf Erinnerung«, betonte Bundestagspräsident Norbert Lammert in seiner Rede zur Eröffnung des Historikertages 2006.[141] Deutschland bedarf heute des Gedächtnisses für Krieg und Holocaust, Flucht und Vertreibung ebenso wie der »positiven Erinnerungsorte demokratischer Traditionsbildung«[142]. Führt man sich die Namen der Politikergedenkstiftungen vor Augen, wirkt der Name Bismarck auf den ersten Blick »antithetisch«[143], lassen das Janusgesucht der von ihm konzipierten Reichsverfassung und sein Kampf gegen die »Reichsfeinde« jeden Versuch, ihn »zum Demokraten zu schminken [...] ›ganz abenteuerlich‹« erscheinen.[144] Bismarck war fortschrittlich und reaktionär, friedliebend und kriegsbereit, treu und verräterisch, gottesfürchtig und verschlagen, kurzum ein Mensch mit Widersprüchen in einer Epoche voller Umbrüche. Kaum eine andere Person seiner Zeit bietet uns so viel Anschauungsmaterial dafür, »wie kompliziert der deutsche Weg zur Demokratie war – also wie wir wurden, was wir sind«.[145] Deutlicher als früher erscheint er heute eingebunden in die Strukturen und Prozesse seines Jahrhunderts: den Strom der Zeit nicht behindernd, aber auch nicht souverän lenkend, sondern auf ihm geschickt navigierend. Ein großer Beweger, der zugleich von einem dauernden Gefühl der Ohnmacht gegenüber den großen historischen Kräften durchdrungen war.

Gall

200 Jahre nach seiner Geburt und gut 115 Jahre nach Bismarcks Tod ist das Interesse an der Persönlichkeit, dem Lebensweg und der politischen Bilanz dieser Schlüsselfigur des gesamten Säkulums ungebrochen, auch wenn die Besucherzahlen in Friedrichsruh, legt man die der Stiftung und des Museums zugrunde, nicht mehr die Höhen früherer Jahrzehnte erreichen. Dank der Vernetzung von Ausstellung, Museum, Archiv, dem »virtuellen Friedrichsruh« auf den Internet-Seiten der Stiftung und dem Mausoleum Otto von Bismarcks gibt es in der Bundesrepublik keinen anderen Erinnerungs- und Lernort, an dem man seine Kenntnisse über die für Europa so wesentliche Epoche des *langen 19. Jahrhunderts* und über einer seiner Hauptakteure besser vertiefen kann als in dieser kleinen Gemeinde mitten im Sachsenwald.

Anmerkungen

1 Halbwachs, Maurice: La mémoire collective, 2. Aufl., Paris 1968 (1950); deutsche Ausgabe: *Das kollektive Gedächtnis*, Frankfurt am Main 1985.

2 Knigge, Volker: »Statt eines Nachworts«, in: Knigge, Volker / Frei, Norbert (Hrsg.): *Verbrechen erinnern. Die Auseinandersetzung mit Holocaust und Völkermord*, München 2002, S. 423–440, hier S. 424.

3 Rede Gustav Heinemanns bei der Schaffermahlzeit im Bremer Rathaus am 13. 02. 1970, in: Stölzl, Christoph (Hrsg.): *Deutsches Historisches Museum. Ideen – Kontroversen – Perspektiven*, Frankfurt am Main / Berlin 1988, S. 28–30, hier S. 30.

4 Wilhelm I. an Bismarck am 24. 06. 1871, in: Penzler, Joh[anne]s: *Kaiser- und Kanzler-Briefe. Briefwechsel zwischen Kaiser Wilhelm I. und Fürst Bismarck*, Leipzig 1900, S. 102.

5 Geissler, Robert: Hamburg. *Führer durch die Stadt und ihre Umgebungen*, Hamburg 1861.

6 Gespräch Bismarcks mit dem italienischen Ministerpräsidenten Crispi vom 02. 10. 1887, in: Bismarck, Otto von: *Die gesammelten Werke*, 8. Bd. *Gespräche*, hrsg. von Willy Andreas, Berlin 1926, S. 579–596, hier S. 581. Zur Geschichte des Bahnhofs vgl. Prueß, Otto: *Geschichtliches über Aumühle, Friedrichsruh und den Sachsenwald*, Schwarzenbek 2002, S. 96–109, 262–263; Seggern, Andreas von: »Friedrichsruh – Ein Bahnhof mit Geschichte«, in: *Lauenburgische Heimat* (2012), H.192, S. 8–23.

7 Vgl. Funke, Alfred: *Das Bismarck-Buch des deutschen Volkes. Eine Schilderung des Wesentlichen und Bleibenden im Leben des Reichskanzlers Fürst Otto von Bismarck*, 2. Bd.: *Bismarck der Fürst, Kanzler und Schloßherr von Friedrichsruh*, Berlin u.a. 1921, S. 400; siehe auch Gespräch Bismarcks mit Crispi am 02. 10. 1887, in: Bismarck, Die gesammelten Werke, 8. Bd. (Anm. 6), S. 581.

8 Bismarck an seine Gattin Johanna am 23. 10. 1878, in: Bismarck, Otto von: *Gesammelte Werke. Neue Friedrichsruher Ausgabe* [NFA], Abt. III, 3. Bd., bearb. von Michael Epkenhans und Erik Lommatzsch, Paderborn u.a. 2008, S. 571. Jahre später sollte er behaupten, er habe die Mauer errichten lassen, weil er es leid gewesen sei, dass die Bewohner der Umgegend »ihr Gesicht an die Fenster meines Schlafzimmers« drückten, »um zu sehen, was ich tue«. Gespräch Bismarcks mit Crispi am 02. 10. 1887, in: Bismarck, Die gesammelten Werke, Bd. 8 (Anm.6), S. 579.

9 Vgl. Hansel, Nicole-Karen: »Bismarck in Friedrichsruh. Bismarck-Darstellungen von Lenbach und Allers im Spiegel der Zeit«, Bonn 2002 [Magisterarbeit an der Universität Bonn].

10 Machtan, Lothar: »Bismarck-Kult und deutscher National-Mythos 1890

bis 1940«, in: Machtan, Lothar (Hrsg.): *Bismarck und der deutsche National-Mythos*, Bremen 1994, S. 14–67, hier S. 14.

11 *Hamburger Nachrichten*, Sonderbeilage zum 01. 04. 1890.

12 Vgl. grundlegend Gerwarth, Robert: *Der Bismarck-Mythos. Die Deutschen und der Eiserne Kanzler*, München 2007; siehe auch die 58 Huldigungen zwischen 1890 und 1898 umfassende Liste in: Prueß, Aumühle (Anm. 6), S. 248.

13 Hofmann, Hermann: *Fürst Bismarck 1890–1898. Nach persönlichen Mitteilungen des Fürsten und eigenen Aufzeichnungen des Verfassers, nebst einer authentischen Ausgabe aller vom Fürsten Bismarck herrührenden Artikel in den »Hamburger Nachrichten«*, 3 Bde., Stuttgart/Berlin/Leipzig 1913–1914.

14 Hank, Manfred: *Kanzler ohne Amt. Fürst Bismarck nach seiner Entlassung 1890–1898*, München 1977, S. 89.

15 Zur Entstehung vgl. Epkenhans, Michael/Kolb, Eberhard: »Einleitung«, in: Bismarck, Otto von: *Gedanken und Erinnerungen*, Neue Friedrichsruher Ausgabe [NFA], Abt. IV, bearb. von Michael Epkenhans und Eberhard Kolb, Paderborn u.a. 2012, S.VII-XXXI; Studt, Christoph: »Unter den Treuen der Treuste«: Lothar Bucher als Mitarbeiter Bismarcks, in: Gall, Lothar/Lappenküper, Ulrich (Hrsg.): *Bismarcks Mitarbeiter*, Paderborn u.a. 2009, S. 173–188.

16 Sämtliche Zahlen nach Hank, Kanzler ohne Amt (Anm. 14), S. 86. Die Glückwunschbotschaften von 1871 bis 1898 befinden sich in der Otto-von-Bismarck-Stiftung Friedrichsruh [OBS], Bismarck-Archiv, A 88 bis A 192; vgl. dazu Hagemann, Thomas: »Das Bismarck-Bild in der deutschen Öffentlichkeit nach 1890. Mythen-Strukturen, Inhalte, Ausdrucksformen des Bismarck-Kultes und das Beispiel der Verehrerpost aus den Beständen des Archivs der Otto-von-Bismarck-Stiftung in Friedrichsruh«, Paderborn 1999 [Schriftliche Hausarbeit im Rahmen der Ersten Staatsprüfung an der Universität Paderborn].

17 Alfred von Kiderlen-Wächter an Chlodwig von Hohenlohe Schillingsfürst am 28. 03. 1895, in: Jäckh, Ernst (Hrsg.): *Kiderlen-Wächter, der Staatsmann und der Mensch. Briefwechsel und Nachlaß*, Stuttgart 1924, S. 162–164, hier S. 162. Zu den Besuchen siehe Hohenlohe an Bismarck am 26. 11. 1894, in: Curtius, Friedrich (Hrsg.): *Denkwürdigkeiten des Fürsten Chlodwig zu Hohenlohe Schillingsfürst*, 2. Bd., Stuttgart/Leipzig 1907, S. 518; Bismarck an Hohenlohe am 27. 11. 1894, in: ebd.; Journal Hohenlohes, 14. 01. 1895, in: ebd. S. 518–519; Unterredungen zwischen Hohenlohe und Bismarck vom 13. 01. 1895, in: Bismarck, Otto von: *Die gesammelten Werke*, 9. Bd. *Gespräche*, hrsg. von Willy Andreas, Berlin 1926, S. 405–408; Unterredung zwischen Hohenlohe und Bismarck vom 27. 03. 1895, in: ebd., S. 416–417.

[18] Siehe die Rede Wilhelms II. vom 26. 03. 1895, in: Obst, Michael A. (Hrsg.): *Die politischen Reden Kaiser Wilhelms II. Eine Auswahl*, Paderborn u.a. 2011, S. 133–134.

[19] Siehe OBS (Anm.16), Bismarck-Archiv, ZSg 029–007, Vollständiges Fest-Programm zur 80jährigen Geburtstagfeier Se. Durchlaucht des Fürsten Bismarck am 30., 31. März und 1. April 1895; ebd., Sammlung Hedinger, He 05/001–036, sowie: »Die Huldigungsfahrten der deutschen Studenten zum Fürsten Bismarck am 1. April 1895«, hrsg. vom Ausschuß der deutschen Studentenschaft, Berlin 1895; Geyer, Otto: *Eine Bismarck-Fahrt. Festschrift zur Erinnerung an die Huldigung der Leipziger in Friedrichsruh*, Leipzig 1895.

[20] Pöls, Werner: »Bismarckverehrung und Bismarcklegende als innenpolitisches Problem der wilhelminischen Zeit«, in: *Jahrbuch für die Geschichte Mittel- und Ostdeutschlands* 20 (1971), S. 183–201, hier S. 187. Nur ein kleiner Teil der Zuschriften ist erhalten geblieben und befindet sich in OBS (Anm. 16), Bismarck-Archiv, A 140a.

[21] Siehe die Rede Wilhelms II. vom 26. 02. 1897, in: Obst, Reden (Anm. 18), S. 154–156.

[22] Vgl. OBS (Anm. 16), Bismarck-Archiv, ZSg 1012, Zeitungsartikelsammlung zu Huldigungsfahrten nach Friedrichsruh und Varzin 1894 und 1895; ebd., ZSg 1033, Zeitungsartikelsammlung zu Huldigungsfahrten nach Friedrichsruh 1896, 1897, 1898, 1899.

[23] Opitz, Eckhardt: *Die Bismarcks in Friedrichsruh*, Hamburg 1990, S. 83.

[24] Vgl. das Gespräch Bismarcks mit dem chinesischen »Vize-König« Li Hung-Chang am 25. 06. 1896, in: Bismarck, Die gesammelten Werke, 9. Bd. (Anm. 17), S. 465–469; zur Unterredung mit König Chulalongkorn (Rama V. von Siam) vom 02. 09. 1897 vgl. OBS, Bismarck-Archiv, Sammlung Hedinger, He 06/001, Ausschnitt aus der »Hamburger Illustrierte Zeitung«.

[25] Gespräch Bismarcks mit dem Schriftsteller Sidney Whitman vom 22. 04. 1891, in: Bismarck, Die gesammelten Werke, 9. Bd. (Anm. 17), S. 136–142, hier S. 139; siehe auch sein Gespräch mit Maximilian Harden Anfang 1894 in: Harden, Maximilian: *Köpfe*, Berlin 1910, S. 29.

[26] Seggern, Andreas von: »Nationale Weihestätte oder historischer Lernort? Der Mythos Bismarck in Friedrichsruh«, in: Mecking, Sabine/Schröder, Stefan (Hrsg.): *Kontrapunkt. Vergangenheitsdiskurse und Gegenwartsverständnis. Festschrift für Wolfgang Jacobmeyer zum 65. Geburtstag*, Essen 2005, S. 285–296, hier S. 287.

[27] Vgl. Machtan, Lothar: *Bismarcks Tod und Deutschlands Tränen. Reportage einer Tragödie*, München 1998; Pinnau, Peter: »Wo Bismarck liegen soll – eine Fürstengruft im Sachsenwald«, unv. MS, München 1990.

[28] Vgl. Epkenhans, Michael: »Otto von Bismarcks ›Gedanken und Erinnerungen‹«, in: Opitz, Eckhard (Hrsg.): *Das Herzogtum Lauenburg im Spiegel der Literatur*, Bochum 2011, S. 147–159, hier S. 147.

29 Ritter, Gerhard / Stadelmann, Rudolf: »Einleitung«, in: Bismarck, Otto von: *Die gesammelten Werke*, 15. Bd.: *Erinnerung und Gedanke*, hrsg. von Gerhard Ritter und Rudolf Stadelmann, Berlin 1932, S. IV-XXXIX, hier S. V.

30 *Fürst Bismarcks Briefe an seine Braut und Gattin,* hrsg. vom Fürsten Herbert Bismarck, Stuttgart / Berlin 1900, S. V (Vorwort der Verlagshandlung).

31 Vgl. dazu Prueß, Aumühle (Anm. 6), S. 41–46, und Ingel von Tümpling, Greth: »Der Bismarckturm«, in: Fritz W. u.a.: *Aumühle im Sachsenwald*, Schwarzenbek 1976, S. 116–119.

32 Epkenhans, Michael: »Horst Kohl: Ein ›bienenfleißiger‹ Hagiograph Bismarcks, in: Gall / Lappenküper (Hrsg.): Bismarcks Mitarbeiter (Anm. 15), S. 189–203; Kohl, Horst: *Die politischen Reden des Fürsten Bismarck 1847–1897. Historisch-kritische Gesamtausgabe,* 14 Bde., Stuttgart 1892–1905.

33 Vgl. Hedinger, Hans-Walter: »Bismarck-Denkmäler und Bismarck-Verehrung«, in: Mai, Ekkehard / Waetzhold, Stepan (Hrsg.): *Kunstverwaltung, Bau- und Denkmal-Politik im Kaiserreich*, Berlin 1981, S. 277–314; Kloss, Günter / Seele, Sieglinde: *Bismarck-Türme und Bismarck-Säulen. Eine Bestandsaufnahme*, Petersberg 1997; Seele, Sieglinde: *Lexikon der Bismarck-Denkmäler. Türme, Standbilder, Büsten, Gedenksteine und andere Ehrungen. Eine Bestandsaufnahme in Wort und Bild*, Petersberg 2005.

34 Siehe OBS (Anm. 16), Bismarck-Archiv, Sammlung Hedinger, He 012–004, Mitteilungen für die an der Einweihung der Bismarcksäule in Friedrichsruh teilnehmenden Studenten, Hamburg [1903]; Weihe der Bismarcksäule der Deutschen Studentenschaft auf dem Hamberge bei Friedrichsruh am 21. Juni 1903, Hamburg 1903; Seggern, Andreas von: »Stein gewordener Mythos – 100 Jahre Bismarcksäule in Reinbek-Silk«, in: *Jahrbuch für den Kreis Stormarn* 2003, S. 6–13.

35 Vgl. die anlässlich des 100. Geburtstages 2006 hrsg. Festschrift im Archiv der Gemeinde Aumühle, A 420.

36 OBS (Anm. 16), Bismarck-Archiv, L 46, Landrat des Kreises Herzogtum Lauenburg an Oberförster Titze, 22. 10. 1906; siehe auch Prueß, Aumühle (Anm. 6), S. 103–104.

37 Siehe *Deutsche Zeitung*, 02. 04. 1915, Ausgabe B.

38 *Hamburger Fremdenblatt,* Nr. 90B, 31. 03. 1915, Abendausgabe, zitiert nach: Hedinger, Bismarck-Denkmäler (Anm. 33), S. 297.

39 Gerwarth, Robert: »Bismarck und die Weimarer Republik«, in: *Aus Politik und Zeitgeschichte* Nr. 50–51 (2008), S. 19–24, hier S. 21; siehe auch ders., Bismarck-Mythos (Anm. 12), S. 43–165.

40 Kantorowicz, Hermann: *Bismarcks Schatten*, Freiburg im Breisgau 1921, S. 11.

41 Vgl. Stein, Franz: *Der Rufer der Ostmark. Georg von Schönerers Leben und Kampf*, Wien 1941, S. 49.

42 Bismarck, Otto von: *Die gesammelten Werke*, 1. Bd. *Politische Schriften bis 1854*, bearb. von Herman von Petersdorff, Berlin 1924, S. VII.

43 Vgl. *Hamburger Fremdenblatt*, 23. 07. 1927.

44 Grousilliers, Albert de (Hrsg.): *Das Bismarck-Museum in Bild und Wort. Ein Denkmal deutscher Dankbarkeit*, Leipzig o. J., S. 3.

45 *Deutsche Allgemeine Zeitung*, 27. 10. 1928.

46 Vgl. sein undatiertes Gespräch mit Klaus Harpprecht, in: Harpprecht, Klaus: *Willy Brandt. Porträt und Selbstporträt*, München 1970, S. 34–35.

47 OBS (Anm. 16), Bismarck-Archiv, Sammlung Hedinger, He 02/049, Gemeindeblatt für das Kirchspiel Aumühle, 18 (1928), H.3, S. 2; zur Geschichte der Kirche vgl. Prueß, Aumühle (Anm.6), S. 50–54.

48 Ich danke dem Gemeindearchivar von Aumühle, Herrn Gerd Möller, für diese Information. Der Satz entstammt Bismarcks Reichstagsrede vom 06. 02. 1888, in: Bismarck, Otto von: *Die gesammelten Werke*, 13. Bd. *Reden 1885 bis 1897*, bearb. von Wilhelm Schüßler, Berlin 1930, S. 327–348, hier S. 347.

49 Vgl. die Fotos zum Besuch Hitlers in Friedrichsruh, in: OBS (Anm. 16), Bismarck-Archiv, ZSg 1299, u. Archiv der Gemeinde Aumühle, 115/324–327.

50 Vgl. Franz, Corinna: »›Ein großer Außenpolitiker, aber ein sehr schlechter Innenpolitiker‹. Otto von Bismarck im Urteil Konrad Adenauers«, in: Lappenküper, Ulrich (Hrsg.): *Otto von Bismarck im Urteil deutscher Bundeskanzler*, Friedrichsruh 2009, S. 9–30.

51 Vgl. *Der Tagesspiegel*, 30. 08. 1953; siehe auch die Fotos im Archiv der Gemeinde Aumühle, 115/317–318.

52 Zu Kauf und Wiedereröffnung siehe die Dokumente in: OBS (Anm. 16), Bismarck-Archiv, Nebenbestand 9/3.

53 Carl Schellenberg zitiert nach: Lappenküper, Ulrich/Seggern, Andreas von: *Bismarck-Erinnerungsorte. Ein Begleiter durch die Museen in Friedrichsruh und Schönhausen*, Friedrichsruh 2010, S. 74.

54 Zitiert nach: *Hamburger Abendblatt*, 04. 12. 1950.

55 *Hamburger Freie Presse*, 06. 12. 1950.

56 *Hamburger Echo*, 04. 12. 1950.

57 Siehe OBS (Anm. 16), Bismarck-Archiv, Nebenbestand 8/5, Otto von Bismarck an Oswald Hauser, 08. 01. 1956.

58 OBS (Anm. 16), Bismarck-Archiv, Nebenbestand 8/5, Otto von Bismarck an Bußmann, 28. 07. 1955.

59 OBS (Anm. 16), Bismarck-Archiv, Nebenbestand 8/5, Bußmann an Otto von Bismarck, 14. 07. 1955. Vgl. Eyck, Erich: *Bismarck. Leben und Werk*, 3 Bde., Zürich-Erlenbach 1941–1944.

60 OBS, Bismarck-Archiv, Nebenbestand 8/5, Bußmann an Otto von Bismarck, 24. 08. 1962.

[61] OBS, Bismarck-Archiv, Nebenbestand 8/5, Bußmann an Otto von Bismarck, 23. 06. 1963; es handelt sich um den Brief Ottos an Herbert von Bismarck vom 07. 10. 1888, in: Bußmann, Walter (Hrsg.): *Staatssekretär Graf Herbert von Bismarck. Aus seiner politischen Privatkorrespondenz*, Göttingen 1964, S. 525–526.

[62] Siehe Karlsruher Institut für Technologie [KIT], Archiv, 27068_1(I)_02/03, Nachlass [NL] Walter Bußmann, Snyder an Otto von Bismarck, 08. 03. 1963; ebd., 27068_1(I)_04, Otto von Bismarck an Bußmann, 14. 03. 1963.

[63] OBS, Bismarck-Archiv, Nebenbestand 8/5, Bußmann an Otto von Bismarck, 30. 03. 1963.

[64] OBS, Bismarck-Archiv, Nebenbestand 8/5, Otto von Bismarck an Bußmann, 08. 01. 1965.

[65] Siehe OBS, Bismarck-Archiv, Nebenbestand 8/5, Bußmann an Otto von Bismarck, 28. 09. 1966.

[66] Siehe OBS, Bismarck-Archiv, Nebenbestand 8/5, Bußmann an Otto von Bismarck, 04. 12. 1964.

[67] Adenauer an Julius Klein, 22. 02. 1965, in: Adenauer, Konrad: *Die letzten Lebensjahre 1963–1967. Briefe und Aufzeichnungen, Gespräche, Interviews und Reden*, bearb. von Hans Peter Mensing, hrsg. von Rudolf Morsey und Hans-Peter Schwarz, Bd. 1, Paderborn u.a. 2009, S. 389 und 667. Stattdessen übernahm der Historiker Percy Ernst Schramm die Aufgabe: Percy Ernst Schramm, Rede am 2. April 1965 im Bismarck-Museum, Friedrichsruh, Geesthacht o. D.

[68] Siehe Rothfels, Hans: »Otto von Bismarck – Persönlichkeit und Werk«, in: *Das Parlament*, 07. 04. 1965.

[69] Machtan, Lothar: »Bismarck«, in: François, Etienne/Schulze, Hagen (Hrsg.): *Deutsche Erinnerungsorte*, 2. Bd., München 2001, S. 86–104, hier S. 87.

[70] Rede Erhards im Deutschen Bundestag, 01. 04. 1965, in: ders., *Gedanken aus fünf Jahrzehnten. Reden und Schriften*, hrsg. von Karl Hohmann, Düsseldorf/Wien/New York 1988, S. 928–931, hier S. 930. Auch das Auswärtige Amt richtete eine Gedenkfeier aus, auf der nach einer Einführung von Staatssekretär Karl Carstens Theodor Schieder die Gedenkansprache hielt: Theodor Schieder: »Gedenkansprache in der Gedenkfeier des Auswärtigen Amts zum 150. Geburtstag des Reichskanzlers Fürst Otto von Bismarck, Bonn, 1. April 1965«, Bonn o. D.

[71] OBS (Anm. 16), Bismarck-Archiv, Nebenbestand 8/5, Bußmann an Otto von Bismarck, 15. 07. 1965.

[72] OBS, Bismarck-Archiv, Nebenbestand 8/5, Otto von Bismarck an Bußmann, 05. 03. 1962.

[73] Vgl. KIT(Anm. 62), Archiv, 27068_4(I)_08/09, NL Walter Bußmann, Otto von Bismarck an Bußmann, 05. 03. 1968; *Hamburger Abendblatt*,

18./19. 05. 1968; Pöls, Werner: »Das Friedrichsruher Bismarck-Archiv und seine Bedeutung für die Bismarck-Forschung«, in: Pflanze, Otto (Hrsg.): *Innenpolitische Probleme des Bismarck-Reiches*, München 1983, S. 257–276.

74 OBS (Anm. 16), Bismarck-Archiv, Nebenbestand 8/1, Pöls an Otto von Bismarck, 16. 01. 1968. Bismarck notierte am Rande »ja wäre schön«.

75 KIT (Anm. 62), Archiv, 27068_4(II)_01, NL Walter Bußmann, Pöls an Bußmann, 10. 04. 1968, nebst beigefügtem »Vorläufigem Bericht über die Ordnungsarbeiten im Friedrichsruher Archiv«.

76 KIT, Archiv, 27068_4(I)_05, NL Walter Bußmann, Otto von Bismarck an Bußmann, 15. 05. 1968.

77 KIT, Archiv, 27068_83_02, NL Walter Bußmann, Otto von Bismarck an Bußmann, 13. 06. 1974; die Antwort von 18. 06. 1974 ebd., 27068_08_01; ebd., 27068_6(II)_02, Bußmann an Otto von Bismarck, 11. 09. 1974.

78 Bezogen auf das Bismarck-Museum; vgl. die Besucherstatistiken in: OBS (Anm. 16), Bismarck-Archiv, Nebenbestand 9/19.

79 Vgl. *Hamburger Abendblatt*, 19. 01. 1971; *Bergedorfer Zeitung*, 16./17. 01. 1971.

80 Vgl. *Reinbeker Zeitung*, 18. 01. 1971.

81 Auskunft über die weltanschaulichen und politischen Auffassungen des Bismarckbundes gibt dessen Zeitschrift: *Der Bismärcker. Mit Gott für Kaiser und Reich. Mitteilungsblatt des Bismarckbundes der Konservativen Partei*; ab 1973 unter dem Titel: *Mitteilungsblatt der Traditionsgemeinschaft des ehemaligen Bismarckbundes von 1919–1933*, gegründet 1952.

82 Willems, Hugo: *Bismarck und unsere Zeit. Ansprache auf Einladung des Bismarckbundes am 17. 06. 1982 in Friedrichsruh*, Hamburg 1982, S. 9 u. 8.

83 Zitiert nach: *Hamburger Abendblatt*, 19. 01. 1983.

84 Archiv der Gemeinde Aumühle, Akte Planung Bahnhof Friedrichsruh als neues Bismarck-Museum/Stiftung 1984–1987, Kaufvertrag zwischen der Bundesbahndirektion Hamburg und der Gemeinde Aumühle vom 29. 7. 1976; Vermerk von Prueß, 09. 10. 1984, in: ders., »Dokumentation über Pläne und Einsatz 1. Den historischen Bahnhof Friedrichsruh vor Abriss und Verlauf durch die Deutsche Bundesbahn zu bewahren und 2. Politiker des Kreises, des Landes und des Bundes sowie das Fürstenhaus Bismarck für eine Idee zu gewinnen, eine niveauvolle Einrichtung zur deutschen Geschichte im Empfangsgebäude in Friedrichsruh zu schaffen«, unv. MS, o.O., o.D., S. 5.

85 Vermerk Prueß, 9. 10. 1984, in: Prueß, Dokumentation (Anm. 84), S. 5.

86 Von Saldern an Prueß, 12. 11. 1984, in: Prueß, Dokumentation (Anm. 84), S. 7.

87 Besprechung zwischen Prueß und Ministerialrat Neumaier vom 15. 04. 1986, in: Prueß, Dokumentation (Anm. 84), S. 14–17.

88 Uhl (Staatskanzlei Kiel) an Prueß, 15. 05. 1986, in: Prueß, Dokumentation (Anm. 84), S. 13.

89 Stellungnahme Spielmann, 09. 09. 1986, in: Prueß, Dokumentation (Anm. 84), S. 21–25.

90 Siehe Protokoll der Gemeindevertreter-Sitzung Aumühles vom 08. 01. 1987, Auszug, in: Prueß, Dokumentation (Anm. 84), S. 26.

91 Archiv der Gemeinde Aumühle, Akte Planung Bahnhof Friedrichsruh als neues Bismarck-Museum / Stiftung 1984–1987, Vermerk über ein Telefongespräch zwischen Ministerialrat Uhl (Staatskanzlei) und Prueß vom 16. 02. 1987.

92 Zitiert nach: *Bergedorfer Zeitung*, 23. 07. 1987.

93 Archiv der Gemeinde Aumühle, Akte Planung Bahnhof Friedrichsruh als neues Bismarck-Museum / Stiftung 1984–1987, Vermerk über die »Besichtigung der Bismarck-Stätten« vom 27. 04. 1987, 12. 05. 1987.

94 Engelberg, Ernst: *Bismarck. Urpreuße und Reichsgründer*, (Ost-)Berlin 1985.

95 Archiv der Gemeinde Aumühle, Akte Planung Bahnhof Friedrichsruh als neues Bismarck-Museum / Stiftung 1984–1987, Bendixen an Zimmermann, 13. 05. 1987.

96 Zitiert nach: *Lübecker Nachrichten*, 30. 07. 1987.

97 Vgl. *Bergedorfer Zeitung*, 30. 07. 1987; *Frankfurter Allgemeine Zeitung*, 31. 07. 1987.

98 *Die Welt*, 31. 07. 1987.

99 *Bergedorfer Zeitung*, 30. 07. 1987.

100 OBS (Anm. 16), Bismarck-Archiv, Handakte Michael von Schmude, Kohl an von Schmude, 08. 10. 1987.

101 OBS, Bismarck-Archiv, Handakte Michael von Schmude, Kohl an Zimmermann, 08. 10. 1987.

102 Leserbrief von H. Reese in den *Lübecker Nachrichten*, 17. 01. 1988.

103 Vgl. Jansen, Karl-Heinz: »Die Qual mit der Geschichte«, in: *Die Zeit*, 10. 01. 1986, wieder abgedruckt in: Stölzl (Hrsg.), Deutsches Historisches Museum (Anm. 3), S. 286–287.

104 Vgl. Reichel, Peter: *Politik mit der Erinnerung. Gedächtnisorte im Streit um die nationalsozialistische Vergangenheit*, München 1995, S. 246–257; Stölzl (Hrsg.), Deutsches Historisches Museum (Anm. 3).

105 Zitiert nach: *Bergedorfer Zeitung*, 16. 11. 1987.

106 Archiv der Otto-von-Bismarck-Stiftung, Handakte Michael von Schmude, Zimmermann an Kohl, 25.11.1987, Kopie.

107 Siehe *Lübecker Nachrichten*, 24. 12. 1987; *Bergedorfer Zeitung*, 11. 01. 1988.

108 *Bergedorfer Zeitung*, 23. 04. 1988.

[109] Siehe *Bergedorfer Zeitung*, 23. 12. 1988.

[110] Zum Folgenden OBS (Anm. 16), Registratur, Handakte Seraphim, Vermerk RD Hering (BMI), 17. 05. 1995.

[111] OBS (Anm. 16), Registratur, Akte 100.1, Erlass Kanthers über die Errichtung einer Otto-von-Bismarck-Stiftung, 14. 11. 1994.

[112] Siehe OBS, Registratur, Handakte Seraphim, Dr. Palmen-Schrübbers (BMI) an Ferdinand von Bismarck, 24. 03. 1995.

[113] OBS, Registratur, Handakte Seraphim, Vermerk Dr. Linden, 16. 05. 1995; ebd., Protokoll der Vorstandsitzung vom 18. 05. 1995.

[114] OBS, Registratur, Handakte Seraphim, Gutachten Hildebrand, o. D.

[115] Deutscher Bundestag, 13. Wahlperiode, Drucksache 13/3639, Entwurf eines Gesetzes über die Errichtung einer Otto-von-Bismarck-Stiftung, 31. 01. 1996.

[116] Siehe Deutscher Bundestag, 13. Wahlperiode, Drucksache 13/4186, Beschlussempfehlung und Bericht des Innenausschusses zum Entwurf eines Gesetzes über die Errichtung einer Otto-von-Bismarck-Stiftung, 22. 03. 1996.

[117] *Süddeutsche Zeitung*, 27./28. 04. 1996.

[118] Krebs, Felix/Speit, Andreas: »Nationale Sinnstiftung«, in: *Konkret*, November 1996, S. 32–24, hier S. 32.

[119] Siehe Deutscher Bundestag, 13. Wahlperiode, Antwort der Bundesregierung auf eine Kleine Anfrage von SPD-Abgeordneten an die Bundesregierung zur Errichtung der Otto-von-Bismarck-Stiftung, Drucksache 13/4944, 18. 06. 1996.

[120] OBS (Anm. 16), Bismarck-Archiv, Handakte Michael von Schmude, Bernd Faulenbach an den SPD-Abgeordneten Rudolf Körper, 16. 06. 1996.

[121] Deutscher Bundestag, 13. Wahlperiode, Bundestagsrede Uta Titze-Stecher, 05. 06. 1997, S. 16067.

[122] Siehe Deutscher Bundestag, 13. Wahlperiode, Bundestagsrede Titze-Stechers, 05. 06. 1997, S. 16068.

[123] Vgl. *Der Spiegel* Nr. 22 (1997), S. 64.

[124] *Die Welt,* 04. 10. 1997.

[125] Deutscher Bundestag, 13. Wahlperiode, Bundestagsrede von Schmudes, 05. 06. 1997, S. 16065 u. 16066.

[126] Gesetz über die Errichtung einer Otto-von-Bismarck-Stiftung, 23. 10. 1997, in: Bundesgesetzblatt 1997, Teil I, Nr.72, 31. 10. 1997.

[127] Vgl. [Otto-von-Bismarck-Stiftung]: Otto von Bismarck (1815–1989). Reden aus Anlaß seines 100. Todestages, Friedrichsruh 1998.

[128] Vgl. [Otto-von-Bismarck-Stiftung]: Otto von Bismarck (1815–1898). Dokumentation aus Anlaß seines 100. Todestages am 30. 07. 1898, Friedrichsruh 1998; OBS, Bismarck-Archiv, ZSg 261, Flugblatt »Kundgebung und Agit Prop Aktion gegen die Gründungsfeier im Sachsenforum«.

[129] Zitiert nach dem Offenen Brief des Bürgermeisters Schimanel in: *Aumühle & Wohltorf aktuell*, 11. 08. 1998.

[130] Zitiert nach: *Kölner Stadtanzeiger*, 30. 07. 1998; siehe auch Epkenhans, Michael: »Zu den Aufgaben und Zielen einer bundesunmittelbaren Stiftung der historisch-politischen Bildung«, in: *Mitteilungen aus dem Bundesarchiv* 6 H.1 (1998), S. 28–32.

[131] Prueß, Aumühle (Anm. 6), S. 268. Zur Dauerausstellung vgl. Epkenhans, Michael / Seggern, Andreas von: *Otto von Bismarck und seine Zeit. Katalog zur Dauerausstellung*, Friedrichsruh o.D.; Lappenküper / Seggern: Bismarck-Erinnerungsorte (Anm. 53), S. 19–71

[132] OBS (Anm. 16), Registratur Akte 08, Grußwort Michael Naumann zum Festakt anlässlich der Eröffnung des Stiftungssitzes, 26. 05. 2000.

[133] Stoltenberg, Gerhard: *Otto von Bismarck im Urteil der Geschichtsschreibung*, Friedrichsruh 2000, S. 25.

[134] Stoltenberg war 1954 mit der Studie »Der deutsche Reichstag 1871–1873. Ein Beitrag zur Geschichte des deutschen Parlamentarismus« an der Universität Kiel promoviert worden und habilitierte sich dort 1962 mit der Arbeit »Politische Strömungen im schleswig-holsteinischen Landvolk 1918–1933. Ein Beitrag zur politischen Meinungsbildung in der Weimarer Republik«.

[135] Opitz, Die Bismarcks in Friedrichsruh (Anm. 23), S. 123.

[136] Vgl. Prueß, Aumühle (Anm. 6), S. 261–262.

[137] Vgl. Hopp, Andreas / Gosdek, Katja: Schönhausen: »Geschichte erleben an Bismarcks Geburtsort«, in: Lappenküper / Seggern, Erinnerungsorte (Anm. 53), S. 109–117.

[138] Zur »Neuen Friedrichsruher Ausgabe« (NFA), in: Bismarck, Otto von: *Gesammelte Werke*, Abt. III: 1871–1898, Schriften 1. Bd.: *1871–1873*, bearb. von Andrea Hopp, Paderborn u.a. 2004, S.VII-VIII, hier S.VII (Vorwort der Herausgeber).

[139] Hertfelder, Thomas: »Lebenslinien der Demokratie: Das Theodor-Heuss-Haus«, in: Hertfelder, Thomas / Ketterle, Christiane: *Theodor Heuss. Publizist – Politiker – Präsident. Begleitband zur ständigen Ausstellung im Theodor-Heuss-Haus*, Stuttgart 2003, S. 8–19, hier S. 13.

[140] http://www.bundespraesident.de/SharedDocs/Reden/DE/Horst-Koehler/Reden/2009/01/20090127_Rede.html, Rede Köhlers zum Tag des Gedenkens an die Opfer des Nationalsozialismus, 27. 01. 2009 (abgerufen am 28. 03. 2014).

[141] http://www.bundestag.de/bundestag/praesidium/reden/2006/018/245624, Rede Lammerts in Konstanz am 19. 09. 2006 (abgerufen am 18. 07. 2014).

[142] Michael Braun, *Wem gehört die Geschichte. Erinnerungskultur in Literstur und Film*, St. Augustin / Berlin 2010, S. 7.

[143] Seggern, Weihestätte (Anm. 26), S. 285.

[144] Gall, Lothar: zitiert in: *Süddeutsche Zeitung*, 25. 07. 1998.

[145] Michael Epkenhans im Interview mit dem *Hamburger Abendblatt*, 02. 08. 2006.

Der weiße Revolutionär:
Reflexionen über Bismarck

Henry A. Kissinger*

Wenige Staatsmänner haben den Verlauf der geschichtlichen Entwicklung ihrer Gesellschaft so grundlegend verändert wie Otto von Bismarck. Bevor er an die Macht kam, schien sich in Preußen – und im übrigen Deutschland – die »normale« Evolution zu parlamentarischer, konstitutioneller Herrschaft zu vollziehen. Und in der Tat: Die Krise, die ihn 1862 ins Amt brachte, war ausgelöst worden durch den für diesen Prozess typischen Kampf um die parlamentarische Kontrolle über den Staatshaushalt, ein Streit, der in jedem anderen westeuropäischen Lande zugunsten des Parlaments entschieden worden war. Fünf Jahre später hatte Bismarck der deutschen Innenpolitik eine andere Richtung gegeben und das Bild der internationalen Beziehungen neu gestaltet, indem er das Problem löste, vor dem zwei Generationen bis dahin versagt hatten: die Frage der nationalen Einigung Deutschlands. Keine der maßgeblichen gesellschaftlichen Gruppen und keiner der führenden Politiker war vor ihm auf diese

---

* *Die Textwiedergabe erfolgt mit persönlicher Zustimmung von Henry Kissinger, wofür ich mich sehr herzlich bedanke. Der amerikanische Text ist zuerst erschienen bei* Daedalus, Journal of the American Academy of Arts and Sciences, *1968, S. 888–924. Die deutsche Übersetzung erfolgte durch Hannelore Bruchhold und erschien im von Lothar Gall herausgegebenen Band:* Das Bismarck-Problem in der Geschichtsschreibung nach 1945, *Köln 1971.*

Lösung gekommen. Die neue Ordnung, die den Konservativen zu demokratisch, den Liberalen zu autoritär und den Legitimisten zu machtorientiert erschien, war auf ein Genie zugeschnitten, das sich vornahm, die widerstreitenden Kräfte, sowohl auf der innenpolitischen als auch auf der außenpolitischen Ebene, dadurch zu bändigen, dass es sie jeweils gegeneinander ausspielte.

»Man wird als Revolutionär geboren«, schrieb der deutsche Liberale Bamberger während seines Pariser Exils im Jahre 1867, um der schillernden Persönlichkeit Bismarcks näherzukommen, »nur der Zufall entscheidet, ob die Lebensumstände aus demselben Menschen einen weißen oder einen roten machen«.[1] Viele Jahre später hat Bismarck von Bamberger gesagt, er sei einer der wenigen gewesen, die ihn verstanden hätten.

Was ist ein Revolutionär? Wenn sich diese Frage ganz eindeutig beantworten ließe, gäbe es wohl kaum erfolgreiche Revolutionäre; erst der Nachwelt scheint der revolutionäre Charakter ihrer Ziele offensichtlich zu sein. Das beruht nicht selten auf bewusster Täuschung. Häufiger allerdings verrät sich darin ein psychologisches Versagen: die Unfähigkeit des »Establishment«, sich mit einer elementaren Herausforderung auseinanderzusetzen. Die Kehrseite eines Bewusstseins, dem umwälzende Veränderungen unvorstellbar geworden sind, ist die Weigerung, an unversöhnliche Gegensätze zu glauben. Selbst wenn eine revolutionäre Theorie das Bestehende fundamental infrage stellt, pflegt man im Zweifelsfalle immer zugunsten der Revolutionäre zu vermuten, dass sie nur aus taktischen Motiven den Ernst ihrer Sache überbetonen und auch ihnen im Übrigen eine »normale« Kompromissfreudigkeit zu unterstellen. Eine lange Periode der Stabilität erzeugt die Illusion, dass jegliche Veränderung notwendig die Form einer bloßen Modifikation des vorgegebenen Rahmens annehmen müsse, diesen jedoch keinesfalls sprengen könne. Revolutionäre müssen stets von einer Position unterlegener physischer Kräfte ausgehen; ihre Siege sind in erster Linie Triumphe ihres Willens oder ihrer Idee.

Dies trifft besonders dann zu, wenn die Herausforderung sich nicht ausdrücklich als Veränderung manifestiert, sondern die bestehenden Institutionen Belastungen ausgesetzt werden, für die man sie nicht geschaffen hatte. Sogar ein erzkonservativer Standpunkt kann zur Aushöhlung der politischen und sozialen Struktur führen, wenn er nicht ihre Grenzen einhält; denn Institutionen sind nur auf einen durchschnittlichen Leistungsstandard hin berechnet. Begünstigte Gesellschaften erreichen zwar durchaus einen relativ hohen Standard, aber auch hier lässt er sich zumindest annähernd auf bestimmte Normen zurückführen. Nur selten sind Institutionen genialer oder dämonischer Macht gewachsen. Eine Gesellschaft, die in jeder Generation einen großen Mann hervorbringen muss, um ihre innere Ordnung oder ihre internationale Stellung erhalten zu können, verurteilt sich selbst zum Untergang; denn die Wahrscheinlichkeit, dass ein solches Genie auftauchen und vor allem, dass es auch erkannt wird, ist weitgehend dem Zufall überlassen. Es versteht sich von selbst, dass Institutionen durch das Wirken eines großen Mannes zwangsläufig ins Wanken geraten. Einerseits neigt der Bürokrat dazu, Originalität für gefährlich zu halten; das Genie, andererseits, widerstrebt meist den Fesseln der Routine. Es gibt Gesellschaften, die das Glück haben, einen Kompromiss zu erreichen. Außerordentliche Leistungen werden vielleicht nicht verstanden, können aber doch gläubige Bewunderung finden (man denke zum Beispiel an den britischen Respekt vor jeglicher Exzentrizität). Ein Genie wiederum wird nicht in der Rebellion Erfüllung suchen. Stabilen Gesellschaften ist es daher oft gelungen, Größe in die Formen der Mittelmäßigkeit zu kleiden; revolutionäre Systeme hingegen versuchten immer, eine Attitüde der Exaltation zu institutionalisieren. Mag es auch ärgerlich sein, ein Genie dem Zwang von Normen zu unterwerfen, weit gefährlicher ist es doch, institutionalisierter Hysterie und völliger Verantwortungslosigkeit dadurch Vorschub zu leisten, dass man die Mittelmäßigkeit zur bloßen Imitation wirklicher Größe verleitet.

Dies war das Vermächtnis Bismarcks. Seine Revolution war von sonderbarer Art. Obwohl sie in der Verkleidung des Konservativismus auftrat, war die Reichweite ihrer Konzeption doch unvereinbar mit der herrschenden internationalen Ordnung. Im eigenen Lande triumphierte sie aufgrund der überwältigenden Erfolge jenseits der Grenzen. Mit ein paar rohen Schlägen fegte Bismarck die Hindernisse hinweg, die der nationalen Sehnsucht der Deutschen bis dahin im Wege gestanden hatten. Im weiteren Verlauf gestaltete er die Landkarte Europas und das Gefüge der internationalen Beziehungen völlig um. Gleich den mythologischen Gestalten eines Solon oder eines Lykurg schuf er eine Gesellschaft nach seinem Bilde und eine Gemeinschaft von Nationen, deren Verhalten zueinander von seinen Maximen beseelt war.

Alles an Bismarck war maßlos: seine Körpergröße, sein Appetit, seine Liebe und vor allem sein Hass. Seine Persönlichkeit schien geradezu das Paradoxon seiner Leistungen zu verkörpern. Der Mann von »Blut und Eisen« schrieb eine Prosa von außerordentlicher Einfachheit, Plastizität und Aussagekraft. Der Apostel der Macht konnte in einer Krise von Weinkrämpfen übermannt werden. Der »Eiserne Kanzler« liebte Shakespeare und schrieb ganze Seiten aus dem Werk Byrons in sein Notizbuch. Der Mann, der niemals aufhörte, die Staatsraison über alles zu stellen, besaß einen so regen Geist und einen derartigen Sinn für das rechte Maß, dass er, solange er lebte, Macht in ein Instrument der Selbstbeherrschung verwandelte.

Doch die Götter strafen den Stolz der Menschen manchmal dadurch, dass sie ihre Wünsche zu vollkommen erfüllen. Staatsmänner, die vorausschauend bauen, setzen den individuellen schöpferischen Akt in Institutionen um; die dann auch bei einem nur durchschnittlichen Leistungsniveau aufrechterhalten werden können. Eben darin hat Bismarck versagt. Gerade sein Erfolg war es, der Deutschland zu einer permanenten *tour de force* zwang. Den Bedingungen, die er schuf, hätten nur außerordentliche Führer gerecht werden können. Aber die Möglichkeit, dass sich solche Führer finden würden, wurde selbst wieder dadurch vereitelt, dass ein derartiger Koloss fast eine Generation lang das Land beherrschte. Die Tragik Bismarcks las darin, dass er ein Erbe von nicht zu bewältigender Größe hinterließ.

Der Werdegang eines Revolutionärs

Am 17. Mai 1847 betrat ein großer, kräftig gebauter Mann die Rednertribüne des Preußischen Landtags, der sich in Erfüllung eines Versprechens versammelte, dass der preußische König eine Generation zuvor, während der napoleonischen Kriege, gegeben hatte. Ein rötlich-blonder Bart umrahmte sein Gesicht, dessen Narben von den zahlreichen Duellen seiner Studententage zeugten. Mit seinem stolzen Betragen und seinem selbstbewussten Auftreten entsprach er dem Idealbild eines Junkers, jener Großgrundbesitzer, die den preußischen Staat aufgebaut hatten.

Der Anlass war trivial. Im Verlauf einer Debatte über Erleichterungen für die Landwirtschaft hatte einer der Redner auch über den nationalen Enthusiasmus des Krieges, den man in Preußen den Befreiungskrieg nannte, gesprochen. Seiner Ansicht nach war dieser Enthusiasmus auf das enge Band zwischen dem preußischen Volk und seiner Regierung zurückzuführen, das im Jahre 1807 durch eine Reihe von Reformen geknüpft worden sei. In dem Augenblick, in dem Bismarck seine Jungfernrede begann, fiel ein deutliches Missverhältnis an diesem Manne auf. Trotz seines mächtigen Körperbaues war die Stimme Bismarcks dünn und eigentümlich hoch. Nur zögernd brachte er seine Sätze hervor, als müsste sich jedes Wort erst von seinem massigen Rumpf losreißen. Auf diese Weise vermittelten seine vorsichtigen Worte den Eindruck übergroßer, kaum zu beherrschender Leidenschaft

»[Ich …] fühle mich gedrungen, dem zu widersprechen, was auf der Tribüne sowohl als außerhalb dieses Saales so oft laut geworden ist […]: als ob die Bewegung des Volkes von 1813 anderen Gründen zugeschrieben werden müsste, und eines anderen Motivs bedurft hätte, als der Schmach, dass Fremde in unserem Lande geboten.«[2]

Die Woge liberaler Entrüstung, die ihm daraufhin entgegenschlug, ließ Bismarck kaum zum Abschluss dieser Ausführungen kommen. (Der stenografische Bericht vermerkt »lautes Murren« nach fast jedem Satz.)

Einer der maßvollsten Teilnehmer der Versammlung sprach Bismarck das Recht ab, über eine Zeit zu urteilen, die er nicht selbst miterlebt habe, Bismarck kehrte prompt auf die Rednertribüne zurück. Während die aufgebrachten Liberalen tobten und der Präsident sie vergebens zur Ordnung rief, wandte Bismarck seinen Kollegen den Rücken zu und fing an, Zeitung zu lesen. Sobald wieder einigermaßen Ruhe herrschte, begann er wieder mit seiner irritierenden, die Ohren beleidigenden und doch eindringlichen Stimme: »Ich kann allerdings nicht in Abrede stellen, dass ich zu jener Zeit nicht gelebt habe, und es tat mir stets aufrichtig leid, dass es mir nicht vergönnt gewesen, an dieser Bewegung teilzunehmen; ein Bedauern, das vermindert wird durch die Aufklärung, die ich soeben über die damalige Bewegung empfangen habe. Ich habe immer geglaubt, dass die Knechtschaft, gegen die damals gekämpft wurde, im Auslande gelegen habe; soeben bin ich aber belehrt worden, dass sie im Inlande gelegen hat, und ich bin nicht dankbar für diese Aufklärung.«

Keiner der damals in jenem Saal in Berlin Anwesenden hätte es für möglich gehalten, dass dieser Mann, der fast allein stand, einmal das Problem der deutschen Einigung lösen würde, an dem die Anstrengungen zweier Generationen gescheitert waren. Ebenso wenig hätte sich irgendjemand vorstellen können, dass seine Ideen – dem Zeitalter des Liberalismus und des Nationalismus anscheinend so unangemessen – schließlich das Schicksal Deutschlands bestimmen sollten. Aber nicht jede Revolution beginnt eben mit einem Sturm auf die Bastille. Ein Revolutionär muss mindestens zwei Dinge besitzen: eine Idee, die mit der bestehenden Ordnung unvereinbar ist, und ferner den Willen, seine Vision zu verwirklichen. Die parlamentarischen Kollegen Bismarcks konnten seine Ideen nicht kennen. Hätten sie jedoch den Weg verstanden, den er zurückgelegt hatte, so wäre ihnen bewusst geworden, dass sie es mit einer elementaren, vielleicht sogar dämonischen Persönlichkeit zu tun hatten.

Otto von Bismarck wurde am 1. April 1815 geboren, dem Jahr der Verbannung Napoleons nach St. Helena. Seine Eltern repräsentierten die beiden Grundpfeiler des preußischen Staates, die Aristokratie und die Bürokratie. Seine Vorfahren, bemerkte Bismarck einmal, seien schon Junker gewesen, als die Hohenzollern, das preußische Königshaus, noch eine unbedeutende süddeutsche Dynastie waren. Bismarcks Vater hatte kurze Zeit in der preußischen Armee gedient, aber weder die Katastrophe von Jena noch der Befreiungskrieg konnten ihn dazu bewegen, sein Familiengut jemals wieder zu verlassen. Er hat stets die Unabhängigkeit dem Dienst vorgezogen, sogar, als ihm der König sein Offizierspatent entzog und er bei Hofe in Ungnade fiel. Seiner Braut allerdings erschien bloße Unabhängigkeit als ungenügend. Als Tochter eines aus dem Bürgertum aufgestiegenen Geheimen Staatsrates bestand sie darauf, dass ihre Söhne nach den Maximen der Aufklärung leben und sich durch Streben nach geistiger Vervollkommnung rechtfertigen sollten. »Ich dachte es mir als das größte Glück für mich, das ich erreichen könnte,« schrieb sie einmal, »einen erwachsenen Sohn zu haben, [...] der als Mann berufen wäre, viel weiter in das Reich des Geistes einzudringen, wie es mir als Frau vergönnt ist.«[3]

Ins Reich des Geistes einzudringen, hieß, das väterliche Gut in Pommern zu verlassen und sich in die Disziplin des Max-Plamann-Institutes in Berlin einzufügen. Bismarck verlor niemals seine Sehnsucht nach der Natur oder die Illusion, dass sein wahres Glück in einer bukolischen Existenz liege. Von seiner Gymnasialzeit sprach er stets mit Widerwillen und von seinem Verhältnis zur Mutter nur mit Bitterkeit.

Sarkastisch resümierte er in seinen Memoiren; »Als normales Produkt unseres staatlichen Unterrichts verließ ich die Schule 1832 als Pantheist, und wenn nicht als Republikaner, doch mit der Überzeugung, dass die Republik die vernünftigste Staatsform sei.«[4] Republikaner oder nicht, dem Aristokraten standen alle Türen offen. Bismarck hatte vor, in den Staatsdienst einzutreten, weil er meinte, dass dort eine weniger straffe Disziplin von ihm verlangt werde als bei der Armee. So schrieb er sich denn, als der erste Bismarck, der sich vornahm, seinem König mit der Feder zu dienen, an der Göttinger Universität ein. Aber er fand bald heraus, dass ein ordnungsgemäßes Studium ihn unerträglich einengte. Aus Rebellion verwandelte sich Bismarck in den »tollen Junker«, extravagant gekleidet, stolz darauf, jedermann unter den Tisch trinken zu können, immer bereit zum Duell und ausgezeichnet durch sprachliche Gewandtheit und sarkastischen Witz. Stark verschuldet und physisch heruntergekommen verließ Bismarck auf Betreiben seiner Eltern Göttingen schon nach einem Jahr und begab sich an die Berliner Universität.

Aber auch Berlin brachte keine wesentliche Änderung. »[Ich] lebe [...] hier wie ein gentleman«, schrieb er an einen Göttinger Freund, »gewöhne mir ein geziertes Wesen an, spreche viel französisch, bringe den größten Teil meiner Zeit mit Anziehen, den übrigen mit Visitenmachen und bei meiner alten Freundin der Flasche zu; des Abends betrage ich mich im ersten Range der Oper so flegelhaft als möglich.«[5]

Nur einmal wird dieser Nihilismus von drei Aphorismen durchbrochen, die Bismarcks Zukunft umreißen: »Konstitution unvermeidlich, auf diesem Wege zu äußeren Ehren, außerdem muss man innerlich fromm sein«.[6] Die beiden ersten Gedanken konnten als vernünftige Prophezeiungen gelten. Der dritte kennzeichnet ein Dilemma, das Bismarck nie bewältigt hat. Was die Bedingungen des Erfolges waren, war ihm immer klar; nicht so sicher war er sich, ob er auch mit einer gewissen Achtung vor der Endlichkeit alles Menschlichen an seine Aufgaben gehen müsse. Ein Staatsmann aber, der dem Unvorhersehbaren in der Geschichte keinen Raum lässt, kann leicht die Zukunft seines Landes verpfänden.

Auf den Rat hin, die Berliner Universität zu verlassen, bereitete sich Bismarck mit der Hilfe eines privaten Tutors auf das Staatsexamen vor. Schließlich war es so weit, dass er seinen ersten Posten in der Verwaltung als Referendar am Regierungspräsidium der Provinz Aachen antreten konnte. Es traf sich dabei nicht eben schlecht, dass der Regierungspräsident ein Freund der Mutter Bismarcks war. Aber die Routine des Beamtenlebens war Bismarck unerträglich. Also lernte auch Aachen den »tollen Junker« kennen, der die Gesellschaft von Ausländern der seiner schwerfälligen Landsleute vorzog, der glänzend zu unterhalten verstand und dessen Liebesabenteuer und Spielschulden bald notorisch wurden. Ein Jahr später verließ er Aachen ohne Erlaubnis. Von diesem plötzlichen Entschluss ist nichts als Bismarcks rätselhafte Erklärung bekannt: »Dort [in Aachen] eröffneten sich mir [...] sehr günstige Aussichten für das, was man eine glänzende Karriere nennt, [...] wenn nicht eine bildschöne Engländerin mich verleitet hätte, den Kurs zu ändern, und sechs Monate ohne den geringsten Urlaub auf ausländischen Meeren in ihrem Kielwasser zu fahren. Ich nötigte sie endlich zum Beilegen, sie strich die Flagge, doch nach zweimonatlichem Besitz ward mir die Prise von einem einarmigen Obristen mit fünfzig Jahren, vier Pferden und 15000 rl. Revenüen wieder abgejagt.«[7]

Der eigentliche Grund dafür, dass Bismarck seine Karriere im Staatsdienst aufgab, war jedoch nicht in seiner Liebesaffäre zu suchen. Bismarck selbst gab die beste Erklärung in einem Brief an eine Cousine, die versucht hatte, seine Entscheidung rückgängig zu machen, indem er an Bismarcks Patriotismus appellierte: »Dass mein

Ehrgeiz mehr danach strebt, nicht zu gehorchen, als zu befehlen: das sind facta, für die ich außer meinem Geschmack keine Ursache anzuführen weiß […] Der preußische Beamte gleicht dem Einzelnen im Orchester; mag er die erste Violine oder den Triangel spielen; ohne Übersicht und Einfluss auf das Ganze, muss er sein Bruchstück abspielen, wie es ihm gesetzt ist, er mag es für gut oder schlecht halten. *Ich will aber Musik machen, wie ich sie für gut erkenne, oder gar keine.*« (Hervorhebung vom Verf.)

»Für wenige berühmte Staatsmänner, namentlich in Ländern absoluter Verfassung, war übrigens wohl Vaterlandsliebe die Triebfeder, welche sie in den Dienst führte; viel häufiger Ehrgeiz, der Wunsch, zu befehlen, bewundert und berühmt zu werden. Ich muss gestehen, dass ich von dieser Leidenschaft nicht frei bin, und manche Auszeichnungen […] eines Staatsmannes bei freier Verfassung, wie Peel, O'Connell, Mirabeau etc., eines Mitspielers bei energischen politischen Bewegungen, würden auf mich eine jede Überlegung ausschließende Anziehungskraft ausüben, […] weniger reizen mich dagegen die Erfolge, welche ich auf dem breitgetretnen Wege, durch Examen, Connexionen, Aktenstudium, Anciennetät und Wohlwollen meiner Vorgesetzten, zu erreichen vermag.«[8]

Dieses Selbstporträt wurde durch seinen lebenslangen Staatsdienst nur noch deutlicher gezeichnet. Für einen Mann, der zur Adelsschicht eines Staates gehörte, welcher auf den Gedanken der Pflicht und des Dienens aufgebaut war, scheint die Behauptung, dass die Chance zu befehlen ein zwingenderes Motiv sei als die Vaterlandsliebe, freilich außergewöhnlich. Dass Bismarck darauf bestand, seinen Willen mit dem Sinn der Ereignisse zu identifizieren, sollte immer sein revolutionäres Wesen kennzeichnen. Seiner Persönlichkeit entsprach weder die Wertschätzung der Konservativen für traditionelle Formen noch der Respekt der Liberalen vor theoretischen Lehrsätzen. Wenn nötig, konnte er sich jeder der beiden Richtungen zuwenden, blieb aber zurückhaltend, taxierend, und bewahrte sich einen nüchternen Blick für ihre Grenzen. Es war kein Zufall, dass er in seinem Brief solche Staatsmänner als Vorbilder beschrieb, die entweder Rebellion oder einen Bruch mit der Vergangenheit repräsentierten: O'Connell, den irischen Revolutionär, der das Unterhaus mit dessen eigenen Vorschriften lahmlegte, Peel, der das Corn Law gegen seine eigene Partei durchgesetzt und Mirabeau, der an der Spitze des Versuchs einer legalen Revolution gestanden hatte.

Bismarck war nun wieder auf das Gut seiner Familie zurückgekehrt. In seiner Rastlosigkeit verschlang er geradezu die Werke Shakespeares und Byrons, Louis Blancs und Voltaires und immer wieder die Philosophie Spinozas. Seine Eskapaden mehrten sich. Nachdem er ein zweites Mal eine Verlobung aufgelöst hatte, brach Bismarck zu einer Reise auf, die ihn durch England, Frankreich und die Schweiz führte. Vorübergehend machte er Pläne, bei der britischen Armee in Indien zu dienen, »als mir mein Vater in einem tränenfeuchten Brief, der von einsamem Alter, (dreiundsiebzig Jahr, Witwer, taub) Sterben und Wiedersehn sprach, die Heimkehr anbefahl. Ich kam zurück – er starb nicht […].«[9]

In diesem Lebensabschnitt erhielt Bismarck eine vorläufige Antwort auf seine Frage nach der Notwendigkeit von Frömmigkeit. Wenn diese Lösung auch eher von der Art eines diplomatischen Paktes mit Gott als der der Bewältigung einer Seelennot war, genügte sie doch, um Bismarck das Maß an innerer Ausgeglichenheit zu verschaffen, das es ihm ermöglichte, seinen elementaren Energien eine Richtung zu geben.

Bei einer Persönlichkeit, die alles auf eine Manifestation des Willens reduziert, sind Geist und Gefühl nie sehr scharf voneinander getrennt. So kam Bismarck durch zwei Frauen zu einer gewissen Gläubigkeit. Marie von Thadden kam aus einer »pietistischen« Familie, Anhänger einer Sekte, die an die wortwörtlichste Auslegung der Bibel glaubte. Diese Gruppe war deshalb so bedeutend, weil ihr viele der einflussreichsten Adligen angehörten, unter ihnen Leopold von Gerlach, der spätere Adjutant des Königs und der Mann, der Bismarck bei Hofe am meisten förderte. Die Pietisten verbanden strenge Orthodoxie in der Religion mit unbeweglichem Konservativismus in der Politik. Man kann sich keine Gruppe vorstellen, die weniger Aussicht hatte, Anziehungskraft auf Bismarck zu gewinnen. »Von Cromwells berühmtem Wort ›Pray and keep your powder dry‹, spottete er, »vergessen sie die zweite und wichtigste Hälfte.«[10]

Marie von Thadden war schön und leidenschaftlich. Als sie sich 1843 mit Moritz von Blankenburg, einem Freunde Bismarcks, verlobte, fuhr er zum Besitz der Thaddens, um ihr einen Besuch zu machen und sie kennenzulernen. Marie von Thadden fand Bismarck durchaus anziehend; er erschien ihr als »großer, interessanter Weltmann […] von glänzender innerer und äußerer Erscheinung«. Sie entschloss sich, die Seele dieses »hinterpommerschen Phönix, der für einen Ausbund an Wildheit und Arroganz gilt«[11], zu retten.

Zwei Tage später kam Bismarck wieder auf Marie von Thaddens Gut. Wieder diskutierten sie über Religion, Nachdem er gegangen war, bat Marie ihren Verlobten um Hilfe. Drei von gefühlvollen Ermahnungen überfließende Briefe Moritz von Blankenburgs ließ Bismarck jedoch unbeantwortet. Ebenso erfolglos verlief eine persönliche Begegnung der beiden Männer. Nach ihrer Heirat setzte Marie von Thadden ihre Bemühungen fort. Sie machte Bismarck mit ihrer engsten Freundin, Johanna von Puttkammer, bekannt, die, Pietistin wie Marie, nun ebenfalls versuchte, Bismarck zu bekehren. Aber ihn zu drängen, war nicht der richtige Weg, Bismarck mit seinem Schöpfer zu versöhnen. Es bedurfte eines Ereignisses von elementarer Gewalt, um Bismarck die Bedeutung der Endlichkeit des Menschen, wenn nicht einen Sinn für Grenzen, zu lehren; am 10. November 1846 starb Marie von Thadden. Marie von Thadden war das Opfer einer Grippeepidemie, die bereits das Leben ihres jüngeren Bruders und das ihrer Mutter gefordert hatte. Vom Totenbett ihrer Mutter hatte Marie an Bismarck geschrieben und ihn gebeten, so schnell wie möglich zu ihr zu kommen. Als er eintraf, war auch sie selbst schon erkrankt. Auch dann noch war sie um die Rettung seiner Seele bemüht und beschwor ihn in einer Botschaft, die sie ihm sandte »mit dem äußersten Ernst«, dass nun der Augenblick für seine Bekehrung da sei. Das brachte Bismarck so weit, zum ersten Male seit seinem 16. Lebensjahr zu beten – nicht zu einem Gott, noch weniger zu einer theologischen Doktrin, sondern *für* einen Menschen. Denn jetzt stand er das erste Mal vor einer Situation, die er aus eigener Kraft nicht bewältigen konnte: »Es ist eigentlich das erste Mal, dass ich jemand durch den Tod verliere, der mir nahe stand, und dessen Scheiden eine große und unerwartete Lücke in meinen Lebenskreis reißt.« Dem verwitweten Freund sagt er; »Das ist das erste Herz, das ich verliere, von dem ich wirklich weiß, dass es warm für mich schlug […] Jetzt glaube ich an eine Ewigkeit – oder es hat auch Gott nicht die Welt geschaffen!«[12] Otto von Bismarck kam zu Gott auf der Basis unbedingtester diplomatischer Gegenseitigkeit, wobei Gott ihm für den Glauben, den er ihm nun entgegenbrachte, die Dauerhaftigkeit einer tiefen Leidenschaft garantierte. Marie von Thaddens Tod hatte noch eine weitere und unmittelbarere Konsequenz: Bismarcks Verlobung mit Johanna von Puttkammer. Zwei Monate zuvor hatte er noch an Moritz von Blankenburg geschrieben, dass er sich seiner Gefühle noch nicht sicher sei. Aber vier Wochen nach Maries Tod sprach er zu Johanna von Puttkammer vom Heiraten. Sie ermutigte ihn, die Erlaubnis ihres Vaters zu erbitten. Vor der Aufgabe, den mürrischen, strengen und tiefreligiösen Heinrich von Puttkammer davon zu überzeugen, dass der »tolle Junker« ein geeigneter Ehegatte für seine Tochter sei, wäre ein weniger kühner Mann wohl zurückgeschreckt.

Das Ergebnis war Bismarcks erstes bedeutendes diplomatisches Dokument, ein Brief[13], in dem er um die Genehmigung bat, das Puttkammersche Gut aufsuchen und dort in eigener Person seine Sache vertreten zu dürfen. Wie so oft in späteren Jahren, verblüffte Bismarck sein Gegenüber durch völlige Offenheit und mit einem Schwung, der in dem fantasielosen Kreis von Bibellesern neu war. Bismarcks Brief begann: »Ich verhehle mir nicht, dass ich dreist erscheine, wenn ich, der ich erst neuerlich und durch sparsame Begegnungen Ihnen bekannt geworden bin, den stärksten Beweis von Vertrauen beanspruche, den Sie einem Manne geben können. Ich weiß aber, dass ich […] durch mich selbst niemals im Stande sein kann, Ihnen solche Bürgschaften für die Zukunft zu geben, dass sie den Einsatz eines so hohen Pfandes von ihrer Seite rechtfertigen würden, wenn sie nicht durch Vertrauen auf Gott das ergänzen, was das Vertrauen auf Menschen nicht leisten kann.«

Hier führte Bismarck schwerere Anklage gegen sich selbst, als Heinrich Puttkammer es jemals hätte tun können; sie musste nur noch in einen Appell an tiefste pietistische Überzeugungen verwandelt werden. Bismarck wagte es, um Johannas Hand zu bitten, nicht weil er ihrer vor Gott wert gewesen wäre – dies wäre einem Pietisten selbst bei einem weit religiöseren Manne als Anmaßung erschienen –, sondern weil Gott allein ihn ihrer würdig machen konnte. Hätte man ihn abgewiesen, hätten sich darin nicht nur Zweifel an der Redlichkeit des Freiers, sondern auch fehlendes Vertrauen auf Gott ausgedrückt. Auf dieser Ebene betonte der nachfolgende Bericht Bismarcks über seine Abwendung von der Gnade Gottes eher den Verdienst, den man sich durch seine Erlösung erwerben könne: »An meinem sechzehnten Geburtstage hatte ich keinen ändern Glauben, als einen nackten Deismus, der nicht lange ohne pantheistische Beimischungen blieb. Es war ungefähr um diese Zeit, dass ich, nicht aus Gleichgültigkeit, sondern in Folge reiflicher Überlegung, aufhörte […] zu beten, […], indem ich mir sagte, dass entweder Gott selbst, nach seiner Allgegenwart, Alles, also auch jeden meiner Gedanken und Willen, hervorbringe, und so gewissermaßen zu Sich selbst bete, oder dass, falls mein Wille ein von dem Gottes unabhängiger sei, es eine Vermessenheit enthalte und einen Zweifel an der Unwandelbarkeit, also auch an der Vollkommenheit des göttlichen Ratschlusses, wenn man glaube, durch menschliche Bitten darauf Einfluss zu üben.«

Diese Worte hätten dem frommen Herrn von Puttkammer geradezu als Stimme des Teufels erscheinen können, aber sie dienten nur dazu, dem Augenblick seiner Bekehrung eine noch gewaltigere Bedeutung zu verleihen: »Etwa vor vier Jahren kam ich, seit meiner Schulzeit zuerst wieder, in nähere Berührung mit Moritz von Blankenburg, und fand an ihm, was ich bis dahin im Leben nicht gehabt hatte, einen Freund […] Durch Moritz wurde ich indes mit dem Triglafer Hause und dessen weiterem Kreise bekannt […]. Daß Zuversicht und Friede bei ihnen wohnte, war mir nicht überraschend; denn daß diese Begleiter des Glaubens seien, hatte ich nie bezweifelt. Aber der Glaube lässt sich nicht geben und nehmen, und ich meinte in Ergebung warten zu müssen, ob er mir werden würde […] Was sich in mir regte gewann Leben, als sich, bei der Nachricht von dem tödlichen Erkranken unserer verstorbenen Freundin, […] das erste inbrünstige Gebet, ohne Grübeln über die Vernünftigkeit desselben, von meinem Herzen losriss, verbunden mit schneidendem Wehgefühl über meine eigene Unwürdigkeit zu beten, und mit Tränen wie sie mir seit den Tagen meiner Kindheit fremd gewesen sind. Gott hat mein damaliges Gebet nicht erhört, aber er hat es auch nicht verworfen, denn ich habe die Fähigkeit ihn zu bitten nicht wieder verloren, und fühle, wenn nicht Frieden, doch Vertrauen und Lebensmut in mir, wie ich sie sonst nicht mehr kannte, […] weil ich Gott täglich […] bitten kann, […] in mir Glauben zu wecken und zu stärken.«

Was konnte ein frommer Mann hierauf antworten? Bismarck bat Heinrich von Puttkammer ja um nichts anderes als das, was er laut eigener Beschreibung auch täglich von Gott erflehte, und da Bismarcks Brief der eines Mannes war, der seinen Frieden mit Gott gemacht hatte, enthielt er keinerlei Apologetik gegenüber Sterblichen, so dass selbst das Sündenregister Bismarcks zu einer Manifestation seines herausfordernden Stolzes wurde.

Nachdem er so das moralische Terrain erobert hatte, ließ Bismarck seinem Brief einen jener blitzartigen Schachzüge folgen, die bei ihm auch später alle sorgfältige Vorbereitung begleiten sollte. Er berichtete davon an seinen Bruder: »Zu Weihnachten schrieb ich dem Vater, der ungemein entsetzt darüber war, weil ihn die Idee, seine Tochter werde heiraten, an und für sich erschreckte, besonders aber in Verbindung mit meiner Person, von der er viel Übles und wenig Gutes gehört hatte. Indessen erhielt ich bei meiner Ankunft hier ein Schreiben von ihm, worin eigentlich nichts stand, als einige Bibelstellen, die ihn in seiner Niedergeschlagenheit getröstet hatten, und schließlich eine zweifelhaft gestellte Einladung nach Reinfeld [dem Gut der Puttkammers] zu kommen. Ich fand dort […] Neigung zu weit aussehenden Verhandlungen, und wer weiß, welchen Weg diese genommen hätten, wenn ich nicht durch eine entschlossene accollade meiner Braut, gleich beim ersten Anblick ihrer, die Sache zum sprachlosen Staunen der Eltern in ein anderes Stadium gerückt hätte.«[14] Auf diese Weise wurde der moralischen Eroberung ein *fait accompli* hinzugefügt. Manch einen seiner späteren Gegner hätten die Taktiken Bismarcks weniger in Erstaunen gesetzt, wenn er die Geschichte seiner Brautwerbung gekannt hätte.

Eine zusätzliche Dimension gewinnt diese Episode durch den Schluss des Briefes an seinen Bruder: »Im übrigen glaube ich ein großes und nicht mehr gehofftes Glück zu machen, indem ich, ganz kaltblütig gesprochen, eine Frau von seltnem Geist und seltnem Adel der Gesinnung heirate […] In Glaubenssachen gehen wir mehr zu ihrem als zu meinem Leidwesen etwas auseinander, wenn auch nicht so sehr als Du meinesteils glauben magst, denn mancherlei […] Ereignisse haben in letzter Zeit Veränderungen in mir hervorgebracht […] Übrigens liebe ich Pietismus an Frauen.«

Seit der Veröffentlichung dieser Briefe haben deutsche Historiker nicht aufge hört, die Frage zu diskutieren, bis zu welchem Grade Bismarck darin aufrichtig war. Aber wenn Bismarck unaufrichtig war, musste er es nicht unbedingt in seinem Brief an den zukünftigen Schwiegervater sein. In jedem Falle hat Ehrlichkeit nur dann einen Sinn, wenn sie in Beziehung zu einem an der Wahrheit orientierten Maßstab des Verhaltens steht. Es war jedoch der entscheidende Wesenszug Bismarcks, dass er nicht fähig war, außer seinem Willen irgendeinen solchen Maßstab zu begreifen. Aus diesem Grunde war es ihm niemals möglich, die Gutgläubigkeit eines Gegners anzuerkennen, und daraus erklärt sich auch seine Meisterschaft in der Anpassung an die Erfordernisse des Augenblicks. Man kann nicht sagen, dass Bismarck log – das würde eine Befangenheit voraussetzen, die Bismarck nicht kannte -, sondern sein feines Einfühlungsvermögen half ihm, sich auf die subtilsten Strömungen jeder Umgebung einzustellen und die Verhaltensmaßregeln zu finden, die präzise der Notwendigkeit entsprachen, sich durchzusetzen. Der Schlüssel zu Bismarcks Erfolg lag gerade darin, dass er immer ehrlich war.

Bismarcks neugewonnenes Verhältnis zu Gott spielte die entscheidende Rolle in der Entwicklung seiner Persönlichkeit als Staatsmann. Bis zu seiner Einführung in den Kreis der Thaddens hatte Bismarcks Naturalismus ihn zu einem virulenten Skeptizismus gebracht. In einer Welt, die durch Kampf charakterisiert wurde, war der Tod das am häufigsten wiederkehrende Phänomen und Nihilismus die angemessenste Reaktion. Von daher rührte Bismarcks rastloses Umherstreifen in jüngeren Jahren, sein scheinbares Aufbegehren und sein ätzender Sarkasmus.

Gott wurde für ihn zum Mechanismus, der es ihm ermöglichte, die Vergänglichkeit alles Menschlichen zu transzendieren: »Ich bin Gottes Soldat«, schrieb er jetzt, »und wo er mich hinschickt, da muß ich gehn und ich *glaube*, daß er mich schickt und mein Leben zuschnitzt, wie er es braucht.«[15] »Gott hat mich auf den Fleck gesetzt, wo ich ein ernster Mann sein und dem König und dem Lande meine Schuld bezahlen muß«, schrieb er an seine Gattin, als er 1852 sein erstes diplomatisches Amt erhielt. »Seinen Willen nach besten Kräften zu tun, bin ich entschlossen, und wenn mir Weisheit mangelt, werde ich ihn bitten. Er gibt reichlich und drückt es Niemand auf.«[16]

Auf diese Weise stellte Bismarcks Glaube ein Mittel dar, um zu einer theologischen Rechtfertigung des Kampfes um die Macht zu gelangen; das besondere Kennzeichen dieses Glaubens war nicht Hinnahme, sondern Aktivität – religiös verbrämter Darwinismus. Gott wurde zum Bundesgenossen, indem Bismarck ihn seiner Dialektik unterwarf; denn würde Gott zulassen, was in seinen Augen nicht gut war? Bismarcks früher so hoffnungsloser Fatalismus hatte nun etwas gefunden, woran er sich orientieren konnte: »In ergebnem Gottvertrauen« schrieb er an seine Braut, »setz die Sporen ein und laß das wilde Roß des Lebens mit Dir fliegen über Stock und Block, gefaßt darauf, den Hals zu brechen, aber furchtlos, da Du doch *einmal* scheiden mußt von allem, was Dir auf Erden teuer ist, und doch nicht auf ewig.«[17]

Nach der Einführung in den Thaddenschen Kreis war zu beobachten, dass Bismarck eine neue Zielstrebigkeit entwickelte und zu kalkulieren begann, wo seine große Chance liegen könnte. Als sein Vater im Jahre 1845 starb, verließ er sogar den Kniephof und siedelte nach Schönhausen über, dem anderen Familiengut an der unteren Elbe. Dafür gab es einen höchst praktischen Grund: die ziemlich sichere Aussicht, dass dort der Posten des Deichhauptmanns vakant werden würde, des Beamten, der verantwortlich für den Bau und die Reparatur der Deiche war. Als der amtierende Deichhauptmann den Posten nicht wie erwartet abgeben wollte, sorgte Bismarck dafür, dass er aus dem Amte entfernt wurde, indem er Anschuldigungen wegen nicht genehmigter Abwesenheit erhob. Das Amt des Deichhauptmanns war eine Position von großem Ansehen, da das Wohl der Bevölkerung dieser vorwiegend landwirtschaftlichen Gegend von diesem Beamten abhing. Es konnte daher nicht überraschen, dass Bismarck von der Ritterschaft zum Stellvertreter ihres Abgeordneten im Parlament zu Berlin nominiert wurde. Bismarcks Sendungsbewusstsein wurde durch den Umstand nur noch verstärkt, dass der reguläre Abgeordnete erkrankte und er selbst an dessen Stelle ins Parlament gewählt wurde.

Dies war also der Mann, der am 17. Mai 1847 die Rednertribüne betrat. Er hatte sich genug ausgetobt. Neun Jahre hatte er in der Einsamkeit seiner Familiengüter zugebracht und war aus dieser Zeit gehärtet, außerordentlich belesen und mit unendlich mehr Vorstellungskraft begabt als die übrigen Junker hervorgegangen. Nachdem er einmal seine politische Laufbahn angetreten hatte, lebte er kaum noch für etwas anderes. Obwohl er als der Verteidiger des alten preußischen Staates erschien, brauchte er nur die Gelegenheit, um zu zeigen, dass er diese Überzeugung in einer Weise auslegte, die die Landkarte und die Politik Europas revolutionieren sollte.

Das Wesen der bedrohten europäischen Ordnung

Die Stabilität jedes internationalen Systems hängt von mindestens zwei Faktoren. ab: erstens, bis zu welchem Grade sich die Beteiligten sicher fühlen, und zweitens, in welchem Maße sie sich einig sind über die »Gerechtigkeit« und »Fairness« bestehender Übereinkünfte. Sicherheit setzt ein Machtgleichgewicht voraus, das es einem der Mitgliedstaaten oder auch einer Gruppe von mehreren erschwert, den anderen ihren Willen aufzuzwingen. Zu ungleiche Machtverhältnisse untergraben die Zurückhaltung der Starken und verleiten die Schwachen zur Unverantwortlichkeit.

Nur das Machtgefüge in Betracht zu ziehen, ist allerdings nicht genug, denn dann erschiene jede Auseinandersetzung als bloße Machtprobe. Das Gleichgewicht ist notwendig für die Stabilität; ideeller Konsensus ist wesentlich für die Spontanität.

Wenn keine Übereinstimmung darüber besteht, was als »gerechter« oder »vernünftiger« Anspruch gelten soll, fehlt jegliche Verhandlungsgrundlage. In diesem Falle pflegt der Akzent eher auf der Untergrabung der gegenseitigen Loyalität als auf der Beilegung von Streitigkeiten zu liegen. Friedliche Veränderung ist nur dann möglich, wenn die Mitglieder eines internationalen Staatensystems den Wert ihrer Ordnung über jede zwischen ihnen auftretende Uneinigkeit hinaus anerkennen.

Die Staatsmänner, die im Jahre 1815 in Wien zusammenkamen, um die napoleonischen Kriege zu beenden, hatten während einer 25-jährigen Periode fast ununterbrochenen Kampfes diese Lektion gelernt. Sie hatten erfahren, dass der Frieden in Europa von der Herstellung eines Machtgleichgewichtes abhing, das, insbesondere für Frankreich, die verlockende Möglichkeit zu leichten Eroberungen beseitigen würde. Sie versuchten, um den Ausdruck Pitts zu gebrauchen, »great masses« (große Blöcke) in Mitteleuropa zu schaffen und damit einen Zustand zu kurieren, der es vier Generationen französischer Herrscher ermöglicht hatte, deutsche Zwistigkeiten zu Eroberungszügen auszunutzen. Für Russland wiederum hatte jeder Konflikt die Chance geboten, weiter ins Innere Europas vorzudringen.

Die Zustände, die in Deutschland herrschten, waren daher der Schlüssel für das europäische Gleichgewicht. Ein zu stark zentralisiertes oder zu mächtiges Deutschland musste als Gegengewicht eine russische und französische Expansionspolitik herausfordern. Ein allzu zersplittertes Deutschland dagegen würde dazu ermutigen, es ständigem Druck von außen auszusetzen. Der Frieden in Europa beruhte auf drei Faktoren; (a) ein umfassendes Machtgleichgewicht, in dessen Bereich die mitteleuropäischen Staaten – in erster Linie innerhalb Deutschlands – stark genug wären, um dem Druck von Osten und Westen standhalten zu können; (b) ein besonderes Gleichgewicht *innerhalb* Deutschlands, das ein deutsches Staatensystem schaffen würde, dessen Struktur ihm zwar die Stärke verleihen würde, sich gegen den östlichen und westlichen Druck behaupten zu können, Deutschland aber zugleich nicht stark genug werden ließe, dass seine Nachbarn darüber beunruhigt sein müssten; Deutschland sollte so weit geeinigt werden, dass es eine wirksame Verteidigung mobilisieren könnte, aber nicht so stark zentralisiert werden, dass es in die Lage versetzt wäre, die Offensive zu ergreifen; (c) ein ideeller Konsensus, aufgrund dessen Streitigkeiten eher durch den Rückgriff auf ein höheres Prinzip als auf Gewalt gelöst würden. Das Gleichgewicht der Macht sollte als letzte Sicherheit dienen, nicht aber alleiniges Schiedsprinzip sein. Damit ist das skizziert, was als das »System Metternichs« bekannt geworden ist, nach jenem österreichischen Außenminister, der bis zu seinem Sturz im Jahre 1848 derjenige war, der dieses System in erster Linie lenkte.

Kein Element des Metternich'schen Systems war so verwickelt wie die Ordnung, die er für Deutschland vorgesehen hatte. Die Verfassung des Deutschen Bundes war ebenso ausgeklügelt wie die Mitgliedschaft zu ihm verwickelt war: Österreich gehörte lediglich mit seinem deutschen Drittel zum Bund, der auch die polnischen Provinzen Preußens nicht mit umfasste. Andererseits waren die Niederlande vertreten, weil ihnen Luxemburg gehörte, und desgleichen Dänemark, weil der dänische König in Personalunion auch Schleswig-Holstein regierte. Preußen, der größte rein deutsche Staat im Bund, hatte nur eine von 17 Stimmen. Theoretisch war es möglich, dass eine Gruppe von Staaten, die weniger als ein Viertel der Bevölkerung oder der Bodenschätze Deutschlands repräsentierte, die führenden Mächte Österreich und Preußen, überstimmen konnte.

Gewöhnlich entsprach das Interesse Österreichs allerdings auch dem der kleineren Staaten: beide wollten die Erhaltung des *Status quo*; sie waren bemüht, eine preußische Hegemonie zu verhindern, wollten dieses Ziel aber ohne offenen Konflikt erreichen. Aufgabe des Bundestages, der in Frankfurt zusammentrat, war es daher, die beteiligten Staaten vor entscheidenden Schritten zurückzuhalten, es sei denn im Falle einer überwältigenden Gefahr von außen. Gerade die Komplexität seiner Verfahrensweise war der Bestimmung des Deutschen Bundes – zu verzögern, zu verbessern und auszuweichen – genau angepasst. Darüber hinaus wurde seine Tätigkeit in hohem Maße von Österreich kontrolliert. Der österreichische Gesandte war *ex officio* Präsident des Bundestages, dessen Versammlungen in der österreichischen Gesandtschaft stattfanden; das Sekretariat des Bundestages befand sich unter österreichischer Kontrolle und bis 1848 führte der Bund das Siegel Österreichs. Unter diesen Umständen war es nicht allzu schwierig, den Bundestag in Frankfurt in einen Kongress von Diplomaten zu verwandeln, die an die Instruktionen der beteiligten Regierungen gebunden waren.

Trotz alledem war der Deutsche Bund nicht einfach ein diplomatischer Kongress. Zunächst einmal gehörten ihm unmittelbar fünf Festungen an der Grenze zu Frankreich. Der Bund konnte nicht nur Botschafter empfangen, sondern auch selbst akkreditieren. Er hatte die Vollmacht, den Krieg zu erklären. Insofern war es möglich, dass ein deutscher Staat gleichzeitig in zwei sich widersprechenden Richtungen Politik machen konnte: einmal als autonome Macht und zum anderen als Mitglied des Deutschen Bundes. So gab es zum Beispiel während des Krimkrieges und während der schleswig-holsteinischen Krise in Deutschland drei Arten von Außenpolitik nebeneinander:

diejenige Österreichs, die Preußens und die der kleineren Staaten. Ein derartiges System konnte nur dann zu gemeinschaftlichem Handeln führen, wenn es als Ganzes mit einer überwältigenden äußeren Gefahr konfrontiert wurde – einer Bedrohung, die massiv genug sein musste, um das europäische Gleichgewicht infrage zu stellen. Es war auch nicht sehr wahrscheinlich, dass man in diesem System zu einem Konsensus über positive Ziele gelangte; aus eigener Kraft war es nicht imstande, das europäische Gleichgewicht zu erschüttern.

Hätte das System Metternichs lediglich auf der Berücksichtigung von Machtverhältnissen beruht, würde es keine 50 Jahre überdauert haben, Preußen akzeptierte nur deshalb eine untergeordnete Rolle – eine sehr viel kleinere, als seine Macht es eigentlich gerechtfertigt hätte –, weil diejenigen, die in Preußen regierten, zu der Überzeugung kamen, dass sie sehr viel mehr von der liberalen Bewegung im eigenen Lande zu befürchten hatten, als sie gewinnen konnten, wenn sie sich nach außen hin auf die preußische Stärke beriefen. Daher hatten sie einer Allianz zu Österreich größeren Wert beigemessen als ihren politischen und strategischen Möglichkeiten innerhalb Deutschlands. Ganz ähnlich wurde Russland in seinen Expansionswünschen auf dem Balkan zumindest in einem gewissen Grade durch die Doktrin von der Einheit der konservativen Interessen zurückgehalten. Für die Spanne einer Generation wirkte die Heilige Allianz Russlands, Österreichs und Preußens als ein Bollwerk gegen innere Unruhen; ebenso bändigte sie zwei expansionistische Mächte – Preußen und Russland – durch den Appell an die sittlichen Grenzen ihres politischen Handelns.

Die Einigkeit der konservativen Monarchen überlebte sogar die Revolution von 1848. Als die Frankfurter Nationalversammlung dem preußischen König die Krone des geeinten Deutschlands anbot, weigerte er sich, sie anzunehmen, weil er glaubte, dass allein Österreich einen historischen Anspruch auf diese Krone habe. Russische Truppen leisteten Österreich bei der Niederwerfung des ungarischen Aufstands Beistand, und russische Drohungen halfen Österreich auch, seine Vorherrschaft in Deutschland wiederherzustellen. Als in Frankreich ein neuer Napoleon an die Macht kam, schien die Revolutionsgefahr der vorigen Generation wieder zu drohen, und die drei östlichen Monarchen rückten noch enger zusammen. In den frühen fünfziger Jahren schien das Metternich'sche System dazu bestimmt zu sein, die europäische Politik bis in alle Ewigkeit zu beherrschen.

Die Herausforderung: Das Postulat der Einzigartigkeit und Unverletzlichkeit Preußens

Zu eben diesem Zeitpunkt entwickelte sich in der Theorie eine Herausforderung, die entgegen allen Erwartungen nicht von den Liberalen kam, sondern von einem Mann, der seine politische Karriere der Überzeugung der preußischen Konservativen verdankte, dass er ihre Wertvorstellungen vertrete. Otto von Bismarck war kaum zum preußischen Botschafter beim Deutschen Bund ernannt worden (1852), als er auch schon das System Metternichs attackierte. Bismarck weigerte sich, das grundlegende Axiom zu akzeptieren, Preußens innere Struktur sei so verwundbar, dass sie nur durch engste Anlehnung an den Block der konservativen Monarchen geschützt werden könnte. Bismarck bestand im Gegenteil kompromisslos auf dem Postulat der Einzigartigkeit und Unverletzlichkeit Preußens.

Diese Überzeugung war nicht unbegründet, denn Preußen war nicht einfach irgendein deutscher Staat. Seine straffe Innenpolitik konnte weder das Nationalbewusstsein ersticken, das in Deutschland durch die französische Besatzung geweckt worden war, noch konnte sie das Ansehen zerstören, zu dem Preußen aufgrund seiner außerordentlichen Anstrengungen während der napoleonischen Kriege gekommen war. Nach den Wiener Verträgen war die preußische Repressionspolitik allerdings für die Dauer einer Generation sogar noch effektiver als diejenige Österreichs, weil Preußen nicht an Österreichs charakteristischer Unfähigkeit krankte. Schon von seiner Ausdehnung her symbolisierte Preußen das Einheitsstreben der Deutschen: von einem Ende Deutschlands, dem teilweise polnischen Osten, erstreckte es sich bis an die westliche Grenze zum katholischen, bis zu einem gewissen Grade von Frankreich geprägten Rheinland. Selbst Liberale erhofften sich von ihm die Verwirklichung ihrer Ziele. Preußen, das im 17. Jahrhundert eine Idee gewesen war, bevor es Realität wurde, vollbrachte im 19. Jahrhundert den noch frappierenderen Gewaltakt, eine in krassem Gegensatz zu seiner Realität stehende Idee zu werden.

Länger als ein Menschenalter nach dem Wiener Kongress schien Preußen jedoch wie gelähmt von der erdrückenden Last dieser Aufgabe. Solange Nationalismus zugleich Liberalismus bedeutete, konnte Preußen seine deutsche Mission nur erfüllen, wenn es zugleich den historischen Gehalt seines Wesens aufgab. Erst Bismarck sollte diese Identität infrage stellen; er bestand darauf, dass Nationalismus und Liberalismus nicht notwendigerweise gleichartige Phänomene sein müssten. Man konnte sie trennen, und dann konnte Preußen ohne Verzicht auf seine Tradition eine nationale Rolle spielen: »Wenn jemand im Namen der deutschen Einheit auf die parlamentarische Union hindrängt, so möchte ich ihn verwarnen, dass er nicht zwei Begriffe mit einander verwechsle, die deutsche Einheit und das Recht, auf einer deutschen Tribüne parlamentarische Vortrage zu halten«[18]; »[…] es gibt nichts Deutscheres, als gerade die Entwicklung richtig verstandener preußischer Partikularinteressen.«[19]

Wenn das zutraf, war die Erhaltung der historischen Grundlagen des preußischen Staates geradezu die Voraussetzung dafür, dass es seine deutsche Mission erfüllen konnte. Anstatt der Tendenz zum Liberalismus zu folgen, sollte Preußen ihn im Gegenteil überwinden – umso mehr, als es keiner parlamentarischen Institution bedurfte, um die preußischen Freiheiten zu garantieren; »Preußen ist keineswegs durch Liberalismus und Freigeisterei groß geworden, sondern durch eine Reihe von kräftigen, entschlossenen und weisen Regenten, welche die militärischen und finanziellen Kräfte des Staates sorgfältig pflegten und schonten, sie aber auch in eigener, selbstherrschender Hand zusammenhielten, um sie mit rücksichtslosem Mute in die Waagschale der europäischen Politik zu werfen, sobald sich ein günstiger Moment dazu darbot. […] Es ist ein unzweifelhaft gerechter Anspruch, dass jeder Preuße den Grad von Freiheit genieße, welcher mit der öffentlichen Wohlfahrt und mit der Laufbahn, welche Preußen in der europäischen Politik zu machen hat, verträglich ist, aber mehr nicht. Diese Freiheit kann man auch ohne parlamentarische Regierung haben, und bei der Stufe geistiger Entwicklung, auf welcher Preußen steht, gehört der Missbrauch der königlichen Gewalt zu den unwahrscheinlichsten Dingen.«[20]

Bismarck sah keinerlei Nutzen in politischen Konstruktionen, welche die Identität Preußens zerstören würden. Im Jahre 1848 stellte er sich dem Versuch der Liberalen entgegen, die deutsche Einheit mit Hilfe einer demokratischen Verfassung zu verwirklichen: »Das Volk [...] hat kein Bedürfnis, sein preußisches Königtum verschwimmen zu sehen in der fauligen Gärung süddeutscher Zuchtlosigkeit. Seine Treue haftet nicht an einem papiernen Reichsvorstand, [...] sie haftet an dem lebendigen und freien Könige von Preußen [... ich] hoffe [...] zu Gott, daß wir auch noch lange Preußen bleiben werden, wenn dieses Stück Papier [die Verfassung] vergessen sein wird, wie ein dürres Herbstblatt.«[21] Bismarck wollte die bestehende preußische Ordnung erhalten, damit Preußen das Metternich'sche System in Deutschland umstürzen konnte. Aus diesem Grunde opponierte er auch dagegen, dass die Liberalen dem preußischen König die Krone des Deutschen Reiches anboten: »[Ich] will aber [...] lieber, daß Preußen Preußen bleibt. Es wird als solches stets in der Lage sein, Deutschland Gesetze zu geben, nicht, sie von anderen zu empfangen. [...] Als Abgeordneter [...] fühle [ich] mich [...] verpflichtet, mich der Diskussion eines Antrages zu widersetzen, welcher darauf hinausgeht, das Staatsgebäude, [...] welches von Grund auf mit dem Blute unserer Väter gekittet ist, zu untergraben und einstürzen zu lassen. Die Frankfurter Krone mag sehr glänzend sein, aber das Gold, welches dem Glänze Wahrheit verleiht, soll erst durch das Einschmelzen der preußischen Krone gewonnen werden, und ich habe kein Vertrauen, daß der Umguß mit der Form dieser Verfassung gelingen werde.«[22] Theorien von der Souveränität des Volkes konnten nur dazu führen, die internationale Stellung Preußens zu schwächen: »Das preußische Heer [...] wird stets das Heer des Königs bleiben und seine Ehre im Gehorsam suchen. [...] Die preußische Ehre besteht nach meiner Oberzeugung nicht darin, daß Preußen überall in Deutschland den Don Quixote spiele für gekränkte Kammerzelebritäten. Ich suche die preußische Ehre darin, [...] daß Preußen [...] nicht zugebe, daß in Deutschland etwas geschehe ohne Preußens Einwilligung.«[23]

Mit einem Wort, die Idee der deutschen Einheit sollte nur unter den faktischen Bedingungen der preußischen Macht ihre Berechtigung haben. Nicht liberale Dogmen machten Deutschlands Einigung erforderlich, sondern das Sicherheitsbedürfnis eines Staates, dessen Ausdehnung allein schon ein innerdeutsches Gleichgewicht zur Unmöglichkeit werden ließ. Da Preußen sich in einer Reihe von Enklaven ohne natürliche Grenzen über die ganze norddeutsche Tiefebene hin erstreckte, war es für seine eigene Verteidigung auf die materiellen Hilfsquellen Deutschlands angewiesen. Eher sollte Deutschland in Preußen aufgehen als umgekehrt. Diese Vorstellung erschien den Liberalen und ebenso den Nationalisten so unglaublich, dass der stenografische Bericht am Ende dieser Passage der Rede Bismarcks »Heiterkeit« verzeichnete. Es war nicht das erste Mal, dass ein Revolutionär Erfolg hatte, weil seine Gegner an die Möglichkeit, er könne seine Ziele auch realisieren, nicht zu glauben vermochten.

Hätten die preußischen Konservativen, die Bismarck so bewunderten, ihm genauer zugehört, hätten sie feststellen müssen, dass die Kluft, die auch sie von diesem Mann trennte, kaum minder tief war. Die aphoristischen Sätze Bismarcks hatten, wie die Äußerungen des französischen Präsidenten Charles de Gaulle – des Staatsmannes, der ihm in unserem Jahrhundert am meisten ähnelt – eine Bedeutung, die seine eigenen Anhänger nicht verstanden. Bismarck verfocht kein Prinzip, sondern eine Tatsache; keine Doktrin, sondern eine Realität; »Die preußische Verfassung rechne […] ich nicht unter die vorzüglichsten, von denen die Geschichte Nachricht gibt; ihr Hauptvorzug ist, daß sie da ist.«[24] Bismarck griff den Liberalismus nicht deshalb an, weil seine Theorie die *allgemeine* Geschichte verfälscht hätte, sondern weil sie der *preußischen* Tradition zuwiderlief. Er suchte die Einzigartigkeit Preußens zu bewahren; den Konservativen ging es dagegen um generelle Grundsätze. Bismarck bekämpfte innere Unruhen, weil er die preußische Politik auf die auswärtigen Angelegenheiten konzentrieren wollte; seine Bundesgenossen hatten im Sinn, die legitime Herrschaft als solche zu verteidigen.

Daher erwies sich das Postulat der innenpolitischen Unverwundbarkeit als das Vorspiel zu einer für die Konservativen unglaublichen Behauptung; Preußen könne es sich leisten, seine staatlichen Institutionen den Erfordernissen der Außenpolitik anzupassen. Da die königliche Autorität die Revolution von 1848 überdauert hatte, brauchte Preußen den Liberalismus nun nicht mehr zu fürchten, es konnte ihn sogar für seine Außenpolitik ausnutzen. Während des Krimkrieges schrieb Bismarck: »Meinen Kollegen gegenüber habe ich in der letzten Zeit privatim etwa folgende Sprache geführt: Preußen hat die Friedenspolitik [...] für Deutschland geführt, indem es sich der Feindschaft des halben Europa exponierte; [...] lassen aber die übrigen Bundesstaaten Preußen im Stich, [...] dann [muß es] auf seine Sicherheit denken; [...] es bleibt uns dann nur übrig, uns [...] den Gegnern Rußlands anzuschließen. Eine solche Schwenkung würde wiederum nur dann das Vertrauen der Westmächte haben können, wenn sie mit einem Kabinettswechsel im liberalen Sinne verbunden wäre. Dann würden wir aber mit dem Westwinde der öffentlichen Meinung sehr rasch und weit an Österreich vorbeisegeln.«[25]

Sobald Bismarck einmal im Amt war, wandte er dieses Rezept an. Während des preußisch-österreichischen Krieges von 1866 versuchte er, in Ungarn eine Revolution zu entfachen; lediglich der rasche Sieg hielt ihn davon ab, seine Pläne auszuführen. Als er das Steuer in der Hand hielt, wurde Deutschland der erste kontinentale Staat, der das allgemeine Wahlrecht einführte; aber dieser Staat besaß eine Verfassung, welche die Macht des Parlaments sehr eng begrenzte.

Vier Jahrzehnte lang war die preußische Politik lahmgelegt durch das Paradox, dass Preußen die Hegemonie in Deutschland nur erlangen konnte, wenn es sich mit politischen Kräften verband, die im Gegensatz zu seiner inneren Struktur zu stehen schienen. Bismarck bewies nun, dass dies Paradoxon in Wirklichkeit nicht bestand. Der Zusammenhalt Preußens war stark genug, dass man es sich erlauben konnte, eine repressive Innenpolitik mit revolutionärer Aktivität nach außen zu verbinden. Liberale Institutionen konnten sogar dazu benutzt werden, die Autorität des Königs zu stärken: »Die Sicherheit, daß S. M. der König auch dann noch Herr im Lande bleibe, wenn das gesamte stehende Heer aus demselben herausgezogen würde, teilt kein anderer kontinentaler Staat und namentlich kein deutscher mit Preußen; auf ihr aber beruht die Möglichkeit, einer den Anforderungen der heutigen Zeit zusagenden Entwicklung des öffentlichen Lebens näher zu treten, als es andere Staaten können [...]. Die königliche Gewalt ruht in Preußen auf so sichern Grundlagen, daß die Regierung sich ohne Gefahr durch eine belebtere Tätigkeit der Landesvertretung sehr wirksame Mittel auf die *deutschen Verhältnisse* schaffen kann.«[26]

Genauso wie de Gaulles brutaler Zynismus auf einer fast lyrisch zu nennenden Auffassung von der historischen Mission Frankreichs beruhte, ging Bismarcks Tatsachen-Machiavellismus davon aus, dass der einzigartige innere Zusammenhalt des preußischen Staates ihm die Möglichkeit gäbe, Deutschland seine Vorherrschaft aufzuzwingen. Wie Charles de Gaulle war auch Bismarck davon überzeugt, dass politische Integration nicht in erster Linie eine Sache von Gesetzesformeln sei, sondern vielmehr durch Betonung des Stolzes und der Integrität der historischen Staaten am kräftigsten gefördert werden könne.

Allerdings gibt es auch einen wichtigen Unterschied. In der Welt von heute ist Frankreich nur einer von mehreren Staaten mittlerer Größe und relativ vergleichbarer Stärke, Preußen dagegen war, im Deutschland des 19. Jahrhunderts, bei weitem der mächtigste rein deutsche Staat. Der Erfolg Bismarcks hing also nicht nur von der Überzeugungskraft seiner Argumente ab; wenn er sich allein darauf hätte verlassen müssen, wäre er zum Scheitern verurteilt gewesen. Im Gegensatz zu de Gaulle konnte Bismarck seine Anschauungen Konkurrenten gegenüber mit Gewalt durchsetzen – zumindest unter der Voraussetzung, dass die außenpolitischen Bedingungen für ihn günstig waren. Aus diesem Grunde spielte Bismarcks Konzeption der internationalen Beziehungen eine wesentliche Rolle für den Erfolg seiner Politik.

Die Kunst des Möglichen

Die Nachwelt hat Gewinn davon, dass Bismarck sich zehn Jahre lang in der relativ untergeordneten Stellung eines Botschafters befand. Denn in seiner Eigenschaft als Gesandter beim Deutschen Bund (seit 1852) und in Petersburg (seit 1858) waren die Berichte an seine Vorgesetzten das Mittel, durch das er in erster Linie Einfluss auf die offizielle Politik ausüben konnte. Das Ergebnis war eine bemerkenswert stetige Flut engagierter und glänzend geschriebener Denkschriften – ein Vorentwurf der späteren Politik Bismarcks. In zunehmendem Maße drang Bismarck darauf, dass die Außenpolitik sich nicht an gewissen Gefühlen, sondern an der Einschätzung des Kräfteverhältnisses orientieren sollte. Preußen sollte die Selbstbeschränkung aufgeben, die seine Politik seit 1815 gekennzeichnet hatte: »In dieser wunderlichen Zeit [ist] der Starke schwach durch seine Bedenklichkeit, der Schwache stark durch seine Dreistigkeit.«[27] »[…] In der Gefühlspolitik ist gar keine Reziprozität, sie ist eine ausschließlich preußische Eigentümlichkeit; jede andere Regierung nimmt lediglich ihre Interessen zum Maßstabe ihrer Handlungen, wie sie dieselben auch mit rechtlichen oder gefühlvollen Deduktionen drapieren mag.[28] […] Nur keine sentimentalen Bündnisse, bei denen das Bewusstsein der guten Tat den Lohn edler Aufopferung zu bilden hat.[29] […] Die einzige Grundlage eines großen Staates […] ist der […] Egoismus und nicht die Romantik.[30] […] Die Dankbarkeit und das Vertrauen werden im Fall der Not nicht einen Mann für uns ins Feld bringen; [nur die] Furcht, wenn sie vorsichtig und geschickt benutzt wird.[31] […] Politik ist die Kunst des Möglichen, die Wissenschaft des Relativen.«[32]

Nach Bismarcks Ansicht war Politik eine Sache des Kalküls, nicht der Emotionen. Die Interessen des Staates, nicht persönliche Sympathien und Antipathien, sollten die politischen Zielsetzungen bestimmen: »Die Interessen des Vaterlandes dem eigenen Gefühl, von Liebe oder Haß gegen Fremde unterzuordnen, dazu hat […] selbst der König nicht das Recht.«[33] Zu einem frühen Zeitpunkt seiner Karriere wurde von Seiten seines österreichischen Kollegen in Frankfurt an Bismarck der persönliche Appell gerichtet, er möge seine unnachgiebige Haltung im Bundestag aufgeben. Bismarck antwortete; »Meine Aufgabe ist, preußische Politik, ebenso wie es die Ihrige ist, österreichische zu treiben. Daß beide nicht überall dieselben Resultate erstreben, ist eine aus der Geschichte der Vergangenheit hervorgehende Notwendigkeit, die weder wir beide noch unsere Kabinette vollständig beseitigen können. Wenn wir uns diese unzweifelhafte Tatsache stets gegenwärtig halten, so möchte ich glauben, daß wir uns auch bei bedeutenderen politischen Divergenzen unserer Vollmachtgeber […] freihalten können von den schmerzlichen persönlichen Eindrücken, denen Sie in Ihrem Schreiben Worte verleihn.«[34]

Das System Metternichs hatte auf die allerengste Verbindung zwischen Preußen und Österreich so großes Gewicht gelegt, weil damit die Revolution in Deutschland und notfalls auch im übrigen Europa unterdrückt werden sollte. Bismarck jedoch argumentierte, dass Preußen keine österreichische Hilfe brauche, um seine innenpolitischen Angelegenheiten unter Kontrolle zu halten, und behauptete, dass Österreich Preußen den Weg zu seiner wahren Berufung verstelle. Es war kein brüderlicher Bundesgenosse für Preußen, sondern ein ausländischer Staat: »Unsere Politik hat keinen anderen Exerzierplatz als Deutschland [...] und gerade diesen glaubt Österreich dringend für sich zu gebrauchen [...] Wir atmen einer dem anderen die Luft vor dem Munde fort, einer muß weichen; [...] das halte ich für eine unignorierbare Tatsache, wie unwillkommen sie auch sein mag.«[35]

Die Vorstellung, dass Preußen sich von Österreich trennen sollte, unmittelbar gefolgt von der Behauptung, eine weise preußische Politik müsse versuchen, Österreich aus Deutschland zu vertreiben, wäre fünf Jahre zuvor, als der preußische König nur den österreichischen Kaiser für »berechtigt« hielt, die Krone eines geeinten Deutschland zu empfangen, noch völlig undenkbar gewesen. Darüber hinaus wurde nun behauptet, der Deutsche Bund sei nicht nur kein natürliches Forum für die preußische Politik, sondern im Gegenteil ein Hemmnis für sie: »Die kleineren und Mittelstaaten [...] finden in dem Bundesverhältnis [...] die Garantie ihrer Fortexistenz und ihre Minister gewinnen durch dasselbe ein Piedestal, von welchem herab sie über Angelegenheiten Deutschlands und Preußens, ja selbst in der europäischen Politik dreister und lauter mitreden können, als es zulässig wäre, wenn sie mit den großen Verhältnissen der Weltpolitik in unmittelbare Beziehung treten sollten [...] Es ist nicht zu verwundern, wenn sie sich für die Befestigung [...] eines Institutes interessieren, in welchem sie mit einem vergleichsweise so geringen Aufwande nicht nur Sicherheit, sondern einen Zuwachs an politischer Wichtigkeit erlangen [...]. Hessen-Darmstadt beispielsweise hat für den Kriegsfall das Recht auf den Beistand der preußischen Armee und steht dafür Preußen in dessen Kriegen mit 6200 Mann bei.«[36]

Wenn Preußen Großmacht bleiben wollte, konnte es sich nicht einem illusorischen Konsensus der deutschen Staaten unterwerfen.

Stattdessen sollte es danach streben, sich die materiellen Hilfsquellen der schwächeren Staaten zunutze zu machen. Rechtfertigung der deutschen Einigung war nicht der Nationalismus, sondern die Bedürfnisse Preußens als einer Großmacht: »Ein Großstaat, welcher seine […] auswärtige Politik auf der Grundlage seiner eigenen Kräfte selbständig führen kann und will, darf zu einer *strafferen Zentralisation* des Bundesverhältnisses nur in dem Maße die Hand bieten, als er die Leitung der Bundeskörperschaft zu gewinnen und gemeinsame Beschlüsse, die seiner eigenen Politik entsprechen, herbeizuführen vermag.«[37]

Da Österreich niemals eine preußische Hegemonie in Deutschland hinnehmen würde, argumentierte Bismarck, musste Preußen jede Gelegenheit ergreifen, es zu schwächen. Nicht mehr als drei Jahre waren seit der Zeit vergangen, seit Bismarck als der beste »Wächter der Einheit der konservativen Interessen« nach Frankfurt geschickt worden war, als er dazu riet, die Schwierigkeiten Österreichs während des Krimkrieges für einen preußischen Angriff auf den österreichischen Konkurrenten auszunutzen: »Könnten wir es dahin bringen, daß in Wien ein Angriff Preußens auf Österreich nicht als etwas unter allen Umständen außer Berechnung liegendes betrachtet würde, so bekämen wir bald vernünftigere Dinge von dort zu hören.[38] »[Wir] müssen […] bald, und unvermutet in Österreich einrücken, während Böhmen bar von Truppen ist.«[39] Während des österreichischen Krieges mit Frankreich und Sardinien schrieb Bismarck: »Die gegenwärtige Lage hat wieder einmal das große Los für uns im Topf, falls wir den Krieg Österreichs mit Frankreich sich scharf einfressen lassen und dann mit unsrer ganzen Armee nach Süden aufbrechen, die Grenzpfähle im Tornister mitnehmen und sie entweder am Bodensee oder da, wo das protestantische Bekenntnis aufhört vorzuwiegen, wieder einschlagen.[40]

Nichts kann den revolutionären Charakter der Persönlichkeit Bismarcks dramatischer illustrieren, als dass er – nur weil der Augenblick ihm günstig schien – einen preußischen Angriff auf Österreich empfahl. Auch in der Blütezeit des Metternich'schen Systems war es nicht als außergewöhnlich betrachtet worden, wenn ein Staat seine Position zu verbessern suchte; aber damals wurde jede Anstrengung unternommen, einer Veränderung die Legitimität eines europäischen Konsensus zu verleihen. Veränderungen erzwingen zu wollen, ohne auch nur ein Lippenbekenntnis an bestehende vertragliche Bindungen oder das europäische Konzert der Mächte zu leisten, das bedeutete eine Revolution der herkömmlichen diplomatischen Praxis. Bis zu diesem Zeitpunkt waren die Grundzüge der Wiener Verträge als unverletzlich geachtet worden; ihre Legitimität war das wesentlichste Element der Stabilität des Systems, dem sie zugrundelagen. Bismarck dagegen empfahl, das Konzert der europäischen Mächte an der genauen Einschätzung der realen Machtverhältnisse zu orientieren; wenn die Letzeren mit der bestehenden Ordnung nicht mehr übereinstimmten, musste diese weichen oder mit Gewalt umgestürzt werden.

Allerdings war dieser Unterschied doch nur ein gradueller. Das System Metternichs hatte Machtansprüche nicht ignoriert, wenn es auch versuchte, sie durch europäische Kongresse zu regulieren. Bismarck wäre seinerseits der Letzte gewesen, der die Wirksamkeit eines ideellen Konsensus bestritten hätte: Er hätte ihn als wichtiges Attribut der Macht, als einen unter den vielen ins Gewicht fallenden Faktoren behandelt. Von eben dieser Nuance hing jedoch die Stabilität der internationalen Ordnung ab.

Das Metternich'sche System war beseelt von der Vorstellung des 18. Jahrhunderts, nach der das Universum einem riesigen Uhrwerk ähnelte: seine einzelnen Teile waren auf komplizierteste Weise miteinander verbunden und eine Störung an irgendeiner Stelle des Systems musste das Ganze aus dem Gleichgewicht bringen. Bismarck repräsentierte ein neues Zeitalter. Gleichgewicht wurde nicht mehr als Harmonie und mechanische Balance begriffen, sondern als statistische Balance der in Fluss befindlichen Kräfte. Die dieser neuen Zeit angemessene Philosophie war Darwins Theorie vom Überleben des jeweils Stärksten (»survival of the fittest«). Mit Bismarck zeichnet sich deutlich der Übergang von der rationalistischen zur empiristischen Konzeption der Politik ab.

Die empiristische Einschätzung der internationalen Ordnung

Im Jahre 1854, während des Krimkrieges, schrieb Bismarck: »Drohen können wir mit Anschluß an Rußland, und es ist Unsinn, immerfort zu schwören, daß wir nie mit Rußland gehen würden; wenn's auch wahr wäre, so müßte man doch die Möglichkeit behalten, damit zu drohen. 2. mit Basler Politik, Frankreich in die Arme werfen, und uns auf Kosten perfider Bundesgenossen entschädigen. 3. [...] mit einem Kabinettswechsel nach links hin, wo wir dann bald so westmännisch sein würden, daß Österreich distanziert und vergeblich bestrebt wäre, uns am Rockschoß zu halten.«[41]

Dies war der Wesenskern der neuen Diplomatie. In ein und demselben Bericht werden als gleichwertige Möglichkeiten angeführt; eine Allianz mit Russland gegen Frankreich, ein Arrangement mit Frankreich gegen die schwächeren deutsches Staaten und vermutlich auch Russland, und ein »West-Kurs« in der preußischen Innenpolitik, dessen Zweck ebenfalls eine Verständigung mit Frankreich gegen Österreich und Russland war. Die endgültige Wahl hing ausschließlich von reinen Nützlichkeitserwägungen ab. Der scheinbare Russophile diskutierte also ein Übereinkommen mit Frankreich, das sich gerade im Krieg mit Russland befand; der angebliche Reaktionär hielt es für möglich, eine Wendung nach links ins Auge zu fassen. Die Manipulation der Innenpolitik stand im Dienst der Ziele der Außenpolitik.

Dieser systematische Zynismus hat das Urteil entstehen lassen, Bismarck sei vor allem Opportunist gewesen. Der Vorwurf des Opportunismus schneidet jedoch das strittigste Problem aller Staatskunst an. Jeder, der auf die Ereignisse Einfluss nehmen will, muss bis zu einem gewissen Grade Opportunist sein. Die eigentliche Unterscheidung muss zwischen den Politikern, die ihre Ziele der Realität anpassen, und denen, die die Realität nach ihren Zielen gestalten wollen, getroffen werden.

Bismarck – wie alle Revolutionäre – gehörte in die letzte Kategorie. Ganz sicher hatte seine Politik einen opportunistischen Zug. Aber reiner Opportunismus ist gewöhnlich steril; er verwendet größere Mühe auf die Analyse der konkreten Situation als darauf herauszufinden, wo sie hinführen wird. Eine Politik, die die Ereignisse abwartet, wird leicht von ihnen bestimmt. Die Flexibilität der Taktik Bismarcks war das Ergebnis eines wohldurchdachten Konzepts. Es entwickelte sich aus der Überzeugung, dass das System Metternichs jede Möglichkeit für Preußen ersticke, seine natürliche Rolle zu übernehmen, und gewann Leben durch eine klare Vorstellung von der neuen internationalen Ordnung, die Bismarck schaffen wollte. Bismarck suchte die Chancen für sein politisches Handeln in der Gegenwart, die Inspiration für seine Politik bezog er jedoch aus einer Vision der Zukunft.

Selbstverständlich konnte die Konzeption Bismarcks nicht an der Wirklichkeit erprobt werden, solange der Grundpfeiler des Metternich'schen Systems – die Einheit der drei konservativen Monarchien; Preußen, Russland und Österreich – unerschüttert feststand. Unerwartet fiel aber die Heilige Allianz auseinander, da Österreich, unfähig, die Gefährlichkeit seiner Lage zu begreifen, nicht mehr die politische Meisterschaft besaß, die die Politik Metternichs bis zu seinem Sturz im Jahre 1848 gekennzeichnet hatte. Abgesehen von Schwarzenberg, der allzu früh (1852) starb, war die österreichische Politik in den Händen mittelmäßiger Politiker. Wie viele Menschen, denen es an Weitblick mangelt, verwechselten die Nachfolger Metternichs Manöver und Konzeption miteinander und versuchten, ihre Zaghaftigkeit hinter einer rastlosen Aktivität zu verbergen. So gab Österreich seine Zurückhaltung auf, die zur Taktik Metternichs gehört hatte, um ihm die Möglichkeit zu verschaffen, größere Krisen von dem gebrechlichen Staatswesen, das er leitete, abzulenken. Von diesem Zeitpunkt an geriet Österreich immer häufiger in den Mittelpunkt europäischer Auseinandersetzungen. Seine Unschlüssigkeit machte den Krimkrieg unvermeidlich. Seine konfuse Politik brachte Russland dazu, Österreich als Haupthindernis der Petersburger Pläne auf dem Balkan zu betrachten. Während und nach dem Krimkrieg litt die österreichische Politik an völliger Unfähigkeit, ihre Prioritäten zu bestimmen. Österreich brauchte derart lange, um überhaupt auf die Maßnahmen zu kommen, die es ergreifen wollte, dass diese in dem Augenblick, wo sie durchgeführt wurden, völlig wirkungslos waren. Das kaiserliche Kabinett hatte solche Angst davor, leichtsinnig zu handeln, dass es überhaupt nicht mehr handeln konnte, es sei denn in einem Anfall von Panikstimmung, was dann dieselben

Ergebnisse zeitigte, die durch Leichtsinn verursacht worden wären. Je verzweifelter seine Situation wurde, desto unbeständiger wurde seine Politik. Jede verpasste Gelegenheit versuchte die österreichische Regierung dadurch wettzumachen, dass sie ihre Anstrengungen verdoppelte, wenn sie sich endlich überwunden hatte zu handeln – und das tat sie meist im falschen Moment. Bismarck schrieb sarkastisch: »Ich weiß nicht ob dem Grafen Buol selbst ein ganz deutliches Ziel seiner Politik vorschwebt; ich glaube es kaum, wenn man nicht das instinktive Gefühl dafür nehmen will, daß Österreich in dieser Krisis [...] so viel oder so wenig einstecken will, als es ohne große Gefahr vermöge seiner Fingerfertigkeit ablangen kann.«[42]

Dem nüchtern kalkulierenden Preußen in Frankfurt war klar, dass die Bedeutung des Krimkrieges nicht in den Friedensbedingungen lag, sondern in der diplomatischen Revolution, die er herbeigeführt hatte: »Der Tag der Abrechnung bleibt nicht aus, wenn auch einige Jahre darüber hingehen. Österreich hat sich als eine *für jetzt* unübersteigliche Barriere in den Weg Rußlands geschoben; die Politik des Letzeren wird sich für die Zukunft naturgemäß gegen diese Barriere richten. Durch diese Änderung in der Konstellation können wir nur an Gewicht und Freiheit der Bewegung gewinnen.«[43]

Das wichtigste Dokument des Krimkrieges war daher ein Bericht, der in den Akten des Berliner Außenministeriums landete mit Marginalien, die erkennen lassen, dass der Autor seinen Vorgesetzten nicht hatte überzeugen können. Kurz nach Beendigung des Krimkrieges legte Bismarck seine Analyse der neuen Situation mit einer Denkschrift dar, in der er, abgesehen von der Beschränkung durch die Erfordernisse des nationalen Interesses, von der völligen Freiheit der internationalen Beziehungen ausging. In der deutschen Geschichtsschreibung wurde er mit Recht als »Prachtbericht« bezeichnet – denn hier, in diesem einen Bericht, war das Wesen der neuen Diplomatie zusammengefasst, wenn auch deren Neuheit ihm eine unmittelbare Wirkung versagte.

Der Bericht[44] begann mit einer Darstellung der glänzenden Position Frankreichs nach dem Krimkrieg. Alle europäischen Staaten warben um die Freundschaft Napoleons; keiner aber hatte größere Aussichten auf Erfolg als Russland: »Eine nähere Verbindung Frankreichs mit Rußland ist gegenwärtig zu natürlich, als daß man sie nicht erwarten sollte [...] Nachdem [...] der Kaiser Nikolaus tot und die Heilige Allianz von Österreich gesprengt ist, sehe ich nichts, was den natürlichen Zug jener beiden Staaten zueinander hemmen sollte.« Österreich konnte aus diesem Dilemma auch nicht dadurch herausgelangen, da es engere Beziehungen zu Frankreich anknüpfte und so Russland zuvorkam. Napoleon war, da er sich die Unterstützung der Armee erhalten musste, gezwungen, »sich eine Frage offen [zu halten], die jederzeit eine nicht allzu mutwillige und ungerechte Veranlassung zu Händeln liefern kann. Hierzu eignet sich die italienische Frage vorzugsweise; [...] der Ehrgeiz Sardiniens, die bonapartistischen und muratistischen Reminiszenzen bieten [ihm] vielseitige Anknüpfungspunkte [...] und ebne[n] ihm die Wege.«

An diese Prognose für die unmittelbare Zukunft schloss sich eine Erörterung der Stellung Preußens an. Wenn eine französisch-russische Allianz unvermeidlich und ein Konflikt zwischen Frankreich und Österreich wahrscheinlich war, wo lag dann die preußische Sicherheit? Dem System Metternichs hätte es entsprochen, wenn Preußen seine Allianz mit Österreich noch enger gestaltet, sich auf den Deutschen Bund gestützt und die besten Beziehungen zu England hergestellt hätte.

Jede dieser Möglichkeiten wurde nacheinander von Bismarck verworfen. Gegen eine, vielleicht mit amerikanischer Hilfe, wiedererstehende französische Kriegsflotte würde England nur schwer seine Herrschaft über die Meere behaupten können. In jedem Falle aber waren die britischen Landstreitkräfte so klein, dass die Mittelmächte die Hauptlast des Konfliktes zu tragen hätten. Vom Deutschen Bund war keine zusätzliche Stärkung zu erwarten: »Auf der Basis von Rußland, Österreich und Preußen würde der Bund so ziemlich zusammenhalten, weil er an den schließlichen Sieg der ersteren, mit oder ohne Mittelstaaten, glaubte; in einem so fraglichen Falle aber, wie ein Krieg nach Osten und Westen zugleich, würden die Fürsten, au fur et à mésure daß sie nicht in der Gewalt unsrer Bajonette wären, sich durch Neutralitätsverträge sichern, wenn sie nicht gegen uns im Felde erscheinen [...]. Mit einer Million Soldaten der heiligen Allianz im Rücken mag der Bund haltbar genug aussehen; wie die Sachen jetzt liegen, besteht aber nach meiner pflichtmäßigen Überzeugung eine wirkliche Gefahr von außen nicht.«

Was sollte aus der Allianz mit Österreich werden, die länger als eine Generation das Herzstück der preußischen Politik gewesen war? Österreich, antwortete Bismarck, war nicht nur ein schwacher, sondern auch ein für Preußen geradezu widernatürlicher Bundesgenosse: »Und wenn wir wirklich gegen ein französisch-russisches Bündnis siegreich blieben, wofür hätten wir schließlich gekämpft? Für die Erhaltung des österreichischen Übergewichts in Deutschland und der erbärmlichen Verfassung des Bundes; dafür können wir doch unmöglich unsre letzte Kraft ein- und unsere Existenz aufs Spiel setzen.« Im Gegenteil, Österreich war das Haupthindernis für die preußische Entwicklung: »Nach der Wiener Politik ist einmal Deutschland zu eng für uns beide; solange ein ehrliches Arrangement über den Einfluß eines jeden in Deutschland nicht getroffen und ausgeführt ist, pflügen wir beide denselben streitigen Acker, und solange bleibt Österreich der einzige Staat, an dem wir nachhaltig verlieren und von dem wir nachhaltig gewinnen können [...]. Der deutsche Dualismus hat seit tausend Jahren gelegentlich, seit Karl V. in jedem Jahrhundert regelmäßig durch einen gründlichen inneren Krieg seine gegenseitigen Beziehungen reguliert, und auch in diesem Jahrhundert wird kein andres als dieses Mittel die Uhr der Entwicklung auf ihre richtige Stunde stellen können.« Unter Berücksichtigung jedweder Eventualität kam Bismarck immer zu dem Schluss, dass Preußen seine Verbindung mit Österreich lösen müsse.

Wie aber sollte sich dann eine Macht in der Mitte des europäischen Kontinents behaupten können? Nach 1815 war Preußens Antwort auf diese Frage die Anlehnung an die Heilige Allianz um fast jeden Preis gewesen. Bismarcks Antwort lautete: durch Sich-Fernhalten. Er schlug vor, die Beziehungen der anderen Mächte so zu manipulieren, dass Preußen immer jeder der streitenden Parteien näher wäre, als diese zueinander. Wenn es Preußen gelang, ein Maximum an Wahlmöglichkeiten für sich zu schaffen, konnte es seine künstliche Isolierung dazu benutzen, seine Unterstützung an den Meistbietenden zu verkaufen: »Die dermalige Situation [...] empfiehlt [uns gerade], unsre Politik, vor einer deutlichem Erkennbarkeit der Absichten der anderen Mächte, nicht durch Entschlüsse oder gar Versprechungen fest zu legen. [...] Wir vermögen es nicht, die gegenseitigen Beziehungen der übrigen Großmächte zu einander nach unserer Wahl gestalten, aber wir können uns die Freiheit bewahren, die Gestaltungen, welche sich […] entwickeln, nach den Anforderungen unsrer Sicherheit und unsrer Interessen zu benutzen […] Unsre Beziehungen zu Rußland, England und Österreich sind von der Art, daß sie kein Hindernis für eine Annäherung an jede dieser Mächte bieten […] In Betreff Frankreichs [kann] nur eine sorgfältige Pflege unsrer Beziehungen uns die Fähigkeit bewahren, […] nach Umständen ebenso leicht mit Frankreich zu gehn, als mit jeder der drei andern genannten Mächte […] Ich glaube, […] daß unsre Stellung an Gewicht verliert […] sobald aus dem Kreise der für Preußen möglichen Entschließungen die Chance eines Bündnisses mit Frankreich als gänzlich gestrichen anzusehen ist […]. Man mag es beklagen, daß es so steht, aber die Tatsachen lassen sich nicht ändern, nur benutzen.«[45]

Tatsachen kann man nur benutzen – dies war das Motto der neuen Diplomatie; sie war bestrebt, durch die Geschicklichkeit ihrer Manipulationen die Situation ständig im Fluss zu halten, bis eine Konstellation erreicht war, welche die realen Machtverhältnisse, weniger die Maßstäbe der Legitimität widerspiegelte. Eine solche Politik erforderte starke Nerven, denn sie verfolgte ihre Ziele, indem sie kaltblütig große Risiken in Kauf nahm, wie etwa die Isolierung oder eine plötzliche Übereinkunft auf Kosten Preußens. Aber ihr Lohn war ebenso groß – ein geeinigtes Deutschland unter preußischer Führung.

Ein Appell zur Größe wird jedoch von den Zeitgenossen oft nicht verstanden. Den preußischen Legitimisten lag wenig an der preußischen Hegemonie in Deutschland, wenn sie durch eine Allianz mit Napoleon erreicht wurde. Die Liberalen konnten ein geeintes Deutschland nicht akzeptieren, das im Namen der Größe Preußens zustande kam. Es war daher unvermeidlich, dass Bismarck allein stand und dass er seine bitterste Schlacht gegen seine früheren Verbündeten, die Konservativen, schlagen musste, die mit ungläubigem Entsetzen auf die Politik reagierten, die er entwickelte. Ob das Motiv der Konservativen nun in einem beschränkten Horizont oder in instinktiver Weisheit zu suchen war – Bismarck konfrontierte sie mit ständig wachsender Schärfe mit seiner eloquent vorgetragenen These, dass kein Staat das Recht habe, seine Chancen seinen Prinzipien zu opfern.

Die Relativität der Legitimität

In den Staaten, die die französische Okkupation erlebt hatten, konnte niemand im Auftreten eines neuen Napoleon etwas anderes als eine Bedrohung sehen. Die Nationalisten befürchteten, unter fremde Knechtschaft zu geraten, und die Konservativen, wie immer, innere Unruhen.

Und doch war es die Grundmaxime der Bismarck'schen Politik, dass die Furcht vor einer möglichen preußisch-französischen Allianz ein sehr viel wirksameres Mittel zur Steigerung des preußischen Einflusses sei, als sich auf den guten Willen Österreichs zu verlassen. Der Gedanke war allerdings eine harte Zumutung, dass der Staat, der 1806 beinahe das Schicksal Polens geteilt hätte, nun mit Hilfe seines einstigen Eroberers auf seine engsten Verbündeten Druck ausüben sollte. Bei der Auseinandersetzung zwischen Bismarck und den Konservativen ging es also um letzte Prinzipien. Bismarck behauptete, Macht schaffe sich ihre eigene Legitimität; die Konservativen argumentierten dagegen, dass die Legitimität einen Wert repräsentiere, der den Machtansprüchen übergeordnet sei. Bismarck glaubte, dass eine richtige Bewertung der Macht zu einer Lehre der Selbstbeschränkung führen müsse; die Konservativen bestanden auf der Überzeugung, dass Gewalt nur durch ein übergeordnetes Prinzip in Schranken gehalten werden könne.

Dieser Konflikt fand seinen Ausdruck in einem eindringlichen Briefwechsel zwischen Bismarck und seinem alten Mentor, Leopold von Gerlach, dem Generaladjutanten des preußischen Königs. Leopold von Gerlach war in der Zeit der Revolutionskriege aufgewachsen und hatte die Besetzung Preußens durch Napoleon miterlebt. Bismarck war in demselben Jahr geboren worden, in dem Napoleon nach St. Helena verbannt wurde; er empfand persönlichen Abscheu gegenüber Napoleon und der Französischen Revolution, aber dieser war nicht so stark, als dass er seine nüchterne Berechnung getrübt hätte. In dem ganzen Briefwechsel erscheint Gerlach schwerfällig und Bismarck intellektuell deutlich unterlegen. Trotzdem verlieh gerade sein Mangel an Fantasie ihrer Korrespondenz das Pathos; denn Bismarck verdankte Gerlach alles: seine erste Ernennung und seinen Zugang zum Hofe. Zugleich ist das Ausmaß, in dem Gerlach Bismarck missversteht, ein Maßstab für den revolutionären Charakter Bismarcks.

Es war nur natürlich, dass den Anlass zu diesem Gedankenaustausch zwischen Gerlach und Bismarck jener »Prachtbericht« gab, der die Empfehlung Bismarcks enthielt, Preußen solle seine politische Wahl zugunsten Frankreichs treffen. Bismarck schickte diesen Bericht an Gerlach und stellte in seinem Begleitschreiben das Prinzip der Zweckmäßigkeit über das der Legitimität: »Ich kann mich der mathematischen Logik der Tatsachen nicht erwehren, sie bringt mich zu der Überzeugung, daß Österreich unser Freund nicht sein *kann* und sein will [...]. Solange es nicht über die Abgrenzung seines und unseres Einflusses in Deutschland, vermöge einer geographischen oder politischen Demakationslinie, sich definitiv verständigt, [...] müssen wir den Kampf mit ihm entgegensehen, mit Diplomatie und Lüge im Frieden, mit Wahrnehmung jeder Gelegenheit, uns im Kriege den coup de grace zu geben.»[46] Gerlach wollte jedoch die Behauptung nicht akzeptieren, dass die preußischen Interessen es rechtfertigten, Unterstützung jenseits des Rheins zu suchen. Er sprach sich im Gegenteil dafür aus, Preußen solle Österreich und Russland enger zusammenbringen, um die Heilige Allianz wiederherzustellen, die Frankreichs Isolierung erzwungen hatte.[47]

Das Frühjahr 1855 sah Bismarck in Paris. Er hatte sich dorthin begeben, um die Persönlichkeit des Staatsmannes kennenzulernen, der ihn unter allen seinen Zeitgenossen am stärksten faszinierte: Napoleon III. Der französische Kaiser war ein Symbol der Revolte gegen die Verträge von 1815, des Kardinalprinzips der Politik Bismarcks. Da Bismarck mit seiner Politik gegenüber Napoleon die überlegene Manövrierfähigkeit Preußens demonstrieren wollte, schlug er Gerlach vor, man solle Napoleon zur Beteiligung an den Manövern eines preußischen Armeekorps einladen: »Ein Besuch des Kaisers [würde uns] von großem diplomatischen Nutzen sein [... und] dieser Beweis guten Einvernehmens mit Frankreich [... würde] unseren Einfluß in allen diplomatischen Vorkommnissen wirksam erhöhen.«[48]

Die Zumutung, dass ein Napoleon an preußischen Manövern teilnehmen solle, ließ Gerlach in fassungslose Entrüstung ausbrechen: »Wie kann ein Mann von Ihrem Geist das Prinzip einem vereinzelten Manne, wie dieser Louis Napoleon ist, opfern; […] er ist und bleibt unser natürlicher Feind.«[49]

Hätte Gerlach die zynische Randbemerkung Bismarcks – »Wenn auch!« – gekannt, hätte er sich den weiteren Brief vielleicht erspart, in dem er die Prinzipien noch einmal hervorhob, die die Heilige Allianz länger als eine Generation beseelt hatten: »Mein politisches Prinzip ist und bleibt der Kampf gegen die Revolution. Sie werden Napoleon nicht davon überzeugen, daß er nicht auf der Seite der Revolution steht.[50] […] Können sie leugnen, daß [er] wie Napoleon I. den Konsequenzen seiner Stellung eines auf Volkssouveränität gegründeten Absolutismus […] unterliegt, was er [Napoleon III.] so gut wie der alte fühlt?[51] […] Wenn aber mein Prinzip wie das des Gegensatzes gegen die Revolution ein richtiges ist, so muß man es auch in der Praxis stets festhalten, damit, wenn die Zeit kommt, […] diejenigen, die, wie vielleicht bald Österreich und auch England es anerkennen müssen, dann wissen, was sie von uns zu halten haben; […] nur der [ist] zuverlässig, welcher nach bestimmten Grundsätzen und nicht nach schwankenden Begriffen von Interessen […] handelt.«[52]

Man kann sich dem Pathos Gerlachs nur schwer entziehen: Am Ende seines Lebens wird dieser Mann von seinem Schützling zu einer theoretischen Rechtfertigung seiner Wertvorstellungen gezwungen, er, der doch Bismarck gerade in dem Glauben gefördert hatte, dass dieser die Werte, die jetzt Gegenstand einer Auseinandersetzung zwischen ihnen waren, am wirksamsten verteidigen würde. Gerlach erlebte zudem noch dadurch eine zusätzliche Frustration, dass Bismarck mit seiner außerordentlichen diplomatischen Geschicklichkeit die Diskussion von vornherein auf eine Ebene verlagerte, auf der Gerlach ihm sowohl intellektuell als auch moralisch unterlegen war.

In seiner Antwort bestritt Bismarck zunächst einmal, dass das Motiv für seinen Vorschlag in einer persönlichen Schwäche für Napoleon zu suchen sei: »Der Mann imponiert mir durchaus nicht. Die Fähigkeit, Menschen zu bewundern, ist in mir mäßig ausgebildet, und vielmehr ein Fehler meines Auges, daß es schärfer für Schwächen als für Vorzüge ist.«[53] Dass Gerlach auf der Einheit der konservativen Interessen bestand, erklärte Bismarck auf der anderen Seite für unvereinbar mit dem preußischen Patriotismus: Die Interessen des Staates müssten vielmehr dem abstrakten Prinzip der Legitimität übergeordnet werden: »Was aber das von mir aufgeopferte Prinzip anbelangt, [… so gestehe ich allerdings, daß ich – wenn] Sie damit ein auf Frankreich und seine Legitimität anzuwendendes Prinzip [meinen], […] dieses meinem *spezifisch preußischen Patriotismus* vollständig unterordne. Frankreich interessiert mich nur insoweit, als es auf die Lage meines Vaterlandes reagiert, und wir können Politik nur mit dem Frankreich treiben, welches vorhanden ist […]. Ich kann als Romantiker eine Träne für [… das] Geschick [Heinrichs V., des bourbonischen Thronprätendenten] haben, als Diplomat würde ich sein Diener sein, wenn ich Franzose wäre, so aber zählt Frankreich, ohne Rücksicht auf die jeweilige Person an seiner Spitze, nur als ein Stein, und zwar ein unvermeidlicher, in dem Schachspiel der Politik, ein Spiel, in welchem ich nur *meinem* Könige und meinem Lande zu dienen den Beruf habe. Sympathien und Antipathien im Betreff auswärtiger Mächte und Personen vermag ich vor meinem Pflichtgefühl im auswärtigen Dienst meines Landes nicht zu rechtfertigen; […] es ist dann der Embryo der Untreue gegen den Herrn oder das Land, dem man dient.«

Was konnte ein den historischen Traditionen verhafteter Preuße auf die These entgegnen, dass das Prinzip der Legitimität mit dem preußischen Patriotismus unvereinbar sei und dass das Beharren auf den traditionellen Maßstäben, möglicherweise Illoyalität gegenüber dem König bedeute? Um zu verhindern, dass Gerlach seine Zuflucht zu der Behauptung einer Identität der Ansprüche von Legitimität und nationalem Interesse nahm, kam Bismarck seiner Argumentation zuvor; »Oder finden Sie das Prinzip, welches ich geopfert habe, in der Formel, *daß ein Preuße stets ein Gegner Frankreichs sein müsse?* […] Ich könnte das bestreiten […]. Aber ich will das auf sich beruhen lassen und annehmen, Ihr Satz wäre richtig, so kann ich es auch dann noch nicht für politisch halten, unsere Befürchtungen schon im Frieden von andern und von Frankreich selbst erkennen zu lassen, sondern finde es, bis der von ihnen vorhergesehene Bruch wirklich eintritt, immer noch nützlich, die Leute glauben zu lassen, daß ein Krieg gegen Frankreich uns *nicht* notwendig über kurz oder lang bevorsteht […], daß die Spannung gegen Frankreich nicht ein organischer Fehler, eine angeborene schwache Seite unserer Natur ist, auf die jeder andere mit Sicherheit spekulieren kann [...]. Bündnisse sind der Ausdruck gemeinsamer Interessen und Absichten [...]. Wir haben aber die Wahrscheinlichkeit eines Bündnisses bisher nur mit *denen*, deren Interessen sich mit den unsrigen am mannigfachsten kreuzen und ihnen widersprechen, nämlich mit den deutschen Staaten und Österreich. Wollen wir damit unsere auswärtige Politik als abgeschlossen betrachten, so müssen wir uns auch mit dem Gedanken vertraut machen [...] im Kriegsfalle mit der Bundesverfassung in der Hand allein im Taxisschen Palais [Sitz der Bundesversammlung] übrig zu bleiben [...]. Ich will nichts weiter, als andern Leuten den Glauben benehmen, *sie* könnten sich verbinden, mit wem sie wollten, aber *wir* würden eher Riemen aus unserer Haut schneiden lassen, als dieselbe mit französischer Hilfe zu verteidigen [...]. Wenn ich nur melde, daß diese Vorteile gegen Höflichkeit und gegen den Schein der Reziprozität zu haben sind, so erwarte ich, daß man mir entweder nachweist, es seien keine Vorteile [...] oder ich erwarte, daß man andre Pläne und Absichten hat, in deren Kombination der Anschein eines guten Vernehmens mit Frankreich nicht paßt.«[54]

Gerlach hatte keinen besseren Plan. Was zwischen ihm und Bismarck strittig war, war nicht eine bestimmte Politik, sondern eine Philosophie. Für Gerlach verstieß eine Allianz mit Frankreich gegen die Grundsätze der Moral und gegen die Lehren der preußischen Geschichte; für Bismarck war sie ausschließlich eine Sache der politischen Utilität, ganz unbelastet von moralischen Skrupeln. Gerlach prüfte die Politik auf ihre Übereinstimmung mit einer absoluten Moral hin; Bismarck akzeptierte kein anderes Kriterium als den Erfolg. Gerlach suchte Erfüllung durch Bindung, Bismarck fand sie in der Geschicklichkeit. Weil er einer Generation angehörte, die eine politische Katastrophe erlebt hatte, waren die Risiken, denen eine Macht in der Mitte eines Kontinents ausgesetzt war, ein ständiger Alptraum für Gerlach. Bismarck sah in erster Linie die Vorteile dieser zentralen Position, weil er die Ursache jener Katastrophe in einer falschen Einschätzung der Kräfteverhältnisse sah.

So geriet der Gedankenaustausch zwischen Bismarck und Gerlach bald in eine Sackgasse, wenn auch Gerlach zögerte, das einzugestehen. Er appellierte an Bismarcks große Zeit als Sprecher der Konservativen und wiederholte seine grundsätzliche These, »daß Preußen in einer Allianz mit Frankreich der schwächere Partner sein werde. Preußen werde das Vertrauen der übrigen deutschen Staaten verlieren, und daher fehle es der Politik Bismarcks an Grundsätzen wie an realisierbaren Zielen.«[55] Bismarck erkannte, dass die Meinungsverschiedenheiten zwischen Gerlach und ihm nicht nur auf einem »Missverständnis«, sondern auf der Unvereinbarkeit ihrer Wertvorstellungen beruhte. Daher versuchte er nun nachzuweisen, dass das für Gerlach so selbstverständliche Prinzip der Legitimität ein durchaus relatives sei. »Wie viele Existenzen gibt es noch in der heutigen politischen Welt, die nicht in revolutionärem Boden wurzeln? Nehmen Sie Spanien, Portugal, Brasilien, Schweden, das noch heute mit dem Bewußtsein in der glorious revolution von 1688 fußende England. Ich sehe nicht, daß vor der französischen Revolution ein Staatsmann, sei er auch der christlichste und gewissenhafteste, auf den Gedanken gekommen wäre, sein gesammeltes politisches Streben dem Prinzipe des ›Kampfes gegen die Revolution‹ unterzuordnen und doch waren die Grundsätze der amerikanischen und der englischen Revolution ziemlich dieselben, welche in Frankreich die Unterbrechung der Kontinuität des Rechtes herbeiführten. Ich kann nicht annehmen, daß es vor 1789 nicht einige ebenso christliche und konservative Politiker, ebenso richtige Erkenner des Bösen gegeben hätte, wie wir sind.«[56]

An diesem zynischen Auszug aus seinem Brief werden sowohl die Stärken Bismarcks als auch seine Schwächen deutlich. Zwar traf es zu, dass die Außenpolitik des 18. Jahrhunderts kaltblütig und scheinbar gleichgültig gegenüber innenpolitischen Umwälzungen war; aber weder die britische noch die amerikanische Revolution hatten den Anspruch erhoben, auf jeden beliebigen Staat übertragbar zu sein. Solange sich die europäischen Regierungen innenpolitisch sicher fühlten, konnten sie revolutionäre Erhebungen in anderen Staaten ruhig ignorieren. Als diese Bedingungen nicht mehr bestanden, akzeptierte Europa die »Wahrheit« des Postulats, das Bismarck verspottete – dass einander konträre Systeme von Legitimität leicht zusammenprallen, wenn eines von ihnen allgemeine Gültigkeit beansprucht.

Zwei Jahre später nahm Gerlach von sich aus die Diskussion wieder auf. Er befand sich damals schon im Ruhestand, und Bismarck war inzwischen Botschafter in St. Petersburg. Der Brief Gerlachs ist verloren gegangen; von Bismarcks Schreiben fehlt das erste Blatt. Durch diesen Umstand wirkt der ohnehin unwillige Ton der Antwort Bismarcks noch schroffer: Er betont nachdrücklich die tiefe Kluft, die ihn von Gerlach trennt, und erklärt, dass die Vorbehalte der Generation von 1815, gegen seine Politik irrelevant geworden seien: »Wer in Frankreich oder Sardinien herrscht ist mir [...], nachdem die Gevattern einmal anerkannt sind, ganz gleichgültig und nur eine tatsächliche, keine rechtliche Unterlage. Mit meinem eigenen Lehnsherrn stehe ich und falle ich, auch wenn er meines Erachtens sich töricht zu Grunde richtete, aber Frankreich bleibt für mich Frankreich, mag Louis Napoleon oder Ludwig der Heilige dort regieren, und Österreich bleibt mir Ausland [...]. Ich weiß daß Sie mir darauf anwerfen, es sei das nicht auseinanderzuhalten und wohlverstandene preußische Politik erfordere auch aus Zweckmäßigkeitsrücksichten Keuschheit in auswärtigen Beziehungen. Vom Standpunkte der politischen Nützlichkeit läßt sich hierüber diskutieren; wie Sie aber den Unterschied stellen zwischen Recht und Revolution, Christentum und Unglauben, Gott und Teufel so kann ich nicht mit Ihnen diskutieren, sondern einfach sagen, ich bin nicht Ihrer Meinung, und Sie richten in mir, was nicht Ihres Gerichts ist.«

Selbst dieses bittere Bekenntnis verblasste vor dem verletzenden Hinweis auf Gerlachs Rolle bei Bismarcks Karriere, den er einbettete in die religiösen Kategorien des Gerlachschen Pietismus: »Ich habe [...] den Königlichen Dienst nicht gesucht, und der Gott, der mich unerwartet hineingesetzt hat, wird mir auch lieber den Weg hinauszeigen, als meine Seele darin, verderben lassen. [...] Ich müßte [...] den Wert dieses Lebens sonderbar überschätzen, [...] wenn ich mir nicht gegenwärtig halten wollte, daß es nach dreißig Jahren [...] ohne alle Bedeutung für mich ist, welche politische[n] Erfolge ich oder gar mein Vaterland in Europa erreicht haben. Ich kann sogar den Gedanken, daß Rechberg und andere ungläubige Jesuiten über die altsächsische Mark Salzwedel mit römisch-slawischem Bonapartismus [...] absolut herrschen sollten, ohne Zorn ausdenken. […] Ich bin ein Kind anderer Zeiten als Sie aber ein ebenso ehrliches der meinigen, wie Sie der Ihrigen.«[57]

Dies war der letzte Brief der zwischen Bismarck und Gerlach gewechselt wurde.

Die Tragik des Revolutionärs

Durch den Briefwechsel mit Gerlach waren die Grundlinien des Bismarck'schen Denkens festgelegt worden. Eine nach der anderen hatte er die Voraussetzungen auf denen das »System Metternich« basierte, angegriffen. Den Deutschen Bund hatte er zur Fessel der preußischen Machtentfaltung erklärt. In der Heiligen Allianz hatte er ein Mittel zur Verewigung einer ungerechtfertigten Unterordnung Preußens unter Österreich gesehen. Österreich, den traditionellen Bundesgenossen, hatte er zum Gegner Preußens gestempelt und dagegen den »Erbfeind« Frankreich als möglichen Verbündeten in Erwägung gezogen. Die Idee der Einheit der konservativen Interessen, die länger als eine Generation als die Binsenwahrheit der Politik galt, hatte seine Konzeption den Erfordernissen des nationalen Interesses untergeordnet. Der Staat transzendierte, das war Bismarcks Überzeugung, seine in ständigem Wandel befindlichen Erscheinungsformen: die unterschiedlichen Regierungssysteme.

Natürlich lag die Bedeutung der Kritik Bismarcks nicht in der bloßen Tatsache, dass er sie übte – die Unzulänglichkeit des Metternich'schen Systems war die Lösung der Mitte des 19. Jahrhunderts –, sondern in der Art und Weise, wie er sie begründete. Bisher waren die Angriffe gegen das Legitimitätsprinzip stets im Namen anderer Prinzipien von angeblich größerer Gültigkeit, wie dem Liberalismus und dem Nationalismus, geführt worden. Bismarck behauptete die Relativität aller politischen Grundüberzeugungen; er übersetzte sie für sich in Kräfte, die nach dem Kriterium zu bewerten seien, welchen Beitrag sie zur Steigerung der Macht leisten konnten.

So abgebrüht Bismarcks Philosophie auch erschien, auch sie baute auf einem Glaubenssatz auf, der sich ebenso wenig beweisen ließ, wie das Legitimitätsprinzip: der Überzeugung, dass Machtentscheidungen konstant bleiben würden und dass eine genaue Analyse einer gegebenen Kombination von Umständen für jedermann zum gleichen Resultat führen müsse. Für Gerlach war es unvorstellbar, dass das Prinzip der Legitimität mehrere Interpretationen zuließe. Bismarck war außerstande zu begreifen, dass Staatsmänner die Erfordernisse des Nationalinteresses unterschiedlich beurteilen könnten. Weil er jede Nuance der Machtverhältnisse meisterhaft in der Gewalt hatte, verstand Bismarck seine Philosophie als eine Doktrin der Selbstbeschränkung. Weil seine Nachfolge und Nachahmer diese Nuancen nicht wahrnahmen, führte die Anwendung der Lehren Bismarcks zu einem Rüstungswettlauf und schließlich zu einem Weltkrieg.

Stabilen Gesellschaften und stabilen internationalen Ordnungen droht Verderben von ihrer Unfähigkeit, eine tödliche Bedrohung als solche zu begreifen. Der wunde Punkt der Revolutionäre ist ihr blinder Glaube daran, dass die Welt, nach der sie streben, alle Vorzüge der neuen Konzeption mit den guten Seiten des überwundenen Systems in sich vereinigen werde. Aber jede Umwälzung verursacht Kosten. Die von einer Revolution entfesselten Kräfte haben ihre eigene Logik, die mit den ursprünglichen Zielvorstellungen ihrer Initiatoren nichts mehr gemein hat

Nicht anders erging es Bismarck. Innerhalb von fünf Jahren nach seinem Machtantritt im Jahr 1862 hatte er das Problem der deutschen Einigung nach den Richtlinien gelöst, die er in seinen Denkschriften des vorhergehenden Jahres entwickelt hatte. Zunächst überredete er Österreich dazu, sich von den kleineren deutschen Staaten zu trennen und mit Preußen eine gemeinschaftliche Expedition gegen Dänemark zu unternehmen, um eine Entscheidung über den Status Schleswig-Holsteins herbeizuführen. Nachdem er Österreich auf diese Weise von seinen traditionellen Bundesgenossen isoliert hatte, reizte er den österreichischen Zorn durch ständige Verschärfung des Druckes von preußischer Seite so lange, bis die aufgebrachte österreichische Regierung Preußen den Krieg erklärte. Ein rascher Sieg Preußens führte zur Vertreibung Österreichs aus Deutschland. Nun hatte Preußen freie Hand, einen Norddeutschen Bund auf der Grundlage preußischer Hegemonie zu errichten.

Kurz nach seiner Amtsübernahme hatte Bismarck durch seine wohlwollende Haltung während des Polenaufstandes von 1863 die Sympathien Russlands erworben. Für das Stillhalten Napoleons sorgte Bismarck, indem er ihm Hoffnungen auf verlockende Beute – einmal im Rheinland, einmal in Belgien und dann wieder in Luxemburg – machte, deren Erfüllung er sich jedoch entzog, sobald Napoleon sich darauf berief. Als Napoleon seine Fehlkalkulation, dass Österreich als Sieger aus dem Kriege gegen Preußen hervorgehen werde, wettzumachen suchte, musste er erkennen, dass er ausgebootet war. Aufgrund der sich häufenden Enttäuschungen Napoleons kam es zum französisch-preußischen Krieg, dessen Ausgang die Einigung Deutschlands im Jahre 1871 endlich Wirklichkeit werden ließ.

Das geeinte Deutschland war weit entfernt vom Idealbild derer, die seit nahezu zwei Generationen um die Einigung gerungen hatten. Es war eine Föderation der historischen deutschen Staaten und wurde nicht durch einen Akt des Volkswillens, sondern durch einen Pakt der souveränen Fürsten ins Leben gerufen.

Es war eben die Größe der Leistung Bismarcks, die die deutsche Zukunft verpfändete. Sicher, bei der Beendigung seiner Kriege war er ebenso maßvoll wie er rücksichtslos bei ihrer Vorbereitung war. Der Advokat der Staatsräson besaß die Weisheit, seine Philosophie zu einer Lehre der Selbstbeschränkung zu machen, nachdem Deutschland einmal die territoriale Ausdehnung und die Macht erreicht hatte, die er zu seiner Sicherheit für erforderlich hielt. Länger als eine Generation trug Bismarck durch die Manipulation der wechselseitigen Beziehungen und Interessen der übrigen Mächte, die ihm meisterhaft glückte, zur Erhaltung des Friedens in Europa bei.

Aber die Geister, die er einmal gerufen hatte, waren auch durch eine noch so großartige *tour de force* nicht wieder zu bannen. Der Weg, auf dem die deutsche Einigung verwirklicht worden war, führte zur Blockierung der Flexibilität der internationalen Ordnung, obwohl dieses System auf Maximen aufgebaut war, welche die unbegrenzte Anpassungsfähigkeit seiner Hauptakteure voraussetzten. Zunächst einmal gab es jetzt weniger Beteiligte am internationalen System. Die subtilen Verbindungen der kleineren und mittleren Staaten hatten dem ehemaligen Deutschen Bund ein äußerstes Maß an inneren Ausgleichsmöglichkeiten verschafft, eine Komponente, die unter den wichtigeren Komponenten der neuen Epoche fehlte.

Darüber hinaus verstärkte sich die Tendenz zu starren Koalitionen durch die Tatsache, dass die materiellen Reichtümer Deutschlands nun der Zentralgewalt unterstellt wurden. Bismarcks Versuch, seinen schrecklichsten Alptraum – die Gefahr einer Allianz zwischen Frankreich und Russland – auszuschließen, endete damit, dass dieses Bündnis unvermeidlich wurde. Als die deutsche Verteidigungspolitik auf die Aufgabe der Bewältigung eines möglichen Zweifrontenkrieges eingestellt wurde, fühlten sich alle Nachbarn Deutschlands in zunehmendem Maße von ihm bedroht. Wenn Deutschland stark genug war, mit seinen beiden großen Nachbarstaaten zugleich fertigzuwerden, würde es desto eher imstande sein, sie einzeln zu besiegen. Auf diese Weise schien Deutschland gerade dahin zu geraten, wovor es sich am meisten fürchtete. Während der Zeit des Deutschen Bundes war ein gemeinschaftliches Handeln nur angesichts einer überwältigenden Gefahr von außen möglich gewesen. Die Ungewissheit dieser Situation war ein Grund dafür gewesen, dass Bismarck auf Einigung Deutschlands unter der Führung Preußens bestand. Aber er musste seinen Preis dafür zahlen. Was eine theoretische Möglichkeit gewesen war, entwickelte sich zunächst zum Alptraum und schließlich zur Realität.

Eine weitere Verschärfung dieser Tendenzen ergab sich daraus, dass Frankreich nach der Annexion Elsass-Lothringens durch das Deutsche Reich aus der Liste der potenziellen Verbündeten gestrichen werden musste. Die unversöhnliche Feindseligkeit Frankreichs bedeutete den Wegfall der Wahlmöglichkeit zu seinen Gunsten, die Bismarck in den fünfziger Jahren als wesentlich betrachtet hatte. Von da an war die Feindschaft Frankreichs der »organische Fehler unserer Natur«, vor dem Bismarck damals warnte. Dies schloss jene Politik aus, die er im »Prachtbericht« umrissen hatte: sich so lange zurückzuhalten, bis die anderen Mächte sich gebunden hätten. Wenn Frankreich als potenzieller Bündnispartner für einen Gegner in Frage kam, musste Bismarck der Isolierung Deutschlands durch erhöhte Anpassungsfähigkeit vorbeugen. Aber nur vier Großmächte blieben noch für Bismarcks feingesponnene Kombinationen verfügbar, von denen eine – Großbritannien – der Isolation zuneigte. Es liegt auf der Hand, dass die Tendenz zur Starrheit desto größer ist, je weniger Faktoren manipuliert werden können.

Solange Bismarck regierte, konnte zwar eine diplomatische *tour de force* auf der Grundlage eines um Deutschland zentrierten komplizierten Bündnissystems diese Engpässe verschleiern. Aber gerade die Komplexität dieser Arrangements verurteilte sie zur Wirkungslosigkeit. Ein System, das in jeder neuen Generation der führenden Hand eines großen Mannes bedarf, setzt sich selbst einer fast unentrinnbaren Bedrohung aus, und sei es auch nur, weil ein überragendes Genie die Möglichkeit verschüttet, dass sich neben oder nach ihm andere starke Persönlichkeiten entwickeln. Als sich die Neuheit der Bismarck'schen Taktiken abgeschliffen hatte und die Originalität seiner Konzeption als Selbstverständlichkeit hingenommen zu werden begann, versuchten sich Geringere als er daran, sein System zu handhaben, ohne allerdings sein sicheres Gespür und sein fast künstlerisches Fingerspitzengefühl zu besitzen. Das Ergebnis war, dass seine Kunst, die verschiedenen Faktoren einer in Fluss befindlichen Situation gegeneinander auszuspielen, derart pervertiert wurde, dass sie zur äußersten Erstarrung des internationalen Systems und in letzter Konsequenz zum Ersten Weltkrieg führte.

Die Nachfolger Bismarcks versagten in ihrer Fantasielosigkeit sogar bei ihren Bemühungen, eine größere »Kalkulierbarkeit« und »Verlässlichkeit« der internationalen Beziehungen herbeizuführen. Starre Verbindungen schienen diese Eigenschaften leichter zu garantieren als das ständige Abstimmen und Ausbalancieren der Politik Bismarcks. So verstrickte sich Deutschland in die bedingungslose Verpflichtung gegenüber dem »wurmstichigen Koloss« Österreich, eine Bindung, die zu vermeiden das Hauptanliegen der Politik Bismarcks gewesen war.

Auf diese Weise wurde sichtbar, dass die Erfordernisse des Nationalinteresses trotz allem nicht eindeutig festzulegen waren. Bismarck war fähig, Selbstbeschränkung auf einer Philosophie des Eigeninteresses aufzubauen. In den Händen seiner Nachfolger, denen das ihm eigene Fingerspitzengefühl fehlte, führten seine Methoden zum Zusammenbruch des Staatensystems des 19. Jahrhunderts. Darin liegt die Nemesis der Macht: dass das Vertrauen in sie – sofern sie nicht in den Händen eines Meisters liegt – mit größerer Wahrscheinlichkeit zu bewaffneten Konflikten als zur Selbstbeschränkung führt.

Auch hinsichtlich der Innenpolitik verleiteten gerade die Eigenschaften Bismarcks, die ihn zu seinen Lebzeiten zu einer einzigartigen Gestalt gemacht hatten, zu Missverständnissen, nachdem er für seine Landsleute zum Mythos geworden war. Sie behielten die Erinnerung an die drei Kriege, mit denen er die Einheit ihres Vaterlandes erkämpft hatte. Was sie vergaßen, war die geduldige Vorbereitung, die sie ermöglicht hatte, und die Mäßigung, die die Früchte des Sieges bewahren half. Die Verfassung, die Bismarck entworfen hatte, verstärkte diese Tendenz: Das Parlament ging aus allgemeinen Wahlen hervor; aber es konnte keinerlei Kontrolle über die Regierung ausüben. Die Regierung wurde vom Kaiser ernannt und konnte von ihm auch abgesetzt werden. Ein solches System begünstigte Höflinge und Lobbyisten; nicht aber Staatsmänner. Der seiner liberalen Elemente beraubte Nationalismus wurde chauvinistisch, und der Liberalismus, ohne die Möglichkeit politischer Verantwortung, wurde steril.

So betrachtet kann die herausragendste Gestalt der neueren deutschen Geschichte sehr wohl die Saat der Tragödien des 20. Jahrhunderts gesät haben. »Man nascht nicht ungestraft vom Baume der Unsterblichkeit«,[58] schrieb sein Freund von Roon, der Reorganisator der preußischen Armee, einmal über ihn. Die Bedeutung seines Lebens hat er selbst vielleicht am besten in einem Brief an seine Gattin ausgedrückt: »Das irdisch Imponierende [...], was mit menschlichen Mitteln für gewöhnlich dargestellt werden kann, steht immer in Verwandtschaft mit dem gefallenen Engel, der schön ist, aber ohne Frieden, groß in seinen Plänen und Anstrengungen, aber ohne Gelingen, stolz und traurig.«[59]

Anmerkungen

1 Zitiert bei Eyck, Erich: *Bismarck: Leben und Werk,* 2. Bd., Erlenbach-Zürich 1943, S. 316–317.

2 Bismarck, Otto von: *Die politischen Reden des Fürsten Bismarck. Historisch-kritische Gesamtausgabe*, 1. Bd., hrsg. von Horst Kohl, Stuttgart 1892, S. 9–10.

3 Eyck, Bismarck: Leben und Werk (Anm. 1), 1. Bd., S. 14–15.

4 Bismarck, Otto von: *Gedanken, und Erinnerungen*, 1. Bd., S. 1.

5 Brief Bismarcks vom 14. 11. 1833, in: Bismarck, Otto von: *Die Gesammelten Werke*, XIV / I. Bd., 3. Aufl., Berlin 1924, S. 3.

6 Eyck, Bismarck: Leben und Werk (Anm. 1), 1. Bd., S. 26.

7 Bismarck am 30. 01. 1845, in: Bismarck, Gesammelte Werke (Anm. 5), XIV / I. Bd., S. 30.

8 Bismarck am 30. 01. 1845, in: Bismarck, Gesammelte Werke (Anm. 5), XIV / I. Bd., S. 14–15.

9 Bismarck am 09. 01. 1845, in: Bismarck, Gesammelte Werke (Anm. 5), XIV / I. Bd., S. 31.

10 Anm. d. Übers.: Das Zitat ist bei Eyck, Bismarck: Leben und Werk (Anm. 1), 1. Bd., S. 40 nicht nachweisbar; Emil Ludwig (Anm. 11) erwähnt, dass Bismarck in dieser Weise den Ausspruch Cromwells zitiert habe.

11 Ludwig, Emil: Bismarck: *Geschichte eines Kämpfers*, Berlin 1926, S. 57.

12 Ludwig, Bismarck (Anm. 11), S. 68.

13 Bismarck, Gesammelte Werke (Anm. 5), XIV / I. Bd., S. 46–47.

14 Bismarck am 31. 01. 1847, in: Bismarck, Gesammelte Werke (Anm. 5), XIV / I. Bd., S. 50.

15 Bismarck am 03. 05. 1851, in: Bismarck, Gesammelte Werke (Anm. 5), XIV / I. Bd., S. 208.

16 Bismarck am 12. 05. 1851, in: Bismarck, Gesammelte Werke (Anm. 5), XIV / I. Bd., S. 210.

17 Bismarck am 07. 05. 1847, in: Bismarck, Gesammelte Werke (Anm. 5), XIV / I. Bd., S. 76.

18 Bismarck, politische Reden (Anm. 2), 1. Bd., S. 273.

19 Bismarck im März 1858 »Das kleine Buch des Herrn von Bismarck«, in: Bismarck, Gesammelte Werke (Anm. 5), II. Bd., S. 317.

20 Bismarck im September 1853, in: Bismarck, Gesammelte Werke (Anm. 5), I. Bd., S. 375.

21 Bismarck am 09. 06. 1849, in: Bismarck, politische Reden (Anm. 2), 1. Bd., S. 113.

22 Bismarck am 04. 04. 1949, in: Bismarck, politische Reden (Anm. 2), 1. Bd., S. 93–94.

23 Bismarck am 12. 12. 1850, in: Bismarck, politische Reden (Anm. 2), 1. Bd.,. S. 266 u. 268.

24 Bismarck am 12. 04. 1849, in: Bismarck, politische Reden (Anm. 2), 1. Bd., S. 88.

25 Bismarck am 20. 10. 1854, in: Bismarck, Gesammelte Werke (Anm. 5), I. Bd., S. 505.

26 Bismarck im März 1858, in: Bismarck, Gesammelte Werke (Anm. 5), II. Bd., S. 320.

27 Bismarck am 04. 04. 1949, in: Bismarck, politische Reden (Anm. 2), 1. Bd., S. 110.

[28] *Briefwechsel des Generals Leopold von Gerlach mit dem Bundestagsgesandten Otto von Bismarck*, Berlin 1893, S. 334.

[29] 20. 04. 1854, in: Briefwechsel (Anm. 28), S. 160.

[30] Bismarck, in: politische Reden (Anm. 2), 1. Bd., S. 264.

[31] Bismarck am 02. 06. 1857, in: Bismarck, Gesammelte Werke (Anm. 5), II. Bd., S. 231.

[32] Anm. d. Übers.: Das Zitat ist an der von H. K. angegebenen Stelle (Bismarck, Gesammelte Werke (Anm. 5), I. Bd., S. 62) nicht nachweisbar und war auch mit den üblichen Hilfsmitteln nicht zu finden.

[33] 02. 05. 1857, in: Briefwechsel (Anm. 28), S. 334.

[34] Bismarck am 19. 01. 1852, in: Bismarck, Gesammelte Werke (Anm. 5), I. Bd., S. 128.

[35] 19. 12. 1853, in: Briefwechsel (Anm. 28), S. 128.

[36] Bismarck im März 1858, in: Bismarck, Gesammelte Werke (Anm. 5), II. Bd., S. 310.

[37] Bismarck im März 1858, in: Bismarck, Gesammelte Werke (Anm. 5), II. Bd., S. 311.

[38] 13. 10. 1854, in: Briefwechsel (Anm. 28), S. 194.

[39] 19. 10. 1854, in: Briefwechsel (Anm. 28), S. 196.

[40] Bismarck, Gesammelte Werke (Anm. 5), XIV / I. Bd., S. 517.

[41] 19. 10. 1854, in: Briefwechsel (Anm. 28), S. 199.

[42] Bismarck am 17. 06. 1855, in: Bismarck, Gesammelte Werke (Anm. 5), II. Bd., S. 55.

[43] Bismarck am 08. / 09. 12. 1854, in: Bismarck, Gesammelte Werke (Anm. 5), I. Bd., S. 516.

[44] Bismarck am 26. 04. 1856, in: Bismarck, Gesammelte Werke (Anm. 5), II. Bd., S. 138ff.

[45] Anm. d. Übers.: Dieses Zitat findet sich nicht, wie vom Verf. angegeben, im Prachtbericht, sondern in einem Schreiben an Manteuffel vom 10. 05.l856: Bismarck am 17. 06. 1855, in: Bismarck, Gesammelte Werke (Anm. 5), I. Bd., S. 150–151.

[46] 28. 04. 1856, in: Briefwechsel (Anm. 28), S. 315–316.

[47] 05. 05. 1857, in: *Briefe des Generals Leopold von Gerlach an Otto von Bismarck*, hrsg. von Otto Kohl, Stuttgart / Berlin 1912, S. 192–193. (Kohl-Gerlach).

[48] 11. 04. 1857, in: Briefwechsel (Anm. 28), S. 332.

[49] 29. 04. 1857, in: Kohl-Gerlach (Anm. 47), S. 206.

[50] 06. 05. 1857, in: Kohl-Gerlach (Anm. 47), S. 211.

[51] 21. 05. 1857, in: Kohl-Gerlach (Anm. 47), S. 214.

[52] 06. 05. 1857, in: Kohl-Gerlach (Anm. 47), S. 211.

[53] 02. 05. 1857, in: Briefwechsel (Anm. 28), S. 333–334.

[54] 02. 05. 1857, in: Briefwechsel (Anm. 28), S. 333ff.

55 21. 05. 1857, in: Kohl-Gerlach (Anm. 47), S. 213–16.
56 30. 05. 1857, in: Briefwechsel (Anm. 28), S. 337 ff.
57 02. / 04. 05. 1860, in: Briefwechsel (Anm. 28), S. 353.
58 Zitiert bei: Ludwig, Bismarck (Anm. 11) S. 494.
59 Bismarck, Gesammelte Werke (Anm. 5), XIV / I. Bd., S. 60.

Bismarck und die Deutsche Frage

Michael Stürmer

Bis zum 9. November 1989, so schien es, war über Bismarck und die Folgen schon alles gesagt: ein abgeschlossenes, schwieriges, zumindest doppeldeutiges, wenn nicht sogar von Anfang an fatales Kapitel deutscher und europäischer Geschichte, das nicht zu Wiederholungen einlud.

Als aber Bundeskanzler Kohl nach 273 Tagen komplizierter, strukturbildender Verhandlungen am 3. Oktober 1990 in der Frühe in der Berliner Philharmonie die große Rede zur Inauguration der Zweiten Bundesrepublik hielt, verriet seine Wortwahl, dass er – respektive seine Berater – die Geschichte der preußisch-deutschen Reichsgründung 120 Jahre zuvor mit Nutzen studiert hatte. Nie wieder, so das feierliche Versprechen des deutschen Regierungschefs, werde Deutschland ein *ruheloses Reich* sein.

In den Monaten zuvor hatte es immer wieder Anklänge, bewusst und unbewusst, an Bismarck gegeben. Vom Mantel Gottes, wenn er durch die Geschichte geht, war die Rede: Da müsse man aufspringen und ihn festhalten. Aber es ging nicht nur um mehr oder weniger präzise Zitate und staatsmännische Prosa. Es ging vor allem um die fleißig und oft – für die Insider des Geschehens ein wenig zu oft – wiederholte Beteuerung, deutsche Einheit und europäische Integration seien *zwei Seiten derselben Medaille*. So oder ähnlich stand es seit 1949 in der Präambel des Grundgesetzes. So hatte Konrad Adenauer es formuliert, Pater Patriae. So wiederholte es Helmut Kohl, der Enkel.

Und er hatte Recht, elementar, historisch, politisch und moralisch, und ohne jeden Abstrich. Die deutsche Einheit gegen Europa ins Werk zu setzen, gar gegen die Vereinigten Staaten, war zwar denkbar, und hat in rot-grünen Träumen über einen Austritt aus der NATO eine surrealistische Rolle gespielt – aber nicht machbar. Davor standen Helmut Kohl, die Union und die Wirtschafts- und Sicherheitsinteressen des Landes. Es war im Übrigen auch nicht denkbar, damals wie heute, die deutsche Sicherheit unter Ignorierung der Russen zu formulieren.

Kohl war es, der in seiner ersten Regierungserklärung im Herbst 1982 konstatierte, Bündnisfähigkeit sei Kern deutscher Staatsräson. Er hatte westliche Bündnisfähigkeit gemeint und hatte damit verlorenes Vertrauen aus dem Strudel der INF-Krise gerettet – Intermediate Nuclear Forces, amerikanische Systeme gegen sowjetische Mittelstreckenraketen. Dieses Vertrauen, unter großen Nationen immer ein knappes Gut, hat dann, wenige Jahre später, den gemeinsamen Weg des Westens zur deutschen Einheit erst ermöglicht. Und doch hat mancher im Bonn des Jahres 1990 die Versuchung gespürt, die Amerikaner mit gepresstem Dank zu verabschieden, den Nordatlantikvertrag aufzukündigen und es mit dem großen equilibristischen Spiel der Mitte noch einmal zu versuchen – das reichte von Grün und Rot in der Opposition bis in die Spitzenränge der Bundesregierung und der Koalition, lauter Möchte-Gern-Bismarcks, die niemals verstanden, dass das, was für den *Eisernen* Großbritannien war, für jeden deutschen Bundeskanzler die Vereinigten Staaten von Amerika sein müssen: aus russischen Gründen des Ungleichgewichts wie aus europäischen des Gleichgewichts.

Die Politik der Einheit war in ihrem glücklichen Ausgang alles andere als vorbestimmt. Sie bedurfte der Staatskunst, nach innen ebenso wie nach außen, und eines Sinnes für Geschichte und Geografie oder, speziell, der Geopolitik.

Und sie bedurfte in der Tat, auch das eine Lehre der Geschichte, der intensiven Pflege des Verhältnisses zu Russland, damals noch als Union der Sozialistischen Sowjetrepubliken firmierend. Russland war der große Verlierer des Kalten Krieges, war moralisch trost- und wirtschaftlich hilfsbedürftig – und verfügte noch immer über mehrere Millionen Männer und Frauen unter Waffen und über einiges mehr als 15000 nukleare Gefechtsköpfe. Zudem hatte die russische Führung nicht ohne starke Vorbehalte, bevor sie sich zögernd und zerstritten Mitte Februar 1990 auf das Zwei-plus-Vier-Verhandlungsformat und das Ziel deutscher Einheit und neuen Gleichgewichts einließ, sehr vernehmlich *njet* gesagt. Gorbatschow warnte nach dem Fall der Mauer und Kohls Zehn-Punkte-Plan für Konföderation, lange Fristen und umsichtige Neuordnungen, es seien schon Leute am Genuss unreifer Früchte gestorben. Im Verlauf der Verhandlungen wurde indessen deutlich, dass die Russen einen Plan B in der Kreml-Schublade hatten und über Kompensation mit sich reden ließen – was am Ende zur Aufnahme einer besonderen Vormerkung in das Zwei-plus-Vier-Settlement führte. Dass, wenn das Gleichgewicht gestört ist, jeder Gewinn der einen Seite der Kompensation für die andere Seite bedarf, gehört im Übrigen zu den ältesten Grundregeln der Diplomatie.

Bismarck hat das 1870/71 verfehlt, gegenüber Frankreich und gegenüber Russland, und seit 1990 hätte man in Washington wie in Bonn/Berlin daraus mehr lernen können als es der Fall war. Die Geschichte Bismarck'scher Diplomatie hätte da Warnung sein können: 1870 hatten die Russen stillgehalten, als Frankreich geschlagen wurde, und erwarteten seitdem, als es ans Erbe der Türkei ging, die Dardanellen und den Balkan als Gegenleistung. Die aber blieb aus, als der Berliner Kongress zur Stunde der Wahrheit wurde und Bismarck die Russen daran hinderte, den Zugang zum östlichen Mittelmeer zu bekommen. Damals begann die schicksalhafte französisch-russische Entente – russische Enttäuschung hatte damals ihren Preis, und heute auch: Deutschland gewann die Einheit, Russland verlor die Ukraine.

Dass es angesichts der Weltenwende 1989/90 in westlichen Hauptstädten eitel Freude gegeben hätte, kann man nicht sagen. Mitterrand warnte Anfang Dezember 1989, vier Wochen nach dem Fall der Mauer und eine Woche nach Kohls zehn Punkten, einen Sendboten der Bonner Regierung, wenn es so weitergehe, werde man sich bald in der Lage von 1913 wiederfinden.[1] Was der Herr des Elysée in diesem Moment vergaß, war die Tatsache, dass 1913 die europäischen Großmächte unter sich waren, 1990 aber die amerikanische Weltmacht das entscheidende erste und letzte Wort zu sprechen hatte. So wie einst im Zeichen der Pax Britannica Großbritannien, war nun, als die Pax Americana für einen historischen Moment triumphierte, Amerika der große und entscheidende *balancer from beyond the water.*

Wann immer die Verhältnisse auf dem europäischen Kontinent ins Tanzen geraten – das gilt von 1848 bis 1990 und wahrscheinlich auch weiterhin – kommt das Geschehen einer inneren und äußeren Revolution gleich. 1848 hatten Großbritannien und Russland, während Frankreich mit sich selbst und dem Bürgerkrieg in Paris befasst war, die deutsche Unruhe noch einmal eingedämmt. Das galt für den kurzen Krieg im Norden, als im Sommer 1848 Preußen und Österreich gegen Dänemark aufmarschierten und der Rebellion der Kieler Studenten die militärische Schneide liehen. Es galt noch mehr für die preußische Politik der norddeutschen Union, die 1849/50 dem Scheitern der Paulskirche folgte.

Bismarck, der nach dem revolutionären März 1848 noch die Generalität zum Putsch gegen den konzessionsbereiten Monarchen hatte überreden wollen und der 1849 in der Kammer verächtlich vom »Nationalschwindel« sprach, trat in die Politik ein als Verteidiger der bestehenden Verhältnisse und begann auf diese Weise eine große Karriere. Bald aber lernte er, dass Preußen nur als Industriestaat Machtstaat bleiben konnte, dass es des historischen Kompromisses bedurfte mit dem liberalen Bürgertum und dass die soziale Frage eine Antwort von oben brauchte, sonst würde sie sich die Antwort von unten erkämpfen. Seine Strategie lautete, die Revolution zugleich zu nutzen und ihre Spitze abzuschneiden. Das geschah nicht nur, um die alten Machtverhältnisse zu stabilisieren, sondern auch, um Europa zu beruhigen. Ein konservatives Großpreußen in der Mitte Europas war für die älteren Mächte vielleicht noch hinnehmbar, außer für Frankreich. Ein revolutionäres Deutschland im Modus von 1848, so viel war gewiss, würde alle Großmächte außer den Vereinigten Staaten gegen sich haben; doch die waren noch lange unter dem Horizont europäischer Großmachtpolitik und notabene die einzige Macht, die die Paulskirche durch Entsendung eines Gesandten beehrte.

Die preußische Heeresreform, die nach dem italienischen Einigungskrieg 1859 begann, sollte nicht nur das Instrument schärfen, das der Diplomatie Nachdruck gab, sondern auch die Liberalen zur Entscheidung zwingen: Sie waren gegen das katholische, protektionistische Konglomerat, das Österreich hieß – aber deshalb waren sie noch lange nicht für die preußische Monarchie in der alten, ungemilderten Form. Das Nationalprojekt war seit 1848 vor allem ein liberal-parlamentarisches Projekt, die Heeresreform des preußischen Königs Mittel des inneren Machtkampfs dagegen. Die Bismarck'sche Lückentheorie – bei Nichteinigung zwischen Kammer und Kabinett wollte Bismarck die *Lücke* auf seine Weise ausfüllen – kam einem Staatsstreich gleich. Aber die Liberalen wollten beides, die liberale Monarchie und die Scheidung, notfalls militärisch, von Österreich. Das aber zwang sie ins Bündnis mit der *Maison militaire* und ihrer Politik der konservativen Gegenrevolution. »Nicht durch Reden und Majoritätsbeschlüsse werden die großen Fragen der Zeit entschieden«, so fasste Bismarck 1862 im Parlament Vergangenheit und Zukunft zusammen, »sondern durch Eisen und Blut«. So er in seiner Rede in der Budgetkommission des preußischen Abgeordnetenhauses am 30. September 1861.[2] Der Krieg von 1864 gegen die großdänische Einigungspolitik war deshalb beides: Wiederaufnahme der nationalen Freiheitsideen von 1848 und zugleich Beweis, dass sie, um zu florieren, das Bündnis mit realer Macht brauchten.

Der kurze Krieg des Sommers 1866 gegen Österreich war das Gegenteil eines Eroberungskrieges: Angefangen und beendet wie ein Duell satisfaktionsfähiger Herren, definierte er das künftige Deutschland ohne und gegen Österreich – weil die Donaumonarchie zu historisch war, zu groß, zu katholisch, zu rückständig, zu protektionistisch. Preußen-Deutschland ohne Österreich mochte den Mächten noch hinnehmbar sein. Mit Österreich, das hatte sich anno 48 gezeigt, war es zu groß. Damals hatte in der Paulskirche der Verfassungsmacher Dahlmann allen Ernstes geschwärmt vom Reich zwischen den vier Meeren – dass das Bonner Kanzleramt an der Dahlmannstraße lag, war eher Zufall.

Aber 1866 blieb noch vieles offen, namentlich die innere Kräfteverteilung. Das Dritte Deutschland, gefangen in den Kraftlinien zwischen Paris, Berlin und Wien, schloss sich wirtschaftlich und militärisch dem Norden an. Aber der neue Schwebezustand enthielt noch viele Möglichkeiten. Die Wahlen zum Zollparlament 1867 – »Steuer zahlen, Maul halten, Soldat sein«, agitierten die Gegner – gingen für die Preußen-Freunde schlecht aus. Die Finanzmärkte hielten den neuen Schwebezustand so wenig für das letzte Wort wie die Militärs, die französischen so wenig wie die preußischen.

Die Entscheidung kam durch Krieg – die *spanische Thronkandidatur* eines Hohenzollernprinzen aus der katholisch-süddeutschen Nebenlinie war nur Anlass. Die Franzosen stürzten sich hinein, um die in Mexiko und bei Königgrätz fragwürdig gewordene Kraft des napoleonischen Kaisertums zu beweisen. Bismarck lieferte ein Meisterstück in Krisen- und Kriegsmanagement, das die europäischen Großmächte überraschte und, bevor sie die Lage begriffen hatten, vollendete Tatsachen schuf. Was dann allerdings folgte, die protzige Proklamation des Kaisertums in Versailles, die maßlosen Annexionen, die Demütigung Frankreichs, das war alles andere als ein Meisterstück. Treibend und getrieben, legte Bismarck einen Keim des Verderbens dem eigenen Werk in die Wiege.

Was ist damals geschehen? Benjamin Disraeli gab im House of Commons eine Antwort, die ähnlich wohl auch in den Staatskanzleien des übrigen Europa galt:

»Let me impress upon the attention of the House the character of this war between France and Germany. It is no common war, like the war between Prussia and Austria, or like the Italian war in which France was engaged some years ago; nor is it like the Crimean war. This war represents the German revolution, a greater political event than the French revolution of last century. I don't say a greater, or as great a social event. What its social consequences may be are in the future. Not a single principle in the management of our foreign affairs, accepted by all statesmen for guidance up to six months ago, any longer exists. There is not a diplomatic tradition that has not been swept away. You have a new world, new influences at work, new and unknown objects and dangers with which to cope, at present involved in that obscurity incident to novelty in such affairs [...].«[3]

Oppositionsführern darf man Übertreibungen nachsehen, sie gehören zum Gewerbe. Auch ist von 1870 bis 1914 noch viel geschehen, und vieles hätte anders kommen können. Doch von Jacob Burckhardt, dem konservativen Basler Historiker, über Ludwig Bamberger, dem internationalen Bankier, bis zu Friedrich Engels, dem industriellen Revolutionsstrategen, gab es parteiübergreifend Konsens, dass die Reichsgründung eine Revolution war, wiewohl eine von oben, abgeschnittene Krise ersten Ranges, Bismarck ein weißer Revolutionär.

Der Held aber ahnte den Preis des Sieges: »Mein Schlaf ist keine Erholung. Ich träume weiter, was ich wachend denke, wenn ich überhaupt einschlafe. Neulich sah ich die Karte Deutschlands vor mir, darin tauchte ein fauler Fleck nach dem andren auf und blätterte sich ab.«[4] Seitdem tat er alles, vom Deutschen Reich die Folgen seiner halbrevolutionären Gründung abzuwenden. Das galt nach innen wie nach außen. Den Sozialisten, die der Pariser Commune nacheifern wollten, setzte er eine Doppelpolitik der Unterdrückung und der staatlichen Sozialpolitik entgegen; dem politischen Katholizismus, der sich für den Papst gegen den italienischen Staat engagierte, den Kulturkampf.

Nach außen warb er um Frankreich und öffnete den Franzosen maghrebinische Horizonte, um sie die blaue Linie der Vogesen vergessen zu lassen. Österreich-Ungarn und Russland, die das Erbe der Türkei beäugten, zähmte er im Dreikaiser-Bündnis. Den Russen signalisierte er, der ganze Balkan sei nicht die heilen Knochen eines pommerschen Grenadiers wert – wahrhaftig eine Alternative zu 1914. Den Botschafter in St. Petersburg wies er an, genscheri(sti)sch avant la lettre: »Wir betreiben keine Macht-, sondern eine Sicherheitspolitik.«[5] Die Deutschen wollte er ruhigstellen, indem er zur Zeit des allgemeinen Kolonialfiebers und der Neuverteilung des Balkans warnend im Reichstag sagte: »Wir sind, was der alte Fürst Metternich nannte, eine saturierte Macht.«[6]

Flottenpolitik? Kolonialpolitik? Einen Kolonialenthusiasten wimmelte Bismarck einmal ab mit dem Hinweis auf die europäische Landkarte: »Hier ist Russland, und da ist Frankreich, und das ist meine Karte von Afrika.«[7] Alles kam darauf an, mit dem British Empire Vertrauen zu kultivieren. Da verbot sich jede ausgreifende Flotten- und Kolonialpolitik. So kam es, dass unter Bismarck Chef des Reichsmarineamts ein General der Infanterie wurde, Leo Graf Caprivi, später Bismarcks Nachfolger im Kanzleramt. Von ihm stammt das erzpragmatische Wort: »Je weniger Afrika desto besser.«[8] Am Ende wollte der »Eiserne« den ganzen Kolonialbesitz um eine symbolische Mark an ein hanseatisches Konsortium verpachten und das Reich aus dem Obligo nehmen: Deutschland sollte sich kleiner machen als es war. Er ahnte, dass nach Frankreich auch Russland verloren, sein ausgeklügeltes Bündnissystem nur noch Fragment war. George F. Kennan sah im Niedergang des Systems Bismarck, wie er schrieb, »the great seminal catastrophe of our century«.[9] Alles kam darauf an, wenigstens die Briten, wenn schon ein formelles Bündnis unmöglich war – wegen des britisch-russischen *Great Game* in Asien und wegen Elsass-Lothringen in Europa – wohlwollend neutral zu halten.

Für die Welt zu klein, für Europa zu groß: Das wurde nach 1871 die Conditio Germaniae. Da deutsche Hegemonie unerreichbar war und Beruhigung der Hauptmächte nicht gelang, blieb nur der Versuch, auf Bewahrung des Bestehenden zu setzen. Tragik ist, nach Goethe, wenn sich Widersprüche nicht auflösen lassen. Eine konservative Utopie, wenn sich alle Lebensformen ändern, ist ein tragisches Unternehmen.

Zuletzt und vor allem: Wenn die Weltgeschichte mit der Tür ins Haus fällt, kann das Haus nicht unverändert bleiben. Das gilt nicht nur für die Grundlagen und Voraussetzungen neuer Gestaltung, sondern auch für die überlieferten Sichtweisen der Vergangenheit. Unsere Bilder von der Geschichte, sagte Jacob Burckhardt einmal, sind letztlich doch nur Spiegelungen von uns selbst. Bis 1990 schien über den deutschen Nationalstaat in Europa, über Macht und Moral, über Bismarck und die Folgen der Stab gebrochen – ruheloses Reich von Anfang bis Ende. Merkwürdig aber bleibt bis heute, wie wenig die weltpolitische Wende vor 25 Jahren die Historiker, zumal die deutschen, beeinflusst und ins Nachdenken gebracht hat. Die Rolle der Persönlichkeit in der Entscheidung, die Kräfte der Geopolitik, Gleichgewicht und Hegemonie, Verlust und Kompensation, die Bedeutung von Krieg und Gewalt, die ganze Unvorstellbarkeit des Umbruchs – es wird wahrhaftig Zeit, im Licht radikal neuer Erfahrungen die alten Erzählungen zu überprüfen.

Anmerkungen

1 Attali, Jacques: *C'était François Mitterrand*, Paris 2005, S. 321.

2 Bismarck, Otto von: *Die gesammelten Werke*, 10. Bd. *Reden 1847–1869*, hrsg. von Otto Stolberg, Berlin 1924–1935, S. 139–40.

3 Rede vom 09. 02. 1871, in: Hansard, Parlamentarische Debatten, Schriftenreihe III, 204. Bd., Februar-März 1871, S. 81–82.

4 Zitiert nach Rothfels, Hans: *Bismarck und der Staat*, Darmstadt 1958, S. 56.

5 Zitiert nach Ullrich, Volker: *Otto von Bismarck*, 4. Aufl., Reinbek 1998, S. 95.

6 Reichstagsprotokolle, 1886/87, 1, 18. Sitzung, 11. 01. 1887, S. 336.

7 Zitiert nach Ullrich, Bismarck (Anm. 5), S. 101.

8 Zitiert nach Herrfurth, Kurt: *Fürst Bismarck und die Kolonialpolitik*, Berlin 1909, S. 251.

9 Kennan, George F.: *The Decline of Bismarck's European Order: Franco-Russian Relations 1875–1890*, Princeton 1979, S. 3.

Reichsgründung und Wiedervereinigung.
Variationen zum Thema Vergleichbarkeit und Unvergleichbarkeit von Otto von Bismarck und Helmut Kohl[1]

Hans-Peter Schwarz

Auf den ersten und auf den zweiten Blick sind die Umbruchepochen 1864–1871 und 1985–1991 völlig unvergleichbar.

Die Reichsgründung erfolgte in einem Staatensystem, in dem allein die europäischen Großmächte dominierten. Russland gehörte zwar schon seit langem zum europäischen Konzert und war periodisch nach Mitteleuropa vorgestoßen. Doch zumeist, wenn wilde Kosakenschwärme und die stoisch in den Schlachtentod marschierenden Regimenter geduldiger Muschiks im westlichen Europa Angst und Schrecken verbreiteten, waren sie von den dortigen Regierungen als Verbündete herbeigerufen, wobei es dann schwer wurde, sie wieder loszuwerden. Was sich in den letzten Jahren des Zweiten Weltkriegs und in den Jahrzehnten danach vollziehen sollte, war somit keine Ausnahme von dieser säkularen Regel russischer Vorstöße und Rückzüge.

Die Vereinigten Staaten gehörten zu Bismarcks Zeiten definitiv noch nicht zum europäischen Staatensystem, obgleich sie bereits indirekt auf die Außenpolitik Großbritanniens und Frankreichs einwirkten. Bismarck verfolgte allerdings den Aufwuchs dieser transatlantischen Großmacht sehr aufmerksam. Als der Alt-Achtundvierziger Carl Schurz, im vor kurzem beendeten Bürgerkrieg Brigadegeneral in den Armeen der Nordstaaten, Ende Januar 1868 mit dem Kanzler des Norddeutschen Bundes zwei lange Gespräche führte, wusste er zu berichten, »daß man hier mit einem außergewöhnlichen Kopf zu tun hat, der die Menschen und ihre Verhältnisse, besonders die Deutschen und ihre Schwächen und Untugenden, gründlich kennt«[2]. Dieser habe aber auch über die Vereinigten Staaten viel nachgedacht und viel darüber gewusst, »mehr als irgendein Europäer meiner Bekanntschaft, der nicht in Amerika gewesen war«.[3] Hundert Jahre nach dieser Unterredung, in den Anfängen des Kalten Krieges, waren aus den USA und dem kommunistischen Russland die globalen Supermächte geworden, ihre bald beiderseits atomar gerüsteten Armeen und Luftstreitkräfte befanden sich mitten in Deutschland. Somit wurde das Ringen um die Wiedervereinigung in stärkstem Maß in Moskau und in Washington entschieden. Anders als zu Zeiten Bismarcks war die nach dem Zweiten Weltkrieg geschaffene Bundesrepublik Deutschland nur noch eine Macht zweiten Ranges, während der zweite deutsche Staat, die DDR, wie sich wieder und wieder zeigte, nur ein ohnmächtiges Satellitenregime von Gnaden der Sowjetunion war. Unvergleichbarkeit also!

Unvergleichbar war auch ein anderer Faktor: die Einstellung der Deutschen zum Krieg. Bismarck, Wien oder Paris unter Napoleon III. hatten den Krieg noch als legitimes Mittel der Politik aufgefasst. Ihnen folgten dabei große Mehrheiten der Führungsschichten, doch auch Millionen einfacher patriotischer Staatsbürger. Vor allem Bismarck war sich zwar bereits über die schwer kalkulierbaren Risiken eines vom Hass und von der Begeisterung der Massen getragenen nationalistischen Volkskriegs voll im Klaren. Er war deshalb sorgenvoll bemüht, nur in Dauer und Ausdehnung begrenzte Kriege zu führen. Prinzipiell aber sah er im Krieg die Fortsetzung der Politik mit anderen Mitteln. »Ja«, bekam von ihm Ende März 1867 Eduard Graf von Bethusy-Huc, der Parteiführer der Freikonservativen zu hören, »ja, ich habe den Krieg von 1866 gemacht in schwerer Erfüllung einer heiligen Pflicht, weil ohne ihn die preußische Geschichte stillgestanden hätte, weil ohne ihn die Nation politischer Versumpfung verfallen und bald die Beute habsüchtiger Nachbarn geworden wäre, und stünden wir wieder, wo wir damals standen, würde ich entschlossen wieder den Krieg machen.« Doch würde er Seiner Majestät niemals zu einem Krieg raten, welcher nicht »durch die innersten Interessen des Vaterlandes« geboten sei.[4]

Wie zu allen Zeiten waren Kriege auch in der Bismarckzeit fürchterlich, schienen aber noch akzeptabel. Doch 100 Jahre später war auch in Deutschland die Einstellung zum Krieg nicht mehr wiederzuerkennen. In den Kriegsszenarios des Kalten Krieges planten die Staatsführungen zwar weiterhin für den Kriegsfall, dies aber im klaren Wissen darum, dass ein technischer, wahrscheinlich auch atomar geführter Vernichtungskrieg vielen Millionen das Leben kosten und vielleicht zur Vernichtung der Zivilisation führen würde. Wenigstens im Westen legitimierte nur der Abschreckungskalkül die Drohung mit Entfesselung des großen Infernos. Bei der politischen Klasse wie bei den Massen war längst eine postheroische, mehr oder weniger ausgeprägt pazifistische Mentalität verhaltensbestimmend. Kriegführung als Mittel zur Lösung der deutschen Frage wie 1866 oder auch 1870/71 stand außerhalb jeder Diskussion. Auch die Regierung Helmut Kohls betete Tag für Tag das Mantra herunter, jede Veränderung in Deutschland und Europa dürfe nur gewaltfrei, gewaltfrei, gewaltfrei erfolgen. Also auch hier: völlige Unvergleichbarkeit.

Listet man die Unvergleichbarkeiten auf, so ist weiter daran zu erinnern, dass die Uhren der politischen Systeme 1866–1871, in der Epoche der Reichsgründung, und 1989/90, zum Zeitpunkt der Wiedervereinigung, völlig anders tickten. Bismarck hatte sich bei den letzten Entscheidungen über Krieg und Frieden dem Willen des Monarchen zu beugen. Den verfassungsrechtlich abgesicherten Zwängen der konstitutionellen Monarchie konnte sich nicht einmal dieser »weiße Revolutionär« entziehen, dessen »despotische Neigungen«[5] Freund und Feind wohlbekannt waren. Die berühmte Szene in Nikolsburg ist später oft erzählt worden. Als er gegenüber Wilhelm I. mit seinem Kurs der Mäßigung gegenüber den geschlagenen Mächten Österreich-Ungarn und Bayern nicht durchdrang, will er daran gedacht haben, sich aus dem vierten Stock des Fensters zu stürzen, sei aber von seinen düsteren Gedanken durch das Eintreten des Kronprinzen abgehalten worden, der seinen Vater überredet hatte, »einen so schmachvollen Frieden anzunehmen«[6].

Unnötig zu sagen, dass auch der Handlungsspielraum des demokratischen Bundeskanzlers Helmut Kohl stark eingeengt war. Statt mit dem Eigensinn eines Königs oder mit Hofintrigen war er mit den Medien, mit den im Frühjahr und Frühsommer 1989 recht ungünstigen Umfragen, mit den Zweifeln in der eigenen Partei und mit den Unkalkulierbarkeiten der Entwicklung in der DDR beschäftigt. Immerhin hatte er es nicht wie Bismarck mit mehr als zwei Dutzend selbstbewusster deutscher Souveräne zu tun. Doch die Eigenwilligkeiten der Koalitionsregierung in der DDR seit Januar 1990 und die schnell wechselnden Stimmungen und Führungen in den ungefestigten DDR-Parteien warfen Woche für Woche gleichfalls schwierigste Fragen auf. Dennoch: völlige Unvergleichbarkeit der innenpolitischen Bedingungen sowohl in der Bundesrepublik als auch in der 1990 moribunden DDR mit den deutschen politischen Systemen im Zeitalter Bismarcks!

So könnte man fortfahren und gut ein halbes Dutzend weiterer wichtiger Unvergleichbarkeiten benennen, die Zweifel daran wecken könnten, ob ein Vergleich der Reichsgründung und der Wiedervereinigung unter Bismarck beziehungsweise Kohl überhaupt sinnvoll ist.

Dennoch gibt es auch gute Argumente dafür, völlig unterschiedliche Konstellationen und Typen miteinander zu vergleichen. Vergleiche machen nachdenklich. Sie regen dazu an, bestimmte Besonderheiten modernen Politikmachens in ihrer historischen Eigentümlichkeit zu erfassen – gerade dann, wenn man sich vor Augen führt, wie grundlegend sich die Welt des späten 20. Jahrhunderts von den mittleren Jahrzehnten des 19. Jahrhunderts unterschieden hat. Immerhin hat sich ein vergleichbarer Vorgang abgespielt. Beide Male gelang es, in Deutschland einen deutschen Nationalstaat zu errichten oder nach langer Teilung wiederherzustellen, dies trotz stärkster Widerstände im Innern und in einem internationalen Umfeld, das eigentlich nicht erwarten ließ, der Versuch könne gelingen. Und in beiden Fällen haben zwei bemerkenswerte Spitzenpolitiker maßgeblichen, vielleicht entscheidenden Anteil am Gelingen gehabt: der preußische Ministerpräsident Otto von Bismarck und der Bundeskanzler der Bundesrepublik Deutschland Helmut Kohl. Wo zeigen sich also, ist nun zu fragen, neben den vielen Unterschieden doch Vergleichbarkeiten, über die nachzudenken es sich lohnt?

Beginnen wir mit dem Epochenklima und den dadurch bedingten Tabuisierungen, die auf die politischen Führungsschichten im Deutschland der Jahrzehnte des Vormärz und dann erneut der Restaurationszeit in den fünfziger Jahren des 19. Jahrhunderts eingewirkt haben und vergleichen wir das mit dem Epochenklima und den Tabuisierungen, die in der politischen Klasse der Bundesrepublik der 1970er- und 1980er-Jahre jene so ganz auffällige Deutschlandpolitik zaghafter Ängstlichkeit und schmiegsamer Anbiederung zur Folge hatten.

Bei den deutschen Souveränen und unter den Konservativen der Jahrzehnte von 1815 bis Mitte der 60er-Jahre des 19. Jahrhunderts waren drei große Ängste handlungsbestimmend: die Angst vor dem Nationalismus der Völker, die Angst vor den Ideen des Liberalismus sowie der Demokratie und die Angst vor der Revolution. Das strahlte auch weit in manche Teile des Bürgertums aus. »Seitdem die Politik auf innere Gärungen der Völker gegründet ist, hat alle Sicherheit ein Ende«, hat Jacob Burckhardt – kein Aristokrat, kein Deutscher, wohl aber ein ängstlicher Bürger – die Revolutionsfurcht des 19. Jahrhunderts gelegentlich auf den Punkt gebracht.[7] Und die Furcht vor den Erschütterungen der italienischen, ungarischen und tschechischen Nationalbewegungen hatten den Dramatiker Franz Grillparzer – auch er ein ängstlicher Bürger – das alsdann geflügelte Wort zu Papier bringen lassen: »Von der Humanität über die Nationalität zur Bestialität.«

Alle, die Angst hatten und warnten, konnten plausible historische Argumente in Erinnerung bringen. Die Revolution in Frankreich gefolgt von den Revolutionskriegen, das Auftreten des lange Zeit unwiderstehlichen Diktators Napoleon als Erbe der Revolution und der französische Imperialismus in den Jahren 1793 bis 1813 hatten bei vielen Deutschen ein großes Trauma hinterlassen, womit die Metternichs der folgenden Jahrzehnte ihre Repression legitimierten. Demagogenverfolgung, Interventionen, militärische Niederwerfung nationaler und liberaler Bewegungen wurden mit dem Primat politischer Stabilität und Friedenssicherung legitimiert. In Deutschland brachte erst Bismarck die Unvoreingenommenheit auf, das stets aktivierbare Potenzial der Nationalbewegung für die Machtsteigerung der preußischen Monarchie zu nutzen.

Wo liegt die Vergleichbarkeit? Sie ist darin zu sehen, dass große Teile der bundesdeutschen politischen Klasse in den 70er- und 80er-Jahren des 20. Jahrhunderts alle Nationalbewegungen und Freiheitsbewegungen im Ostblock genauso verabscheut haben wie das einstmals die Metternichianer und deren Nachfolger in den fünfziger Jahren des 19. Jahrhunderts mit den destabilisierenden Nationalbewegungen getan haben. Hatten nicht auch sie beim Verweis auf den deutschen Nationalsozialismus oder den italienischen Faschismus gute Argumente? »Von der Nationalität zur Bestialität [...].«? War nicht das von der Hitlerbewegung eroberte Deutsche Reich ähnlich imperialistisch, räuberisch, kriegerisch und repressiv gewesen wie das napoleonische Frankreich – doch dies, ohne dass die deutschen Armeen die bürgerlichen Freiheiten des Code Napoléon mitführten? In den beiden Jahrzehnten der Entspannungspolitik haben deren Vorkämpfer die Wiederherstellung eines deutschen Nationalstaats nach Erschütterung des Ostblocks ähnlich gefürchtet und ähnlich entlegitimiert wie einstmals Metternich und seine Nachfolger französischen Nationalismus und das Wiederaufleben napoleonischer Diktaturen perhorresziert haben.

Behutsame Evolution des Ostblocks hin zu einer obrigkeitlich kontrollierten Liberalisierung wurde für wünschbar und möglich gehalten, aber eine Destabilisierung der kommunistischen Systeme war unerwünscht, ganz besonders die Destabilisierung der DDR. Freiheiten, die in den westlichen Demokratien ganz selbstverständlich waren – Parteienpluralismus, Ablehnung obrigkeitsstaatlicher Zwangsgewalt, Meinungsfreiheit, Reisefreiheit, Freiheit, ungegängelt zu wirtschaften – wurden für gefährlich und im Grunde für illegitim erachtet, sobald Dissidenten in Ostmitteleuropa und Osteuropa oder »Kalte Krieger« im Westen dies für den kommunistischen Herrschaftsbereich einforderten. Dieselben, die an die Opfer in den einstigen deutschen KZs oder Gefängnissen mit viel Bewegung erinnerten, verhärteten ihr Herz, wenn die Forderung aufkam, die kommunistischen Regime sollten verschwinden, weil auch sie nur mit der Angst vor Gefängnishaft, vor Bespitzelung und vor Militärintervention aufrechterhalten werden konnten. So hat sich die

Bundesregierung unter Helmut Schmidt gegenüber der Freiheitsbewegung Solidarnosc mehr als reserviert verhalten.

Tabuisiert war jede Art deutscher Freiheits- und Nationalbewegung. In großen Teilen der Medien, bei der SPD und seitens der Grünen wurde das seit Anfang der 70er-Jahre auf die Wiedervereinigung gelegte Tabu besonders nachdrücklich artikuliert. Besonders schrill äußerten sich viele Journalisten und Spitzenpolitiker der SPD und der Grünen noch im Winter 1989/90, als nach dem Mauerfall das im Kalten Krieg verfestigte europäische Staatensystem urplötzlich in Bewegung geriet. Jetzt fanden sich nochmals zahlreiche Exorzisten, die ihre Mantras gegen die Wiederherstellung eines deutschen Nationalstaates verlautbarten. Ihre Namen sind wohlbekannt. Eines meiner diesbezüglichen Lieblingszitate stammt von dem Alt-Achtundsechziger Joschka Fischer. Eine Woche nach dem Mauerfall waren in der *taz* seine »Thesen zu einer neuen grünen Deutschlandpolitik« zu lesen.

»Droht die Wiedervereinigung?«, fragte er dort, und antwortete mit dem Exorzismus: »Die nach dem 8. Mai 1945 in Europa errichtete Nachkriegsordnung hat ein wesentliches Ziel bis auf den heutigen Tag: die Fieberschauer eines gewalttätigen deutschen Nationalismus sollten nie wieder Europa ängstigen [...].«[8] Die Wiederherstellung eines »kleindeutschen Nationalstaats« zu verhindern sei »überlebensnotwendige Demokratenpflicht für mindestens weitere fünfundvierzig Jahre«. Elf Monate später war der »kleindeutsche Nationalstaat« bereits ohne Schaden für Europa wiederhergestellt. Fischers Verdikt ist nicht aus biografischen Gründen erinnerungswürdig; er hat sein defizitäres Urteilsvermögen auch künftig noch verschiedentlich zur Darstellung gebracht. Besonders interessant war das Nicht-Gesagte. Indem er von der nach dem 8. Mai 1945 in Europa errichteten »Nachkriegsordnung« sprach, legitimierte er stillschweigend das sowjetische Imperium, das die Freiheit in Ostmitteleuropa unterdrückte und die Deutschen in der DDR hinter Mauer und Stacheldraht gefangen hielt – jedoch mit gelegentlichem Freigang für Pensionäre und bei dringenden Familienangelegenheiten.

Fischer als Vordenker der Grünen war nicht der einzige Spitzenpolitiker, der den kommunistischen Obrigkeitsstaat mit dem Argument legitimierte, jede Wiederkehr überbordender Freiheitsbewegungen oder gar des Nationalen gefährde die Ruhe und die Stabilität Europas. Gerhard Schröder, Oskar Lafontaine und ganz besonders Egon Bahr haben sich ähnlich geäußert. Dass sie sich damit im fernen Schlagschatten Metternich'scher Ängstlichkeit befanden, hat Willy Brandt hinlänglich deutlich erkannt. Brigitte Seebacher-Brandt hat – am 21. November, fünf Tage nach der eben erwähnten Äußerung Fischers in der *taz* – in der *FAZ* geschrieben, Egon Bahr und Günter Gaus stünden in dem Ruf, »kleine Metternichs« zu sein. Sie brachte jetzt die Meinung ihres Mannes zum Ausdruck, und später hat Egon Bahr das in einem Interview bestätigt: »Brandt«, so erzählte er dem Journalisten Daniel Friedrich Sturm, »hat mal zu mir gesagt: Du bist bei uns, was Kissinger bei Nixon ist. Mit dem Unterschied, daß Kissinger mehr Macht hat als diese kleine Bundesrepublik. Aber in eurem Denken seid ihr beide Metternichs.«[9]

Die Analogien sind offenkundig. Zwar behalten die Metternichs oft über Jahrzehnte hinweg Recht, solange die unterdrückten Völker ihre Misere ertragen. Kommt aber der revolutionäre Geschichtsprozess ganz unerwartet in Gang, offenbart sich die Beschränktheit ihres analytischen Vermögens. Zwischen 1982 und 1989 fanden sich die Metternichs übrigens auch im Regierungslager Helmut Kohls. Noch im Oktober 1989 warnte Heiner Geißler vor einem »Herumhämmern auf der Wiedervereinigung«[10]. Ähnlich wie bei Joschka Fischer war auch bei Geißler die Sorge vor unsteuerbaren Nationalbewegungen ein Hauptmotiv.

Unbeschadet seines zähen Festhaltens an den von der SPD und den Grünen bereits geräumten Positionen freiheitlicher Widervereinigungspolitik hatte auch Helmut Kohl lange Zeit zu den sehr Vorsichtigen gehört. Doch in wenigen, für die weitere Entwicklung entscheidenden Wochen vom November 1989 bis zum Februar 1990 warf er alle Bedenken über Bord. Der fantasievolle Bismarck, der alle Optionen durchzuspielen wusste und sich nie voll auf eine einzige Lösung festlegte, brauchte Jahre, bis er sich auf die Forderungen der Nationalbewegung einstellte und mit ihren bündniswilligen Akteuren eine Allianz einging. Der an und für sich viel bedächtigere, eigentlich alles andere als sprunghafte und zu Abenteuern disponierte Helmut Kohl brauchte nur wenige Wochen, bis er die Irrtümer der Metternichianer des späten 20. Jahrhunderts erkannte und hinter sich ließ. Indem er sich unversehens an die Spitze der Einigungsbewegung setzte, hatte er Erfolg und veränderte die geostrategische Landkarte Europas. Vergleichbarkeit also durchaus!

Wenn eben von der ausgeprägten Vorsicht Helmut Kohls die Rede war, der sich in einmaliger Lage bemerkenswerte Risikobereitschaft hinzugesellte, so zeigen sich auch hier gewisse Analogien zur Raffinesse, mit der Bismarck in der Phase der Reichsgründung vorging. Bei allen Wegen und Umwegen, die ihn schließlich zur Gründung des Deutschen Reiches und zur Kaiserproklamation im Spiegelsaal des Schlosses von Versailles führten, war er sich stets über zwei grundlegende Erfolgsbedingungen im Klaren: Erstens bedurfte jeder Schritt der Duldung durch mindestens zwei, wenn nicht gar drei der großen europäischen Mächte, und zweitens war nur an ein Vorankommen zu denken, wenn sich die Souveräne des späteren kleindeutschen Reiches von den Vorteilen eines Zusammenschlusses unter preußischer Führung überzeugen ließen.

1866, als Bismarck Österreich-Ungarn gewissermaßen aus dem Deutschen Bund »herausschoss«, versicherte er sich zuvor der Duldung Russlands, Großbritanniens und – damals besonders wichtig – Frankreichs unter Napoleon III. 1870/71. Als er die süddeutschen Staaten in einen nationalen Verteidigungskrieg nach Frankreich führte, das sich zur Kriegserklärung hatte provozieren lassen, mussten wiederum Russland, England und diesmal Österreich-Ungarn ruhig gehalten werden.

Unter den völlig anderen geostrategischen Bedingungen der Jahre 1989/90 hat sich Helmut Kohl ähnlich umsichtig verhalten. Er verstand es, die damals mit großem Abstand stärkste Macht, die Vereinigten Staaten, fest an seine Seite zu bringen, dabei wohl wissend, dass Präsident Bush und Außenminister Baker ein viel größeres Spiel spielten. Angesichts sowjetischer Schwäche sahen diese eine Möglichkeit, den Kalten Krieg für sich selbst und die westlichen Demokratien zu entscheiden, indem sie dem sowjetischen Generalsekretär und Präsidenten Gorbatschow als dem großen Friedensbringer huldigten, ihn dabei aber freundschaftlich aus Ostmitteleuropa, dem Baltikum, schließlich sogar der Ukraine hinauskomplimentierten – eine Leistung, die in den Annalen der Diplomatie ganz einzigartig dasteht.

Trotz der amerikanischen Unterstützung musste Helmut Kohl aber alles aufbieten, die beiden neben der Bundesrepublik in Westeuropa noch verbliebenen großen Mächte zu überspielen, ohne dass aus dem Fingerhakeln eine offene Konfrontation innerhalb der Allianz wurde. Margaret Thatcher wurde mit amerikanischer Hilfe kalt gestellt. Ihr Widerstand gegen die Wiedervereinigung fand auch im Foreign Office nur lauwarme Unterstützung. Frankreich unter Mitterrand galt es ähnlich hinzuhalten wie Bismarck im Sommer 1866 mit Napoleon III. verfahren ist. Die Lösung der deutschen Frage kam so schnell und so unwiderstehlich in Gang, dass der französische Präsident, der zusammen mit Gorbatschow und Margaret Thatcher teilweise ohne Wissen Helmut Kohls ein Doppelspiel versuchte, gleichfalls ausmanövriert wurde. Energischer als seinerzeit Napoleon III. bestand er allerdings auf sofortigen Kompensationen, indem er fast mit Brachialgewalt die alsbaldige Zustimmung der Bundesrepublik zum Termin der Einberufung einer Regierungskonferenz durchsetzte, die ohne Verzug einen Vertrag zur Wirtschafts- und Währungsunion auszuarbeiten hätte. Die D-Mark, so sah er es, war für das ökonomisch potente Deutschland eine Art »Atombombe«. Diese sollte um jeden Preis europäisiert werden, noch bevor das wiedervereinigte Deutschland in Versuchung geraten könnte, seine Muskeln spielen zu lassen. Dazu hat sich der Bundeskanzler, dabei gleichfalls gedrängt von seinem Koalitionspartner, Bundesaußenminister Genscher, zu Beginn des gewitterschwülen Gipfels des Europäischen Rats am 8. Dezember 1989 in Straßburg bereit erklärt. Die Kompensation fiel dem Bundeskanzler jedoch nicht allzu schwer. Schon bevor der Wiedervereinigungsprozess in Gang kam, hatte er – dabei gedrängt von Mitterrand und anderen EU-Ländern – die Währungsunion als Selbstzweck betrachtet – als tragendes Element des von ihm angestrebten Vereinten Europa. Ursprünglich hatte er darin vor allem ein Quid pro quo für die von ihm angestrebte Europäische Union gesehen, von der er sich vor allem eine gemeinschaftliche Außen- und Sicherheitspolitik der EU versprach. Dabei war der schließlich von ihm konzedierte Termin für den Zusammentritt der Regierungskonferenz, der 15. Dezember 1990, jedoch so gelegt, dass die Bundestagswahl Anfang Dezember 1990 nicht von möglichen Kontroversen über eine europäische Währung belastet werden sollte. Auch, dass die Wiedervereinigung bereits am 3. Oktober 1990, also noch vor Zusammentritt und Beauftragung der Regierungskonferenz, in trockenen Tüchern sein würde, hat am 8. Dezember 1989 niemand vorhergesehen. Immerhin: Die Kompensation kam zustande, und bekanntlich hat Helmut Kohl bis zum Ende seiner Kanzlerschaft eisern daran festgehalten.

Selbstverständlich zeigen sich auch beim Umgang Kohls mit der Sowjetunion unter Gorbatschow gewisse Parallelen zur Behandlung Österreich-Ungarns durch Bismarck im Frieden von Prag vom Sommer 1866 und danach. »Die Staatskunst erforderte«, so hatte Bismarck später ausgeführt, »daß das österreichische Kaiserreich, dessen Existenz für Europa notwendig sei, nicht ganz zertrümmert oder zu einem bloßen Bruchstück reduziert würde. Es müßte zum Freunde werden, und als Freund dürfe es nicht ganz machtlos sein [...]«. Genauso legte später Helmut Kohl größten Wert darauf, dem durch die revolutionäre Entwicklung in der DDR und alsdann bei den Zwei-plus-vier-Verhandlungen ausmanövrierten Gegner goldene Brücken zu bauen. Ersetzt man in dieser Feststellung »das österreichische Kaiserreich« durch die Sowjetunion beziehungsweise Russland, so hätte das genauso von Helmut Kohl gesagt werden können. Wirtschaftshilfen im Zusammenhang mit der Wiedervereinigung, der für 20 Jahre am 9. November 1990 zwischen Kohl und Gorbatschow abgeschlossene »Vertrag über gute Nachbarschaft, Partnerschaft und Zusammenarbeit«, der jährliche Gipfeltreffen und zweimalige Treffen der Außenminister vorsah, sowie ein weiterer Vertrag über wirtschaftliche und technische Zusammenarbeit mit gleichfalls 20 Jahren Geltungsdauer und ein Abkommen über die Zusammenarbeit im Bereich der Arbeits- und Sozialpolitik sollten dazu beitragen. Nicht ohne Grund hat Kohl der Schilderung dieser mit Gorbatschow in Bonn vereinbarten Verträge in seinen Memoiren die Überschrift gegeben »Neue Partnerschaft« und unterstrichen, dies sei der erste außenpolitische Grundsatzvertrag des wiedervereinigten Deutschlands gewesen.[11]

Wenn man beim Vergleich zwischen dem Prozess der Reichsgründung und der Wiedervereinigung nicht allzu pedantisch vorgeht, lassen sich auch noch weitere Analogien identifizieren. Im

Winter 1870/71 hatte Bismarck von den Hauptquartieren in Frankreich aus nach drei Seiten über die Reichsgründung zu verhandeln, erstens mit den deutschen Fürsten, denen die Zustimmung zu einem föderalen, doch von Preußen dominierten Deutschen Reich abgerungen (im Fall Ludwigs II. von Bayern auch insgeheim abgekauft) werden musste, zweitens mit den führenden Liberalen im Reichstag des Norddeutschen Bundes und drittens mit seinem Souverän Wilhelm I., der mit gutem Instinkt verspürte, dass die Reichsgründung und die Annahme des Rangs eines deutschen Kaisers die Identität der preußischen Monarchie zusehends auflösen würde.

Wesentlich aber war: Als Bismarck die süddeutschen Länder zum Eintritt in den Norddeutschen Bund einlud, stand schon – so hat Michael Stürmer dies gelegentlich sehr zutreffend formuliert – ein mehr oder weniger fertiges Haus bereit, »dessen eine, nördliche Hälfte bereits von den Bewohnern bezogen war, dessen südliche Hälfte indessen einladend geöffnet blieb, um die künftigen Bewohner in sich aufzunehmen«[12]. Die Analogie zur Wiedervereinigung durch Beitritt der DDR zum Grundgesetz über den Artikel 23 GG liegt auf der Hand. Anders als im Fall des Norddeutschen Bundes hatte aber das »mehr oder weniger fertige Haus« Bundesrepublik Deutschland nicht drei kurze Jahre, sondern 41 Jahre auf den Beitritt der Länder aus der ehemaligen Ostzone zu warten.

Ähnlich wie 1870/71 verband sich mit dem Beitritt der DDR auch die vollständige Einbeziehung in das Sicherheitssystem des bereits etablierten Bundes. Zwar hatte Bismarck schon 1867 mit den süddeutschen Regierungen jene Militärabkommen gegen einen Angriff Frankreichs abgeschlossen, die bereits eine recht weitgehende Zusammenarbeit bewirkten und schließlich in einen gemeinsamen Mobilmachungsplan mündeten, welcher der integrierten Kriegsführung im deutsch-französischen Krieg 1870/71 voranging. An Kriegsführung war zwar beim Beitritt im Oktober 1990 nicht gedacht, doch die Politik und die Bevölkerung in der DDR waren sich durchaus darüber im Klaren, dass angesichts der Präsenz sowjetischer Divisionen in der DDR zwischen 1990 und 1994 eine Art Sicherheitsschirm durch die Bundeswehr und damit verbunden auch durch die NATO doch recht wünschenswert wäre.

Unschwer sind auch in bestimmten wirtschaftlichen Aspekten

der Reichsgründung und der Wiedervereinigung gewisse Analogien zu erkennen. Bekanntlich hatte sich im Rahmen des Deutschen Zollvereins in den Jahrzehnten des Eisenbahnbaus, beim Aufbau der Zukunftstechnologien Kohle und Stahl im Ruhrgebiet und in Oberschlesien, auch beim Binnen- und Außenhandel und auf dem Bankensektor ein wirtschaftliches Übergewicht Preußens gegenüber dem Süden herausgebildet. Der modernere preußische Wirtschaftsraum wirkte wie ein Magnet. Das verstärkte sich 1866, als Preußen das Königreich Hannover annektierte und sich bis zur Mainlinie ausdehnte. Somit entsprach die Errichtung eines Zollparlaments mit den vorrangigen Aufgaben der Vereinheitlichung des Gewerberechts, der Zolltarife, der Handels- und der Schifffahrtssachen sowohl der wirtschaftlichen wie der machtpolitischen Logik. Die wirtschaftliche Überlegenheit Preußens war auch auf dem Währungssektor eindeutig. Der preußische Taler verdrängte als Zahlungsmittel den österreichisch-süddeutschen Gulden. Alles in allem trifft es wohl zu, dass die Sicherheitsfragen, verbunden mit dem Faktor Nationalbewusstsein, bei der Reichsgründung ausschlaggebend waren. Doch gewisse populistische Widerstände in Süddeutschland, die sich zwischen dem Frieden von Prag 1866 und dem Sommer 1870 stark bemerkbar machten, sind damals vom süddeutschen Unternehmertum ausbalanciert worden, das im preußisch beherrschten Westen und Norden seine Zukunft erblickte. Die wirtschaftliche Attraktivität des Norddeutschen Bundes hat also durchaus eine Rolle gespielt, auch im Kalkül Bismarcks.

Sicherlich war die DDR, nachdem sich die Grenzen geöffnet hatten, wirtschaftlich viel schwächer als die süddeutschen Länder in den 60er-Jahren des 19. Jahrhunderts gegenüber Preußen. Die Arbeitsproduktivität, die technologische Wettbewerbsfähigkeit auf den Weltmärkten, der Wert der Währung, die Modernität von Produktion und Distribution, die Leistungsfähigkeit des Bankensystems, die Ausgleichsfunktion der innerbetrieblichen Mitbestimmung – alles war in der Bundesrepublik anders, besser und moderner. Wie überlegen das Lohnniveau und die Kaufkraft in der Bundesrepublik waren bewies die Arbeitskräftewanderung von Ost nach West vor dem 13. August 1961 und dann erneut nach dem 9. November 1989. Auch der Faktor Größe fiel ins Gewicht. Überhaupt bestand zwischen der Wirtschaftsordnung der Bundesrepublik und derjenigen der DDR eine qualitative Asymmetrie. Somit hat der wirtschaftliche Magnetismus bei der Wiedervereinigung 1989/90, die zuerst über die Wirtschafts- und Währungsunion lief, zweifellos eine viel größere Rolle gespielt als bei der weit zurückliegenden Reichsgründung.

Aber die Asymmetrie der wirtschaftlichen Überlegenheit, dies verbunden mit der Größe der Volkswirtschaft, war in beiden Fällen doch ein Faktor von Gewicht.

Beim Vergleich zwischen der Reichsgründung und der Wiedervereinigung verdient aber noch ein weiterer Aspekt Beachtung: die innenpolitischen Widerstände, die sich in beiden Fällen der raschen Vereinigung entgegenstellten. Da sowohl 1870 im deutsch-französischen Krieg als auch nach dem Mauerfall und in den Märzwahlen 1990 eine Art Dammbruch erfolgte, der alle Widerstände hinwegspülte, sind diese Widerstände etwas aus dem Blickfeld gerückt, obschon sie im Vollzug der Einheit sehr problematisch waren.

Im Fall der Reichsgründung durch Bismarck gingen die Widerstände zwischen 1866 und 1870 vor allem von Süddeutschland aus. Bei den Wahlen zum Zollparlament hatten die Parteien, die als pro preußisch galten, einen fühlbaren Rückschlag erlitten. Partikularisten, antiprotestantische, katholische Strömungen, auf Autonomie der jeweils eigenen Staaten abonnierte Traditionalisten, Gegner des schneidigen Autoritarismus Bismarcks und Sympathisanten mit dem geschlagenen Österreich – sie alle zögerten, in das bereits vorbereitete Haus einzutreten. Besonders in Württemberg und in Bayern wurde die wirtschaftliche Überlegenheit Preußens ressentiert; doch auch die Allianzverträge stießen auf Widerstand. Wie kritisch das von Seiten bestimmter Publizisten gesehen wurde, die sich für die Reichsgründung unter preußischer Führung stark machten, illustriert eine sarkastische Bemerkung August Ludwig von Rochaus im zweiten, 1869 erschienenen Teil seiner berühmten Schrift *Grundsätze der Realpolitik*. Dort schrieb er:

»Die deutsche Vaterlandsliebe ist aus viel Dichtung und wenig Wahrheit zusammengesetzt. Es gibt keinen deutschen Nationalgeist im politischen Sinne des Wortes und mit der Richtung auf einen feststehenden politischen Zweck. Wir tragen die deutsche Einheit auf der Lippe, aber nicht im Herzen.«[13]

Ein gewisses »Anti-Preußentum« gehörte jedenfalls nicht nur damals zur Grundausstattung der politischen Kultur in Süddeutschland.

Kam in den Jahren 1866 bis 1870 die Nord-Süd-Problematik zum Tragen, so wirkte sich 1990 die in mehr als vier Jahrzehnten entstandene Ost-West-Teilung Deutschlands aus. Die halb willig, halb unwillig reformerische Ostberliner Regierung unter Ministerpräsident Modrow, der seit dem 8. Februar 1990 acht Vertreter der Opposition angehörten, sowie der »Runde Tisch« dachten vorerst nur an konföderative Strukturen. Überlegungen, eine gesamtdeutsche Konstituante gemäß Artikel 146 GG zu bilden, hatten nicht zuletzt das Ziel, den Vereinigungsprozess zu verzögern.

Das natürliche Widerstreben der alten Eliten in der DDR und der heterogenen Repräsentanten der Bürgerrechtler gegen eine rasche Vereinigung wurde durch Widerstände in der Bundesrepublik selbst verstärkt. Der prononciert antinationale Flügel der SPD um Oskar Lafontaine sowie die Grünen, die linken Intellektuellen und die einstigen Entspannungs-Publizisten bevorzugten eine Verlangsamung des urplötzlich in Gang gekommenen Vereinigungsprozesses, wenn nicht gar eine dauerhafte Verfestigung der Zweistaatlichkeit. Dabei war nicht nur die Rücksichtnahme auf die internationale Akzeptanz einer Wiedervereinigung von Gewicht. Wie einstmals in den Jahren vor der Reichsgründung 1870/71 lagen denn auch genuin innenpolitische Motive zugrunde: parteipolitische Aversionen gegen die CDU, sozialpolitische Forderungen und Sorgen oder Befürchtungen vor den Kosten einer Wiedervereinigung.

Auch bei den Reaktionen Bismarcks und Kohls auf diese Widerstände sind gewisse Analogien feststellbar. Beide wollten anfangs einen Gradualismus nicht prinzipiell ausschließen. Als die bereits erwähnten Wahlen zum Zollparlament im Frühjahr 1868 zu einem Sieg »antipreußischer« Kandidaten führten, schrieb Bismarck an die Regierung in Karlsruhe:

»Auf einen Schlag eine homogene Gestaltung Deutschlands zu erreichen, ist nur möglich im Fall eines Krieges. Abgesehen von dieser Eventualität, die wir weder vorhersehen noch herbeiführen werden, wird die Entwicklung eine oder mehrere Übergangsstadien zu durchlaufen haben.«[14]

Auch Helmut Kohls Zehn-Punkte-Plan vom 28. November 1989 sah keine sofortige Wiedervereinigung vor, vielmehr »konföderative Strukturen« mit dem Ziel, »eine bundesstaatliche Ordnung in Deutschland zu schaffen«.

Die Entwicklung zur raschen Vereinigung war erst in dem Moment innenpolitisch nicht mehr zu stoppen, als bei den Volkskammerwahlen am 18. März 1990 jene Parteien eine Mehrheit bekamen, die einen schnellen Beitritt nach Artikel 23 GG wünschten. Wäre die Volkskammerwahl anders ausgegangen, wären die Befürworter des Gradualismus konföderativer Strukturen vielleicht gestärkt worden. Damals lag die Wirtschafts- und Währungsunion schon als Angebot auf dem Tisch, musste aber erst noch ausgehandelt werden, erst recht die internationalen Vereinbarungen über die Wiedervereinigung. Ich möchte diesen Punkt nicht zu stark betonen. Darüber, was hätte geschehen können, wenn die einer raschen Vereinigung widerstrebenden Kräfte am 18. März die Oberhand gewonnen hätten, lässt sich nur spekulieren. Doch genauso wenig wie die Reichsgründung 1866 und 1870/71 ein Selbstläufer gewesen ist, hätte auch die Entwicklung ohne die Wahl einer Mehrheit in der Volkskammer, die auf sofortigen Beitritt nach Artikel 23 GG drängte, anders verlaufen können, jedenfalls viel langsamer.

Es sei in diesem Zusammenhang noch eine andere Analogie genannt – mag sein, diese ist etwas weit hergeholt. Doch habe ich zu Beginn schon gesagt, dass Vergleiche in erster Linie dazu dienen, bestimmte Zusammenhänge vielleicht deutlicher zu sehen und Nachdenken zu wecken. Die Siege in den Kriegen 1866 und 1870/71 waren natürlich in starkem Maß dem Kriegsglück zu danken. Wie wäre wohl, so haben seither manche gefragt, die deutsche Geschichte verlaufen, wenn die Armee des Kronprinzen auf dem Schlachtfeld von Königgrätz zu spät eingetroffen wäre? Auch der Erfolg im Krieg gegen Frankreich war ja nicht unbedingt vorherbestimmt. Doch im Allgemeinen arbeiten die Historiker doch Überlegenheit dank eindrucksvoller Modernität der preußischen Kriegsmaschine heraus: logistische Überlegenheit dank konsequenter Nutzung von Eisenbahn und Telegraf, Zündnadelgewehr, artilleristische Überlegenheit über Frankreich, preußischer Generalstab unter einem Moltke, durch den die Mittelmäßigkeit der übrigen Generalität mehr als ausgeglichen wurde. Dazu kam ein subjektiver Faktor: die Nervenschwäche und die Fehler der gegnerischen Führung, ganz besonders Napoleons III.

Wenn also viel auf die technische und planerische Überlegenheit ankommt, so lässt sich fragen, in welchen Punkten Helmut Kohls friedliche, aber dennoch furiose Wiedervereinigungskampagne der Monate Januar, Februar und März 1990, die zu dem entscheidenden Wahlsieg der »Allianz für Deutschland« geführt hat, dem Wahlkampf der SPD und auch der PDS operativ und technisch überlegen war. In der Tat kam nach dem Mauerfall nicht nur die beispiellose Überlegenheit des westdeutschen Wirtschaftssystems zum Tragen. Auch die politische Maschine des Bundeskanzleramts und des Konrad-Adenauer-Hauses erwies sich für einen politischen »Blitzkrieg« in der Lage, obwohl alles improvisiert werden musste. Die Aktivität der Bonner Diplomatie schirmte in den entscheidenden Wochen nach Osten und Westen hin das beispiellose Tempo des Zusammenbruchs der DDR und den Triumph der Massenbewegung »Deutschland, einig Vaterland« gegen alle äußeren Störversuche ab und erweckte in der DDR die zutreffende Empfindung, dass jetzt und nur jetzt alles möglich sei. Zugleich warfen CDU, CSU und FDP in der angeblich souveränen DDR alles in die Wahlkampfschlacht, was zum Erfolg führen konnte: wahlkampferfahrene Berater, vielfältige technische Hilfe (also Faxgeräte, Plakate, Fuhrparks, Fahnen und vieles mehr), Geld, wahlkampferfahrene Spitzenpolitiker, die – wie der Bundeskanzler – Massen von Hunderttausenden um sich zu versammeln vermochten. Organisatorische Effizienz und Enthusiasmus gingen eine einmalige Verbindung ein. Nie zuvor in der Geschichte der beiden deutschen Staaten seit 1945 und nie mehr danach haben derartige Starkströme der Hoffnung und der Emotionen einen Wahlausgang so stark bestimmt.

Die SPD vermochte demgegenüber ihre innerparteilichen Widersprüche nicht so richtig zu lösen. Erst recht hatten es die ohnehin völlig desorientierten Funktionäre der SED, jetzt PDS, noch nie gelernt, unter freien Bedingungen Wahlkämpfe zu führen. Und wie überall bei den friedlichen Revolutionen 1989/90 transportierten emotional aufrüttelnde Fernsehsendungen die Bilder von den

Massen in die Wohnstuben, die sich, schwarz-rot-goldene Nationalflaggen schwenkend, um den Bundeskanzler drängten. Statt des preußischen Generalstabs des Kriegs 1870/71 waren es jetzt gewissermaßen die Generalstäbe der Parteizentralen der Bonner Unionsparteien, die eine in dieser Art einmalige, begeisterte Wahlkampagne auf fremdem, bis vor wenige Wochen noch unzugänglichem Territorium improvisierten und durchführten – ein in dieser Art völlig einmaliger Vorgang in der neuesten deutschen Geschichte. Man hat schon viel und durchaus berechtigtes Aufheben von der friedlichen Revolution der Deutschen in der DDR in den Monaten September, Oktober, November und Dezember 1989 und im Januar 1990 gemacht. Aber genauso entscheidend für den Vollzug der Einheit war die – nach anfänglichem Zögern – auf allen Ebenen vorgetragene Offensive der Bonner Regierungsparteien im Januar, Februar, März und in den folgenden Wochen, welche die noch recht diffusen Forderungen der Bürgerrechtsbewegung nunmehr auf das Ziel einer raschen und friedlichen Wiedervereinigung ausrichtete.

Dreierlei kam so zusammen: die Revolution in der DDR im Herbst 1989, gefolgt vom Kollaps des SED-Regimes und – ich wiederhole dies, denn das Bild ist durchaus zutreffend – gefolgt vom politischen »Blitzkrieg« Helmut Kohls, um das politische Vakuum in der DDR zu besetzen und die Wiedervereinigung herbeizuführen. Der Zusammenbruch des SED-Regimes war eine Grundvoraussetzung für die folgende Entwicklung. Gorbatschow, der guten Willens war, aber zwei linke Hände hatte, hatte die SED gewissermaßen in die Freiheit zur Selbstabschaffung entlassen. Dieser Kollaps erinnert an historische Zusammenbrüche, wie sie sich sonst nur beim Eindringen fremder Armeen vollziehen – etwa 1806/07, als Preußen unter dem Ansturm Napoleons zusammenbrach oder 1940, als die Dritte Republik in Frankreich beim Ansturm der Wehrmacht kollabierte.

Als Dirigent dieser Kampagne hat Helmut Kohl politische Fähigkeiten entfaltet, die durchaus mit Bismarck vergleichbar sind. Auf internationaler Ebene war er als Staatsmann feinfühlig darauf bedacht, die nationale Volksbewegung in der DDR vor Störungen zu schützen und alsdann die bilateralen Begegnungen sowie die multilateralen Verhandlungsrunden mit gut funktionierenden Zeitplänen zur raschen Aushandlung durchzuziehen. Im politischen Vakuum der DDR brachte er als unwiderstehlicher Parteiboss die »Allianz für Deutschland« auf den Weg. In Bonn setzte er alle Hebel der Bürokratie ein, um die Wirtschafts- und Währungsunion und den Einigungsvertrag zu schaffen. Und obwohl sich die Bundesrepublik in einem Wahljahr befand, gelang es ihm, im Bundestag und im Bundesrat die erforderlichen Mehrheiten zustande zu bringen. Schwer vorstellbar, wie die Wiedervereinigung in kürzester Zeit ohne diesen Bundeskanzler hätte gelingen können, der auf allen Ebenen gleichzeitig präsent war oder ergebene Helfer einzusetzen verstand und dem über ein Jahr hinweg in den komplizierten Entscheidungsprozessen keine gravierenden Fehler unterliefen, die geeignet gewesen wären, alles aufzuhalten oder entgleisen zu lassen.

Erwähnenswert ist auch ein Weiteres. Sowohl Bismarck als auch 120 Jahre nach ihm Helmut Kohl wollten nicht laut herausposaunen, dass sie beide den deutschen Nationalstaat geschaffen beziehungsweise wiederhergestellt hatten, wenngleich im Fall der Wiedervereinigung um die Ostgebiete amputiert. Michael Stürmer hat gelegentlich darauf aufmerksam gemacht, dass in der Reichsverfassung in keinem einzigen Artikel der Begriff Nation auftauchte, obwohl sich Bismarck der Reichsgründung genauestens bewusst war.[15] Aber seine Hauptkontrahenten waren die Souveräne. Sie schufen das Deutsche Reich »als ewigen Bund zum Schutz des Bundesgebiets«. Der Reichstag war beteiligt, doch nur sekundär. Seitens der Fürsten sprach viel dafür, den nationalen Aspekt kleinzuschreiben, schließlich wollten sie nicht allzu deutlich beleuchten, dass sie ihre Souveränität an den »Bundesrat« unter Vorsitz des preußischen Ministerpräsidenten übertragen hatten, wobei zu erwarten stand, dass die faktische Macht sowohl im politischen Alltag wie im Kriegsfall beim Kaiser, der zugleich König von Preußen war, bei der preußischen Verwaltung und bei der preußischen Armee liegen würde, nicht aber beim deutschen Volk.

Allerdings muss man hinzufügen: Der Fortbestand der traditionellen Regierungssysteme wurde von Anfang an durch nationale Emotionen überlagert. Die zahlreichen Anhänger der Nationalbewegung betrachteten die Reichsgründung als Verwirklichung ihrer Träume, auch wenn sie nur einen Bruchteil ihrer verfassungspolitischen Ziele erreicht hatte. Die Reichsgründung im Nationalkrieg gegen Frankreich bewirkte ein zusätzliches, dauerhaftes und, so wissen wir seit langem, entsprechend problematisches nationales Hochgefühl. Der Sedanstag und der Reichsgründungstag wurden gewissermaßen im Feldlager zu Versailles zu Symbolen des Nationalstaats.

Bekanntlich war auch Helmut Kohl nach Kräften bestrebt, die Tatsache kleinzuschreiben, dass die Wiedervereinigung tatsächlich den deutschen Nationalstaat wiederhergestellt hatte, wenngleich stark reduziert und ganz und gar nicht mehr als autonome Großmacht wie das 1945 zerschmetterte Deutsche Reich. Kohl mit seiner CDU, doch ebenso Genschers FDP und seit längerem auch schon die oppositionelle SPD wussten sich alle auf dem Weg zu einem Vereinten Europa. Der Begriff Nationalstaat wollte keiner der bundesdeutschen Parteien so richtig schmecken, weil er nach Nationalismus roch und weil sich mit ihm das Trauma gescheiterter, auch schuldbeladener deutscher Machtpolitik verband. Unionsparteien und die FDP begriffen den Beitritt der Deutschen in der DDR zur Bundesrepublik in erster Linie als Triumph der Freiheit, was er auch war, und erst in zweiter Linie als Erfüllung nationaler Sehnsucht, die in den ersten beiden Jahrzehnten der Bundesrepublik noch sehr stark gewesen war. Ohnehin erwiesen sich die bereits erwähnten Vorbehalte im intellektuellen Bereich und seitens der Linken gegen eine Wiedervereinigung als so stark, dass die erfolgreiche Koalition von Union und FDP es für geboten hielt, das Thema Nationalstaat nur mit gestopften Trompeten zu spielen.

Auch aus Rücksichtnahme auf die Befürchtungen der Partner in der Europäischen Gemeinschaft schien es geboten, von den nationalen Aspekten der Wiedervereinigung möglichst wenig Aufheben zu machen. Maßgeblich war und blieb aber, dass die Bundesrepublik als Ganze, zuvörderst der Bundeskanzler Helmut Kohl, in den 80er-Jahren vorwiegend die Agenda der Gründung eines föderalen Europa verfolgte. Davon wollten sie sich auch durch die Wiedervereinigung nicht abbringen lassen. Helmut Kohls Lieblingsmetapher, die Einigung Deutschlands und die Einigung Europas seien »zwei Seiten einer Medaille«, brachte dies zum Ausdruck. Das Wiedererstehen des deutschen Nationalstaats wurde durch dessen Integration in die Europäische Union relativiert.

Tatsächlich liefen damals zwei Gründungsprozesse parallel. Die gradualistische Gründung einer europäischen Föderation war sozusagen das Langzeitprojekt der politischen Klasse der Bundesrepublik, ganz besonders aber Helmut Kohls. Es hatte in den Jahren vor der unerwarteten Wiedervereinigung mit der Einheitlichen Europäischen Akte von 1986 und dem von Jacques Delors angestoßenen Projekt des Großen Binnenmarktes an Tempo gewonnen.

1987 und 1988 war von Mitterrand, anfangs etwas zurückhaltender sekundiert von Helmut Kohl und weniger zurückhaltend von Hans-Dietrich Genscher, bereits der Plan einer Europäischen Wirtschafts- und Währungsunion auf die europäische Agenda gesetzt worden. Die deutsche Wiedervereinigung wurde – so sah das Helmut Kohl und so sahen es die Parteien – in diese langfristige Entwicklungslinie integriert. Doch die Karawane der Integration sollte auch danach unbeirrt weiterziehen, und sie ist weitergezogen.

Das war viel mehr als der taktische Versuch, die Sorgen der Nachbarn des wiedervereinigten Deutschlands zu zerstreuen, indem man die Verschmelzung Deutschlands in Europa »unumkehrbar« machte. Die Deutschen im Westen glaubten tatsächlich daran, mehr als an die Dignität des Nationalstaats. Margaret Thatcher, die dem föderalistischen Projekt mit großer Reserve gegenüberstand, hat die Motivation der Deutschen richtig erfasst: »Sie waren […] Föderalisten aus Überzeugung«, während die Franzosen mit Hilfe der Europäischen Wirtschafts- und Währungsunion vor allem die Macht der Deutschen in Grenzen zu halten bestrebt seien.[16] Und durchaus zutreffend hat sie die deutsche Psychologie mit den folgenden Worten charakterisiert: »Weil die Deutschen eine Scheu davor haben, sich selbst zu regieren, versuchen sie ein europaweites System zu schaffen, in dem sich keine Nation mehr selbst regiert.«[17] Selbstverständlich war dieses Nationsverständnis der Deutschen in der Ära Kohl meilenweit von dem der Deutschen im Zeitalter der Reichsgründung entfernt. Unvergleichbarkeit in diesem Punkt also ganz sicher! Dennoch ist doch die Behutsamkeit vergleichbar, mit der sowohl Bismarck bei der Reichsgründung wie Helmut Kohl bei der Wiedervereinigung das Nationale kleingeschrieben haben, wenngleich aus völlig unterschiedlichen Motiven und mit völlig unterschiedlichen Zielvorstellungen.

An diesem Punkt rückt ein letzter Aspekt der Vergleichbarkeit ins Blickfeld, dem die zeitgenössische Politik und Publizistik bis zum heutigen Tag große Beachtung geschenkt haben. Sowohl Bismarck wie Helmut Kohl zeigten sich bemüht, die Vereinigung Deutschlands in ein erneuertes, dauerhaftes europäisches Staatensystem einmünden zu lassen. Kohl ist dabei, so habe ich eben skizziert, wesentlich innovativer vorgegangen als Bismarck. Allerdings konnte er dabei auf einer rund 40 Jahre lang erprobten politischen Kultur der Integration in Westeuropa, auch im atlantischen Bereich, aufbauen. Bismarck hatte gleichfalls ein beruhigtes europäisches Staatensystem erstrebt, doch den Krieg oder wenigstens die Drohung mit Krieg nie ganz ausgeschlossen, wie dies beispielsweise die »Krieg-in-Sicht-Krise« von 1875 illustriert.

Lange Zeit haben die Öffentlichkeit, an ihrer Spitze die Historikerzunft, Bismarcks kompliziertes Bündnissystem bewundert, das er seit 1871 geschaffen hatte, um das Deutsche Reich vor generischen Koalitionen zu schützen. Verhängnisvolle Fehler, so die einstmals herrschende Meinung, seien erst nach Bismarcks Abgang gemacht worden. Die Richtigkeit der Errichtung eines mächtigen deutschen Nationalstaats als solche wurde nicht infrage gestellt. Diese alles in allem günstige Einschätzung der Bismarck'schen Bündnispolitik ist erst in den sechziger Jahren des 20. Jahrhunderts von einer sehr, sehr skeptischen Beurteilung abgelöst worden. Jetzt wurde besonders bei Historikern in der Bundesrepublik die Auffassung vorherrschend, die Errichtung eines halbhegemonialen Deutschen Reiches sei doch kurzsichtig gewesen und habe die langfristige Katastrophe wenn nicht provoziert, so doch vorbereitet. Aus dem föderalen, noch ungefestigten, auch durch Vorsicht gekennzeichneten Bismarck-Reich sei in den Jahrzehnten Wilhelms II. ein industriell führender, zwischen Einkreisungsfurcht und prestigesüchtiger Weltpolitik schwankender Machtstaat geworden, dessen unreife, nationalistische Außenpolitik an der Katastrophe des Ersten Weltkriegs maßgeblichen Anteil hatte. Unbekömmliche Übergröße und Nationalismus, nicht zuletzt die »Erbfeindschaft« Frankreich gegenüber, hätten zwangsläufig zum Imperialismus geführt. Das Bismarck-Reich, so hieß es nun, sei »Europa-unverträglich« gewesen. Gern wurde in diesem Zusammenhang die Warnung Disraelis zitiert, die dieser in der Endphase des deutsch-französischen Krieges am 9. Februar 1871 im House of Commons formuliert hatte:

»Dieser Krieg beinhaltet die deutsche Revolution, ein größeres politisches Ereignis als die Französische Revolution im vorigen Jahrhundert [...] Was ist in Europa geschehen? Das Gleichgewicht der Kräfte ist völlig zerstört worden.«[18]

Zutreffende oder unzutreffende Geschichtsbilder bleiben nicht ohne Wirkung. Nachdem die prinzipiell positive Bewertung des Bismarck-Reichs bei meinungsbildenden Historikern umgekippt war, blieb das auch auf die Einstellung der politischen Klasse zur Teilung nicht ohne Auswirkung. Genauer gesagt: Die Bonner Politik, die bei nüchterner realpolitischer Betrachtung ohnehin nicht mehr so recht an die Möglichkeit einer Wiederherstellung des geteilten Nationalstaats glauben wollte, griff die in der Historikerzunft eingetretene skeptische Bewertung des Bismarck-Reichs gern als stützendes Argument ihrer defätistischen Deutschlandpolitik auf.

Bis weit in die 60er-Jahre hinein hatte sich die von allen Parteien mehr oder weniger vorbehaltlos getragene Wiedervereinigungspolitik aus zwei Quellen gespeist: aus der demokratischen Überzeugung, dass die nach dem Nationalsozialismus nunmehr bereits zweite Diktatur in Deutschland skandalös sei und beseitigt werden müsse, und zweitens aus dem Glauben daran, dass der deutsche Nationalstaat ein Wert an sich sei, dessen Wiederherstellung erstrebenswert sei und auch legitim. Jetzt aber ließ die Kritik am Bismarck-Reich tiefe Schatten des Zweifels auf den Nationalstaat fallen. Es blieb noch die Freiheitsforderung, die, so glaubten viel zu viele in den siebziger und in den achtziger Jahren, vielleicht auch im Nebeneinander zweier deutscher Staaten realisiert werden könne: einerseits der Bundesrepublik, andererseits einer liberalisierten, aber weiterhin sozialistischen und von der Sowjetunion beherrschten DDR.

Die Bundesrepublik aber, so lautete eine weitere Schlussfolgerung aus dem strukturellen Zweifel am Bismarck-Reich, müsse alles tun, die immer noch starke Bundesrepublik »unumkehrbar« in Europa integrieren, um jeder Versuchung prophylaktisch entgegenzuwirken. Und als sich urplötzlich die Chance zur Wiederherstellung des deutschen Nationalstaats eröffnete, lag es in der Logik dieses Geschichtsbilds, das wiedervereinigte Deutschland mit noch größerer

Intensität in die Strukturen einer Europäischen Union einzubauen. Helmut Kohls Konzept, die deutsche Wiedervereinigung und die Schaffung eines integrierten Europa als zwei Seiten derselben Medaille zu verstehen, war somit die Antwort auf Phobien, die sich beim Blick auf die Reichsgründung Bismarcks ergaben.

Selten sind historiografische Analogien so geschichtsmächtig geworden wie ausgerechnet beim Umbruch der Jahre 1989/90 und danach, als es wider alles Erwarten nochmals gelang, den bereits verloren geglaubten deutschen Nationalstaat wiederherzustellen. Nur galt eben auch diesmal der Satz: Man steigt nicht zweimal in denselben Strom.

Vergleichbarkeit – Unvergleichbarkeit: Beides ist somit beim Blick auf Bismarcks Reichsgründung und auf die Wiedervereinigung durch Helmut Kohl zu konstatieren. Dass jede dieser Persönlichkeiten auf ihre Weise Einzigartiges und so nicht Erwartetes auf den Weg gebracht hat, bedarf keiner besonderen Hervorhebung. In dieser Hinsicht sind die beiden vergleichbar.

Anmerkungen

1 Dieser Beitrag ist ein Wiederabdruck des im Duncker & Humblot Verlag erschienen Sammelbandes: Mayer, Tilman (Hrsg.): *20 Jahre Deutsche Einheit. Erfolge, Ambivalenzen, Probleme*, Berlin 2010, S. 27–45. Wir danken Verlag und Autor für die Genehmigung.

2 Carl Schurz an Heinrich Meyer am 03. 02. 1868, in: Schurz, Carl: *Lebenserinnerungen*, III. Bd. *Briefe und Lebensabriß*, Berlin/Leipzig 1929, S. 301.

3 Schurz, Carl: Lebenserinnerungen (Anm. 2), II. Bd., S. 499.

4 Gespräch Bismarcks mit dem Abgeordneten Grafen Bethusy-Huc Ende März 1867, zitiert nach Andreas, Willy (Hrsg.): *Bismarck Gespräche. Bis zur Reichsgründung* (= 1. Bd.), Bremen 1964, S. 174–175.

5 So Carl Schurz in dem eben erwähnten Brief an Heinrich Meyer, in: Schurz, Lebenserinnerungen, III. Bd. (Anm. 2), S. 302.

6 Bismarck, Otto von: *Gedanken und Erinnerungen*, 2. Bd., Stuttgart 1922, S. 54.

7 Jacob Burckhardt an Friedrich von Preen am 21. 02. 1878, in: Briefe, VI. Bd., Basel/Stuttgart 1966, S. 228.

8 Fischer, Joschka: »Thesen zu einer neuen grünen Deutschlandpolitik«, in: *Die Tageszeitung*, 16. 11. 1989, zitiert nach Winkler, Heinrich August: *Der*

lange Weg nach Westen. Deutsche Geschichte vom ›Dritten Reich‹ bis zur Wiedervereinigung, München 2000, S. 521.

9 Sturm, Daniel Friedrich: *Uneinig in die Einheit. Die Sozialdemokratie und die Vereinigung Deutschlands 1989/90*, Bonn 2006, S. 216. Siehe auch Seebacher-Brandt, Brigitte: *Willy Brandt*, München 2004, S. 218.

10 Zitiert nach Rödder, Andreas: *Deutschland einig Vaterland. Die Geschichte der Wiedervereinigung*, München 2009, S. 168.

11 Kohl, Helmut: *Erinnerungen 1990–1994*, München 2007, S. 258–266.

12 Stürmer, Michael: *Die Reichsgründung. Deutscher Nationalstaat und europäisches Gleichgewicht im Zeitalter Bismarcks*, München 1984, S. 63.

13 Rochau, August Wilhelm von: *Grundsätze der Realpolitik*, 2. Teil, Heidelberg 1869, S. 52.

14 Pflanze, Otto: *Bismarck. Der Reichsgründer*, München 1997, S. 398.

15 Stürmer, Michael: *Das ruhelose Reich. Deutschland 1866–1918*, Berlin 1983, S. 99.

16 Thatcher, Margaret: *Downing Street No. 10. Die Erinnerungen*, Düsseldorf 1993, S. 1051–1052.

17 Thatcher, Downing Street (Anm. 16), S. 1034.

18 Zitiert nach Crankshaw, Edward: *Bismarck. Eine Biographie*, München 1981, S. 364.

Bismarck: Biografie

Holger Jackisch

01. 04. 1815	geboren auf Schloss Schönhausen an der Elbe als Sohn des preußischen Rittmeisters Ferdinand von Bismarck (1771–1845) und dessen Frau Wilhelmine Luise Mencken (1789–1839)
1821–1832	Schulischer Werdegang in Berlin an der Plamannschen Erziehungsanstalt, am Friedrich-Wilhelm Gymnasium und schließlich am Berlinischen Gymnasium zum Grauen Kloster
1832–1835	Studium der Rechtswissenschaft in Göttingen und Berlin
1835–1839	Referendariat in Berlin, Aachen und Potsdam, legte aber das Assessorexamen nicht ab
1838–1839	Einjähriger Freiwilliger beim Garde-Jäger-Bataillon in Potsdam und beim Jäger-Bataillon Nr. 2 in Kulm (später Pommersches Jäger-Bataillon Fürst Bismarck Nr. 2)
1839–1847	Gutsherr auf Kniephof und Külz, diese Lebensphase wird auch als die des *tollen Junker* bezeichnet
28. 07. 1847	Heirat mit Johanna Friederike Charlotte Dorothea Eleonore von Puttkamer (1824–1894), drei Kinder: Marie (1848–1926), Herbert (1849–1904), Wilhelm (1852–1901)
1847	Mitglied des Vereinigten preußischen Landtags

1848	Führendes Mitglied des »Junkerparlaments«[1], seit 1848 ebenfalls Autor in der »Kreuzzeitung«[2]
1849–1850	Mitglied der Zweiten Preußischen Kammer
1850–1851	Mitglied und Schriftführer des Erfurter Unions-Parlaments
1851–1859	Geheimer Legationsrat und ab Mitte 1851 Preußischer Gesandter beim Bundestag in Frankfurt am Main
1859–1862	Preußischer Gesandter in St. Petersburg
1862	Preußischer Gesandter in Paris
22. 09. 1862	Ernennung zum Preußischen Ministerpräsidenten, seit dem 08. 10. zusätzlich Preußischer Außenminister
1862–1866	Preußischer Heeres- und Verfassungskonflikt
1864	Deutsch-Dänischer-Krieg um die Herzogtümer Schleswig, Holstein und Lauenburg, 1865 Konvention von Gastein
1866	Preußisch-Österreichischer Krieg, 1866 Friede von Prag, Ende des *Deutschen Dualismus*
1867	Gründung des Norddeutschen Bundes (Begrenzung nach Süden wird die Mainlinie aus Rücksicht auf Frankreich), Bismarck wird Bundeskanzler
1870–1871	Deutsch-Französischer Krieg, 18. 01. 1871 Kaiserkrönung in Versailles
1871	Reichskanzler (einziges Reichsministeramt), Preußischer Ministerpräsident und Außenminister mit alleiniger Verantwortlichkeit gegenüber dem Deutschen Kaiser und König von Preußen
1871–1878	Kulturkampf (Kanzelparagraph, Jesuitengesetz, Schulaufsichtsgesetz)
1878	Berliner Kongress und Berliner Vertrag zur Neuordnung Südosteuropas
1878–1890	Sozialistengesetze
1879	Zweibund zwischen Deutschland und Österreich-Ungarn als Bündnis gegen Russland
1881	Drei-Kaiser-Bündnis zwischen Deutschland, Österreich-Ungarn und Russland enthebt den Zweibund seiner Funktion

1882	Dreibund zwischen Deutschland, Österreich-Ungarn und Italien als Bündnis gegen Frankreich
1883–1889	Sozialgesetzgebung (Kranken-, Unfall- und Rentenversicherung)
1887–1890	Geheimer Rückversicherungsvertrag zwischen Preußen und Russland
1888	Drei-Kaiser-Jahr (Wilhelm I., Friedrich III., Wilhelm II.)
1890	Entlassung Bismarcks durch Wilhelm II., Verleihung der Würde eines Herzogs von Lauenburg (von Bismarck nicht verwendet)
	Veröffentlichung seiner Autobiografie *Erinnerungen und Gedanken* die als Meisterwerk politischer Selbstdarstellung mehr über den Autor als die tatsächlichen Begebenheiten verrät.
30. 07. 1898	verstirbt der *Schmied des Reiches* im Alter von 83 Jahren in Friedrichsruh

Anmerkungen

1 Kurzbezeichnung des »Vereins zur Wahrung der Interessen des Grundbesitzes und zur Förderung des Wohlstands aller Klassen«. Später umbenannt in »Verein zum Schutz des Eigentums«.

2 Kurzbezeichnung für die *Neue Preußische Zeitung* aufgrund des Eisernen Kreuzes auf dem Titelblatt.

Bismarck: Quellen und Literatur – Eine Auswahl

Holger Jackisch

Quellen

Becker, Josef (Hrsg.): *Bismarcks spanische »Diversion« 1870 und der preußisch-deutsche Reichsgründungskrieg, Quellen zur Vor- und Nachgeschichte der Hohenzollern-Kandidatur für den Thron in Madrid 1866–1932*, 3. Bde., Paderborn / München / Wien / Zürich 2003–2007

Bismarck, Otto von: *Die politischen Berichte des Fürsten Bismarck aus Petersburg und Paris* (1859–1862), 2 Bde., Berlin 1920

Bismarck, Otto von: Die politische Reden des Fürsten Bismarck. Historisch-kritische Gesamtausgabe besorgt von Horst Kohl, 14 Bde., Stuttgart 1892–1905

Bismarck, Otto von: *Fürst Bismarcks Briefe an seine Braut und Gattin*, hrsg. von Fürst Herbert von Bismarck, Stuttgart 1900

Bismarck, Otto von: *Gesammelte Werke*. Neue Friedrichsruher Ausgabe [NFA], hrsg. von Holger Afflerbach, Konrad Canis, Lothar Gall, Klaus Hildebrand und Eberhard Kolb, bisher 9 Bde. (28 geplant), Paderborn / München / Wien / Zürich 2004 ff.
Abt. 3, 1.–8. Bd. *Schriften 1871–1898*, 2004–2014
Abt. 4, *Gedanken und Erinnerungen*, 2012

Bismarck, Otto von: *Die gesammelten Werke*. Friedrichsruher Ausgabe [GW], hrsg. von Wolfgang Windelband und Werner Frauendienst, 15 Bde., Berlin 1924–1935

Bismarck, Otto von: *Gesammelte Werke. Briefe, Reden und Aktenstücke*, ges. u. hrsg. von Bruno Walden, 4 Bde., Berlin 1890

Bismarck, Otto von: *Werke in Auswahl. Jahrhundertausgabe zum 23. September 1862*, hrsg. von Gustav Adolf Rein, Wilhelm Schüßler, Alfred

Milatz, Eberhard Scheler und Rudolf Buchner, 9 Bde., Darmstadt 2001 (1962)
Mielcke, Karl (Hrsg.): *Bismarck. Briefe, Berichte, Denkschriften, Erlasse, Gespräche, Reden, Verträge*, Braunschweig 1954
Zeising, A. (Hrsg.): *Vom jungen Bismarck. Briefwechsel Otto von Bismarcks mit Gustav Scharlach*, Weimar 1912[1]

Literatur zu Bismarck

Augstein, Rudolf: *Otto von Bismarck*, Frankfurt am Main 1990
Augstein, Rudolf: »Otto von Bismarck (1815–1898)«, in: Sternburg, Wilhelm von (Hrsg.): *Die deutschen Kanzler. Von Bismarck bis Schmidt*, Königstein im Taunus 1985, S. 13–38
Born, Karl Erich (Hrsg.): *Bismarck-Bibliographie. Quellen und Literatur zur Geschichte Bismarcks und seiner Zeit*, bearb. von Willy Hertel unter Mitarbeit von Hansjoachim Henning, Köln / Berlin 1966
Engelberg, Ernst: *Bismarck*, 2 Bde., (Ost-)Berlin 1985–1990
1. Bd. *Urpreuße und Reichsgründer*, 1985
2. Bd. *Das Reich in der Mitte Europas*, 1990
Eyck, Erich: *Bismarck und das Deutsche Reich*, Erlenbach / Zürich / Stuttgart 1955 (Zusammenfassung der dreibändigen Ausgabe 1941–1944, erschienen ohne Quellenbelege)
Eyck, Erich: *Bismarck. Leben und Werk*, 3 Bde., Erlenbach / Zürich 1941–1944
Gall, Lothar: *Bismarck. Der weiße Revolutionär*, Berlin 2008
Gall, Lothar: *Bismarck. Ein Lebensbild*. Bergisch Gladbach 1991
Gall, Lothar (Hrsg.): *Das Bismarck-Problem in der Geschichtsschreibung nach 1945*, Köln 1971
Gerwarth, Robert: *The Bismarck Myth. Weimar, Germany and the Legacy of the Iron Chancellor*, Oxford 2005 (Dt. Ausgabe: *Der Bismarck-Mythos. Die Deutschen und der Eiserne Kanzler*, übers. von Klaus-Dieter Schmidt, München 2007)
Haffner, Sebastian / Venohr, Wolfgang: *Preußische Profile. Friedrich II. – Neithardt von Gneisenau – Otto von Bismarck – Theodor Fontane – Helmuth von Moltke – Friedrich Engels – Erich Ludendorff – Wilhelm II. – Henning von Tresckow – Ernst Niekisch*, Königstein im Taunus 1980
Heidenrich, Bernhard / Kroll, Frank-Lothar (Hrsg.): *Bismarck und die Deutschen*, Berlin 2005
Hillgruber, Andreas: *Otto von Bismarck. Gründer der europäischen Großmacht Deutsches Reich*, Göttingen / Zürich / Frankfurt a.M. 1978

Kaernbach, Andreas: *Bismarcks Konzepte zur Reform des Deutschen Bundes. Zur Kontinuität der Politik Bismarcks und Preußens in der deutschen Frage*, Göttingen 1991
Kolb, Eberhard: *Bismarck*, München 2009
Krockow, Christian von: *Bismarck. Eine Biographie*, Stuttgart 1997
Kühn, Ulrich: *Der Grundgedanke der Politik Bismarcks*, Dettelbach 2001
Küsters, Hanns-Jürgen / Lappenküper, Ulrich (Hrsg.): *Kanzler der Einheit. Bismarck – Adenauer – Kohl. Herausforderungen und Perspektiven*, Sankt Augustin / Berlin 2012
Lenz, Max: »Bismarck, Otto Fürst von«, in: *Allgemeine Deutsche Biographie* (ADB), 48. Bd., Leipzig 1904, S. 571–775
Meyer, Arnold Oskar: *Bismarck. Der Mensch und der Staatsmann*, Leipzig 1944
Marcks, Erich: *Bismarck. Eine Biographie 1815–1851*, Stuttgart 1951
Parr, Rolf: *»Zwei Seelen wohnen, ach! In meiner Brust«. Strukturen und Funktionen der Mythisierung Bismarcks (1860–1918)*, München 1992
Pflanze, Otto: *Bismarck*, 2. Bde., München
1. Bd.: *Der Reichsgründer*, 2008 (1990)
2. Bd.: *Der Reichskanzler*, 2008 (1998)
Schmidt, Rainer F.: *Otto von Bismarck (1815 – 1898). Realpolitik und Revolution. Eine Biographie*, Stuttgart 2004
Sempell, Charlotte: Unbekannte Briefstellen Bismarcks, in: *Historische Zeitschrift* 207, 1968, S. 609–616
Sempell, Charlotte: The Rastatt dispute 1857–58. New light on Bismarck's policy at the federal diet, in: *Journal of Central European Affairs*, 11 / 1951, S. 397–406.
Steinberg, Jonathan: *Bismarck. A life*, Oxford 2011 (Dt. Ausgabe: *Bismarck. Magier der Macht*, Berlin 2012)
Stern, Fritz: *Gold und Eisen. Bismarck und sein Bankier Bleichröder*, übers. von Otto Weith, Reinbek bei Hamburg 1988
Stolberg-Wernigerode, Otto Graf zu: »Otto von Bismarck«, in: *Neue Deutsche Biographie* (NDB), 2. Bd., Berlin 1955, S. 268–277
Thies, Jochen: *Die Bismarcks. Eine deutsche Dynastie*, München / Zürich 2013
Ullrich, Volker: *Otto von Bismarck*, Reinbek bei Hamburg 1998
Willms, Johannes: *Bismarck – Dämon der Deutschen. Anmerkungen zu einer Legende*, München 1997

Literatur zur Epoche

Anderson, Margret Lavinia: *Lehrjahre der Demokratie. Wahlen und politische Kultur im Deutschen Kaiserreich*, Stuttgart 2009

Becker, Otto: *Bismarcks Ringen um Deutschlands Gestaltung*, hrsg. und ergänzt von Alexander Scharff, Heidelberg 1958

Böhme, Helmut (Hrsg.): *Probleme der Reichsgründungszeit 1848–1879*, Köln / Berlin 1968

Clark, Christopher: *Iron Kingdom. The rise and downfall of Prussia 1600–1947* (Dt. Ausgabe: *Preußen. Aufstieg und Niedergang 1600–1947*, München 2007)

Carsten, Francis L.: *Geschichte der preußischen Junker*, Frankfurt am Main 1988

Fenske, Hans: *Der moderne Verfassungsstaat. Eine vergleichende Geschichte von der Entstehung bis zum 20. Jahrhundert*, Paderborn 2001

Fischer-Fabian, Siegfried: *Herrliche Zeiten. Die Deutschen und ihr Kaiserreich*, Wien 2006

Gall, Lothar / Lappenküper, Ulrich (Hrsg.): *Bismarcks Mitarbeiter*, Paderborn / München / Wien / Zürich 2009

Haffner, Sebastian: *Von Bismarck zu Hitler. Ein Rückblick*, München 1987

Hildebrand, Klaus: *Das vergangene Reich. Deutsche Außenpolitik von Bismarck bis Hitler 1871–1945*, Stuttgart 1995

Huber, Ernst Rudolf: *Deutsche Verfassungsgeschichte seit 1789*, 8 Bde., Stuttgart / Berlin / Köln / Mainz

2. Bd. *Der Kampf um Einheit und Freiheit 1830–1850*, 1960

3. Bd. *Bismarck und das Reich*, 3. wesentlich überarbeitete Aufl., 1988

Kolb, Eberhard: *Der Kriegsausbruch 1870. Politische Entscheidungen und Verantwortlichkeiten in der Julikrise 1870*, Göttingen 1970

Kolb, Eberhard: *Der Weg aus dem Krieg. Bismarcks Politik im Krieg und die Friedensanbahnung 1870 / 71*, München 1989

Kroll, Frank-Lothar: *Geburt der Moderne. Politik, Gesellschaft und Kultur vor dem Ersten Weltkrieg*, Berlin 2013

Loth, Wilfried: *Das Kaiserreich. Obrigkeitsstaat und politische Mobilisierung*, München 1996

Nipperdey, Thomas: *Deutsche Geschichte 1800–1918*, 3 Bde., München 1983–1992 (Neuausgabe München 2013)

1. Bd. *Deutsche Geschichte 1800–1866. Bürgerwelt und starker Staat*, 1983

2. Bd. *Deutsche Geschichte 1866–1918. Arbeitswelt und Bürgergeist*, 1990

3. Bd. *Deutsche Geschichte 1866–1918. Machtstaat vor der Demokratie*, 1992

Plumpe, Werner / Lesczenski, Jörg (Hrsg.): *Bürgertum und Bürgerlichkeit zwischen Kaiserreich und Nationalsozialismus*, Mainz 2009

Pollmann, Klaus Erich: *Parlamentarismus im Norddeutschen Bund 1867–1870*, Düsseldorf 1985

Reif, Heinz (Hrsg.): *Ostelbische Agrargesellschaft im Kaiserreich und in der Weimarer Republik. Agrarkrise – Junkerliche Interessenpolitik – Modernisierungsstrategien*, Berlin 1994

Schieder, Theodor / Deuerlein, Ernst (Hrsg.): *Reichsgründung 1870/71. Tatsachen, Kontroversen, Interpretationen*, Stuttgart 1970

Schlie, Ulrich: *Das Duell. Der Kampf zwischen Habsburg und Preußen um Deutschland*, Berlin 2013

Seebacher, Brigitte: *Bebel. Künder und Kärrner im Kaiserreich*, Berlin 1988

Stürmer, Michael: *Das Ruhelose Reich. Deutschland 1866–1918*, München 2004 (1983) [Siedler: *Deutsche Geschichte*, 1. Bd.]

Wehler, Hans-Ulrich: *Deutsche Gesellschaftsgeschichte*, 5 Bde., München 1987–2008

3. Bd. *Von der »Deutschen Doppelrevolution« bis zum Beginn des Ersten Weltkrieges. 1849–1914*, 1995

Wetzel, David: *Duell der Giganten Bismarck, Napoleon III. und die Ursachen des Deutsch-Französischen Krieges 1870/71*, Paderborn 2005

Winkler, Heinrich August: *Der lange Weg nach Westen. Deutsche Geschichte 1806–1933*, 2 Bde., München 2000

1. Bd. *Deutsche Geschichte vom Ende des Alten Reiches bis zum Untergang der Weimarer Republik*, 2000

Anmerkungen

1 Das Digtalisat findet sich unter folgendem Link: http://commons.wikimedia.org/wiki/File:Vom_jungen_Bismarck.pdf, Stand vom 11.02. 2014. Es stammt nach Angabe des Uploaders aus der Archivbibliothek des Corps Hannovera Göttingen und enthält einen Auszug aus der Corpsliste 1827–1902, welche handschriftliche Anmerkungen enthält.

Die Autoren*

Peter Altmaier
Geboren 1958 in Ensdorf (Saar); Studium der Rechtswissenschaft an der Universität des Saarlandes; 1988–1990 Wissenschaftlicher Mitarbeiter am Europa-Institut an der Universität des Saarlandes; 1990–1993 EU-Beamter im Bereich der europäischen Sozialpolitik; seit 1994 Mitglied des Deutschen Bundestages; 2005–2009 Parlamentarischer Staatssekretär beim Bundesminister des Innern; 2009–2012 Erster Parlamentarischer Geschäftsführer der CDU / CSU Bundestagsfraktion; 2012–2013 Bundesumweltminister; seit 2013 Bundesminister für besondere Aufgaben und Chef des Bundeskanzleramtes.

Hans Fenske
Geboren 1936 in Geesthacht; Studium der Geschichte, Geografie und Politikwissenschaft an den Universitäten Tübingen und Freiburg im Breisgau; 1963–1977 Tätigkeiten in verschiedenen wissenschaftlichen Funktionen; 1965 Promotion zum Thema »Konservativismus und Rechtsradikalismus in Bayern nach 1918«; 1971 Habilitation zum Thema »Wahlrecht und Parteiensystem. Ein Beitrag zur deutschen Parteiengeschichte«; 1977–2001 Professor für Neue und Neueste Geschichte an der Universität Freiburg; Ordentliches Mitglied der Pfälzischen Gesellschaft zur Förderung der Wissenschaft sowie Herausgeber der Freiherr-vom-Stein-Gedächtnisausgabe bei der Wissenschaftlichen Buchgesellschaft.

---

* Zusammengestellt von Holger Jackisch.

Holger Jackisch
Geboren 1988 in Neuss; Studium der Geschichte, Politikwissenschaft, Volkswirtschaftlehre und des Öffentlichen Rechts an den Universitäten Düsseldorf und Bonn; Bachelor Thesis zum Thema »Der preußische Heeres- und Verfassungskonflikt aus der Sicht Otto von Bismarcks«; Master Thesis »Das Deutsche Reich – Eine Idee Bismarcks?«; 2012–2014 Studentische Hilfskraft und seit 2014 Wissenschaftlicher Mitarbeiter bei Prof. Dr. Tilman Mayer am Institut für Politische Wissenschaft und Soziologie der Universität Bonn; seit 2012 Geschäftsführer der Gesellschaft für Deutschlandforschung.

Henry Alfred Kissinger
Geboren 1923 in Fürth; Studium der Politikwissenschaft an der Harvard University; 1954 Promotion zum Thema »A World Restored: Metternich, Castlereagh and the Problems of Peace 1812–1822«; 1950–1960 Berater der Behörde für Waffenentwicklung bei den Joint Chiefs of Staff (Vereinigter Generalstab); 1954–1971 Lehrtätigkeit in Harvard im Department of Government, Direktor des Harvard Center for International Affairs sowie Direktor des Harvard Defense Studies Program; Politischer Berater der US-Präsidenten John F. Kennedy, Lyndon B. Johnson und Richard Nixon; 1968–1973 National Security Advisor; 1973–1977 United States Secretary of State (Außenminister); seit 1977 Professor für internationale Diplomatie an der Georgetown University in Washington D.C.

Ulrich Lappenküper
Geboren 1959 in Datteln; Studium der Geschichte, Politikwissenschaft und Erziehungswissenschaft an den Universitäten Münster und Bonn; 1988 Promotion zum Thema »Die Mission Radowitz. Untersuchungen zur Russlandpolitik Otto von Bismarcks 1871–1875«; verschiedene wissenschaftliche Tätigkeiten u.a. bei der Historischen Kommission bei der Bayerischen Akademie der Wissenschaften; 1998 Habilitation zum Thema »Die deutsch-französischen Beziehungen 1949–1963. Von der »Erbfeindschaft« zur »Entente élémentaire«; 2004–2005 außerplanmäßiger Professor am Historischen Seminar der Universität Bonn; 2005–2009 Wissenschaftlicher Mitarbeiter bei der Otto-von-Bismarck-Stiftung und seit 2009 deren Geschäftsführer; ebenfalls seit 2009 Professor an der Helmut-Schmidt-Universität der Bundeswehr in Hamburg.

Peter März

Geboren 1952 in Erlangen; Studium der Geschichte, Germanistik und Sozialkunde an der Universität Erlangen-Nürnberg; 1981 Promotion zum Thema »Die Bundesrepublik zwischen Westintegration und Stalin-Noten. Zur deutschlandpolitischen Diskussion 1952 in der Bundesrepublik vor dem Hintergrund der westlichen und der sowjetischen Deutschlandpolitik«; 2004–2011 Leiter der Bayerischen Landeszentrale für politische Bildungsarbeit (BLZ); seit 2012 Referatsleiter im bayerischen Kultusministerium.

Tilman Mayer

Geboren 1953 in Freiburg im Breisgau; Studium der Politikwissenschaft, Philosophie und Germanistik an der Universität Freiburg; 1983 Promotion zum Thema »Prinzip Nation«; seit 2001 Professor für Politische Wissenschaft an der Universität Bonn; seit 2007 Vorsitzender der Gesellschaft für Deutschlandforschung (GfD), Berlin; 2009–2013 Stv. Vorsitzender der Deutschen Gesellschaft für Politikwissenschaft (DGfP); seit März 2010 Präsident der Deutschen Gesellschaft für Demographie; Stv. Vorsitzender der Jakob-Kaiser-Stiftung, Königswinter.

Werner Plumpe

Geboren 1954 in Bielefeld; 1973–1980 Studium der Geschichte und Wirtschaftswissenschaften an der Universität Bochum; 1985 Promotion und 1994 Habilitation in Bochum; 1998 Gastprofessur an der Keio-Universität Tokio / Japan; seit 1999 Professor an der Universität Frankfurt am Main; 2008–2012 Vorsitzender des Verbandes der Historiker und Historikerinnen Deutschlands (VHD); Vorsitzender des wissenschaftlichen Beirats der Gesellschaft für Unternehmensgeschichte (GUG); Mitglied der Historischen Kommission bei der Bayerischen Akademie der Wissenschaften.

Heinz Reif

Geboren 1941 in Oberhausen; Studium der Geschichte, Literaturwissenschaft und Soziologie an den Universitäten Bochum, Münster und Bielefeld; 1977 Promotion zum Thema »Westfälischer Adel 1770–1860: vom Herrschaftsstand zur regionalen Elite«; 1984 Habilitation zum Thema »Industrialisierung, Städtebildung und Arbeiterschaft in der Ruhrgebietsstadt Oberhausen 1850–1914«; 1986–2009 Professor für Neuere Geschichte an der Technischen Universität Berlin; ehemaliger Vorsitzender der European Association of Urban Historians (EAUH); ehemaliger Erster Vorsitzender der Gesellschaft für Stadtgeschichte und Urbanisierungsforschung (GSU); Mitglied der Historischen Kommission zu Berlin.

Ulrich Schlie

Geboren 1965 in Nürnberg; Studium der Geschichte, Politikwissenschaft, Romanistik und Volkswirtschaftslehre an den Universitäten Erlangen und Bonn sowie an der London School of Economics and Political Science (LSE); 1992 Promotion; 1991–1993 Stiftung Wissenschaft und Politik; 1993 Eintritt in den Auswärtigen Dienst; 1995–2001 Außenpolitischer Berater der CDU / CSU Bundestagsfraktion; 2001–2002 Inhaber des Alfred-Grosser-Lehrstuhls am Institut d'Études Politiques de Paris; 2003–2005 Vertretung des Landes Hessen beim Bund; 2005–2012 Leiter des Planungsstabes und von 2012–2014 Leiter der Abteilung Politik beim Bundesministerium der Verteidigung; Mitglied des International Institute for Strategic Studies (IISS); Mitglied der Atlantik-Brücke; Mitglied der Politisch-Militärischen Gesellschaft (PMG); Präsident des Vorstands der Carl-Jacob-Burckhardt-Stiftung.

Hans-Peter Schwarz

Geboren 1934 in Lörrach; Studium der Politikwissenschaft, Soziologie, Geschichte und Germanistik an den Universitäten Basel, Freiburg im Breisgau und Paris / Sorbonne; 1958 Promotion zum Thema »Das Werk Ernst Jüngers als Diagnose unserer Zeit«; 1963–1966 Professor für Politikwissenschaft an der Pädagogischen Hochschule Osnabrück; 1966 Habilitation zum Thema »Deutschland im Widerstreit der außenpolitischen Konzeptionen in den Jahren der Besatzungsherrschaft 1945–1949«; 1966–1973 ordentlicher Professor für Politikwissenschaft an der Universität Hamburg und 1973 an der Universität Köln; 1973–1999 Ordinarius für Politikwissenschaft an der Universität Bonn; u. a. Mitglied des Direktoriums des Forschungsinstituts der Deutsche Gesellschaft für Auswärtige Politik, Kommission für die Geschichte des Parlamentarismus und der politischen Parteien, Wissenschaftlicher Beirat des Instituts für Zeitgeschichte, Vorstand der Konrad-Adenauer-Stiftung, Nordrhein-Westfälische Akademie der Wissenschaften.

Brigitte Seebacher

Geboren 1946 in Twistringen; Studium der Geschichte und Germanistik an den Universitäten Köln, Bonn und der Freien Universität Berlin; 1984 Promotion zum Thema »Ollenhauer. Biedermann und Patriot«; 1995–2000 Leitung der Abteilung Kultur und Gesellschaft bei der Deutschen Bank; seit 2008 Honorarprofessorin für Politikwissenschaft an der Universität Bonn; seit 1994 Mitglied auf Lebenszeit des Kuratoriums der Bundeskanzler-Willy-Brandt-Stiftung.

Michael Stürmer
Geboren 1938 in Kassel; Studium der Geschichte, Philosophie und Sprachen an der London School of Economics and Political Science (LSE), an der Freien Universität Berlin und der Universität Marburg; 1965 Promotion zum Thema »Koalition und Opposition in der Weimarer Republik. 1924–1928«; 1973–2003 Professor für Mittlere und Neuere Geschichte an der Universität Erlangen-Nürnberg; Visiting Professor School for Advances International Studies, Johns Hopkins University, Bologna Campus; 1988–1998 Direktor der Stiftung Wissenschaft und Politik; Vorsitzender des Forschungsbeirates des Center for European Studies in Brüssel; Chefkorrespondent der Zeitung *Die Welt*.